W0200324

La question SDF

Julien

Damon

La question SDF

Critique d'une action publique

QUADRIGE

PUF

Ouvrage publié
avec le soutien de la Fédération française du Bâtiment

ISBN 978-2-13-082772-6

Dépôt légal — 1re édition : 2002
1re édition « Quadrige » : 2021, janvier

170 bis, boulevard du Montparnasse, 75014 Paris

« La vocation de la science est inconditionnellement la vérité. Le métier du politicien ne tolère pas toujours qu'on la dise. »

Raymond Aron, Préface à Max Weber,
Le savant et le politique,
Paris, Plon, 1959.

« L'administrateur utilise les sciences sociales de la même manière qu'un poivrot utilise un bec de gaz, pour s'appuyer plutôt que pour s'éclairer. »

Brocard cité et affectionné
par Robert K. Merton,
Éléments de théorie
et de méthode sociologique,
Paris, Armand Colin, 1997 (1953).

« L'assistance des pauvres offre sans doute la plus grande tension sociologique entre les buts directs et indirects d'une action. »

Georg Simmel, *Les pauvres*,
Paris, Puf, 1998 (1907).

« Être SDF, c'est un métier à plein temps. »

Sylvain L., « SDF » et observateur averti
de ces situations,
Paris, 1998.

SOMMAIRE

Avant-propos à la troisième édition XIII
Migrantisation du sans-abrisme XIII
Mais de qui parle-t-on ? XIV
Extension du complexe bureaucratico-assistantiel XVI
À l'épreuve du coronavirus et du confinement XX

Avant-propos à la deuxième édition XXV
La question SDF : décortiquer une action publique XXVI
Changements et permanences sur la décennie 2000 XXVIII
Le complexe bureaucratico-assistanciel consolidé XXXV
Objectif « zéro SDF » et DALO XXXVIII
Perspective européenne XL
Cinq recommandations XLVI

Introduction 1
La prise en charge des SDF comme objet sociologique 3
Perspective théorique 9
« Ciblage » et « bricolage » 18
Précisions méthodologiques 26
Logique d'exposition 29

1. – Déclin de la coercition et montée de la thématique de l'exclusion 33
Cinq variables historiques caractéristiques de la prise en charge des SDF 34
Définir, classer et dénombrer 35
La dualité de la pauvreté 37
Les oscillations entre hostilité et hospitalité 39
La coopération instable des collectivités locales 41
La gageure de la coordination des acteurs . 44
De la répression à l'assistance : une inversion très récente 46
Le déclin de la pression pénale : du vagabond au clochard 46
Le tournant des années 1960 et 1970 50
Arrêtés anti-mendicité et actualités de la coercition 55
La question SDF dans la problématique de l'exclusion 64
Considérations sur la notion d'exclusion. En quoi les SDF sont-ils des exclus ? 64
Insertion, mutations de l'État-providence et ciblage des SDF 75

2. – Une visibilité accrue et des réactions ambiguës 83
Un problème social visible à l'œil nu 86
Des phénomènes particulièrement visibles . 87
Une ville et des espaces publics plus « poreux » 94
Des réactions individuelles variées 99
Exclusion et pauvreté : de vives préoccupations dans l'opinion ... 99
Ambiguïté des appréciations et NIMBY 107
Un bricolage cognitif : face au mendiant, donner ou ne pas donner ? 110
Une visibilité physique qui n'implique pas une visibilité politique . 115

3. – La spécification progressive de la question SDF 119
Un héritage de la nouvelle pauvreté : le ciblage croissant des SDF 121
Apparition d'une « nouvelle pauvreté » . . . 122
Les premiers dispositifs étatiques ciblés sur la pauvreté 127
Institutionnalisation des plans d'urgence et concentration sur les SDF 132
Les associations et le « lobbying contre l'exclusion » 135
Une « banque » d'entrepreneurs politiques . 137
Hétérogénéité et capacités de coopération des associations 140
Des fonctions renforcées : communication et expertise 145
La question du logement mise en avant par un mouvement social 147
Mobilisations et protestations collectives en faveur des SDF 148
Effervescence protestataire et avancées du droit au logement 151
La couverture médiatique des SDF : un impact à nuancer 155
Les médias, en accusation, doivent être analysés en interaction 156
La tentation du spectaculaire 161
La fixation sur l'agenda politique 165

4. – Les SDF : des « bricoleurs » cibles d'action publique 167
Une population, et une cible, aux contours instables 170
De qui parle-t-on ?
Les enseignements d'une étude sur les dépêches AFP 171

Une cible hétérogène : de SDF *stricto sensu* à SDF *lato sensu* 175
L'acharnement statistique et la quête du chiffre 180
Entre individuel et structurel : une compréhension nécessairement pluraliste 188
La carrière du SDF 193
Les limites de la catégorisation 194
La carrière des SDF au regard du système de prise en charge 198
Le bricolage de la vie quotidienne 206
« Désocialisation » ou socialisation ? « Désaffiliation » ou affiliations ? 208
Les SDF comme bricoleurs 218
L'affinage d'une cible 227

5. – Le complexe bureaucratico-assistanciel 231
Ciblage des SDF et (ré)affirmation de l'État . . 234
Le noyau dur de l'hébergement et l'implication croissante de l'État 236
Accumulation des innovations et bureaucratisation de la coordination 243
Dualisation des interventions ciblées 251
Agrégation autour des lignes budgétaires de l'État 255
« Urgence sociale » et « partenariat » : deux voies vers le bricolage 266
Une thématique centrale et contestable : l'urgence sociale 267
Le « partenariat » : incarnations concrètes et équivoques fondatrices 273
Le bricolage de la prise en charge 286

6. – Conjonctions de deux bricolages : acteurs et bénéficiaires du ciblage 299
Limites du ciblage et montée des controverses 301
Ciblage des « grands exclus » et écrémage de la prise en charge 301
« Effet Matthieu » et justice locale 305
Controverses et concurrences 308
Les « bonnes raisons » des non-recours 311
Les refus et rejets de prise en charge 311
Comprendre les non-recours des SDF 314
Effet de partenariat et effet de ciblage 319
Effet de partenariat : le jeu de ping-pong .. 320
Effet de ciblage : le jeu de l'oie 325

Conclusion 335
Effets pervers du ciblage, coercitif ou assistanciel, sur les SDF 336
Ciblages, recentrages et limites de l'adhocratie 344
Une simplification souhaitable… et possible 348

Bibliographie 359

Tableaux et graphiques 367
Tableaux 367
Graphiques 367

Avant-propos à la troisième édition

Vingt ans après. Cette nouvelle édition sort vingt ans après la première, une dizaine d'années après la deuxième. Celle-ci soulignait, dans son propre avant-propos, les inerties et transformations de la question SDF. Les tendances, sur deux décennies, sont sans véritable rupture par rapport aux analyses développées dans cet ouvrage, dont l'ambition consiste à décortiquer concomitamment une action publique et son public. Insistons tout de même, dans ce nouvel avant-propos, sur quelques variations et quelques permanences, dans la population cible comme dans la politique ciblée.

Migrantisation du sans-abrisme

Deux barbarismes permettent de souligner l'une des principales transformations de la population SDF. Les sans-abri sont bien plus souvent qu'auparavant des étrangers, parmi lesquels de très nombreux sans-papiers. La question SDF doit maintenant s'appréhender dans le contexte de la crise migratoire, dont l'épicentre se situe au cœur des années 2010.

C'est ce que des experts réunis par la Fédération européenne des associations nationales travaillant avec les sans-abri (FEANTSA) baptisent *migrantisation* en anglais[1]. Cette dimension est essentielle pour saisir les traits contemporains du « sans-abrisme ». Ce dernier terme, très utilisé à Bruxelles et dans les cercles experts, francise assez judicieusement *homelessness*. Pour donner une idée du phénomène, en région parisienne, passons par une source administrative. La préfecture d'Île-de-France organise des enquêtes « une nuit donnée » afin de mieux connaître le profil des personnes qui font appel aux dispositifs d'hébergement en hiver. De l'enquête menée une nuit de février 2015, il ressort 53 % d'étrangers non européens, en 2016 65 %, en 2017 74 %, en 2018 76 %. En 2019, 79 % sans-abri franciliens, hébergés dans ce contexte, sont étrangers extracommunautaires ; 7 % sont ressortissants de l'Union européenne, 14 % sont français[2]. Une illustration très visible de cette « migrantisation » tient dans les campements et bidonvilles qui se sont développés tout au cours des années 2010, défrayant la chronique de Calais à Paris[3].

Concrètement, le vocable SDF ne correspond plus uniquement au clochard des années 1950 ou à l'employé déchu par le chômage et les ruptures familiales des années 1980. Il peut aussi être l'immigré africain sans-papier dormant sous une tente, isolé ou en groupe.

MAIS DE QUI PARLE-T-ON ?

Ils sont des milliers chaque soir à dormir dehors. Ce sont les sans-abri. La même nuit, ils sont des centaines

1. Voir www.feantsa.org
2. L'enquête DRIHL/FAS Île-de- France « une nuit donnée » dans les structures de renfort hivernal s'est déroulée pour cette septième édition la nuit du 14 au 15 février 2019.
3. À ce sujet, voir Julien Damon, *Un monde de bidonvilles. Migrations et urbanisme informel*, Paris, Seuil, « La République des idées », 2017.

de milliers à être hébergés. Ce sont tous les autres sans-domicile. Ils se trouvent, qui dans des centres d'hébergement d'urgence où ils ne pourront pas rester, qui dans des logements dont la location est assurée par des associations, qui dans des hôtels payés par l'État, qui encore dans des centres d'accueil spécialisés pour familles en détresse ou pour demandeurs d'asile.

Les sans-abri sont les plus visibles, au vu et au su de tous les autres habitants et passants, tout au long de la journée et de la nuit. Seuls ou par petits groupes, allongés à même le sol ou abrités sous des tentes, ils composent la figure iconique des SDF. Quand on pense à ce sujet, ce sont eux qui viennent à l'esprit. Quand un reportage écrit ou télévisé porte sur la pauvreté, ce sont des images de sans-abri qui viennent l'illustrer. S'ils sont les plus clairement repérables dans l'espace public, ils ne sont pas les plus nombreux des sans-domicile. Bien loin de là. L'image habituelle fonctionne parfaitement : les sans-abri incarnent la partie émergée de l'iceberg de l'ensemble des problèmes de logement et de pauvreté.

Les SDF constituent la pointe visible de tendances plus générales. Se pencher sur les SDF, c'est aborder un concentré de tous les problèmes sociaux (chômage, permanence et mutations des inégalités, évolutions de la famille, tensions sur le marché du logement) et un précipité des difficultés de l'action publique (tant pour ce qui concerne les politiques sociales que les politiques d'urbanisme et de police ou encore d'asile et d'immigration).

Le terme SDF ne s'impose pas forcément. L'intérêt du mot, qui englobe les situations que l'INSEE voudra bien recenser comme « sans-domicile » et que le passant lambda (vous et moi) croise dans la rue, est double. Le vocable est assez flou pour réunir la plupart des dimensions de l'errance et de l'indigence sans logement. Il est assez précis pour être aisément compris par tout le monde.

Ces dernières années, des mots comme SDF ou sans-abri ont pu être critiqués. De bonnes âmes et une touche de novlangue socialement correcte soutiennent que de tels substantifs véhiculent des images dégradantes. Fleurissent dès lors de nouvelles propositions, alambiquées, comme « personnes en situation de rue » (pour les sans-abri, donc), personnes « aux droits incomplets » (pour les sans-papiers) ou encore « citoyens européens vulnérables en mobilité » (pour les Roms dans des bidonvilles). On préfère conserver ici les mots qui ont l'avantage de s'interpréter aisément. Et c'est bien le cas de SDF.

EXTENSION DU COMPLEXE BUREAUCRATICO-ASSISTANTIEL

Du côté des politiques publiques, la dynamique des années 2010 aura encore été à la densification et à la bureaucratisation croissantes. Pour reprendre le vocabulaire proposé dans ces pages, le complexe bureaucratico-assistantiel se consolide toujours. La dépendance mutuelle de l'État et du secteur associatif en est le trait principal. La notion de complexe bureaucratico-assistantiel, provocante, assemble trois mouvements qui caractérisent l'expansion de l'édifice : sa bureaucratisation liée à l'intensification de l'intervention de l'État ; sa place centrale dans le nouveau développement de l'aide sociale en France ; son rôle dans l'hybridation grandissante de la sphère publique et de la sphère associative.

Les engagements financiers ont été largement amplifiés. Si l'on s'en tient à ce qui est spécifiquement dépensé par l'État pour la prise en charge des SDF, le budget s'élevait à 500 millions d'euros en 1999, pour largement plus d'un milliard en 2010, et bien plus de trois milliards en 2020. Alors que le Samu social de Paris, créé en 1993, était un dispositif relativement léger, c'est en 2020 une structure importante, avec 250 millions d'euros de budget, principalement pour héberger des sans-abri sans-papiers dans des hôtels. À Paris, l'offre des centres d'hébergement d'urgence équivaut à 10 % du parc HLM. En Île-de-France, le Samu social finance quotidiennement 50 000 nuitées d'hôtel, soit plus de 20 % de toute la capacité hôtelière de la région. Dans la région capitale, tous les soirs, entre 1 et 2 % des habitants sont hébergées par des dispositifs financés par l'État.

Certes, Paris n'est pas la France. Les tendances sont toutefois similaires partout, en particulier dans les grandes métropoles. Partout s'étend le secteur de l'hébergement d'urgence et de l'insertion. Celui-ci, à géométrie et dénomination variables selon les interlocuteurs, comprend des services et établissements différents, mêlant centres d'hébergement d'urgence (CHU), centres d'hébergement et de réinsertion sociale (CHRS), places dans des hôtels, centres d'accueil pour demandeurs d'asile, mais aussi des pensions de famille et des résidences sociales. Si l'on prend une acception large, on décompte, en 2020, presque 200 000 places en « hébergement » et plus de 200 000 en « logements accompagnés ». Budgets et offres augmentent continuellement tandis que toujours s'inventent de nouveaux dispositifs.

Parmi les changements affectant l'édifice, on trouve donc plus de moyens, mais aussi des directions plus affirmées, dont celle du « logement d'abord » (viser en priorité un logement plutôt qu'un hébergement) et celle du « service public de la rue au logement ». Par réorganisation, il s'agit de viser davantage d'efficacité. Le système patine pourtant. En témoigne l'actualisation du graphique 10 du livre. Ce schéma, révisé à pas quinquennal, représente à l'échelle départementale l'accumulation des dispositifs, plans et programmes de coordination des pouvoirs publics. On assiste, depuis le début des années 1980, à une superposition d'instances, caractéristique des politiques territoriales de lutte contre l'exclusion.

La bureaucratisation de la lutte contre l'exclusion : représentation simplifiée à l'échelle départementale (1985-2020)

1985	1990	1995	2000
			Schéma de l'accueil, de l'hébergement et de l'insertion
			Commission de l'action sociale d'urgence (CASU)
			Comité départemental de coordination des politiques de prévention et de lutte contre les exclusions
			CDAD Conseil départemental de l'accès au droit
		PDHU Plan départemental pour l'hébergement d'urgence	PDHU Plan départemental pour l'hébergement d'urgence
		Schémas d'accès aux soins	Schémas d'accès aux soins
	Schémas CHRS	Schémas CHRS	Schémas CHRS
	PDALD Programme départemental d'actions pour le logement des défavorisés	PDALD Programme départemental d'actions pour le logement des défavorisés	PDALD Programme départemental d'actions pour le logement des défavorisés
	PDI Programme départemental d'insertion	PDI Programme départemental d'insertion	PDI Programme départemental d'insertion
Cellule « pauvreté/ précarité »	Cellule « pauvreté/ précarité »	Cellule « pauvreté/ précarité »	Cellule « pauvreté/précarité »

2005	2010	2015	2020
			Instance de coordination de l'aide alimentaire
			Déploiement départemental et régional de la « stratégie pauvreté »
		Schémas départementaux de domiciliation	Schémas départementaux de domiciliation
		Diagnostic départemental « à 360° » du sans-abrisme	Coordonnateur départemental de l'accueil des réfugiés
	CCAPEX Commissions spécialisées de coordination des actions de prévention des expulsions locatives	Projets territoriaux de sortie de l'hiver	Projets territoriaux de sortie de l'hiver
Pôle d'accueil en réseau pour l'accès aux droits sociaux (PARADS)	Plan départemental d'accueil, d'hébergement et d'insertion (PDHAI)	CCAPEX Commissions spécialisées de coordination des actions de prévention des expulsions locatives	CCAPEX Commissions spécialisées de coordination des actions de prévention des expulsions locatives
Commission départementale de la cohésion sociale	SIAO Service intégré de l'accueil, de l'évaluation et de l'orientation	SIAO Service intégré de l'accueil, de l'évaluation et de l'orientation	SIAO Service intégré de l'accueil, de l'évaluation et de l'orientation
Schéma de l'accueil, de l'hébergement et de l'insertion	Pôle d'accueil en réseau pour l'accès aux droits sociaux (PARADS)	Pôle d'accueil en réseau pour l'accès aux droits sociaux (PARADS)	Pôle d'accueil en réseau pour l'accès aux droits sociaux (PARADS)
Comité départemental de oordination des politiques le prévention et de lutte contre les exclusions	Commission départementale de la cohésion sociale	Commission départementale de la cohésion sociale	Commission départementale de la cohésion sociale
CDAD Conseil départemental de l'accès au droit	Commission de médiation départementale pour le droit au logement	Commission de médiation départementale pour le droit au logement	Commission de médiation départementale pour le droit au logement
PDHU Plan départemental pour l'hébergement d'urgence	CDAD Conseil départemental de l'accès au droit	CDAD Conseil départemental de l'accès au droit	CDAD Conseil départemental de l'accès au droit
chémas d'accès aux soins	Comité départemental de coordination des politiques de prévention et de lutte contre les exclusions	Comité départemental de coordination des politiques de prévention et de lutte contre les exclusions	Comité départemental de coordination des politiques de prévention et de lutte contre les exclusions
Schémas CHRS	Schémas d'accès aux soins	Schémas d'accès aux soins	Schémas d'accès aux soins
PDALD ogramme départemental actions pour le logement des défavorisés	PDALD Programme départemental d'actions pour le logement des défavorisés	PDALHPD Plan départemental d'actions pour le logement des défavorisés	PDALHPD Plan départemental d'actions pour le logement des défavorisés
PDI ogramme départemental d'insertion	PDI Programme départemental d'insertion	PDI Programme départemental d'insertion	PDI Programme départemental d'insertion
Cellule « pauvreté/ précarité »	Cellule « pauvreté/précarité »	Cellule « pauvreté/précarité »	Cellule « pauvreté/précarité »

Beaucoup d'inertie et de bureaucratie, dira-t-on. Mais ceci ne doit pas masquer les capacités d'adaptation.

Une nouveauté significative aura été la création, début 2020, d'un poste de « commissaire à la lutte contre la pauvreté ». Positionné auprès du préfet de région, le commissaire « assure la coordination régionale et le pilotage interministériel de la politique de prévention et de lutte contre la pauvreté, en mobilisant l'ensemble des administrations concernées par les politiques publiques qui y concourent ». Il traite principalement de la mise en œuvre de la « stratégie pauvreté » du gouvernement, qui se déploie aussi au niveau du département.

À L'ÉPREUVE DU CORONAVIRUS ET DU CONFINEMENT

Au printemps 2020, l'épidémie de Covid-19 appela brutalement à des décisions nouvelles et ramena des discussions fondamentales sur les sans-abri et sur les politiques menées dans leur direction [1]. Collectivités territoriales, associations, organismes de logement social, services de l'État ont assuré la bonne marche, autant que faire se pouvait, d'un système de prise en charge ajusté. Qu'il s'agisse d'aide alimentaire, d'équipes allant au-devant des sans-abri ou de gestionnaires de résidences sociales, la période appelait des adaptations.

Chacun a joué, au fond, sa partition habituelle. Les associations sonnent l'alarme. Les pouvoirs publics organisent. Les responsables politiques annoncent. La mobilisation administrativo-associative s'enclenche.

En quelques semaines, malgré les inévitables cafouillages et polémiques, l'action publique s'est engagée avec

1. Pour davantage de développements, voir Julien Damon, *Inconfinables ? Les sans-abri face au coronavirus*, La Tour d'Aigues, L'Aube, 2020.

force, recourant à une très large palette d'acteurs et de mesures. Une requête de systématisation de la réquisition de logements, demandée par certaines associations, a d'ailleurs été rejetée par le Conseil d'État début avril, arguant notamment du caractère très important de l'effort déjà déployé[1]. Plus globalement, le Conseil d'État souligne l'importance de la mobilisation administrative et son adaptabilité, par exemple avec la consigne donnée de ne procéder à aucune verbalisation des personnes sans-abri au titre des restrictions de déplacement liées au confinement.

Quelques ordres de grandeur montrent l'ampleur de ce qui a été débloqué. C'est environ un demi-milliard d'euros de crédits de l'État pour financer les efforts supplémentaires pour l'hébergement. Ceux-ci ont permis le fonctionnement d'une centaine de centres dédiés au confinement ou au « desserrement ». Plus de 20 000 chambres d'hôtel se sont ajoutées à une offre déjà conséquente. Quelques résidences universitaires et des internats scolaires, vides de leurs habitants habituels, ont pu être utilisés. Le déblocage de moyens a aussi permis le financement de kits et de chèques service distribués aux SDF dans les rues ou dans les bidonvilles afin d'acheter ou de disposer de produits essentiels.

Par ailleurs, pendant le confinement et avec la fermeture des frontières, une partie des flux, faits d'immigration irrégulière et de demandes d'asile, s'est tarie. La pression sur les services (numéro d'urgence 115 notamment) a fortement diminué. Tous les besoins n'ont certainement pas été satisfaits, mais la régulation a été grandement améliorée par les nouveaux apports en offre et par la limitation de fait des demandes.

1. Voir la décision en référé du 2 avril 2020, portant sur l'hébergement des personnes sans abri ou en habitat de fortune. Voir, en prolongement, la décision en référé du 9 avril sur les mesures pour les personnes en situation de précarité.

Au total, l'opération « mise à l'abri » a donc plutôt rencontré le succès, même si nombre de sans-abri sont restés dans les rues. Confinés, en quelque sorte, à l'extérieur, des sans-abri occupaient les rues désertées. Apparues sous un jour particulier, des rues ne semblaient, par endroits, plus peuplées que par des sans-abri. Des regroupements de tentes, des matelas, des duvets, des cartons avertissaient de la présence de ces citadins singuliers. Tout ceci était d'autant plus perceptible que ces présences et ces installations se détachaient plus nettement qu'à l'accoutumée.

Alors que l'effort pour traiter du confinement des sans-domicile a été particulièrement fourni, le maintien de la présence de sans-abri à la rue a quelquc chose d'embarrassant. Le problème constitue l'un des nœuds de la question SDF.

Il peut sembler paradoxal de parler d'abandon mais c'est bien de résignation, voire de renoncement qu'il s'agit. Paradoxe, car les dépenses publiques n'ont jamais été aussi abondantes et le souci d'aller vers les sans-abri jamais aussi prononcé. Pourtant, il reste toujours des sans-abri, visiblement les plus abîmés parmi les sans-domicile, qui font de la rue leur demeure, de l'espace public leur espace privé, aussi peu intime soit-il.

La période du confinement a montré qu'il était possible d'aller vite pour faire ce que l'on sait faire : abriter ceux qui le souhaitent et le peuvent. La question la plus importante pour l'avenir est de savoir que faire pour ceux qui ne souhaitent ni ne peuvent être hébergés. S'il s'agissait seulement d'un problème d'offre, ce serait simple. En réalité, le sujet majeur, aussi essentiel que malaisé, consiste à agir pour ceux qui ne recourent pas et ne désirent pas recourir à l'offre de prise en charge. C'est en leur direction que des innovations dans les années 1990, comme le Samu social, ont été déployées, justifiées précisément parce que les personnes visées étaient abandonnées. Une trentaine d'années et une crise sanitaire majeure plus tard, on peut raisonnablement soutenir que ces sans-abri, ressemblant à la figure historique du clochard, connaissent une nouvelle forme d'abandon. Répétons-le : jamais il n'a été autant fait pour l'ensemble des sans-domicile, jamais il n'a davantage été tenté, mais toujours demeurent à la rue ceux qui en théorie sont prioritairement ciblés.

Pour des personnes qui refuseraient un hébergement, la contrainte – avec des forces de police emmenant par la force – n'est pas bien vue, par les sans-abri eux-mêmes, par les passants et voisins habitués à cette présence. Le droit s'est totalement transformé en quelques décennies. Depuis 1994, vagabondage et mendicité ne sont plus des délits. Les occupations d'espaces publics et campements dans les rues sont certes interdits, mais les textes et la jurisprudence estiment qu'un campement et même une simple tente dressée depuis quelques jours peuvent être considérés en tant que domicile, avec les droits et protections associés pour l'intimité et la vie privée. Avocats et militants de la cause des sans-abri plaident en ce sens.

La question soulevée persiste. En période épidémique, sans consentement au confinement, que fait-on ? Plus largement, en période normale, sans consentement à l'hébergement, que fait-on ? Les bons esprits, prompts à privilégier l'action à la réflexion, diront qu'il n'y a dans ces remarques que circonlocutions intellectuelles inutiles. D'autres esprits, plus versés dans la défense des sans-abri, soutiendront que des refus doivent s'interpréter comme des manifestations de la liberté. D'autres encore, estimeront que les capacités d'appréciation sont altérées et qu'il convient d'agir. La question n'a en rien été tranchée ni même seulement traitée pendant le confinement du printemps 2020 ni pendant le reconfinement d'automne. Le sera-t-elle à l'occasion d'une autre circonstance ?

Avant-propos à la deuxième édition

La question SDF – cet ouvrage – a fêté, en 2012, ses dix ans. Son sujet est double. Il s'agit de traiter, concomitamment, d'un public, les SDF, et de l'action publique qui vise ce public. Pourquoi s'intéresser, sociologiquement, aux SDF ? Le problème, concrètement et quotidiennement, se croise sur les trottoirs, dans les transports en commun, dans les pages des journaux et sur les écrans de télévisions. L'essentiel tient dans le caractère non pas extraordinaire mais fondamental de l'ensemble des questions posées par la présence des SDF dans les espaces publics et sur l'agenda politique. En quelque sorte, la question SDF est un concentré (ou un condensé), d'une part, des problèmes sociaux, et, d'autre part, de l'évolution des politiques publiques. C'est sous ce double prisme que cet ouvrage a été bâti, pour produire des connaissances à la fois sur cette question singulière (au périmètre, au demeurant, assez large) et sur des problématiques plus courantes de transformations sociales et de mutations des politiques publiques.

LA QUESTION SDF : DÉCORTIQUER UNE ACTION PUBLIQUE

Issue d'une thèse de sociologie élaborée dans les années 1990, l'analyse a pu prendre quelques rides. Pour autant, raisonnements et conclusions s'amènent très valablement en des termes inchangés. *La question SDF* est datée sans pour autant vraiment dater. Le propos comprend, dans un premier temps, une fresque historique synthétique sur les problèmes pluriséculaires du vagabondage et de la mendicité, et leur traitement, d'abord sous l'angle pénal puis social. Il contient, ensuite, une analyse critique – une évaluation pourrait-on dire – des politiques publiques développées en direction des sans-abri, en France, de la fin des années 1970 au tournant du millénaire. Il propose, également, des éléments de description, de compréhension, d'appréciation d'un ensemble touffus de dispositions et dispositifs qui se sont accumulés au fil des années. Il fournit, enfin, des méthodes d'approche, des typologies et représentations graphiques (crobards et courbes) mises à l'épreuve de la confrontation avec la réalité et placées dans le débat public.

L'analyse s'engage dans un sillon théorique que les conclusions appellent à approfondir. La perspective, en l'occurrence, n'est pas forcément originale, en général. Elle s'avère, appliquée aux sujets de pauvreté et d'exclusion, plus singulière. En un mot, l'option choisie consiste à accorder le plus grand sérieux aux situations mais également aux raisons des individus en difficulté. Le point d'entrée vise à comprendre les raisons et motivations des bénéficiaires et opérateurs des politiques de prise en charge des sans-abri[1].

1. Pour une application systématique, notamment pour saisir les refus de prise en charge par certains sans-abri, voir J. Damon, « Les “bonnes” raisons des SDF », *Commentaire*, n° 125, 2009, p. 169-173.

L'ambition globale est de dépasser, par décorticage minutieux et par critique positive de l'action publique, idéologie, ignorance et inertie, trois « i » que l'on rencontre fréquemment lorsque l'on traite de lutte contre la pauvreté[1].

Les SDF demeurent, à certains égards, et malgré les efforts respectifs de la recherche et de l'intervention (publique ou privée), des questions. Il n'y a pas là énigmes insondables ni personnages incompréhensibles, mais bien des interrogations sur cette population et sur la validité des actions entreprises. L'ouvrage que le lecteur a entre les mains cherche à comprendre, à mettre en lumière et à proposer un cadre interprétatif. S'il est réédité c'est qu'il a rencontré un certain succès dont témoignent les citations et recensions, positives ou négatives, dont il a fait l'objet[2].

Au titre de la recherche universitaire *La question SDF*, au-delà de son objet particulier et de son propre propos, se veut aussi une réflexion sur la position du chercheur. Comme d'autres, nous soutenons que la « participation observante »[3] est l'une des voies les plus utiles pour observer, comprendre, analyser, restituer. En termes de connaissance, *La question SDF* se veut contribution à une meilleure compréhension des évolutions de l'État-

1. Ce sont les trois « i » dont les économistes Banerjee et Duflo, qui appellent eux aussi à s'intéresser d'abord aux bonnes raisons des plus pauvres, répètent qu'ils sont à l'origine des échecs du développement. A.V. Banerjee, E. Duflo, *Poor Economics. A Radical Rethinking of the Way to Fight Global Poverty*, New York, Public Affairs, 2011.

2. Le savoir académique et scientifique fonctionnant par confrontation et réfutation, il semble convenable de signaler des ouvrages critiques (parfois même très critiques) à l'égard de *La question SDF*. Le lecteur soucieux de valider ou d'invalider pourra se reporter, notamment, à P. Noblet, *Pourquoi les SDF restent dans la rue ?* (La Tour d'Aigues, Éditions de l'Aube, 2010), S. Rullac, *Le péril SDF : Assister et punir* (Paris, L'Harmattan, 2008) et à P. Gaboriau et D. Terrolle, *SDF : Critique du prêt-à-penser* (Toulouse, Privat, 2007).

3. Voir, en particulier, D. Schnapper, *Une sociologue au Conseil constitutionnel*, Paris, Gallimard, 2010.

providence à la française. Les incursions comparatives, avec la situation et la sociologie américaines, autorisent des mises en perspective, des reculs et des apports de savoir issus d'un autre contexte.

L'ouvrage se veut aussi une contribution à l'analyse, plus globale, des évolutions de l'action publique, par exemple sur son versant budgétaire [1], et, plus globalement, dans sa dimension dite partenariale [2]. On peut l'ouvrir, le parcourir, le lire parce que l'on s'enquiert des SDF, mais aussi, plus globalement, parce que l'on s'intéresse aux politiques sociales et, plus largement, aux politiques publiques. Parce que l'idée force en est de « décortiquer » une action publique, sa portée tient aussi dans son approche et ses méthodes d'analyse, de critique, d'évaluation.

CHANGEMENTS ET PERMANENCES SUR LA DÉCENNIE 2000

Le contexte de la question SDF a, pendant la décennie 2000, évolué, avec des changements, parfois substantiels, mais sans rupture radicale dans les orientations suivies depuis le début des années 1980. La prise en charge des SDF aura vécu, en dix ans, le passage à l'Euro, la mise en œuvre de la LOLF (Loi organique relative aux lois de finances), la création du droit au logement opposable (DALO) et même d'un droit à l'hébergement opposable (DAHO), la décentralisation du RMI puis sa transformation en RSA, le lancement d'une orientation « logement d'abord ». Des virages sont notables dans les

1. On se permet, sur ce point, et en prolongement, de renvoyer à J. Damon, « L'"urgence sociale" au prisme de sa ligne budgétaire. Autour du "47.21" », *Revue française des affaires sociales*, vol. 55, nº 1, 2001, p. 13-35.

2. Et sur cet autre point, voir J. Damon, « Partenariat et politiques sociales », *Revue de droit sanitaire et social*, vol. 45, nº 1, 2009, p. 149-162.

propositions et constructions attachées aux politiques publiques de lutte contre la pauvreté[1]. Mais il n'y a pas, pour autant, dans le cas spécifique des sans-abri, de changement de direction.

Au sujet précis des sans-abri, de multiples plans se sont succédés jusqu'à une stratégie dite de « refondation » entreprise à partir de 2008. Bien des transformations donc, mais qui ne sont pas des mutations et qui sont souvent des confirmations de ce qui était décrit et déjà inscrit dans le sentier (comme disent les spécialistes de politique publique) suivi par l'action publique de lutte contre la pauvreté.

De façon quasi rituelle, il existe même un certain cycle, dont l'épure est mise au jour dans l'ouvrage, consistant, chaque année, à voir annoncées l'augmentation des problèmes et la diminution des moyens affectés aux politiques. Les polémiques, sans avoir chaque fois la même intensité, ont la même consistance. Or, si rien ne permet de mesurer précisément l'évolution des problèmes, il est incontestable que les moyens déployés n'ont fait que s'accroître.

La dynamique aura été, sur ces années, à une consolidation du complexe bureaucratico-assistanciel (le système qu'agencent les pouvoirs publics et les associations) que ces pages caractérisent. La dépendance mutuelle des pouvoirs publics et du secteur associatif s'est renforcée. Les moyens financiers engagés ont été largement abondés. Si l'on s'en tient à ce qui est spécifiquement dépensé par l'État pour la prise en charge des SDF, on était à moins de 500 millions d'Euros en 1999, pour largement plus d'un milliard en 2010. Et si on raisonnait en prenant en

1. Sur ces changements, leur nature, leurs bases et leur contexte, voir les chroniques de M. Hirsch, *Secrets de fabrication*, Paris, Grasset, 2010, et, plus précisément sur les SDF, son long article dans *Le Monde*, « Ce que j'ai à dire sur les sans-domicile-fixe » (2 décembre 2008).

considération l'évolution du périmètre budgétaire liée aux évolutions des dispositions (apparition de la Couverture maladie universelle, séparation entre Centres d'hébergement et de réadaptation sociale – CHRS et Centres d'accueil pour demandeurs d'asile – CADA –), on afficherait des chiffres beaucoup plus importants.

En fait, pour « traiter » la question SDF, d'abord sur le registre des coûts, il faut peut-être un peu de simplicité. La simplicité passerait par la distinction de deux problèmes différents. Le premier est celui du mal-logement. Le deuxième est celui des personnes visiblement à la rue depuis longtemps. Le premier concerne un nombre très important de ménages dans des situations très différentes (plus de 3 millions de personnes)[1]. Le deuxième ne concerne que quelques milliers de personnes dans les grandes villes. À considérer même que le nombre de personnes différentes qui, sur une année, se trouveraient plusieurs nuits de suite visiblement à la rue dépassait 50 000, il faut avoir à l'esprit que la dépense par individu est considérable. En effet, en prenant cette estimation de la population au dénominateur et en prenant au numérateur les un ou deux milliards d'euros publics (dépenses de l'État, des collectivités territoriales, et des caisses de Sécurité sociale) consacrés à l'accueil et au traitement « en urgence » de cette population, ce sont donc bien plusieurs milliers d'euros qui sont mensuellement dépensés par SDF à la rue. La dépense est élevée. Elle n'est en rien choquante car l'intervention sociale, en conditions extrêmes, est naturellement coûteuse[2]. Il est toutefois loin d'être

1. Ce chiffre de plus de 3 millions de « mal-logés », dans des situations très variables, est avancé par la Fondation abbé Pierre et, globalement, corroboré par l'INSEE. Voir « Être sans domicile, avoir des conditions de logement difficiles », *INSEE Première*, n° 1330, janvier 2011.

2. Le sujet des coûts de cette prise en charge, mais aussi de ses bénéfices, dans une optique de rationalisation des choix budgétaire est plutôt sensible. Voir notre tribune « 1.875 euros mensuels de dépense

assuré que cette dépense soit aujourd'hui la plus efficiente. Ce constat est largement partagé dans son contenu, même si les volumes, effectifs et enveloppes budgétaires concernés demeurent sujets d'oppositions.

Pour avoir une vue d'ensemble de la décennie 2000, mettant de côté la chronique détaillée des annonces et réalisations, il est judicieux de passer par les raisonnements contenus dans le livre. Celui-ci débute par la mise en avant des variables historiques de la prise en charge des SDF. Et celles-ci sont toujours valables [1].

Définitions et statistiques sur les SDF font toujours l'objet de débats et polémiques. On relève sempiternellement des interrogations sur les profils, frontières et dimensions de la population SDF. De grands progrès dans les méthodes de dénombrement et dans caractérisation de la population ont cependant été réalisés, à partir d'enquêtes françaises [2], mais aussi à l'échelle européenne. Reste que « le » nombre de SDF, à l'échelle nationale française comme aux échelles locales, est encore totalement inconnu. Surtout, aucun accord définitif sur les définitions et les méthodes de collecte n'a pu nourrir un système d'information efficace. Le flou reste de mise, et les estimations les plus diverses cohabitent même si

publique par SDF » (*Les Échos*, 10 mars 2008) et la réponse de N. Maestracci et J.-M. Delarue, « Non, les SDF ne coûtent pas cher ! » (*Les Échos*, 27 mars 2008).

1. Pour des développements sur ces variables, voir J. Damon, « Cinq variables historiques caractéristiques de la prise en charge des "SDF" », *Déviance et société*, vol. 27, n° 1, 2003, p. 25-42.

2. Voir les analyses, enquêtes et résultats à partir des travaux de l'INED et de l'INSEE sur les « sans-domicile », disponibles sur les sites www.ined.fr, www.insee.fr. Sur ces travaux signalons, d'abord, un ouvrage de synthèse : C. Brousse, M. Marpsat, J-M. Firdion, *Les sans-domicile*, Paris, La Découverte, 2008. Les lecteurs les plus intéressés liront les articles, issus directement des enquêtes, publiés dans le numéro spécial de *Économie et Statistique* (« Sans domicile », n° 391-392, 2006) et, en synthèse, le *INSEE Première* « Être sans domicile, avoir des conditions de logement difficiles. La situation dans les années 2000 » (n° 1330, 2011).

dans des intervalles qui se sont resserrés. On ne trouve plus d'estimations nationales d'un nombre de sans-abri entre 400 et 800 000 individus. Plus raisonnablement, le nombre de « sans-domicile » (personnes étant à la rue ou bien vivant dans des centres pour personnes qui sinon seraient à la rue) oscille entre quelques milliers (pour les personnes totalement à la rue) et 250 000 (dernières annonces associatives, début 2012, pour l'ensemble des sans-domicile)[1].

Sur le plan de la « dualité de la pauvreté », qu'il s'agisse de nos opinions individuelles ou des orientations de l'action publique, la décennie a certainement connu des mouvements. La pauvreté et les pauvres sont, néanmoins, inlassablement appréciés de façon duale, entre les méritants (supposés tels) et les autres. Au sujet précis des sans-abri, on a pu voir naître une distinction plus précise, dans les appréciations, les textes et les organisations, entre les personnes sans-abri en situation régulière sur le territoire et les sans-papiers fréquentant des établissements qui, en théorie, sont d'accueil inconditionnel. La question européenne des Roms a, par ailleurs, pris, au cours des années 2000, une place plus grande, et tout à fait sensible, sur l'agenda politique.

Les oscillations entre l'hostilité et l'hospitalité, entre politiques sociales et coercitives, se sont poursuivies. Alors que l'État a toujours davantage dégagé de res-

1. Autre perspective : d'enquêtes en population générale (c'est-à-dire auprès de toutes les personnes vivant en France), il ressort que 2 500 000 personnes ayant en 2006 un logement personnel déclarent en avoir été privées au moins une fois dans le passé : 78 % ont été hébergées par un tiers, 14 % dans un service d'hébergement, 11 % ont dormi dans un lieu non prévu pour l'habitation. 540 000 personnes (1 % de la population) déclarent donc avoir connu la rue ou les services d'hébergement. Voir M. Marpsat, G. de Peretti, « Une personne sur vingt s'est retrouvée sans logement personnel au cours de sa vie », *INSEE Première*, n° 1225, février 2009. La question SDF est loin d'être un seul problème de stock à résorber. C'est principalement un sujet de flux à traiter.

sources pour financer et rénover l'accueil, l'hébergement et le logement des sans-abri, de nouveaux articles sont venus, dans le Code pénal, condamner l'exploitation de la mendicité. Soyons clairs : la mendicité, en soi, demeure dépénalisée, mais son exploitation (en particulier lorsqu'il s'agit d'obligation de mineurs à exercer cette activité) est condamnée. Ces textes sont, en réalité, peu appliqués. Et les maires ont continué à prendre des arrêtés pour interdire la mendicité dans certains quartiers et à certains moments. Des villes aussi importantes que Marseille et Paris (par l'entremise de la Préfecture de Police) ont pris de telles dispositions, relançant le perpétuel débat sur ce qu'il est légitime et efficace de faire face aux mendiants.

La coopération difficile et instable des collectivités territoriales persiste. La décennie 2000 a connu, sur ce point, l'approfondissement de l'ouverture des frontières européennes. Il en ressort que les seuls modes nationaux d'intervention ne sont plus vraiment adaptés à une mobilité de la pauvreté qui n'est plus celle des siècles passés. Les cadres d'analyse et d'action ne sauraient se limiter aux interventions locales ni aux insuffisantes capacités de coordination régionale et nationale. La question des sans-abri est aujourd'hui pleinement une question à la fois locale et européenne, ce qui invite à revoir, dans une optique pleinement européenne, les dispositifs de prise en charge, qu'il s'agisse d'instruments génériques (comme les systèmes d'aide sociale) ou spécifiques (comme les centres d'hébergement), qu'il s'agisse encore des législations relatives à la gestion des incivilités dans l'espace public ou à l'affirmation progressive du droit au logement. Parallèlement, le développement de politiques répressives dans certains pays de l'Union européenne, en Hongrie début 2012 par exemple, invite concrètement à réexaminer la prise en charge des sans-abri avec un œil européen, car les États sont désormais, comme les paroisses l'étaient au Moyen Age, légitimement inquiets de ce que font les autres. Vont-ils accueillir ou repousser? De leurs décisions dépendent maintenant les situations nationales, en particulier dans les pays généreux et tolérants (quoi que l'on en dise) comme la France.

Le défi de la coordination des acteurs est rendu plus difficile avec la décentralisation croissante mais non achevée des prérogatives sociales, en particulier vers un département qualifié lui-aussi de providence. De tout ceci il résulte que le jeu de ping-pong et le jeu de l'oie, présentés, à la fin de ce livre, comme effets du ciblage et du partenariat, sont aussi d'actualité. Les mots et dispositifs ont évolué. Toutefois, les effets collectifs des logiques générales de ciblage toujours plus précis sur les sans-abri et de bricolage par accumulation des dispositions conservent la même nature et la même logique.

Au-delà de ces cinq variables, l'attention aura été appelée de plus en plus souvent, au cours de la décennie 2000, sur l'efficience de l'action. Soucieux des évolutions parallèles des dépenses et des problèmes annoncés (chaque année la situation empirerait), les responsables politiques ont ainsi saisi des corps d'inspection et d'expertise pour réaliser l'évaluation de l'action publique en direction des sans-abri[1].

1. Dans la production administrative récente, on signalera le Rapport public thématique de la Cour des Comptes sur *Les personnes sans domicile* (2007), le rapport annuel du Conseil d'État sur le thème *Droit au logement, droit du logement* (2009), celui de l'Inspection générale des Affaires sociales consacré à *L'hébergement et l'accès au logement* (2009), ou encore le rapport d'évaluation, rendu par la Cour des Comptes au président de l'Assemblée nationale, sur *La politique publique de l'hébergement des personnes sans domicile* (2011).

LE COMPLEXE BUREAUCRATICO-ASSISTANCIEL CONSOLIDÉ

Une bonne façon de parcourir la décennie 2000 en ce qui concerne l'action publique en direction des sans-abri, permettant de souligner la consolidation du complexe bureaucratico-assistanciel, la poursuite des logiques à l'œuvre, consiste à actualiser le graphique 10 du livre (p. 191).

Au-delà des prestations sociales, la complexité se niche dans les organisations et dans la « gouvernance » des politiques de lutte contre l'exclusion. À la question « qui est responsable ? », la réponse, à la française, est « voir bibliographie »[1]… L'État demeure compétent pour les SDF et les demandeurs d'asile. Mais les régions investissent et programment. Les départements sont dits « têtes de file » de l'action sociale. Les villes gèrent des équipements, et, surtout, les demandes et problèmes des habitants. Les associations, pour certaines d'entre-elles subventionnées à 100 % par des fonds publics, sont devenues gestionnaires et prestataires de politiques publiques, qu'elles critiquent largement par ailleurs. Le paysage, en un mot, est bigarré. Sur un plan précis, celui de la cohérence locale – ici départementale – des opérations, on peut montrer par cette représentation graphique parlante ce qu'il en est de la complexité (inutilement) grandissante des politiques de lutte contre l'exclusion.

1. Pour se nourrir, dans une perspective élargie, des évolutions juridiques et institutionnelles relatives aux politiques de lutte contre la pauvreté, au cours des années 2000, il faut se plonger dans la septième édition du traité de M. Borgetto et R. Lafore, *Droit de l'aide et de l'action sociales* (Paris, Montchrestien, 2009).

La bureaucratisation de la lutte contre l'exclusion :
représentation simplifiée à l'échelle départementale (1985-2010)

1985	1990	1995	2000	2005	2010
					CCAPEX Commissions spécialisées de coordination des actions de prévention des expulsions locatives
				Pôle d'accueil en réseau pour l'accès aux droits sociaux (PARADS)	Plan départemental d'accueil, d'hébergement et d'insertion (PDHAI)
			Schéma de l'accueil, de l'hébergement et de l'insertion	Commission départementale de la cohésion sociale	SIAO Service intégré de l'accueil, de l'évaluation et de l'orientation
			Commission de l'action sociale d'urgence (CASU)	Schéma de l'accueil, de l'hébergement et de l'insertion	Pôle d'accueil en réseau pour l'accès aux droits sociaux (PARADS)
			Comité départemental de coordination des politiques de prévention et de lutte contre les exclusions	Comité départemental de coordination des politiques de prévention et de lutte contre les exclusions	Commission départementale de la cohésion sociale
			CDAD Conseil départemental de l'accès au droit	CDAD Conseil départemental de l'accès au droit	Commission de médiation départementale pour le droit au logement
		PDHU Plan départemental pour l'hébergement d'urgence	PDHU Plan départemental pour l'hébergement d'urgence	PDHU Plan départemental pour l'hébergement d'urgence	CDAD Conseil départemental de l'accès au droit
		Schémas d'accès aux soins	Schémas d'accès aux soins	Schémas d'accès aux soins	Comité départemental de coordination des politiques de prévention et de lutte contre les exclusions
	Schémas CHRS	Schémas CHRS	Schémas CHRS	Schémas CHRS	Schémas d'accès aux soins
	PDALD Programme départemental d'actions pour le logement des défavorisés	PDALD Programme départemental d'actions pour le logement des défavorisés	PDALD Programme départemental d'actions pour le logement des défavorisés	PDALD Programme départemental d'actions pour le logement des défavorisés	PDALD Programme départemental d'actions pour le logement des défavorisés
	PDI Programme départemental d'insertion	PDI Programme départemental d'insertion	PDI Programme départemental d'insertion	PDI Programme départemental d'insertion	PDI Programme départemental d'insertion
Cellule « pauvreté/précarité »	Cellule « pauvreté/précarité »	Cellule « pauvreté/précarité »	Cellule « pauvreté/précarité »	Cellule « pauvreté/précarité »	Cellule « pauvreté/précarité »

Le principe est de dessiner, à l'échelle des départements, l'accumulation des dispositifs, plans, schémas et programmes de coordination des pouvoirs publics. On assiste, depuis le début des années 1980, à une superposition d'instances, caractéristique des politiques territoriales de lutte contre l'exclusion. Ces instances qui visent une plus grande concertation, permettent au moins des contacts plus fréquents et des discussions répétées, impliquant les mêmes personnes, se croisant aux mêmes endroits.

Bien entendu le schéma n'est pas valable dans tous les départements, car, localement, tout s'ajuste. Par ailleurs, dans cette progression de la bureaucratisation de la coordination, certaines commissions, comme les Commission d'action sociale d'urgence (CASU), sorte de « guichet unique » pour le traitement des droits sociaux, ont été supprimées. Elles ont été remplacées en 2005, par les Pôle d'accueil en réseau pour l'accès aux droits sociaux (PARADS), des « guichets uniques » départementaux d'accueil et d'information relatifs aux droits sociaux... Une ordonnance du 1er juillet 2004 a voulu simplifier et réduire, en général, le nombre de commissions administratives. Elle a institué la commission départementale de cohésion sociale...

Le schéma s'actualise tous les cinq ans, intégrant les réformes, révisions (parfois seulement un changement de dénomination), nouvelles créations. Les dernières en date sont issues des dispositions relatives au Droit au logement opposable (DALO), et à la mise en œuvre, depuis 2008, d'une stratégie de « refondation » de la politique de prise en charge des sans-abri créant, notamment, des « services intégrés de l'accueil, de l'évaluation et de l'orientation » (SIAO). Le résultat graphique est saisissant.

OBJECTIF « ZÉRO SDF » ET DALO

Parmi les développements marquants des années 2000, soulignons le débat autour de l'objectif « zéro SDF » et, construction législative importante, la création du droit au logement opposable (le DALO).

La compassion, réveillée chaque hiver, a permis, depuis le début des années 1980, la constitution d'un système de prise en charge dont l'objectif, immatériel, est de lutter contre l'exclusion et, plus précisément, contre la « grande » exclusion. Il y a là une sorte d'obligation, morale, de moyens que se donne la collectivité. Une perspective, alternative, est de se donner un objectif de résultat. Ce pourrait être « zéro SDF »[1].

L'objectif « zéro SDF d'ici à 2007 » évoqué par le candidat Lionel Jospin au printemps 2002 comme l'un des axes de son programme présidentiel a donné lieu à de vives réserves et à une polémique insolite. Le mot d'ordre a été jugé simpliste, maladroit et, surtout, utopique. L'idée avait pourtant déjà été exprimée en 1997 par Laurent Fabius alors Président de l'Assemblée nationale. Elle s'inspirait également d'une proposition du premier ministre anglais Tony Blair réélu en 2001. Le candidat Nicolas Sarkozy l'a, plus tard, évoqué pendant la campagne présidentielle de 2007.

Cette idée, correspondant au fond à l'objectif général d'éradication de l'exclusion, soutenue par toutes les grandes associations, a été très critiquée. Elle a pourtant sa validité, ne serait-ce qu'en termes de mobilisation. Il est probable qu'il restera toujours, comme dans tout pays

1. Pour davantage d'observations et propositions, voir J. Damon, « Zéro SDF : un objectif souhaitable et atteignable », *Droit social*, n° 3, 2008, p. 349-359.

développé non totalitaire, des gens à la rue. Mais il est préférable pour les finances publiques et pour le débat public de se donner des objectifs quantifiés et, partant, évaluables. C'est la logique même de la réforme des lois de finance (LOLF), obligeant désormais l'action publique à fonctionner sur une logique objectifs/résultats.

L'objectif « zéro SDF », avec sa dose d'ambiguïté – mais n'est-ce pas là le lot de toute politique publique ? – est plus clair et plus évaluable que le seul affichage de moyens supplémentaires. Il faut certainement se méfier du risque de glissements liberticides car un slogan mobilisateur comme « zéro SDF » ne doit pas seulement traiter de la présence des sans-abri dans l'espace public (qu'il s'agirait seulement de déloger, voire d'enfermer), mais bien de la prévention et de la prise en charge sociale efficace de situations indignes.

Sans être aussi explicite, c'est cette ambition « zéro SDF » qui était à l'esprit des responsables de la plus importante mobilisation associative des années 2000, celle des « enfants de Don Quichotte » sur le canal Saint Martin ou en face de Notre-Dame à Paris. Par l'implantation de tentes dans les rues de la capitale, et dans quelques autres grandes villes, ces entrepreneurs de politique (tels que les nomme la sociologie) ont remis le sujet du droit au logement en avant. Et ils sont à l'origine du vote de l'opposabilité d'un tel droit. Pour autant – et c'est l'une des démonstrations contenues dans *La question SDF* – le DALO peut n'avoir qu'un impact marginal sur le sujet qu'il veut régler.

En effet, l'attente au sujet du DALO est trop grande lorsqu'on s'intéresse aux personnes effectivement à la rue. La mise en place progressive de ce droit vise à ce que personne ne vive dehors. Or les personnes qui vivent dehors depuis longtemps sont les plus éloignées du logement et en refusent, très souvent, la perspective immédiate. Par ailleurs, que tout le monde puisse véritablement disposer d'un logement n'empêche en rien que certaines personnes se livrent à des activités (mendicité notamment) les désignant implicitement ou explicitement comme sans-abri.

Il est dès lors possible qu'un droit au logement opposable, avec suffisamment de logements, n'ait en définitive qu'un faible impact sur la visibilité du problème des sans-abri, car ceux qui sont les plus visibles, refusant les logements, seraient toujours à la rue, et il y aurait par ailleurs encore des personnes dans la rue se présentant comme SDF[1]. Assurément des dispositions telles que celles contenues dans la loi sur le DALO ont une dimension préventive. Mais dans l'action de réparation, de prise en charge de ceux qui sont passés à travers les filets de la prévention, le DALO n'est pas la solution. En tout cas il ne peut résoudre la question SDF.

Si l'amélioration de la politique du logement a son importance pour les mal-logés elle n'a probablement pas d'impact immédiat sur les sans-abri à la rue. Il faut donc envisager d'autres voies et moyens pour atteindre un objectif « zéro SDF ». Avant de présenter quelques voies et moyens possibles, insistons sur la perspective européenne.

PERSPECTIVE EUROPÉENNE[2]

La question des sans-abri s'est peu à peu imposée sur l'agenda politique européen. Dans le cadre des politiques

1. La démonstration de ce point par l'économiste américain B. O'Flaherty, dégagé des contingences et controverses françaises, est éclatante : *Making Room. Economics of Homelessness*, Cambridge, Harvard University Press, 1996.

2. On s'inspire ici d'un rapport remis au ministre français du Logement en avril 2009. Voir J. Damon, « Les politiques de prise en charge des sans-abri dans l'Union européenne », Rapport au ministre du Logement, Paris, avril 2009, disponible notamment sur www.julien-damon.com. Voir également J. Damon, « Pour une agence européenne en faveur des sans-abri », *Revue de droit sanitaire et social*, vol. 43, nº 5, 2007, p. 887-895.

européennes dites d'« inclusion sociale », incarnées par une méthode ouverte de coordination (MOC), les sans-abri (dépourvus de définition communautaire) sont considérés comme l'expression d'une des formes les plus graves de la pauvreté et de l'exclusion sociale. À ce titre, ils font l'objet d'une attention chaque année plus soutenue, de la part des opinions et des autorités même si elle s'exprime via un investissement différent selon les pays.

Les écarts sont gigantesques, qu'il s'agisse de l'ampleur des problèmes et des réponses qui leur sont apportées ou des principes motivant l'action – ou l'inaction –, des moyens engagés, des règles juridiques en usage. Si ce phénomène se présente sous des formes extrêmement variables dans les pays de l'Union, s'il suscite des réactions variées (hostiles ou hospitalières) et si le problème ne semble au premier abord nullement relever de la compétence communautaire, il n'en demeure pas moins que la présence de sans-abri dans les villes est une des plus graves manifestations des phénomènes d'exclusion sociale, intéressant au premier chef les collectivités territoriales, mais également les États. Cette problématique qui mêle insécurité, pauvreté, et mobilité concerne de plus en plus l'Union elle-même. C'est aussi à ce niveau, on l'a déjà signalé, que se joue maintenant le jeu de ping-pong.

Il y a là une dynamique historique en cours qu'un rapide détour, détaillé dans *La question* SDF, éclaire d'un jour important. Le traitement du vagabondage et de la mendicité a été un moteur de l'avènement des politiques sociales et pénales en Occident. Historiquement, pour dépasser l'incapacité des collectivités locales à gérer collectivement la présence de sans-abri, plus ou moins inquiétante, il a fallu des interventions régionales, puis nationales permettant l'affirmation des États. Aujourd'hui, dans une Union européenne aux frontières ouvertes, la nouvelle échelle de la gestion de la question des sans-abri est indubitablement communautaire[1]. Ce sont maintenant, à certains égards, plus les villes et l'Union que les régions et les États qui ont la capacité d'agir (à défaut, pour le moment, des bases juridiques pour le faire).

Toujours au plan européen, les connaissances et les échanges se renforcent entre les États membres, notamment grâce aux associations de soutien aux sans-abri et aux experts qui font partie à la Fédération européenne des associations nationales travaillant avec les sans-abri (FEANTSA), avec le soutien de la Commission, pour réaliser un travail conséquent d'information et de comparaison internationale[2].

Signalons quelques dates récentes qui jalonnent la montée en puissance, politique et technique de la prise en compte du problème du sans-abrisme à l'échelle de l'Union. En 2008, le Parlement européen a adopté une déclaration écrite en vue de « mettre fin au sans-abrisme » d'ici à 2015. En 2009, le sans-abrisme et l'exclusion du logement sont devenus l'un des thèmes de travail du Comité de la protection sociale au sein de la Commission. En 2010, « année européenne de lutte contre la pauvreté et l'exclusion sociale », la problématique des sans-abri a fait l'objet d'une Conférence de consensus (dont le principe est utile, ne serait-ce qu'en raison de l'importance des dissensions sur la question). En décembre 2010, le Parlement européen a adopté une nouvelle déclaration écrite multipartite demandant à l'Union de développer une stratégie ambitieuse en faveur des personnes sans

1. On s'appuie sur les travaux, qui ont beaucoup inspiré *La question SDF*, d'A. de Swaan, *Sous l'aile protectrice de l'État*, Paris, Puf, 1995 (1988).

2. Créée en 1989 et soutenue par la Commission, la FEANTSA se compose d'une centaine d'organisations dans trente pays européens, dont les vingt-sept États membres de l'Union. Elle produit régulièrement des documents qui présentent les résultats d'échanges transnationaux. Ses rapports sont disponibles sur le site www.feantsa.org.

domicile et d'aider les États membres à mettre un terme au sans-abrisme.

Pour ce qui relève des politiques et des stratégies nationales, de l'offre et des moyens des services, les situations diffèrent radicalement. Des États membres du Sud (la Grèce) ou issus de l'ex-bloc soviétique ne proposent – en termes de politique publique – rien ou presque. Des États présentant un haut niveau de protection sociale (Finlande, Suède, Danemark) soutiennent des stratégies très élaborées, comprenant objectifs chiffrés, répertoires locaux et nationaux des services, formation des travailleurs sociaux, communication auprès de la population. Des pays de tradition philosophique plus libérale, mais dont le système d'État providence est ciblé sur les plus pauvres, développent également une action publique très organisée. C'est en particulier le cas au Royaume-Uni.

En matière d'opinions relatives aux sans-abri (situation des personnes, causes envisagées, risque de connaître soi-même le problème), les écarts sont importants entre les pays. Les résultats des enquêtes comparatives singularisent très nettement la France (un des pays parmi les plus tolérants et les plus innovants sur ces questions).

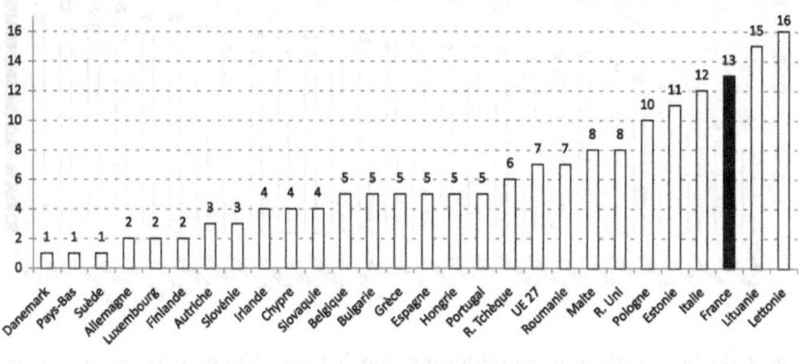

Part de la population considérant pouvoir devenir un jour sans-abri (en %)

Source : Eurobaromètre spécial, n° 279, « Poverty and Exclusion », 2007

Au sujet du risque de devenir un jour sans-abri, 13 % des Français exprimaient, en 2007, leurs craintes. Seuls deux pays baltes affichaient un niveau d'appréhension plus élevé.

La supputation des causes du sans-abrisme différencie également clairement les pays. Les explications du phénomène sans-abri sont diverses. Elles reposent sur des convictions et des observations personnelles. Interrogés sur les « principales » raisons (contenues dans une liste) qui peuvent conduire à la rue, les habitants de l'Union affichent des différences saisissantes. Dans certains pays (Pays-Bas, Suède, Danemark), les divers problèmes d'addiction figurent en bonne place dans ces explications. Dans d'autres (Grèce, Hongrie, Allemagne), c'est le chômage qui est érigé en cause importante du sans-abrisme. Une autre série de pays (Italie, Roumanie, Belgique) insistent d'abord sur les problèmes d'accès au logement.

Les Français sont au tout premier rang en ce qui concerne les explications structurelles (par les marchés de l'emploi et du logement) et au tout dernier rang pour ce qui relève des explications personnelles (l'addiction à la drogue ou à l'alcool).

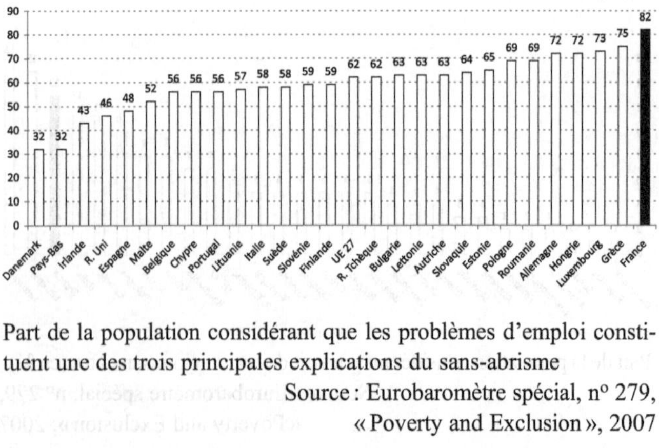

Part de la population considérant que les problèmes d'emploi constituent une des trois principales explications du sans-abrisme

Source : Eurobaromètre spécial, n° 279, « Poverty and Exclusion », 2007

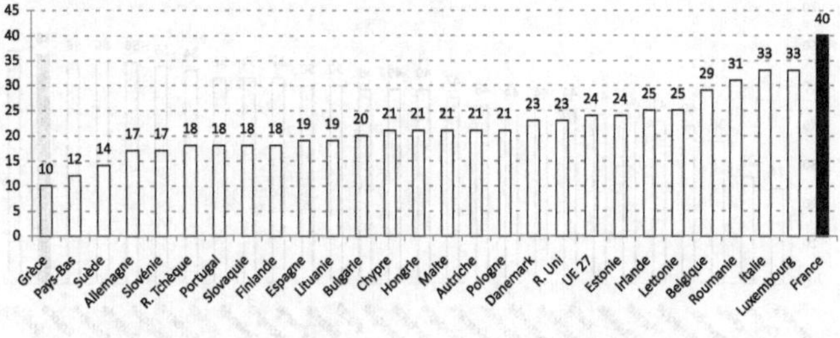

Part de la population considérant que les problèmes de logement constituent une des trois principales explications du sans-abrisme

Source : Eurobaromètre spécial, n° 279, « Poverty and Exclusion », 2007

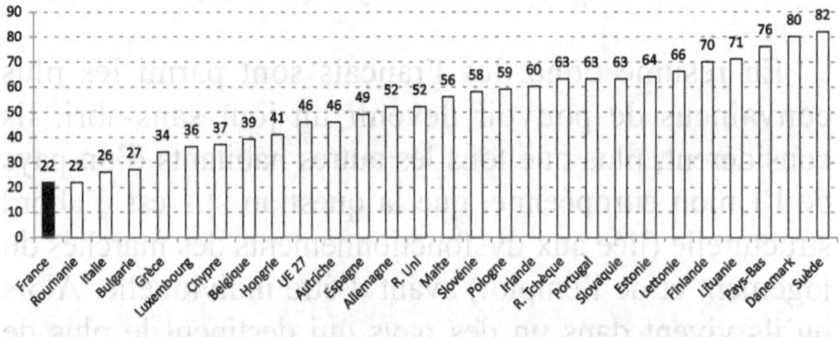

Part de la population considérant que les problèmes d'addiction – drogue, alcool – constituent une des trois principales explications du sans-abrisme (en %)

Source : Eurobaromètre spécial, n° 279, « Poverty and Exclusion », 2007

Dernière remarque, à partir des données d'opinion européennes, les Français se distinguent à nouveau avec la part de la population qui considère que le gouvernement ne fait pas grand chose pour aider les sans-abri. En l'espèce, en 2010, la France se situe au deuxième rang, derrière la Suède. Pourtant le pays est certainement l'un de ceux, sinon celui, qui consacre le plus de ressources, à l'échelle nationale, à la prise en charge des sans-abri.

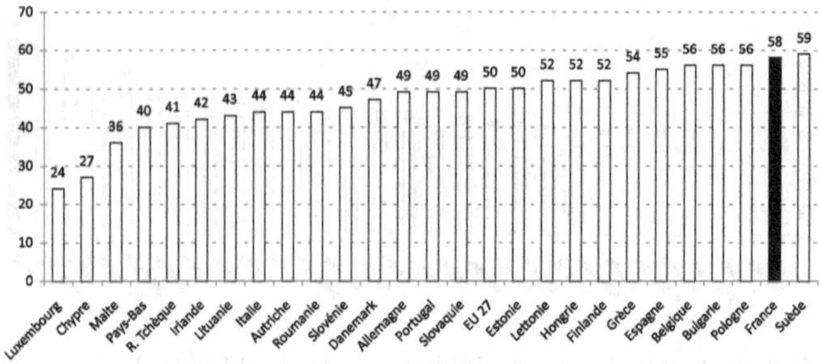

Part de la population estimant que le gouvernement ne dépense pas beaucoup pour aider les personnes sans abri

Source : Eurobaromètre, n° 74.1, « Poverty and Social Exclusion », 2011

En résumé donc, les Français sont parmi les plus convaincus de pouvoir devenir un jour sans-abri. Ils considèrent, plus que tous les autres habitants d'un pays de l'Union européenne, que la question SDF est d'abord structurelle (liée aux dysfonctionnements des marchés du logement et de l'emploi) avant d'être individuelle. Alors qu'ils vivent dans un des pays qui destinent le plus de ressources au traitement du problème, ils comptent parmi ceux qui estiment que l'effort n'est pas conséquent. En un mot, la question SDF, en France, est abordée de façon bien singulière par rapport aux autres États membres, ceci alors que les ouvertures et interdépendances sont accrues.

CINQ RECOMMANDATIONS

Quels liens établir entre la science et l'action ? Cet ouvrage fait bien la différence, dans la suite des recommandations classiques de Max Weber, entre les deux sphères. Il fournit, d'abord, du savoir. Mais il avance aussi des recommandations et suggestions finales. La position d'Émile Durkheim sur ce sujet éternellement discuté des distinctions entre l'expertise savante et le conseil est fameuse. Puisque nous y adhérons, rappelons-la. Dans sa préface à *De la division du travail social* (1893), le sociologue français a pris une position limpide (ce qui, soit dit en passant permet de signaler que les préfaces servent à quelque chose) : « Nous estimerions que nos recherches ne méritent pas une heure de peine si elles ne devaient avoir qu'un intérêt spéculatif. Si nous séparons avec soin les problèmes théoriques des problèmes pratiques, ce n'est pas pour négliger ces derniers : c'est, au contraire, pour nous mettre en état de les mieux résoudre »[1]. On ne saurait faire des propositions pour résoudre en totalité la question SDF, l'ambition serait insensée. En revanche on peut certainement améliorer le système de prise en charge.

Les recommandations, proposition, suggestions, portent sur deux échelles, la France et l'Union européenne. Elles s'appuient sur une conviction selon laquelle ce ne sont plus les États membres qui isolément, en particulier dans l'espace Schengen, peuvent efficacement agir. L'implication accrue de l'échelon communautaire est rendue nécessaire par l'effacement des frontières et par la nécessité de mettre en œuvre les valeurs de l'Union en ce qui concerne notamment des normes minimales de dignité d'accueil. Ces recommandations, qui ne sont pas instruites dans le détail, sont résolument volontaristes. Ceci semble nécessaire pour vraiment améliorer la situation des gens et des politiques en France, et dans l'Union. Le changement ne passera pas par le consensus absolu, mais peut-être par des débats sérieux sur des options neuves.

1. Signalons que cette formulation célèbre, résumée en « Une heure de peine… », est même devenue l'un des cent mots de la sociologie dans l'ouvrage dirigé par S. Paugam, *Les 100 mots de la sociologie*, Paris, Puf, 2010.

Certaines relèvent d'une logique radicale de refonte (par simplification et établissement d'une stratégie claire) quand d'autres relèvent plus d'une logique de mise à l'étude, de mise en ordre ou d'expérimentation.

Une première recommandation est de fixer, enfin et clairement, des objectifs quantifiés de réduction et d'extinction du sans-abrisme. Cette mutation, longuement débattue pour révoquer l'expression « zéro SDF », serait une révolution utile pour l'évaluation, la bonne orientation des dispositifs et la clarification de la stratégie en France. Les pays et les villes qui ont des résultats sont ceux qui ont des objectifs. D'ailleurs, plus généralement, pour évaluer une politique il faut qu'elle ait des objectifs. À défaut, son évaluation relève de l'archéologie des objectifs, voire de la métaphysique. Cette recommandation commande d'accélérer la réforme pour la création d'un système de collecte de données permettant aux services d'agir conjointement efficacement. Il est absolument crucial de disposer d'un répertoire national, décliné aux échelles locales, des services. À terme il doit être possible de renseigner les disponibilités. Une telle démarche, enclenchée dans ses prémices, doit permettre le décompte et la caractérisation des populations d'usagers, mais aussi une amélioration de l'offre et de la qualité des services. Sans un tel système d'informations, utile aux financeurs, aux opérateurs et aux usagers, il ne peut y avoir de stratégie valable. Cette stratégie doit passer, localement et nationalement, par la réalisation d'un chiffrage annuel des personnes à la rue et dans les centres. À côté des recensements a priori exhaustifs de l'INSEE, par la méthode du recensement rénové ou par études ad hoc, des enquêtes locales à vocation plus opératoire, peuvent s'appuyer sur l'harmonisation des applications de gestion des services. Il doit être possible, au moins une fois l'an, de connaître les personnes passées par des services, tout comme le nombre de personnes, au moins une nuit, dormant dehors.

Une deuxième recommandation est d'envisager, en France, la décentralisation de la politique de prise en charge des sans-abri. Il serait souhaitable que cette politique suive les mouvements généraux de réforme de l'État et de l'action sociale. Sous l'impulsion de l'État et la responsabilité stratégique des régions, les départements pourraient planifier et agréer, quand les villes seraient responsables de l'offre et des résultats. À terme il devrait être possible d'évaluer les performances respectives et relatives des villes (avec leurs intercommunalités) et des régions. À une stratégie nationale par objectifs, peuvent répondre des stratégies territoriales adaptées.

Sur le plan de l'hébergement et du logement, une troisième recommandation est de rationnaliser l'offre d'accueil à partir d'un système à trois types seulement d'hébergement. La France, parmi d'autres points, se différencie par la diversité mais aussi l'inutile complication de son offre. Il doit être possible (même si cela est compliqué) de rationnaliser l'attribution des masses financières, les textes et la gestion des services, pour disposer de trois étages clairement standardisés de prise en charge : urgence, CHRS, logement social. Rien ne permet de légitimer vraiment la palette, chaque année complétée, de services différents (résidences sociales, maisons relais, etc., etc.). Il n'y a bien que trois cas : des cas d'urgence à traiter, des personnes et ménages qui ont besoin d'un accompagnement, des personnes et ménages dont le problème social est de trouver un logement (et qui n'ont pas besoin d'être accompagnés lorsqu'ils en disposent). Une telle orientation par tripartition, appelle à refonder la politique du logement social. La stratégie française de refondation de la prise en charge des sans-abri, lancée en 2008, a mis en avant la logique « logement d'abord » consistant à d'abord proposer du logement plutôt que de l'hébergement (pour des personnes qui n'ont pas forcément besoin d'un accompagnement social). À cette optique « logement d'abord », les associations ont rétorqué, non sans raison, il faut « d'abord du logement ». La grande question, à traiter une bonne fois pour toute, est de savoir à qui doit aller d'abord le logement social.

Une quatrième recommandation tient dans la création d'une agence européenne. Cette agence en charge de la question des sans-abri serait là pour mieux structurer les échanges, mais aussi pour organiser le traitement des dossiers des ressortissants d'autres États membres qui viennent, pour diverses raisons, dans les systèmes de prise en charge nationaux. Elle pourrait également avoir la responsabilité de l'établissement et du suivi de standards de qualité des services pour sans-abri dans les États membres. L'agence incarnerait et suivrait l'engagement du Parlement de mettre fin au sans-abrisme dans l'Union. Elle pourrait aussi organiser une conférence annuelle des capitales et autres grandes villes européennes. Dans l'Union, ce sont les villes et notamment les plus grandes qui sont concernées par le sans-abrisme. La Commission, par l'intermédiaire de l'agence, pourrait soutenir l'organisation annuelle d'une conférence sur l'état du problème et des réponses.

Une dernière recommandation, à l'échelle française, est de clarifier les liens entre secteur associatif et secteur public. La question SDF se situe explicitement au carrefour des métamorphoses de la question sociale et des métamorphoses des politiques publiques. Elle est concernée aussi, et au premier chef, par les métamorphoses du monde associatif[1]. Cet ouvrage, *La question SDF*, spécifie trois types d'associations. On recense, en premier lieu, celles que tout le monde connaît, Emmaüs, le Secours

1. Sur ces dernières, voir M. Hély, *Les métamorphoses du monde associatif*, Paris, Puf, 2009.

Catholique, ATD Quart monde, les Restos du Cœur et quelques autres, qui fonctionnent de façon principalement privée. Il y a ensuite les associations militantes indépendantes, qui jouent très bien leur rôle, comme Droit au logement, les enfants de Don Quichotte, dont la fonction est d'alerter ou d'alimenter le débat public (c'est aussi le cas de la Fondation abbé Pierre). Le troisième type d'association est intégralement financé sur fonds publics, et gère, toute sorte de services pour les plus démunis. L'identité de cette partie singulière du secteur associatif n'est plus claire. S'il y a toujours du bénévolat et de la générosité dans les fondements associatifs, lorsque les associations deviennent entièrement gestionnaires et opérateurs de politiques publiques, elles ne sont plus vraiment des associations. En un mot, alors que la tendance est à une hybridation croissante des domaines publics et privés, sur le registre de la lutte contre la pauvreté, des clarifications s'imposent.

Toutes ces propositions de clarification et de transformation, qui n'appellent aucun moyen supplémentaire, sont versées au débat. Elles sont là pour stimuler la réflexion et la correction d'une action dont tout le monde s'accorde à dire qu'elle est perfectible (il suffit de voir les rues des grandes villes françaises).

Soulignons que le principe de simplification est tout à fait déterminant. Il recueille l'unanimité. La question est maintenant de savoir par qui commencer, c'est-à-dire, en clair, de déterminer ce que l'on doit intégrer et ce que l'on doit, à terme, supprimer. Terminons donc par une formule, valable pour la lutte contre la pauvreté et, plus globalement, pour la protection sociale. Il est compliqué de simplifier car il est aisé de complexifier.

INTRODUCTION

La présence dans l'espace public des « SDF » (abréviation de « sans domicile fixe ») provoque depuis une vingtaine d'années des réactions dans la population (généralement compatissantes, mais parfois hostiles), un intérêt médiatique et scientifique, et un investissement institutionnel (déploiement de programmes ponctuels et de politiques de long terme).

Très visibles, les SDF ont fait réagir l'opinion et les pouvoirs publics sur le registre de l'indignation. En hiver, en leur faveur, s'accumulent les déclarations indignées, mais c'est contre eux, en été, que des arrêtés municipaux anti-mendicité sont parfois pris. Dans ce contexte ambigu, des questions essentielles en matière de liberté d'expression et de circulation sont soulevées. Des conflits de représentation et d'explication prennent forme. Des interrogations sur l'architecture de la protection sociale se renforcent.

De nombreux dispositifs spécifiques ont été conçus, ou confortés, pour héberger, nourrir, soigner, « insérer », composant un ensemble de mécanismes et d'opérations d'assistance qui se concentrent sur les SDF. Ceux-ci sont devenus la cible d'organisations particulières gérées par le secteur associatif (hébergements d'urgence, Samu social, accueils de jour, etc.) et financées en majeure partie par l'État. Avec le temps, un problème social (qu'on appelle la question SDF) s'est progressivement constitué, tandis que se consolidait, en réponse, une action publique ciblée.

La présence de SDF dans la rue, tout comme les discussions relatives à l'efficacité et à la légitimité de telle ou telle mesure de prise en charge, soulève une série de questions dont une partie repose sur les ressorts les plus profonds de la société. On peut tenter une mise en ordre de ce faisceau de questions, à partir de trois dimensions : De qui parle-t-on ? Comment expliquer le phénomène ? Quelles formes prend l'action publique pour y répondre ? Certains questionnements relèvent directement des sciences sociales, que ces problématiques soient d'ordre descriptif (Quels sont les effets mesurables des mesures de prise en charge ?) ou plus analytique (Comment la condition des sans-abri est-elle devenue un problème social inscrit en bonne place sur l'agenda politique ?).

En matière de politiques publiques, des problématiques importantes commencent à être défrichées dans le cadre des abondantes réflexions en cours sur la protection sociale et sur les politiques territoriales. Faut-il privilégier des interventions ponctuelles ou des politiques structurelles, des mesures assistancielles spécifiques ou des programmes préventifs génériques ? Des notions, en vogue dans les couloirs des administrations ou des laboratoires de recherche, comme le « partenariat » ou la « gouvernance », aident-elles à mieux comprendre ce qui se passe ?

Les thèmes de réflexion ne manquent pas. Une ambition de cet ouvrage est de proposer une grille de lecture permettant de saisir la diversité des propriétés, des croyances et des appréciations relatives à la question SDF. Le fil directeur retenu à cet effet est une analyse conjointe, d'une part, de la logique de « ciblage » qui caractérise la prise en charge des SDF, et, d'autre part, des pratiques de « bricolage » développées à la fois par les bénéficiaires et par les acteurs de cette prise en charge.

La prise en charge des SDF comme objet sociologique

L'utilisation du terme SDF, attestée depuis la fin du XIXe siècle, ne s'est répandue que très récemment. Il désigne une population hétérogène dont les contours, sans définition juridique précise, sont extrêmement variés.

Sous le vocable SDF peuvent être comprises :

(i) Les personnes totalement dépourvues de logement et ne disposant pas d'un abri pour la nuit.
(ii) Les personnes qui se trouvent dans des centres d'hébergement pour sans-abri ou, plus largement, qui fréquentent des services proposés aux SDF.
(iii) Les personnes qui ne disposent pas d'un logement stable et qui vont d'une adresse à l'autre.
(iv) Les personnes qui se déclarent SDF dans la rue, dans les autres espaces publics (métro, squares, etc.), ou aux guichets de l'assistance.
(v) Les personnes qui peuvent être spontanément repérées dans la rue comme SDF.

Cette convention est un point sociologiquement capital car elle s'oppose à une tendance à la réification de la catégorie SDF. Elle permet de saisir le spectre d'appréciation de la population SDF. Remarquons que ce n'est pas parce qu'un individu est sans logement qu'il est immédiatement identifiable comme SDF. Inversement, un individu peut être repéré comme tel sans être réellement dépourvu de logement. Il est par ailleurs possible de se déclarer sans-abri sans être pour autant exactement dans cette situation. Un mendiant peut se déclarer SDF tout en ayant un logement et en ne correspondant pas à l'image d'un SDF.

La prise en charge des SDF est également difficile à délimiter, car il n'est pas aisé de baliser les mesures qui relèvent de l'action publique en direction des SDF. Celle-ci rassemble des acteurs divers (des associations, des collectivités locales, des gestionnaires d'espace public, l'État, les SDF eux-mêmes), autour d'objectifs qui ne sont pas moins variés (loger, nourrir, assister, mettre au travail, repousser, héberger, recueillir) avec des moyens qui dépendent en particulier des configurations politico-administratives locales. La prise en charge des SDF, en tant que politique concrète mais également en tant que catégorie d'analyse, est une action publique aux frontières mobiles.

Une action publique étant un construit de l'analyse, il convient d'en circonscrire les éléments. Par convention, on considérera que la prise en charge des SDF rassemble :

(i) Les dispositifs, les mesures, les programmes, les équipements, les actions, les organismes, les budgets spécifiquement consacrés aux personnes SDF (déterminées selon la convention adoptée).
(ii) La part de programmes plus larges développés dans les domaines de l'aide et de l'action sociales (RMI et autres minima sociaux, établissements médico-sociaux, etc.), de l'emploi (contrats aidés, entreprises d'insertion, etc.), du logement (logements « adaptés », logements très sociaux, etc.), ou encore de la sécurité (pratiques de « médiation », police de proximité, etc.), qui concernent indirectement les personnes comptées comme SDF.

Utilisant la boite à outils de l'analyse des politiques publiques, il est possible de mettre en évidence l'agencement de la question SDF sur l'agenda politique, la spécification des alternatives repérées, la répartition des ressources et des responsabilités, la mise en œuvre des programmes et leurs impacts. L'essentiel n'est certainement pas là. Il faut d'abord constater que, comme pour toutes les politiques publiques, l'action publique en direction des SDF est là pour résoudre des problèmes tout en étant elle-même problématique[1]. Quelle est sa légitimité ? Sur quelles représentations se fonde-t-elle ? À partir de quelle(s) formulation(s) du problème se déploie-t-elle ?

Avant d'aller plus loin, rappelons, malgré les progrès récents, l'imprécision aussi bien des connaissances concernant les SDF que de celles relatives à la prise en charge des SDF. De manière lapidaire, on peut dire qu'on ne connaît qu'imparfaitement la demande et l'offre de cette action publique. Cette double lacune est liée au fait que la prise en charge des SDF est un ensemble hétéroclite de réponses à un problème hétérogène, sans véritable principe d'action unificateur. Certes, des progrès majeurs ont été récemment accomplis en matière d'information et de compréhension de la vie quotidienne et des trajectoires des SDF, mais les données fiables sont encore rares[2]. Il serait très malvenu de parler aujourd'hui d'ignorance,

1. Une partie de la sociologie et de la science politiques insiste sur le fait que les politiques publiques ne sont pas là pour « résoudre des problèmes », mais pour proposer des « cadres d'interprétation du monde ». Voir P. Muller, « L'analyse cognitive des politiques publiques : vers une sociologie politique de l'action publique », *Revue française de science politique*, vol. 50, n° 2, 2000, p. 189-207. On peut écrire que les politiques publiques cherchent à résoudre des problèmes tout en en fournissant des cadres d'interprétation.

2. Les travaux les plus consistants sur et autour des SDF ont été lancés à partir du début des années 1990 par le ministère de l'Équipement, puis l'INED, suivis par l'INSEE. Pour des synthèses, cf. M. Marpsat, J.-M. Firdion (dir.), *La rue et le foyer. Une recherche sur les sans-domicile et les mal-logés dans les années 1990*, Paris, Puf-INED, 2000. Pour les premiers résultats de la grande enquête de l'INSEE réalisée en 2001, cf. C. Brousse, B. de la Rochère, E. Masse, « Hébergement et distribution de repas chauds. Qui sont les sans-domicile usagers de ces services ? », *INSEE Première*, n° 824, 2002. On peut également citer une recherche récente, réalisée parallèlement à la démarche de l'INSEE, S. Paugam, M. Clémençon, *Détresse et ruptures sociales*, Paris, Observatoire sociologique du changement, 2002.

mais les connaissances sont encore fragiles et, surtout, elles restent relativement confinées dans des cercles spécialisés.

Si on ne sait pas bien qui sont les sans-abri, on ne sait pas non plus décrire avec exactitude les contours de l'action publique qui tente de les prendre en charge. Les administrations admettent leur ignorance quand il s'agit du nombre de Samu sociaux ou de places d'hébergement financés sur des crédits publics. Sous de mêmes termes sont réunis des services différents, qui ont des statuts juridiques, des objectifs et des modes de fonctionnement qui varient en fonction des villes dans lesquelles ils sont implantés et en fonction des institutions qui en assurent la gestion. Ainsi, par exemple, en matière d'hébergement, additionner les places dans un centre où les personnes ne sont accueillies qu'une nuit, sans suite le lendemain, et le nombre de places dans un centre où les personnes sont accueillies pendant six mois avec un accompagnement socio-éducatif conséquent n'a pas grand sens.

L'action publique à destination des sans-abri combine des politiques qui vont de l'intervention humanitaire d'urgence à des éléments de politiques de beaucoup plus long terme, comme la construction de logements sociaux. Elle a pour premières particularités d'être ciblée sur une catégorie de population, d'être peu discutée dans son principe car celui-ci fait globalement l'unanimité, d'être très liée à la pression événementielle et médiatique, et d'être assise sur des sentiments relativement ambivalents dans l'opinion publique. Certaines propriétés des mesures prises en direction des SDF peuvent être dégagées. Elles sont issues de la longue histoire de l'assistance. Elles sont institutionnellement compliquées. Elles sont éclatées entre les interventions publiques et les secours privés. Elles sont écartelées entre les différents blocs de compétence territoriale de l'administration française. Autre caractéristique des programmes contenus dans cette action publique, ils reposent sur des constats flous (Qui est visé ? Combien de personnes sont concernées ?). Il n'existe pas de principe d'action partagé par tous les acteurs (Pourquoi intervenir ? Auprès de qui intervenir prioritairement ?). En particulier, personne n'est entièrement d'accord sur la définition du SDF… Dans un dialogue sur les sans-abri, les interlocuteurs parlent rarement de la même chose. Les uns ont à l'esprit la mère isolée qui vient de se faire expulser, les autres le cadre déchu qui vient frapper pour la première fois aux portes des guichets de l'assistance. D'autres encore pensent à la figure traditionnelle du clochard, à la rue dans le même quartier depuis des années.

Au sujet des SDF, la variété des discours, des attitudes, des croyances, des représentations est élevée. Pour certains le problème relève de l'évidence. Pour d'autres il est extrêmement compliqué. Pour certains encore le problème n'a aucune importance. Pour d'autres, au contraire, il est absolument prioritaire. En fait, chacun, de par sa pratique quotidienne du phénomène, de par les diverses informations entendues et retenues, de par ses convictions morales et politiques, développe une représentation, des idées, des croyances, parfois une petite théorie, sur le problème des sans-abri. Cette dimension cognitive est essentielle. L'inscription de la question SDF dans un domaine d'intervention (travail, logement, santé, action sociale, humanitaire, sécurité) dépend d'ailleurs de la manière dont le problème est posé. L'action publique en direction des sans-abri se compose ainsi à partir d'éléments de connaissance différents. La question SDF est-elle une question essentiellement liée au chômage ? N'est-elle qu'un problème économique lié au marché du logement ? Relève-t-elle de l'action sociale ou d'une politique sanitaire ? Est-elle encore un problème de police ? Est-elle un problème d'immigration ? Le fait de poser ces questions et, surtout, les réponses qui se trouvent à l'esprit des acteurs orientent la conception des programmes, tout comme les pratiques dans l'action.

De par la diversité des appréciations et des réalisations, la prise en charge des SDF repose sur d'importantes ambiguïtés. Les politiques en direction des pauvres oscillant sempiternellement entre des préoccupations de sécurité et de solidarité [1], d'importantes variations sont repérables dans les dispositifs locaux de prise en charge. Des glissements s'opèrent, en fonction des lieux, des périodes et des personnes, entre compassion, compensation, répression. Des contradictions éclatent parfois. Aux cris d'alarme de certaines personnalités, à l'échelle nationale, répondent les pétitions locales de commerçants et d'habitants qui désirent voir leurs rues débarrassées des SDF qui les occupent.

L'objet de ce travail ne relève pas strictement de l'évaluation des politiques qui portent sur la question SDF. Les résultats d'une telle démarche n'apprendraient pas forcément grand chose sur la société qui produit ce genre de situations et de réactions. Or, suivant Merton et Nisbet, on sait que les analyses sociologiques des problèmes sociaux ne sont réellement intéressantes que lorsqu'elles n'isolent pas les problèmes les uns des autres ni ne les séparent de la compréhension de la société dans son ensemble [2]. Le travail sera ici d'analyser à la fois un problème social et l'action publique qui s'est développée pour tenter d'y répondre. Pour le dire en une phrase, et à rebours, l'objectif n'est ni de produire une énième sociographie sur la population SDF, ni de réaliser une ixième monographie d'une politique publique. L'objet de recherche est constitué par les interactions, les relations, les liens d'interdé-

1. B. Geremek, *La potence ou la pitié. L'Europe et les pauvres du Moyen Âge à nos jours*, Paris, Gallimard, 1987 (1978).

2. R. Merton, R. Nisbet (dir.), *Contemporary Social Problems. An Introduction to the Sociology of Deviant Behavior and Social Disorganization*, New York, Harcourt, 1961.

pendance entre les SDF et les mesures de prise en charge des SDF, entre les acteurs qui décident les mesures, ceux qui les développent et ceux qui en bénéficient. Il s'agit de l'analyse simultanée d'une politique publique ciblée et de ses publics cibles, de l'examen détaillé des évolutions dans le temps d'une pratique de ciblage et de la population ainsi visée. Cette étude de cas, avec une visée plus générale, s'inscrit dans un contexte d'attention renouvelée portée aux « métamorphoses » de la question sociale et de la régulation politique[1].

Perspective théorique

Le sujet est compliqué. L'apport de toutes les disciplines scientifiques serait alors bienvenu. Mais n'y a-t-il pas alors un risque de rendre l'analyse encore plus confuse que le problème ? Face aux difficultés pour traiter des SDF ou de l'exclusion, on entend souvent plaider pour des analyses pluridisciplinaires sans se soucier des limites, voire de la définition, de l'exercice. L'appel incantatoire à l'interdisciplinarité peut tout simplement mener à l'absence de discipline. Plutôt que de mélanger tous les schémas théoriques, il est sage d'opter pour une perspective qui encadre le travail.

La démarche de cet ouvrage est inscrite dans les sciences sociales de l'action, accordant un intérêt particulier à la place des institutions, à la dimension cognitive des politiques publiques, et, fondamentalement, aux raisons de tous les sujets engagés dans l'action. Théoriquement, ce n'est pas le groupe des SDF ou bien le système de prise en charge qui intéresse, mais les actions

1. On fait référence au titre des ouvrages de R. Castel, *Les métamorphoses de la question sociale. Une chronique du salariat*, Paris, Fayard, 1995, et de J. Commaille, B. Jobert (dir.), *Les métamorphoses de la régulation politique*, Paris, LGDJ, 1998.

individuelles et les actions réciproques des divers acteurs impliqués dans la question SDF. Contextualisant les actions et leurs dynamiques, on cherchera à en rendre compte en mettant au jour le sens que leur donnent les acteurs sociaux. L'ambition de cette perspective est de rassembler des connaissances et de les éclairer au regard d'une théorie sociologique de l'action, développée par et autour de Boudon et Bourricaud, qui permet de rencontrer le problème de la rationalité[1]. On ne proclame pas une adhésion intégrale à l'individualisme méthodologique, mais on signifie un choix qui permettra de construire l'argumentation. Il ne s'agit pas de l'entrée qui s'impose nécessairement, mais d'une clé de lecture particulière.

La population et la question SDF sont, pour la sociologie, des objets d'enquête et des thèmes d'analyse particulièrement importants. Elles constituent des « concentrés » de tous les problèmes sociaux. Simmel observait que la question des pauvres constituait une « synthèse sociologique unique »[2]. Plus directement intéressé par la question des sans-abri, Caplow relevait, dans une contribution sur « le sociologue et le sans-abri », que ces personnes et ces problèmes exerçaient une forme de « magnétisme » sur les sociologues[3]. Il notait même une fascination qu'il expliquait simplement : « Pour le prix d'un ticket de métro, il [le sociologue] peut entrer dans une contrée où les principes fondamentaux de l'interaction sociale ne s'appliquent pas. » La distinction d'une autre « contrée » semblant très critiquable, car elle donne un côté inutilement exotique aux problèmes à éclairer, c'est détaché de cette fascination qu'on travaillera avec des bases théo-

1. R. Boudon, F. Bourricaud, *Dictionnaire critique de la sociologie*, Paris, Puf, 1982 ; R. Boudon (dir.), *Traité de sociologie*, Paris, Puf, 1992.

2. G. Simmel, *Les pauvres*, Paris, Puf, 1998 (1907).

3. T. Caplow, « The sociologist and the homeless mans », *in* H. Bahr (dir.), *Disaffiliated Men. Essays and Bibliography on Skid Row, Vagrancy, and Outsiders*, Toronto, University of Toronto Press, 1970, p. 3-12.

riques et des outils analytiques relativement ordinaires, sur des sujets qui ont déjà été largement défrichés par les sociologues.

Utilisant une métaphore culinaire (ou biologique), on peut dire que le travail consiste à éplucher (ou décortiquer) une action publique et un problème social sur lequel elle intervient. Pour l'étude des relations entre l'action publique et les SDF, les concepts actuels de la science politique (« réseau d'action publique », « communauté de politique publique », « communauté épistémique », « coalition en faveur d'une cause », etc.) [1] pourront être d'une utilité certaine. Il n'en sera cependant pas fait un usage systématique. Ils aideront plus à étayer le propos qu'à réellement construire l'analyse.

Dans un souci de clarté et d'efficacité, on peut énoncer en trois propositions l'architecture théorique de l'ouvrage.

La première entrée théorique porte sur la caractérisation de la population SDF. Les SDF seront ici considérés, d'abord, comme la cible d'une action publique – cible que les mesures de prise en charge contribuent en permanence à redéfinir, à élargir ou à rétrécir. Cette option n'est pas inédite. Il s'agit d'une inscription dans une tradition sociologique. Sociologiquement, depuis Simmel, le pauvre est avant tout celui qui est pris en charge, ou qui devrait être pris en charge, par les dispositifs mis en place pour lutter contre la pauvreté. Parce que « personne n'est pauvre socialement avant d'avoir été assisté », le véritable objet sociologique n'est ni le pauvre ni la pauvreté, mais la relation d'assistance. La pauvreté, pour Simmel, n'est pas un phénomène marginal que des variables multicritères sauraient totalement délimiter, mais un problème central

1. Outre les manuels spécialisés, pour une présentation et un rapprochement de toutes ces notions, voir P. Sabatier (dir.), *Theories of the Policy Process*, Boulder, Westview Press, 1999.

qui concerne toute la société et qui doit se penser en termes d'interdépendance sociale. Dans le commentaire que Coser fait « en hommage à Georg Simmel » de son texte, il écrit que « la pauvreté ne peut être comprise sociologiquement en termes de bas revenus ou de manques, mais plutôt en termes de réponses sociales à ces manques »[1]. Contre la définition substantialiste, qui prévalait à l'époque de la rédaction de ce texte séminal, et qui demeure une tentation courante, consistant à se satisfaire de seuils relatifs toujours arbitraires, Simmel met en lumière le caractère fondamentalement relationnel de la pauvreté.

Cette optique originale[2], complétée par des emprunts à la microsociologie de Goffman, permettra d'insister sur les dangers qu'il y a à considérer la déviance, la pauvreté, l'exclusion, en termes substantialistes ou naturalistes. Être SDF – il faudrait dire être vu ou reconnu comme SDF – n'est pas une caractéristique naturelle d'un individu. On est pauvre, on est déviant, on est SDF parce qu'on a été nommé ainsi par d'autres acteurs sociaux. Dans ce cadre, l'objet d'étude n'est pas le SDF mais l'ensemble des relations et des interdépendances qui caractérisent le système de catégorisation et de prise en charge des SDF.

La deuxième entrée théorique du livre est d'accorder, conformément à la tradition compréhensive inspirée de Weber, la plus grande importance aux raisons des acteurs. Partir d'un postulat de rationalité au sujet des SDF pourra paraître excessif. D'un point de vue répandu dans les milieux académiques et administratifs, on pourrait ne voir, dans la vie des SDF, que réactions de « survie », adaptations conjoncturelles, petit sens tactique. Certaines

1. L. Coser, « The sociology of poverty », *Social Problems*, vol. 13, nº 2, 1965, p. 140-148.

2. Pour une autre inscription dans cette perspective analytique, voir S. Paugam, *La disqualification sociale. Essai sur la nouvelle pauvreté*, Paris, Puf, 1991.

descriptions insistent, parfois *ad nauseam*, sur l'atonie de leurs comportements et l'anomie de leur vie quotidienne[1]. La posture adoptée ici, en opposition avec ces considérations, est claire. Dans une conception élargie de la rationalité on peut envisager les SDF comme des acteurs sociaux. Le postulat de rationalité, qui est avant tout méthodologique, permet de prendre avec le plus grand sérieux les raisons invoquées ou seulement discernables des comportements de ces acteurs qui vivent des expériences très différentes. Dans ce cadre, on peut observer que l'acteur social SDF ne fait pas que subir et s'adapter[2]. Il raisonne, justifie des choix et des propos. Il développe de l'innovation, de la protestation, de la création. On ne nie pas pour autant l'épuisement possible des ressources et les détresses intenses qui peuvent aller jusqu'à la destruction de l'acteur. Dans bien des cas, les niveaux de domination, le sentiment d'exclusion, la défiance à l'égard des institutions, limitent la pertinence de l'approche. C'est toujours de manière mesurée qu'il faut aborder la question de la rationalité.

Les SDF, si dominés soient-ils et si fortes soient les contraintes qui pèsent sur eux, sont d'abord des acteurs dans la configuration dramaturgique de l'espace public. Ils ont des compétences techniques, civiles ou rituelles pour entretenir des contacts et cadrer des expériences. Dans cet ordre d'idées, les tactiques, les pratiques et les comportements dits de « survie » des SDF ont déjà été

1. La référence la plus récente pour ce point de vue est l'ouvrage à succès de P. Declerck, *Les naufragés. Avec les clochards de Paris*, Paris, Plon, 2001.

2. Des travaux sur la relation de service dans les organismes de Sécurité sociale ont également insisté sur le fait que les assurés et les allocataires, même les plus « précaires », n'étaient pas des assujettis passifs. Cf. V. Dubois, *La vie au guichet. Relation administrative et traitement de la misère*, Paris, Economica, 1999 ; J.-M. Weller, *L'État au guichet. Sociologie cognitive du travail et modernisation administrative des services publics*, Paris, Desclée de Brouwer, 1999.

analysés[1]. Les modalités d'une subsistance matérielle, psychologique, sociale, ont été amplement décrites. Cependant les SDF ne font pas que « survivre ». Une approche qui se limiterait à ne prendre en compte que la gestion des contraintes ferait l'impasse sur le fait que les SDF ont des expériences, des valeurs, des idées ; qu'ils peuvent lutter et se mobiliser ; qu'ils interagissent, s'adaptent et peuvent innover.

À ne pas considérer les SDF comme des acteurs sociaux, à ne pas rechercher les raisons qui les font croire, agir, se manifester, on s'interdit d'expliquer nombre de comportements et de phénomènes. Opérer un déni de rationalité c'est être conduit à invoquer des phénomènes de socialisation (ici on dira de « désocialisation »), à plaquer des schémas interprétatifs sociocentrés, ou, pire, à n'insister que sur des pathologies mentales pour tenter d'expliquer des phénomènes déconcertants.

Dissipons une équivoque, mille fois dénoncée et pourtant mille fois reprise. Il ne s'agit pas de considérer le sans-abri comme ontologiquement doué de raison, mais, méthodologiquement, de chercher ce qui, pour l'acteur social SDF, fait sens dans son comportement et dans ses réactions face aux propositions ou aux non-propositions des acteurs de la prise en charge.

Cette perspective ne se limite pas à la seule rationalité instrumentale et ne consiste pas à ne révéler que l'utilité espérée des agissements des SDF. Comme pour d'autres acteurs sociaux, l'explication des comportements des SDF doit prendre en compte d'autres types de rationalité. Les travaux de Boudon, dans la suite des analyses webériennes, distinguent des dimensions instru-

1. Voir D. Snow, L. Anderson, *Down on their Luck. A Study of Homeless Street People*, Berkeley, University of California Press, 1993 ; P. Pichon, « Survivre la nuit et le jour. La préservation de soi face au circuit d'assistance », *Politix*, n° 34, 1996, p. 164-179.

mentales, limitées, cognitives et axiologiques de la rationalité[1]. Ils pourront aider à comprendre la pluralité des situations de décision et d'action dans lesquelles se trouvent des SDF. Ceux-ci, aussi pénibles soient leurs conditions, conservent, renforcent ou abandonnent des objectifs, des valeurs, des sentiments, des croyances.

Pour saisir les raisons de leurs actions, de leurs adhésions, de leurs déclarations, il est utile de prendre en considération certes le fait qu'ils visent des fins (rationalité instrumentale) : accéder à un équipement, être hébergé, bénéficier d'une prestation. Il est également important d'avoir à l'esprit que les SDF doivent choisir où aller, où demander, où se reposer, en fonction d'une offre de services dont les délimitations ne sont même pas connues des services administratifs. Leurs choix ne peuvent donc être liés à une réelle maximisation de leurs intérêts, mais plutôt à une recherche de solutions satisfaisantes (rationalité limitée). Par ailleurs, les SDF se trouvent certainement face à un manque d'informations, mais ils se trouvent surtout dans des situations qui ne peuvent pas être résolues simplement. Il leur faut développer des théories pour expliquer leurs propres conditions et, le cas échéant, pour tenter d'en sortir. Pour décider de leurs activités quotidiennes et de leurs (éventuelles) stratégies à plus long terme, il leur faut élaborer des croyances, auxquelles ils adhèrent, et dont l'observation permet de comprendre leur fonctionnement (rationalité cognitive). Enfin, comme tous les autres acteurs sociaux, les SDF ont des opinions, des idées et des valeurs. Celles-ci les poussent à effectuer des choix raisonnés – qui peuvent parfois être mal compris (par exemple, refuser d'être hébergé pour préserver sa dignité, plus que son intégrité) – dans leurs contacts avec des services de prise en charge (rationalité axiologique). Au total, considérer que les SDF ont des intérêts, mais

1. Voir notamment R. Boudon, *Le sens des valeurs*, Paris, Puf, 1999.

également des idées et des principes, c'est bien voir en eux des acteurs sociaux. Et ce postulat permet une compréhension beaucoup plus fine, comme on le verra, de la question SDF que ce que permettent des approches limitées à des constats de maladies mentales, de « désocialisation », ou de sous-culture particulière.

Le postulat de rationalité est ici une optique humaniste qui ne fait pas des SDF des agents totalement dominés aux capacités d'action si restreintes qu'elles ne mériteraient pas d'être étudiées dans le détail. En tant qu'outil méthodologique, il permet d'examiner avec la plus grande considération la diversité des comportements individuels des SDF, aussi surprenants puissent-ils être. À ce titre, il reconnaît la plus éminente dignité aux personnes considérées comme « les plus en difficulté », rejoignant en cela le souhait de nombreux militants de la lutte contre la grande pauvreté. En la matière, une perspective humaniste et une option scientifique se complètent.

Le souci de rendre compte de l'action publique au concret constitue le troisième socle théorique de l'analyse. On se penchera sur l'action publique telle qu'elle se fait et non telle qu'elle devrait être ou telle qu'elle est présentée par ceux qui la promeuvent ou la mettent en œuvre[1]. À l'étude des normes et des budgets sur lesquelles elle repose, on ajoutera l'analyse des régulations interprétatives qui la composent, l'évaluation des performances qui la caractérisent, et l'examen des dimensions cognitives qui la sous-tendent. Sur le point crucial de la coordination, on apportera quelques éclairages critiques, s'inscrivant dans les débats en cours, sur les notions de « gouvernance » et de « partenariat », avancées à la fois comme de nouvelles formes d'action publique et comme des solutions aux problèmes contemporains de la gestion

1. Voir J. Padioleau, *L'État au concret*, Paris, Puf, 1982 ; P. Lascoumes, *L'éco-pouvoir. Environnement et politique*, Paris, La Découverte, 1994.

publique. La prise en charge des SDF constitue un bon révélateur des succès et des errements de ces pratiques innovantes, promues par le niveau local. C'est effectivement au sein du « kaléidoscope des politiques locales », pour reprendre l'expression de Balme, Faure et Mabileau[1], qui remarquent le succès du « local » comme objet de l'intervention publique et comme sujet d'analyse pour la sociologie politique, que la question SDF prend place. Elle est traitée avec tous les instruments et arguments (contractualisation, « coproduction », etc.) censés rénover une action étatique jugée trop fragmentée et aujourd'hui confrontée aux problématiques et aux tensions territoriales. Les SDF étant par définition des individus détachés des territoires, il est judicieux de tenter, avec eux, un coup de projecteur sur les controverses actuelles relatives aux modalités, aux dynamiques et aux enjeux de l'action publique.

Doté de cette triple orientation théorique, on ne basculera pas dans la simple description des effets pervers de l'action publique, ni dans la simple évocation des problèmes quotidiens des sans-abri et des modes d'adaptation à ces problèmes, mais on les comprendra. Constater est une chose. Comprendre en est une autre. Cette compréhension des SDF n'est ni une condamnation ni une justification des comportements et des situations. C'est une perspective théorique qui permet d'assembler toutes les données de l'observation et de les présenter dans un cadre cohérent. L'enjeu est de produire une critique de l'action publique en place, critique qui n'est pas dénonciation mais énoncé de jugements argumentés.

1. R. Balme, A. Faure et A. Mabileau (dir.), *Les nouvelles politiques locales. Dynamiques de l'action publique*, Paris, Presses de Sciences-Po, 1999.

« Ciblage » et « bricolage »

« Ciblage » et « bricolage » sont deux notions centrales de l'ouvrage. Apportons d'emblée quelques précisions.

Dans le cas des SDF, l'action publique ciblée et sa cible ont, parmi d'autres, une propriété commune qu'on propose d'appeler le bricolage. Conscient des limites de l'usage des analogies et des métaphores, il importe, pour ne pas être injustement accusé de rapprochements arbitraires, de préciser les aspects pour lesquels la comparaison a un sens. Parler de bricolage, d'une part, pour ce qui relève de la vie quotidienne des SDF, d'autre part, pour ce qui concerne leur prise en charge, peut apparaître comme une facilité, établissant une correspondance forcée et de fausses symétries. On peut dire que les dimensions et les mécanismes se rapprochent, mais qu'ils sont bien entendu relativement distincts. Le bricolage des acteurs de la prise en charge n'est pas seulement quotidien. Il comporte une dimension particulièrement institutionnalisée. Au fait des limites de l'exercice, on retiendra la notion de bricolage comme un outil d'analyse – outil qui ne peut prétendre répondre à toutes les questions soulevées.

On n'entend pas exactement par « bricolage » ce qui avait été repéré par Lévi-Strauss dans *La Pensée sauvage*, ni ce qu'avait mis en lumière Bourricaud dans *Le bricolage idéologique*, même si on peut repérer, en se référant à ce deuxième cas, un certain bricolage dans la formulation du problème SDF avec un mélange de « propositions scientifiques, vérifiées ou vérifiables (...) souhaits et jugements de valeur, platitudes de sens commun, hypothèses *ad hoc*, inventées pour les besoins de la cause et habillées d'une généralité illusoire, et même un petit nombre d'affirmations franchement paranoïaques » [1]... L'accep-

1. C. Lévi-Strauss, *La Pensée sauvage*, Paris, Plon, 1962 ; F. Bourricaud, *Le bricolage idéologique*, Paris, Puf, 1980

tion du bricolage, pour cet ouvrage, est plus proche de celle, concrète, qui correspond à des activités variées de production et de réparation[1]. Reprenons à notre compte une définition de bricoler dans *Le Robert* : « Arranger, réparer tant bien que mal, de façon provisoire. » Il s'agit, prosaïquement, d'un ensemble d'actions et de pratiques, économiquement marginales, peu professionnalisées, plutôt dépréciées et souvent induites par la nécessité[2].

Le bricolage se présente à deux niveaux de l'analyse. Tout d'abord, pour caractériser la vie quotidienne des SDF, entre stratégie et domination, entre adaptations nécessaires et tactiques personnelles, le terme de bricolage semble acceptable. Ensuite, pour comprendre le fonctionnement concret de l'action publique en direction des sans-abri, composée d'acteurs très différents, avec des flux financiers alambiqués, ajustés sur des objectifs transitoires souvent qualifiés d'urgents, le terme de bricolage semble encore une fois acceptable. Il est pris là au sens de débrouillardise, de tâtonnement et de capacités d'adaptation, bien connu des habitués de la sociologie des politiques publiques et issu des travaux sur l'incrémentalisme[3].

Avec un raisonnement sur les « bricoleurs », on pratique une sociologie qui évite, d'une part, l'écueil de la caractérisation des SDF comme des acteurs stratégiques

1. C. Bonnette-Lucat, « Les bricoleurs : entre polyvalence et spécialisation », *Sociétés contemporaines*, n° 8, 1991, p. 61-85.

2. F. Weber, *Le travail à-côté. Étude d'ethnographie ouvrière*, Paris, EHESS, 1989.

3. C. Lindblom, « Still muddling, not yet through », *Public Administration Review*, vol. 39, n° 6, 1979, p. 517-532. Voir également P. Duran, *Penser l'action publique*, Paris, LGDJ, 1999, qui rappelle que l'analyse des politiques publiques a montré combien l'action est généralement issue d'un « inévitable bricolage », d'un « art de se débrouiller ». Récemment P. Garraud, *Le chômage et l'action publique. Le « bricolage institutionnalisé »*, Paris, L'Harmattan, 2000, a proposé le même type d'analogie et constate le caractère institutionnalisé du bricolage d'un secteur de l'action publique, proche de celui abordé dans ce livre.

et libres, cherchant continuellement à maximiser les quelques opportunités saisissables, et, d'autre part, l'impasse d'une caractérisation des SDF comme des agents complètement dominés, « désocialisés », sans conscience de leurs conditions, ni aptitudes à manœuvrer. L'objectif de cette démarche analytique est de pouvoir rendre compte à la fois des capacités d'action des SDF tout comme des formes de domination qu'ils rencontrent.

Ce livre se veut dès lors un contrepoint aux diverses observations, analyses et propositions qui décrivent et expliquent toute la question SDF à l'aune de l'irrationalité des comportements, de l'inexistence même des expériences et de la « désocialisation » des individus.

Venons-en au ciblage. Que ce soit en matière de marketing ou de politiques sociales, la pratique est similaire. Il s'agit de circonscrire un groupe d'individus, en fonction de certaines caractéristiques, pour lequel des campagnes, des prestations, des équipements, sont jugés adaptés. Si pour les spécialistes du marketing, commercial ou politique, le ciblage est un art, dans l'édifice de la protection sociale, les pratiques de ciblage sont controversées. Pour certains, les politiques ciblées sont, depuis le grand pari de la Sécurité sociale, considérées comme des résidus de pratiques antérieures au grand projet d'universalisation de la couverture des risques. Pour d'autres, il s'agit de programmes moins coûteux et plus performants. Les désaccords sont assez forts sur cette question du ciblage qui heurte frontalement le principe d'universalité des prestations. Les modes de régulation de la pauvreté diffèrent grandement en fonction de la conception unitaire ou de la conception catégorielle des populations susceptibles d'être prises en charge[1].

1. S. Paugam (dir.), *L'Europe face à la pauvreté. Les expériences nationales de revenu minimum*, Paris, La Documentation française, 1999.

En France, le premier mouvement des politiques sociales vers plus de ciblage date du tout début des années 1970. Le tournant se repère dans les travaux préparatoires du VIe Plan, avec une spécialisation et une mise sous conditions de ressources de certaines prestations, par souci d'économie et d'efficience accrue. Le projet de « Nouvelle Société » ambitionne alors de réduire les inégalités, en se concentrant sur les plus défavorisés, par un redéploiement des transferts sociaux. Ce mouvement vers le ciblage social s'arrêtera à la fin de la décennie soixante-dix, pour reprendre au début des années 1980 avec la naissance de la politique de la ville et les premières campagnes hivernales de lutte contre la pauvreté. Dans les années 1990, les débats et les décisions seront beaucoup plus importants, le ciblage sur « les plus défavorisés » orientant une grande partie des actions entreprises en matière de « lutte contre l'exclusion ».

Dès les années 1970, ces pratiques de ciblage ont été vertement critiquées. Des analyses réprouvent les stratégies étatiques d'établissement de profils et de filières pour les populations « à risques ». Les pratiques de classement, de repérage et d'étiquetage de la classe ouvrière urbaine, par le biais de l'assistance sociale, sont décriées[1]. Des auteurs voient dans ce mouvement vers le ciblage une victoire « néo-libérale » qui remet profondément en question l'État-providence universaliste issu des compromis de la Résistance[2].

1. R. Castel, *La Gestion des risques*, Paris, Minuit, 1981 ; J. Verdès-Leroux, *Le travail social*, Paris, Minuit, 1978.

2. R. Castel, *La gestion des risques*, *op. cit.* ; Bruno Jobert, *Le social en plan*, Paris, Les Éditions ouvrières, 1981. Notons que le débat sur la « crise » de l'État providence est largement référé depuis une vingtaine d'années à la portée et à la réalité du tournant « néo-libéral » dans le domaine des politiques sociales. Cf. F.-X. Merrien, « La restructuration des États-providence : “sentier de dépendance”, ou tournant néo-libéral ? Une interprétation néo-institutionnaliste », *Recherches sociologiques*, vol. 31, n° 2, 2000, p. 29-44.

Il est vrai que dans le projet de Sécurité sociale de 1945, les politiques d'assistance, résiduelles, sectorielles et catégorielles auraient dû progressivement s'effacer devant l'avènement d'un édifice de protection sociale à vocation universelle. Il n'en a rien été et, en deux vagues, les années 1970 puis les années 1990, les politiques ciblées (sur des territoires et/ou des populations) se sont renforcées [1]. Dans l'oscillation concernant la place respective de l'assurance et de l'assistance, la tendance est clairement à un renforcement de l'assistance avec le développement, autour de l'État, des multiples dispositifs territorialisés de lutte contre l'exclusion, à côté des politiques assurancielles et de la gestion paritaire de la protection sociale.

À un niveau d'abstraction plus élevé, il faut remarquer que tous les débats sur l'« équité » ou sur la « discrimination positive » [2] sont des débats sur l'opportunité, l'efficacité et la légitimité du ciblage. Les controverses actuelles, qui ne sont pas si neuves, se développent à un moment où l'action publique se concentre, rhétoriquement mais également concrètement, de plus en plus sur les personnes considérées comme « les plus en difficulté ». Les conséquences positives d'une telle orientation, au moins en matière budgétaire, sont connues. Ses effets pervers sont également souvent signalés : humiliation des bénéficiaires, effets de seuil, risque de pièges de (ou à) pauvreté.

Le débat entre l'universalisme ou la sélectivité des politiques et des services est loin d'être inconnu en matière de protection sociale. Aux implications très concrètes, il n'est pas seulement théorique. D'un côté

1. Cf. M. Borgetto, R. Lafore, *Droit de l'aide et de l'action sociales*, Paris, Montchrestien, 1996 ; B. Palier, *Gouverner la Sécurité sociale*, Paris, Puf, 2002. Pour Palier, le « retour au territoire » et la concentration sur « les plus démunis » marquent un véritable retour en force de l'assistance.

2. Sur ces discriminations, foncièrement paradoxales, cf. G. Calvès, *L'*affirmative action *dans la jurisprudence de la cour suprême des États-Unis. Le problème de la « discrimination positive »*, Paris, LGDJ, 1998.

l'universalisme et les droits sociaux associés à la qualité d'ayant-droit, voire de citoyen ; de l'autre la sélectivité et l'assistance, associées à des besoins et des situations particulières. Comme dans le cas de la distinction entre modèle « beveridgien » et modèle « bismarkien », l'opposition n'est cependant jamais nette, et s'y cantonner serait naïf. C'est à cette conclusion qu'aboutissait déjà Titmuss dans un texte fondateur sur le thème « universalisme *versus* sélection »[1]. Cette épineuse question de la conciliation entre unité et diversité, entre universalité et particularité, est le foyer de nombreux débats sur la protection sociale française et sur l'ambition universaliste du projet de Sécurité sociale de 1945. C'est d'ailleurs à côté de la Sécurité sociale qu'a été posé le problème de l'exclusion, par l'intermédiaire des politiques d'aide et d'action sociales (c'est-à-dire d'assistance), des minima sociaux, et des politiques territorialisées, toutes ces mesures ayant pour point commun le ciblage de particularités[2].

Dans tous les pays de l'OCDE, les deux dernières décennies ont été marquées par un mouvement de ciblage croissant, essentiellement motivé par des soucis d'économie et d'efficacité. Après une période d'expansion de l'État-providence, les systèmes de protection sociale ont commencé à connaître des restrictions. Depuis les chocs de la « crise », le ciblage des bénéficiaires s'est développé à travers des conditions de ressource, des caractéristiques statutaires ou des critères de comportement. Le ciblage, parfois apprécié comme un moyen de limiter le « gaspillage », a été

1. R. Titmuss, *Commitment to Welfare*, Londres, Allen and Uwin, 1968. Titmuss plaidait explicitement pour des « discriminations positives » sur des bases catégorielles et/ou territoriales. Il considérait que l'enjeu pour l'avenir était de savoir comment mettre en place une infrastructure de services universels permettant de « discriminer positivement avec le minimum de risque de stigmatisation, en faveur de ceux dont les besoins sont les plus grands ».

2. B. Palier, *Gouverner la Sécurité sociale*, *op. cit.*

opposé à l'universalité, dans une dichotomie trop radicale, sans qu'on s'inquiète concrètement des effets collectifs de ces bouleversements des politiques sociales, passant (si on prend le vocabulaire des politiques agricoles) d'une visée extensive à une visée intensive, privilégiant « les plus défavorisés » sans qu'on sache jamais trop bien de qui il est question effectivement.

Comme il s'agit, avec le ciblage, de sujets souvent passionnés, il est juste de se situer. La neutralité axiologique n'implique pas l'absence d'appréciations. Il est juste de signaler une proximité ressentie avec des analyses de sociologues américains sur le thème des interventions universelles ou particulières. Les travaux et les propos de Wilson et de Skocpol, même s'ils ne portent que très incidemment sur les SDF, paraissent particulièrement éclairants[1]. Cet ouvrage a une affinité avec leur thèse commune, opposée aux pratiques étroitement polarisées de ciblage catégoriel, cherchant à la fois l'efficacité et l'acceptabilité des politiques, engageant à envisager les problèmes sociaux de manière intégrée sans segmenter la population en catégories prioritaires, et plaidant pour des programmes sociaux génériques pouvant le cas échéant spécifier des problèmes bien délimités. De même, pour la France, il est important de signaler dès maintenant un accord avec les analyses de deux spécialistes du droit de l'aide et de l'action sociales, engagés dans la description approfondie des dispositifs et dans la critique des discours et politiques valorisant trop rapidement le ciblage et l'équité[2].

1. Parmi leurs dernières productions, citons, de W. Wilson, *The Bridge over the Racial Divide. Rising Inequality and Coalition Politics*, Berkeley, University of California Press, 1999 ; et de T. Skocpol, *The Missing Middle. Working Families and the Future of American Social Policy*, New York, W. W. Norton, 2000.

2. M. Borgetto, R. Lafore, *La République sociale. Contribution à l'étude de la question démocratique en France*, Paris, Puf, 2000.

Cette analyse sur le ciblage s'inscrit dans un contexte de succès des thèses « prioritaristes »[1] qui mettent en avant la nécessité de se concentrer sur les « plus défavorisés » en leur accordant la priorité des faveurs publiques. Ces approches de philosophie politique, appuyées sur les principes de justice rawlsiens connaissent depuis quelques années un impact certain sur la formulation et l'orientation des politiques publiques françaises. Le « principe de différence » rawlsien, recyclé (peut-être trop rapidement) dans la thématique de l'« équité » et dans la notion de « discrimination positive », ne vise toutefois pas directement la priorité au plus défavorisé. La théorie de Rawls n'est pas une option préférentielle pour les plus pauvres impliquant des politiques sélectives[2]. Les maximes prioritaristes à la Rawls consistent à définir les conditions d'inégalités acceptables, bénéfiques aux plus mal-lotis. Pour Rawls, les inégalités doivent être acceptées et aménagées « pour le plus grand profit des plus défavorisés » ou (autre traduction) de manière à « procurer le plus grand bénéfice aux membres les plus désavantagés de la société ». Il y a toujours tension entre la valeur intrinsèque de l'égalité et le souci des plus mal-lotis.

La question des fondements universalistes ou pluralistes de la justice, comme celle du prioritarisme par rapport à l'égalitarisme nourrissent abondamment les débats académiques. L'ambition est de souligner ici toutes les difficultés concrètes qu'il y a à circonscrire exactement les « plus défavorisés », les plus « mal-lotis » ou les plus « mal-logés ». La thèse soutenue s'exprime très simplement : si l'accord peut être large quant à la nécessité de prendre en charge les « plus défavorisés », voire de leur

1. Pour des présentations, voir D. Parfit, « Égalité ou priorité », *Revue française de science politique*, vol. 46, n° 2, 1996, p. 280-320 ; A. Gosseries, « Le labyrinthe des égalitarismes », *Le Banquet*, n° 15, 2000, p. 57-75.
2. J. Rawls, *Théorie de la justice*, Paris, Seuil, 1987 (1971).

accorder une certaine priorité dans l'attention et les prestations publiques, il est particulièrement laborieux de s'accorder sur qui sont exactement ces plus défavorisés.

Précisions méthodologiques

Ce livre ne repose pas sur une étude singulière, mais sur un ensemble de démarches, de postures et d'enquêtes permettant l'appropriation d'autres travaux, la mobilisation d'informations rares, et la confrontation d'une analyse à la réalité.

Une substantielle documentation, compilant plus de 7 000 articles, brèves ou dossiers consacrés au phénomène, a été réunie. Cette revue de presse a été complétée par une recherche aussi complète que possible des articles les plus marquants sur la période 1945-1993. Au total, le corpus de l'analyse documentaire comprend plus de 9 000 coupures de presse, auxquelles il faut ajouter environ 2 000 dépêches AFP (Agence France Presse). Enfin, les régulations juridiques jouant un rôle extrêmement important pour la prise en charge des SDF, un recueil de productions normatives (décrets, lois, codes) a été constitué. Par ailleurs, les budgets étant, à bien des égards, le « nerf de la guerre » d'une action publique, ont été réunies des données qui n'avaient jamais été exploitées concernant les dépenses publiques consacrées aux SDF.

La démarche s'appuie aussi sur une position particulière d'observation. Le chercheur a ici été en position de responsabilité à la SNCF, en tant que responsable de la Mission solidarité de l'entreprise, ainsi qu'au ministère du Logement, où il était détaché auprès du cabinet du ministre dans le cadre d'un plan d'urgence pour le logement des plus démunis. Cette position institutionnelle, complétée ensuite par des responsabilités associatives, a permis d'être au cœur des mesures de prise en charge des SDF et, partant, de saisir le périmètre des politiques publiques à étudier. L'intérêt essentiel d'une telle posture de « participation observante », par la diversité des observations *in situ* et *in vivo* qu'elle autorise, est de pouvoir multiplier et simplifier les contacts. Les fonctions occupées ont permis de visiter une cinquantaine de services dans toute la France. Les comités de pilotage, les négociations budgétaires, les rencontres avec les administrations, les discussions avec les associations et avec les services de sécurité, les visites des services, ont été l'occasion d'innombrables entretiens informels ou approfondis avec les acteurs et les bénéficiaires de ces services de prise en charge. Bien entendu se pose le problème de la prise de distance du chercheur vis-à-vis de son objet. La nécessaire et difficile séparation entre les phases d'implication et les phases de distanciation a toute son acuité dans le cadre d'une « participation observante » comme dans le cadre plus traditionnel d'une observation participante. Indubitablement, la position occupée induit des biais sur les observations. Ils sont néanmoins limités et tout aussi contrôlables que ceux qui peuvent être rencontrés par des chercheurs restés dans leurs bureaux ou engagés dans des observations (participantes ou non).

Au cours du temps de cette recherche, quelques enquêtes particulières ont été menées, parallèlement à des participations à des travaux plus larges entrepris par des équipes. Ont été ainsi réalisées quelques monographies sur des dispositifs de prise en charge des sans-abri. Le travail à la SNCF a conduit à produire des documents de description et de réflexion sur le problème des SDF dans les espaces publics. Des études ont été conduites sur l'estimation de l'ampleur du problème vue par les gestionnaires des grandes gares. À côté de la SNCF, des travaux ont été effectués sur la vie quotidienne et les ressources des SDF en analysant le marché des journaux de rue et en observant les évolutions des formes et pratiques de la mendicité. On a également été associé à des enquêtes sur des thèmes particuliers comme, par exemple, l'analyse des interactions entre accueillants et accueillis dans un centre d'accueil et de soins de Médecins du Monde à Paris. Enfin, on a participé à la mise en place et/ou au suivi d'enquêtes plus importantes, comme celles menées par l'Institut national des études démographiques (INED) sous l'égide du Conseil national de l'information statistique (CNIS), le programme de recherche du Plan urbain sur « les sans domicile fixe dans l'espace public », le lancement d'un appel d'offres sur les SDF par le Plan Urbanisme Construction et Architecture, et, au titre de nouvelles responsabilités professionnelles, le montage et le pilotage de l'enquête de l'INSEE menée en 2001 auprès des personnes fréquentant les services d'hébergement et/ou de restauration gratuite.

Une mise en parallèle avec la question *homeless* aux États-Unis, où la somme de recherches est plus importante qu'en France, accompagne la démarche. Quelques productions offrent des synthèses intéressantes des avancées et des débats[1]. La France dispose bien de son classique avec Vexliard[2], notamment pour ce qui concerne le processus dit de « désocialisation ». On reprendra aussi, au titre des textes fondateurs, des travaux américains qui ont été peu exploités en France, en particulier ceux de Bahr et de Caplow[3]. Très denses, ils portent entre autres sur la « désaffiliation » – le

1. C. Jencks, *The Homeless*, Cambridge, Harvard University Press, 1994 ; J. Baumohl (dir.), *Homelessness in America*, Phoenix, Oryx, 1996

2. A. Vexliard, *Le clochard. Étude de psychologie sociale*, Paris, Desclée de Brouwer, 1957. Pour une présentation de l'œuvre de Vexliard, de sa réception et de sa postérité, voir L. Mucchielli, « Clochards et sans-abri : actualité de l'œuvre d'Alexandre Vexliard », *Revue française de sociologie*, vol. 39, n° 1, 1998, p. 105-138.

3. Signalons notamment H. Bahr, « Homelessness, disaffiliation, and retraitism », *in* H. Bahr (dir.), *Disaffiliated Men*, *op. cit.*, p. 39-50 ; H. Bahr, Theodore Caplow, *Old Men Drunk and Sober*, New York, New York University Press, 1973 ; H. Bahr, T. Caplow, « Homelessness, affiliation, and occupational mobility », *Social Forces*, vol. 47, n° 1, 1968, p. 28-33.

terme ayant connu le succès dans l'hexagone avec Castel. La mise en parallèle et les emprunts ne prétendent pas à la rigueur d'une analyse comparative. On s'inspirera seulement des trames de certains travaux particulièrement précieux. Il faut aussi remarquer que la sociologie des politiques publiques, plutôt récente en France, emprunte de nombreux instruments et arguments forgés outre-Atlantique. Le détour par les États-Unis n'est donc pas illégitime, avec le risque d'introduire sans le discuter, dans le contexte français, des définitions et méthodes d'observation propres au contexte américain [1]. Conscient des précautions à prendre, on aura raisonnablement recours aux travaux américains, réalisés dans un contexte marqué par une tradition de recherche plus poussée sur ces problèmes.

En fin de compte c'est par des allers et retours entre la description et l'explication, entre la construction théorique et l'analyse empirique, entre l'examen d'interactions microsociologiques et l'étude de phénomènes macroscopiques, entre des observations ethnographiques et des systématisations plus abstraites, entre les États-Unis et la France, entre des coups de sonde dans l'histoire récente et des coups de projecteurs sur l'actualité plus immédiate, que sera façonnée une analyse du ciblage et du bricolage comme actions sociales.

Logique d'exposition

Le premier chapitre de cet ouvrage contextualise la question SDF. Sans détour historique long, il est nécessaire d'insister sur la très récente inversion de tendance dans l'orientation des politiques publiques vers une prise en charge avant tout assistancielle.

1. Sur ce problème, notamment en ce qui concerne l'*underclass*, cf. P. Bourdieu, L. Wacquant « Sur les ruses de la raison impérialiste », *Actes de la recherche en sciences sociales*, n° 121-122, 1998, p. 109-118.

Le deuxième chapitre insiste sur la visibilité croissante du phénomène depuis une vingtaine d'années. Celle-ci est à rapprocher de sentiments relativement ambigus dans l'opinion, même si l'orientation générale est à la sympathie.

Cette visibilité et cette sympathie n'impliquant pas nécessairement une action publique, le chapitre 3 pèse le poids relatif des initiatives publiques, du lobbying associatif et de la couverture médiatique des SDF, dans la dynamique conjointe de spécification de ce problème social si visible et de construction d'une action publique de plus en plus ciblée sur les SDF.

Le quatrième chapitre est consacré à la population SDF, essentiellement envisagée en tant que cible d'action publique. L'utilisation d'un schéma analytique en termes de carrière permet d'en comprendre la diversité, au regard du système de prise en charge, et de mettre en évidence la modalité du bricolage comme propriété de la vie quotidienne des SDF.

Le chapitre 5 présente le système de prise en charge des SDF, baptisé le « complexe bureaucratico-assistanciel », en soulignant deux de ses propriétés principales : le bricolage comme mode d'action concret, la dépendance mutuelle du secteur associatif et des pouvoirs publics.

À partir d'une modélisation des jeux collectifs à l'œuvre, le dernier chapitre met au jour les limites du ciblage, avec les conséquences de la rencontre du bricolage de ses acteurs et de ses bénéficiaires.

À la fin de l'exposé, quelques jalons auront été établis sur ces configurations particulières de l'action publique qui cherchent à résoudre des problèmes mal définis, mais considérés comme prioritaires, par la voie de traitements différentiels dont la légitimité tout comme la circonférence de la cible visée ne sont pas totalement assurées. Nous soulignerons ainsi le risque qui se présente de voir émerger des populations particulières, figées dans leur situation catégorielle, jugées différentes, bénéficiant de services spécifiques. Cette émergence de populations singulières a un sens à la fois si cette singularité est manifeste et si le système de protection sociale s'y adapte. À l'inverse, le traitement par des filières dérogatoires pose des problèmes fondamentaux de justice. Au terme de l'ouvrage, qui invite à considérer que la question SDF est à prendre avec sérieux, comme un problème plus décisif qu'anecdotique ou folklorique, des éclaircissements auront été apportés et des pistes auront été ouvertes autant sur l'analyse des politiques publiques ciblées que sur la connaissance d'une population qui est, à bien des égards, un thème important d'investissement pour les sciences sociales.

1

Déclin de la coercition et montée de la thématique de l'exclusion

Le caractère actuellement saillant de la question SDF ne doit pas masquer sa densité historique. Tout un arsenal juridique, plus ou moins raffiné en fonction des époques, a été éprouvé pour venir à bout du vagabondage et de la mendicité. Mendiants et vagabonds ont tour à tour, ou tout à la fois, été enfermés, nourris, bannis, torturés, soignés, mis au travail.

L'objectif dans ce premier chapitre n'est pas d'opérer un détour historique long mais de mettre en relief les particularités de la période actuelle. On insistera sur le passage très récent d'une optique classiquement répressive, à une visée plus assistancielle. Cette coupure ne doit pas être comprise comme absolue. Ce serait en effet commettre une grave erreur que de considérer que les préoccupations sécuritaires auraient disparu dans la période contemporaine. Contrairement à ce que la thématique généreuse de la lutte contre l'exclusion peut laisser supposer, la prise en charge des SDF n'est pas qu'affaire d'hébergement, de bonnes volontés et d'associations caritatives. La question SDF est aussi envisagée comme une problématique d'insécurité et d'ordre public, notamment au travers de la mendicité.

On dégagera, dans un premier temps, quelques éléments interprétatifs sur les relations entre les pauvres et les politiques publiques. On insistera ensuite sur la place de la prise en charge des SDF au sein de la thématique contemporaine de l'exclusion qui accompagne d'importantes interrogations autour de l'État-providence. On verra de la sorte que les SDF, envisagés jusqu'au début du XXe siècle sous la figure du vagabond, ont longtemps été la cible principale des interventions répressives de l'État[1] et qu'ils sont devenus, très récemment, sous la figure de l'exclu, une cible emblématique des interventions de l'État en matière de lutte contre l'exclusion[2].

CINQ VARIABLES HISTORIQUES CARACTÉRISTIQUES DE LA PRISE EN CHARGE DES SDF

Une série de caractéristiques récurrentes des modes de prise en charge de ceux qu'on baptise aujourd'hui les SDF peut être isolée. Des ruptures dans les appréciations portées sur la pauvreté et dans les modes de traitement (la Révolution française ou l'après-guerre) sont manifestes, mais ces virages n'ont jamais totalement effacé les politiques, les représentations et les pratiques antérieures.

L'exercice consistant à dégager des critères présents, sous des formes variables, dans l'histoire a déjà été réalisé par de Swaan, qui dégage trois dimensions de la classification des pauvres (l'incapacité, la proximité, la docilité)[3], et par Castel, qui retrace deux axes à l'intersection desquels on trouve le « noyau » des politiques d'assistance (la proximité entre l'assisté et l'instance d'assistance, le critère d'inaptitude au travail)[4].

1. Sur ce premier point, voir P. Robert, *Le citoyen, le crime et l'État*, Genève, Droz, 1999

2. Sur ce deuxième point, voir H. Thomas, *La production des exclus*, Paris, Puf, 1997.

3. A. de Swaan, *Sous l'aile protectrice de l'État*, Paris, Puf, 1995 (1988).

4. R. Castel, *Les métamorphoses de la question sociale*, *op. cit.*

Il serait absolument faux de dire que rien n'a changé. Bien au contraire, tout a évolué, ne serait-ce que sur le dernier siècle : le contexte économique et démographique, l'urbanisme, la consolidation de systèmes d'assistance et d'assurance, l'économie des responsabilités et des droits. Il n'en reste pas moins que certains éléments constitutifs des politiques publiques et des attitudes privées sont historiquement repérables, de manière plus ou moins prononcée, dans les pratiques envers les pauvres.

Définir, classer et dénombrer

Les responsables de l'ordre public, comme ceux chargés de l'assistance ont toujours été confrontés à d'importantes difficultés pour définir et classer les cibles de la répression ou de l'assistance. Au Moyen Âge le vagabondage était poursuivi sans être défini. Des mots comme « caymands », « mâraux », « oyseux », « ruffians », désignaient les errants, sans distinctions claires. Il faut attendre le début du XVIe siècle pour qu'une ordonnance de François Ier, en 1534, apporte un premier élément de caractérisation en parlant de « tous vagabonds, oisifs, gens sans aveu et autres qui n'ont aucun bien pour les entretenir et qui ne travaillent ne labourent pour gaigner leur vie »[1]. Trois dimensions usuellement associées à la catégorie de vagabond sont présentes : l'indigence, l'oisiveté et la mobilité. À compter de 1810, l'article 270 du Code pénal fixe une définition : « Les vagabonds ou gens sans aveu sont ceux qui n'ont ni domicile certain, ni moyens de subsistance, et qui n'exercent habituellement ni métier, ni profession. » Ces

1. Pour *Le Robert* : « Homme sans aveu, qui n'était lié à aucun seigneur, ne pouvait invoquer aucune protection. » L'aveu était défini comme « déclaration écrite constatant l'engagement du vassal envers son seigneur, en raison du fief qu'il a reçu ». Quant au sens moderne de sans aveu, il est globalement synonyme de vagabond.

précisions juridiques n'ont finalement pas apporté grand chose, car il est malaisé d'établir l'association de l'inactivité choisie et de l'absence de ressources et de logement. Le flou des éléments d'appréciation du délit, notamment sur le registre de l'intentionnalité, laissait une grande place à l'arbitraire, ce qui permettait d'arrêter ou repousser tous ceux qui dérangeaient. Le délit de vagabondage aura ainsi été appliqué de façon très élastique, et les vagabonds (et assimilés) plus ou moins sévèrement réprimés selon les lieux et les époques.

À côté des déterminations juridiques, le vagabondage et l'errance ont été amplement appréhendés à partir de l'univers médical. La psychiatrie naissante a multiplié les études sur les vagabonds pour y découvrir des pathologies spécifiques. Les psychiatres à l'orée du XXe siècle ont rivalisé de virtuosité pour découvrir les maladies mentales qui expliqueraient le vagabondage. On parlera ainsi de « dromomanie des dégénérés » (c'est-à-dire d'errance pathologique d'individus mentalement diminués) ou d'« automatisme ambulatoire » pour rendre compte d'affections que l'on juge psychiques avant d'être sociales [1]. Cette médicalisation de la pauvreté fait des vagabonds des psychopathes, des migrateurs hallucinés ou des criminels impulsifs. Médecins et juristes sont alors d'accord pour rapprocher la misère du vice, et pour voir dans le vagabond un être paresseux et dangereux.

Ces représentations vont enjamber les siècles. Elles vont cependant s'effacer, sans disparaître définitivement (loin de là), à partir des années 1950. Les vagabonds ne sont plus alors une question de société mais un problème marginal. Ils relèvent presque du folklore lorsqu'ils prennent les traits du « clochard ». Dans les années 1980

1. À ce sujet, voir les travaux de M. Foucault et, plus spécifiquement, le panorama de J.-C. Beaune, *Le vagabond et la machine*, Seyssel, Champ-Vallon, 1983.

ils seront nommés nouveaux pauvres, avant de se voir qualifier d'exclus dans les années 1990. Très généralement baptisés SDF, ils n'ont plus grand chose à voir, dans leurs caractéristiques sociojuridiques, avec leurs ancêtres honnis du XIXe siècle.

Sur le long terme, des notions comme vagabond, mendiant, clochard ou SDF ont été profondément transformées par les producteurs de règlements, appliquées à des situations très différentes par les juges et les policiers, souvent réduite à des maladies par les médecins, parfois magnifiées par les poètes ou par l'Église. Parallèlement aux essais de définition, les chiffres les plus variés ont circulé. On parlait de 45 000 pauvres errants à Paris sous Louis XIV, à l'époque, connue depuis Foucault comme celle du « grand renfermement » des pauvres, des mendiants et des errants. Voltaire, au milieu du siècle des Lumières, en comptait 200 000 dans le royaume. Au début du XXe siècle le chiffre gigantesque de 400 000 vagabonds circulait. Ces chiffres, inquiétants, ne reposaient sur aucun comptage rigoureux. Des estimations, tout aussi impressionnantes et fantasques, sont encore proposées aujourd'hui.

La dualité de la pauvreté

Le détour historique enseigne qu'il y a toujours eu des critères moraux et normatifs pour opérer une distinction entre les « bons pauvres » et les « mauvais pauvres ». Les décisions d'action publique reposent toujours sur la permanence implicite de la coupure qui séparait autrefois normativement le « bon » et le « mauvais » pauvre, le « digne » et l'« indigne », le « valide » et « l'invalide ». Cette coupure s'exprime aujourd'hui par des termes comme « insérables » et « non insérables », qui ne sont jamais explicitement rédigés dans les textes de base des politiques publiques, mais qui sont souvent exprimés par les acteurs de la prise en charge.

Cette dualité n'est pas propre aux acteurs de la prise en charge. Au contraire, tout le monde face aux SDF raisonne en séparant la population entre ceux pour lesquels il est jugé légitime (ou seulement possible) d'intervenir et les autres. Certaines sous-populations de sans-abri, les familles, les malades mentaux, les enfants, provoquent plus d'indignation. D'autres, comme les « profiteurs », les « professionnels » sont critiqués. Cependant les critères de ce type de distinction n'ont rien de généraux. Ils sont fondamentalement individuels et s'appuient sur les croyances personnelles concernant la présence des SDF dans l'espace public. Ceux qui auraient choisi cette situation sont généralement distingués de ceux qui la subiraient.

Pratiquement, ce qui est éternellement affirmé c'est une dichotomie dans la population des plus démunis. Les appréciations du mérite, de la responsabilité ou de la dignité des pauvres varient. Chaque habitant d'une ville a sa propre représentation de ce que sont les vagabonds, les pauvres ou les SDF. Des termes nouveaux et des nomenclatures élaborées peuvent être produits. Mais les pratiques cognitives individuelles du policier ou du travailleur social consistent toujours à séparer la population en deux, pour déterminer qui ou quelle situation doit impliquer une intervention. Cette coupure est repérable pour toutes les clientèles des dispositifs de prise en charge, ne serait-ce que parce que chaque acteur doit décider d'attribuer ou non un secours ou une prestation à telle catégorie de population et pas à une autre.

Au quotidien, dans les interactions avec les sans-abri, nous marquons ou non notre sympathie pour telle ou telle personne. Au-delà des divisions politiques, religieuses et morales, il existe une catégorisation duale des sans-abri. En permanence il faut choisir de répondre ou de ne pas répondre à une sollicitation. Cette dualité se rencontre à tous les niveaux du système de prise en charge. Que ce soit à l'Assemblée nationale, dans les rames du métro, dans les commissions d'admission à un secours privé ou à une aide publique, cette dualité de la pauvreté est toujours repérable[1]. Une coupure est ainsi opérée dans la population SDF, séparant les « vrais » des « faux », les « volontaires » des « involontaires », distinguant les personnes « insérables » des « inemployables », ou différenciant les SDF par rapport à d'autres catégories jugées proches mais différentes, comme les « clochards ». Les catégories morales peuvent différencier le SDF « relevable » du SDF « irrelevable ». Des catégories techniques, issues de l'action sociale ou médicale, peuvent différencier le SDF « récupérable » du SDF « irrécupérable ». Situation subie ou marginalité choisie, « jeune SDF » ou « vieux clochards », il s'agit là d'un spectre large sur lequel toutes les positions peuvent se repérer.

Les oscillations entre hostilité et hospitalité

Les sentiments vis-à-vis des indigents sont ambigus. Ils dépendent des convictions morales mais aussi d'éléments plus quotidiens comme le degré de promiscuité avec la pauvreté. Les commerçants ayant pignon sur rue dans des villes touristiques et les cadres dans les bureaux de villes nouvelles ne sont pas confrontés de la même manière au phénomène. Des éléments *a priori* extérieurs à la question, comme les variations climatiques, ont un impact sur les opinions. En hiver, quand il fait froid on s'inquiète des conditions de vie des démunis. En été on s'inquiète plutôt de la tranquillité des vacances. Les demandes des habitants

1. C'est, par exemple, ce que rapporte Rosanvallon de son implication dans une commission locale d'insertion P. Rosanvallon, *La nouvelle question sociale. Repenser l'État-providence*, Paris, Seuil, 1995.

en matière de prise en charge de l'indigence sont variables. Partant, les politiques publiques oscillent invariablement entre répression et sollicitude.

Avec ces oscillations, les évaluations des impacts des politiques de prise en charge, répressives ou assistancielles, ne sont pas évidentes. Les dispositions répressives ont souvent glissé vers l'assistance. Inversement, les institutions créées dans une visée charitable ont souvent dérivé vers le simple enfermement ou le contrôle policier des pauvres. Dans la logique disciplinaire foucaldienne, les mesures de contrôle social, conciliant pratiques philanthropiques et dispositifs répressifs, sont analysées comme des instruments de surveillance des mouvements de population et de condamnation des déviances.

Les politiques en direction des plus démunis connaissent toujours cette hésitation entre l'hostilité et l'hospitalité, entre le souci de secourir ou de neutraliser le pauvre. D'un côté des centres d'accueil pour les SDF de la ville, de l'autre la police ou des services privés de sécurité pour écarter les intrus indésirables.

Les arrêtés anti-mendicité des années 1990 offrent une formidable actualité à ce balancier. Les déclarations des maires qui ont pris ces dispositions signalent une coupure nette entre, d'un côté, les SDF « connus » de la ville, les « mendiants habituels », les « clochards traditionnels », et, de l'autre côté, les « zonards », les « marginaux ». Il apparaît en fin de compte que les « mendiants » (entendus comme les SDF locaux) sont acceptés, mais que les « vagabonds » (qui sont les SDF venus d'autres villes) sont rejetés. Certains SDF paraissent dignes d'une assistance, d'un secours, d'une « insertion ». Les autres ne relèvent pas de la compétence des villes, qui les repoussent donc ailleurs.

Les arrêtés municipaux anti-mendicité et les questions qu'ils soulèvent ne sont qu'un moment dans l'histoire de la prise en charge de l'indigence, rythmée par la dynamique du couple répression/assistance. Les villes sont une nouvelle fois enlisées dans l'alternative accueil/renvoi qui repose sur des caractérisations flottantes des personnes visées, et sur l'ambivalence de la demande des habitants à l'égard des indigents sans domicile.

La coopération instable des collectivités locales

Depuis la naissance des villes, la question du vagabondage s'est posée de manière criante pour les gestionnaires des collectivités locales. Au Moyen Âge, les collectivités locales n'avaient que deux possibilités : accueillir les pauvres qui se présentaient à leurs portes ou les renvoyer. Cette alternative provoque un dilemme classique d'action collective [1]. Si une communauté décidait d'accueillir, elle n'avait aucun moyen de savoir si les autres collectivités allaient faire de même ou si, au contraire, elles n'allaient pas profiter de cette opportunité pour se décharger de leurs propres pauvres et renvoyer tous les errants. Il existait ainsi une tension entre l'échelle régionale du vagabondage et le caractère local des secours aux indigents.

Avec le développement des villes et de leurs liaisons, l'État est intervenu pour qu'un équilibre régional des secours s'ajoute aux systèmes charitables locaux. La première tentative d'un équilibre territorial plus large fut le grand renfermement du XVIIe siècle. Des bâtiments étaient édifiés ou transformés pour y enfermer les pauvres. Au même moment naissait l'idée d'atelier de charité. Les pauvres n'étaient plus simplement enfermés pour être entretenus ou punis. Ils se voyaient proposer une tâche qui devait les convertir, les punir, ou les guérir. Ces ateliers, qui allaient du minuscule asile de campagne à l'immense Hôpital général parisien, abritaient toutes sortes de personnes, avec des formes de coercition et d'obligation au

1. De Swaan analyse le phénomène dans toute l'Europe. Cf. A. de Swaan, *Sous l'aile protectrice de l'État*, *op. cit.*

travail très différentes. Le principe était d'employer les pauvres valides dans un système de secours autofinancé.

Cette idée de créer une certaine autarcie de l'assistance donna l'illusion d'une issue au dilemme entre accueil et renvoi qui accablait le système de collectivités locales autonomes. Mais les ateliers avaient peine à s'autofinancer et ils étaient critiqués par les entreprises voisines qui y voyaient une concurrence déloyale. Le pouvoir central joua alors un rôle décisif en soutenant les villes. Avec un léger soutien à un atelier ou à un hôpital local, il pouvait maintenir la cohésion globale. La participation de l'État dans la lutte contre le vagabondage et dans l'aide aux pauvres n'a ainsi cessé de croître. L'autonomie des collectivités locales s'est effacée devant l'émergence d'un État central de plus en plus puissant pour gouverner les communautés de son territoire. Ces implications du pouvoir central ne peuvent cependant supprimer définitivement les dilemmes que vivent les municipalités.

On repère aujourd'hui une coopération toujours instable entre des villes qui depuis la décentralisation amorcée au début des années 1980 disposent d'une influence déterminante sur les politiques d'urbanisme et de logement. Chaque collectivité locale peut tendre à ne prendre en charge que les pauvres qu'elle a repérés comme étant de sa responsabilité, tout en s'inquiétant de l'attitude qu'adoptent les villes voisines. Il s'agit de minimiser les coûts sociaux et électoraux afférents à l'accueil des sans-abri, tout en respectant des engagement légaux et moraux. Il reste donc toujours à déterminer qui seront les « bons » SDF à accueillir, et ceux qui relèveront de la compétence d'autres collectivités. Il s'agit là d'une pratique jamais interrompue, même si elle se métamorphose, rappelée par la formule « chacun ses pauvres ».

Historiquement, l'assistance suppose le rattachement des indigents à un territoire. Le lieu de résidence du pauvre est son principal attribut, aux yeux des pouvoirs publics, car il éclaire sur les responsabilités locales. La domiciliation est le critère qui définit le périmètre d'intervention d'une ville ou d'un département. La dépense d'aide sociale est aujourd'hui imputée à la collectivité dans laquelle le pauvre a son domicile de secours [1], qui peut être une simple boite à lettres dans le local d'une association agréée. Relevons que la citoyenneté a toujours débuté par la territorialité. Les principales dispositions de la législation du droit de suffrage depuis 1789 ont affirmé comme primordiale la condition de domicile, qui a une importance décisive pour l'exercice des droits civils et l'accès aux droits sociaux. La condition d'attribution d'une carte d'identité est restée jusqu'en 1994 fonction d'un domicile fixe. Une réforme de la réglementation a eu lieu depuis, et les personnes SDF peuvent désormais indiquer leur adresse de domiciliation administrative sur leur carte nationale d'identité. Comme elles ne peuvent pas toujours voter, qu'elles coûtent à la collectivité et qu'elles font parfois peur, les villes peuvent encore entreprendre de s'en débarrasser.

Dans ce contexte, Paris joue un rôle particulier. À l'échelle nationale, tous les grands programmes de lutte contre le vagabondage et la mendicité ont eu le même effet pervers pour l'État parisien. Depuis les premières mesures, des foules de misérables ont quitté leurs lieux d'origine vers les villes, en particulier vers la capitale, où elles pensaient trouver secours, abri ou travail. Paris est ainsi rituellement obligé d'innover puis, face à l'afflux de pauvreté que cela peut susciter, d'inciter les autres

1. Le « domicile de secours » est défini, depuis la Révolution, comme « le lieu où l'homme nécessiteux a droit aux secours publics ». Ce domicile de secours n'est pas seulement un outil juridique d'imputation de la dépense d'aide, mais aussi un élément pour la définition institutionnelle du lien social. Voir D. Renard, « Une définition institutionnelle du lien social : la question du domicile de secours », *Revue française de science politique*, vol. 38, n° 3, 1988, p. 370-386.

collectivités à suivre le mouvement. Jacques Chirac avec le Samu social a eu le même problème que Napoléon avec les dépôts de mendicité, François Ier avec les bureaux des pauvres, et Louis XIV avec l'Hôpital général… Après chaque initiative parisienne, il est nécessaire de demander ou d'imposer de nouveaux efforts aux autres collectivités locales.

La gageure de la coordination des acteurs

La dernière variable caractéristique est dans une large mesure la conséquence des précédentes. Il s'agit de la difficulté à intégrer les représentations différentes du problème et à coordonner les différentes actions entreprises en direction des SDF.

La question de la coordination territoriale, aujourd'hui appréciée et analysée avec des notions comme « partenariat », « gouvernance » ou « réseau d'action publique », est présente depuis l'origine. Plus récemment, la question s'est posée de savoir comment organiser de manière satisfaisante la coopération entre les services privés et les services publics naissants. La distribution des rôles entre public et privé a toujours été problématique. À la fin du XIXe siècle, le système de prise en charge était écartelé entre bienfaisance privée et assistance publique. Il a alors fallu dégager, en matière d'assistance sociale, des complémentarités, on dirait aujourd'hui des partenariats, entre les différentes catégories d'acteurs. Une administration centrale est créée (Direction de l'Assistance publique du ministère de l'Intérieur, 1886), une législation se développe, et les actions s'intensifient avec une collaboration accrue entre instances municipales et œuvres privées, le tout sous le contrôle de l'État.

Si tout le monde s'accordait sur la nécessité d'une collaboration, les modalités pratiques d'unification ou de rapprochement des contributions respectives ont toujours fait défaut. La fondation, en 1890, d'un Office central des œuvres de bienfaisance ne pût mettre fin à la concurrence des interprétations, aux rivalités de compétence, aux débats sur les blocs de légitimité, aux conflits de délimitation des clientèles de la charité et des cibles de la répression. Par ailleurs, les œuvres étaient elles-mêmes en compétition, dans des combats philanthropiques pour le monopole de la représentation des pauvres.

Un demi-siècle plus tard, à la Libération, lorsque la problématique et la technique de l'assurance prennent, avec la Sécurité sociale, le pas sur les politiques d'assistance, la coordination est encore érigée en vertu cardinale de l'action administrative. L'État, dans un souci d'application et de contrôle des normes républicaines, veille à l'organisation d'une politique rationnelle de protection sociale, avec des équilibres à établir entre les divers intervenants, publics et privés [1].

La diversité des intervenants sur un seul et même territoire, en matière d'assistance et plus précisément en matière de prise en charge des SDF, a en fait toujours été élevée. Les associations, et, avant la loi de 1901, les diverses œuvres, souvent religieuses, n'ont pas toutes la même appréciation sur la population et sur les réponses appropriées.

Aujourd'hui encore, des débats existent quant à la légitimité de chacun des acteurs et quant aux risques de subordination d'un secteur à l'autre. La distinction moderne entre le public et le privé allant vers une hybridation croissante entre le droit public (la souveraineté) et le droit privé (le marché), les responsabilités respectives des acteurs sont encore moins nettement délimitées. Les pouvoirs publics, et notamment l'État, ont certes pris une place centrale dans le système de prise en charge. Mais la distribution des rôles entre ce qui relève, d'une part, du

1. C. Bec, *L'assistance en démocratie*, Paris, Belin, 1998.

privé et de l'initiative individuelle, et, d'autre part, du public et de l'intervention collective n'est toujours pas clairement établie.

DE LA RÉPRESSION À L'ASSISTANCE : UNE INVERSION TRÈS RÉCENTE

Vagabondage et mendicité se sont progressivement effacés, au cours du XXe siècle, en tant que problématiques d'ordre public. Pour ne pas avoir une fausse image, il est toutefois nécessaire de souligner que le virage vers des politiques assistancielles structurées est beaucoup plus récent qu'on ne l'indique généralement. Jusqu'à la fin des années 1960, les vagabonds, les mendiants, les errants, les clochards n'intéressent que très marginalement les politiques publiques. Les « sans-logis », depuis l'hiver 1954 et les appels de l'abbé Pierre, deviennent une cible et un aiguillon des politiques du logement. Cependant, pour ce qui concerne les individus repérables dans la rue comme étant sans domicile, les pratiques quotidiennes de prise en charge relèvent encore surtout de la coercition. Ce n'est qu'à partir des années 1970 que des mesures assistancielles plus fournies se sont déployées, tandis que la pression pénale et policière s'effondrait.

Le déclin de la pression pénale : du vagabond au clochard

Alors que l'errance, la grande pauvreté, le vagabondage et la mendicité ont été très longtemps considérés comme des fléaux sociaux, il s'agit, depuis l'après-guerre, de problèmes sociaux. La tendance du XXe siècle, avec l'affirmation des droits de l'homme, du droit au travail et du droit au logement, aura été à la décriminalisation du vagabondage et de la mendicité et à l'affirmation de droits sociaux pour les vagabonds et les mendiants.

Durant les années de croissance de l'après-Seconde Guerre mondiale, les vagabonds et les mendiants n'ont cependant que rarement été à l'ordre du jour médiatique et politique. Dans les rubriques faits divers de la presse, on trouvait des informations anecdotiques sur les clochards dont la figure folklorique était dépeinte comme faisant partie du paysage touristique parisien. Au début des années 1950, les « sans-logis » et les « mal-logés », notamment à travers l'« insurrection de la bonté » déclenchée par l'abbé Pierre en février 1954 après la mort de personnes sans logement dans les rues et des taudis à Paris, ont été considérés comme un problème à résoudre. Cependant, la question était exclusivement envisagée à l'aune de la politique et du marché du logement. Dans un contexte de pénurie de logements, en raison des destructions de la guerre, la situation des mal-logés était grave. La réponse publique à cette situation aura été la mise en œuvre d'une vigoureuse politique de construction de logements sociaux. La question des sans-abri n'aura en fait été que très sporadiquement soulevée et, surtout, elle ne se sera pas inscrite comme un problème social particulier, appelant des interventions spécifiques à des populations. Ceux qui allaient plus tard être réunis dans l'appellation SDF n'ont pas pris place sur l'agenda politique des trente glorieuses en tant que cible d'intervention particulière.

Depuis la Libération, un nouvel environnement juridique s'est néanmoins étendu. À côté de la création de la Sécurité sociale, le système d'assistance que l'on aurait voulu faire disparaître avec la généralisation des assurances obligatoires s'est en fait consolidé. Avec l'ambition d'un État social à la fois assureur et protecteur, le vagabond et le mendiant passent du droit pénal au droit social. Ils ne doivent plus être réprimés mais protégés ou rééduqués. Ils ne sont plus des asociaux mais des assistés, dotés de droits économiques et sociaux[1].

Vagabondage et mendicité restent des délits, mais l'évolution de la législation privilégie les mesures d'aide et de reclassement. Dans les années 1930, le vagabondage des mineurs avait déjà été dépénalisé. Dès les années 1950, les délits de vagabondage et de mendicité ont globalement été considérés comme surannés. À partir de ce moment, l'autorité judiciaire, en lien avec l'administration sanitaire et sociale, a eu tendance à favoriser l'accès des vagabonds à l'aide sociale, plutôt que l'application des peines.

Sur la période des trente glorieuses, on constate un affaiblissement de la pression pénale concernant les vagabonds et les mendiants. Le graphique 1 présente l'évolution de l'utilisation des délits de vagabondage et de mendicité depuis le deuxième quart du XIXe siècle. On s'aperçoit du contraste entre la deuxième moitié du XXe siècle et les périodes précédentes.

Ce graphique montre de manière nette la décroissance du nombre de décisions de justice rendues au titre des délits de vagabondage et de mendicité depuis 1940. On remarque que la courbe connaît un infléchissement encore plus radical à partir de la fin des années 1960. Depuis le milieu des années 1980, le nombre annuel de décisions est inférieur à une centaine. Avant que les deux délits ne disparaissent du Code pénal, en 1994, ils étaient tombés en désuétude.

1. Les SDF ne peuvent plus être considérés comme « hors-social » comme les vagabonds et les sans-aveux, qui se trouvaient en dehors même des relations de sujétions traditionnelles. Très souvent sans propriété privée, sans travail, ils ont maintenant des droits, pouvant faire valoir une « propriété sociale » permettant une relative « propriété de soi ». Sur ce schéma d'analyse, Cf. R. Castel, C. Haroche, *Propriété privée, propriété sociale, propriété de soi*, Paris, Fayard, 2001.

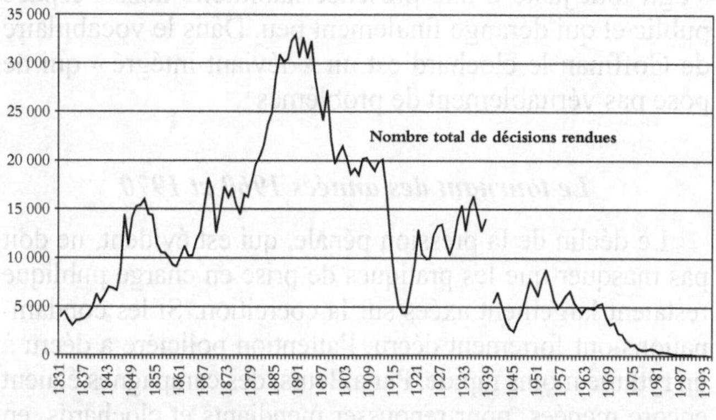

Source : Ministère de la Justice (*Compte général de la Justice*, et après 1978 *Annuaire statistique de la Justice*). Base DAVIDO (CESDIP).

Graphique 1. – Délits de vagabondage et de mendicité

De l'après-guerre aux années 1970, vagabondage et mendicité ne sont plus repérés comme réellement problématiques. La figure typique du problème est alors celle du « clochard ». Celui-ci s'oppose nettement, dans les représentations, au vagabond. À la différence du vagabond, qui fait peur, le clochard est plutôt sympathique, bien perçu dans l'opinion[1]. Les clochards ne seraient que des cas individuels dont la figure balance entre le paresseux invétéré déchu par l'alcool et le doux poète libertaire. Dans les esprits, les vagabonds sont des asociaux inamendables qui appellent la répression et les clochards des individus tranquilles qu'il faudrait laisser vivre à leur guise.

La présence de clochards, dans des quartiers particuliers, n'appelle pas d'interventions collectives précises. Il

1. Voir B. Durou, A. Rimailho, *Les « vagueux » dans la société industrielle*, Toulouse, Privat, 1970.

s'agit tout juste d'une présence habituelle dans l'espace public et qui dérange finalement peu. Dans le vocabulaire de Goffman le clochard est un « déviant intégré » qui ne pose pas véritablement de problèmes[1].

Le tournant des années 1960 et 1970

Le déclin de la pression pénale, qui est évident, ne doit pas masquer que les pratiques de prise en charge publique restaient largement axées sur la coercition. Si les condamnations ont fortement décru, l'attention policière a décru à un rythme moins rapide. Par ailleurs, des campagnes étaient encore menées, pour repousser mendiants et clochards, en dehors des rues et quartiers qu'ils fréquentaient.

Les sans-logis étaient signalés mais comme un simple problème de logements à construire. Une réponse publique massive a été entreprise dans ce domaine. Cependant, les autres dimensions de la question sans-abri, comme la mendicité ou l'errance visible de personnes aux comportements déviants, n'étaient pas repérées comme un problème social d'importance. Les seules mesures publiques spécifiques en direction de ces phénomènes étaient d'ordre sécuritaire.

La principale innovation institutionnelle, au cours des années 1950 et 1960, fut la création, à Paris, d'une brigade de police spécialement en charge des sans-abri. Après l'hiver 1953-1954 est ainsi créée par la Préfecture de police de Paris une Équipe de ramassage des vagabonds (ERV), qui deviendra après 1968 la Brigade d'assistance aux personnes sans-abri (BAPSA), dont les grands bus bleus qui sillonnent encore aujourd'hui la capitale sont familiers aux Parisiens.

Durant les années 1950 et 1970, les élus et les fonctionnaires de police parisiens ont constamment demandé des moyens supplémentaires pour lutter plus efficacement

1. E. Goffman, *Stigmate*, Paris, Éditions de Minuit, 1989 (1963).

contre la présence des clochards et des mendiants. Au milieu des années 1960 la répression va se concentrer sur une catégorie particulière d'errants, les « beatniks ». Alors que les clochards sont présentés, même par la police, comme des individus relativement inoffensifs, de « nouveaux clochards » sont repérés dans les années 1960. Plus jeunes, souvent étrangers ou simplement dépourvus de papiers d'identité, ils sont plus précisément ciblés comme objet de la répression.

À partir de la fin des années 1960 l'orientation de l'action publique va s'infléchir. Jusqu'aux années 1970, sur le volet assistanciel, il n'existait aucune mesure spécifique d'ampleur notable pour accueillir et traiter les problèmes, qui auraient été jugés particuliers, des sans-abri. L'État et les collectivités locales consacraient des budgets négligeables à l'accueil des indigents sans logement. Les œuvres privées, généralement confessionnelles, géraient des services d'accueil financés très majoritairement par des dons et donations.

Ce n'est que depuis le milieu des années 1970 que des centres d'hébergement et de réadaptation sociale (CHRS), financés par les pouvoirs publics, se sont largement ouverts aux sans-abri (encore appelés vagabonds). Les crédits consacrés à l'Aide sociale à l'hébergement (ASH), permettant de financer ces centres, ont fortement augmenté tandis que s'accélérait le déclin de la pression pénale.

C'est ce qu'illustre le graphique 2, qui met en rapport le nombre de décisions de justice relatives aux délits de vagabondage et de mendicité, et la croissance des dépenses d'aide sociale à l'hébergement (en francs constants 1999). Le schéma donne une image saisissante du virage opéré.

Comment expliquer ce changement d'appréciation ? Les années 1960 se distinguent par un plus grand souci pour les questions de pauvreté. À partir du milieu de la décennie, des ouvrages diffusent les chiffres de 12, 15 ou 18 millions de pauvres en France, soit environ 24 à 30 % de la population totale[1]. Ces documents traitent de la pauvreté et, déjà explicitement, de l'exclusion sociale, sans qu'on puisse toutefois y trouver un mot sur les clochards ou les sans-abri.

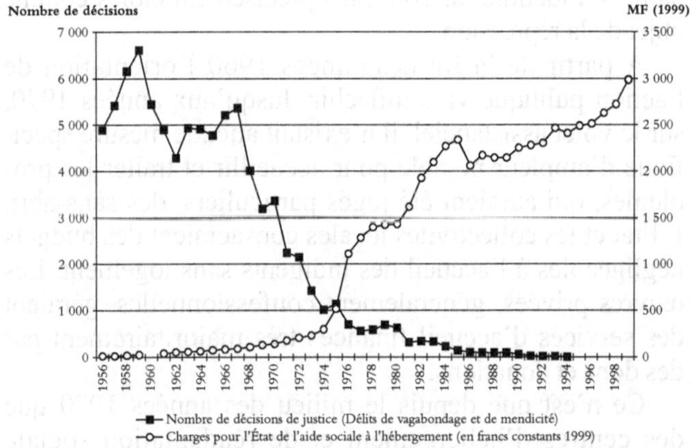

Sources : Direction du budget, Direction de l'action sociale, ministère de la Justice, INSEE.

Graphique 2. – Évolutions des tendances récentes de la prise en charge des SDF

Ces travaux, inspirés des analyses américaines sur la lutte contre la pauvreté, ont un impact sur la haute fonction publique d'un État qui, après s'être inquiété de reconstruction urbaine et de planification industrielle, commence à se préoccuper de bien-être et de

1. J. Klanfer, *L'exclusion sociale. Étude de la marginalité dans les sociétés occidentales*, Paris, Bureau de recherches sociales, ATD, 1965 ; P.-M. de la Gorce, *La France pauvre*, Paris, Grasset, 1965.

social[1]. L'ambition, dans une période qui vise une « Nouvelle Société », est de compléter le système de protection sociale sous son format universel, par l'ajout de politiques ciblées. Un système d'aides différenciées en fonction de cibles catégorielles se met en place pour combler les lacunes de la protection sociale.

Les travaux menés pour la préparation du VIe Plan et qui vont être à la base des politiques de ciblage ont quelques caractéristiques : ils sont informés des nouvelles politiques sociales mises en place outre-Atlantique ; ils sont inquiets des évolutions démographiques et de leur impact sur les finances de la Sécurité sociale ; ils se présentent comme soucieux d'efficacité et énoncent, parmi les solutions possibles, la spécialisation des politiques[2].

Certaines catégories « prioritaires » (les handicapés, les veuves, les personnes âgées, les mères isolées) émergent alors comme des cibles d'action publique. La pauvreté n'est pas encore spécifiée (comme l'est aujourd'hui l'exclusion) en tant que catégorie d'intervention. Les vagabonds, les mendiants, les sans-abri ne sont pas non plus alors explicitement signalés comme un de ces « nouveaux » problèmes sociaux à traiter par l'intermédiaires de politiques ciblées.

Pour bien comprendre le tournant des années 1970 en matière de prise en charge des vagabonds et des mendiants, il est nécessaire de rappeler le succès des analyses critiques du système asilaire et, plus généralement, des institutions. Des pamphlets fustigent alors les conditions

1. Voir J. Delors (dir.), *Les indicateurs sociaux*, Paris, SEDEIS/*Futuribles*, 1971, notamment le chapitre consacré au « comportement à l'égard des marginaux » (appelés aussi les « éclopés de la croissance »).

2. Pour une appréciation de ces travaux du Plan, considérés comme le moment du « tournant néo-libéral », cf. Bruno Jobert, *Le social en plan*, *op. cit.* Pour une analyse critique du revirement américain au cours des mêmes années vers les ciblages des pauvres, des minorités et des quartiers défavorisés, cf. T. Skocpol, *The Missing Middle*, *op. cit.*

de vie dans les hospices pour personnes âgées et dans les centres d'hébergement collectif. Ces derniers sont décriés comme des « clapiers de l'Assistance publique » où cohabitent dans des salles communes vétustes convalescents et retraités, vieillards et clochards, indigents et déments. Ces études et ces analyses (d'ailleurs très critiques à l'égard des pratiques naissantes de ciblage), contribuent à faire passer les marginaux et les pauvres du côté des personnes à prendre en charge socialement, et non plus à ignorer ou à réprimer.

Socialement, vagabonds, clochards et mendiants ne sont plus seulement des déviants mais, pour conserver le vocabulaire de l'époque, des inadaptés. Le niveau d'altérité ressenti entre les habitants établis et les sans-abri s'est amoindri. Ce n'est plus un fossé que des règles pénales peuvent démarquer. Celles-ci sont même ressenties comme injustes.

L'évolution de la qualification juridique des mendiants et des vagabonds va aller jusqu'à leur disparition du Code pénal. Juridiquement, la qualification de délinquant s'efface dans la jurisprudence, notamment en ce qui concerne la mendicité.

Les mécanismes qui ont conduit à la baisse du nombre d'infractions et de poursuites relatives au vagabondage et à la mendicité relèvent avant toute chose des transformations qui ont eu lieu dans l'appréciation de ces phénomènes, par les juges et par les policiers, comme par le reste de la société. Les choix entre ce qui devait faire l'objet d'une action répressive sur le marché des comportements jugés délictuels et criminels ont évolué. Comme l'ont montré Davidovitch et Boudon[1], dans une analyse expérimentale qui prend en compte parmi 15 délits ceux de vagabondage et de mendicité, ce sont à la fois des

1. A. Davidovitch, R. Boudon, « Les mécanismes sociaux des abandons de poursuite », *L'Année sociologique*, 1964, p. 111-244.

raisons de droit et des considérations de fait qui constituent les motifs de classement. Pour les SDF, les considérations de fait l'ont emporté. L'importance perçue du « préjudice social » lié au vagabondage et à la mendicité s'est effondrée. Juges et policiers, pris comme tout un chacun dans la dynamique du changement social, considèrent que l'état de vagabond ou de mendiant est de moins en moins légitimement pénalisable, *de facto* et *de jure*. Comme les vagabonds et les mendiants ne sont plus considérés comme des dangers, mais de plus en plus comme des « exclus », la répression devient de plus en plus difficile à exercer.

Arrêtés anti-mendicité et actualités de la coercition

Les arrêtés municipaux pris contre la mendicité relèvent incontestablement d'un retour à la pénalisation de la pauvreté, même si la proscription ne passe plus par le droit pénal mais par le droit administratif.

Ces arrêtés dits anti-mendicité, alors que vagabondage et mendicité ne sont plus des délits depuis 1994, ont donné lieu à d'amples controverses estivales au milieu des années 1990. Les textes sont presque toujours limités à la saison estivale et à certaines parties des villes. Les arrêtés, qui se ressemblent souvent énormément et qui dépassent les clivages partisans, suscitent des polémiques relayées par les médias. Ils déclenchent des tensions entre l'État, ses services déconcentrés et les municipalités. Les affaires et les décisions de justice se sont accumulées mais aucune jurisprudence claire n'a émergé. L'avalanche d'arrêtés qui s'est poursuivie de 1991 à 1996 a beau s'être ralentie depuis (durant les étés 1999 et 2000, ces arrêtés n'ont pas provoqué de débat national)[1], aucune réponse

1. On ne peut pas savoir s'il y a eu plus ou moins d'arrêtés, dans la mesure où ces dispositions municipales ne sont pas rassemblées à l'échelle

juridique définitive n'a été prononcée au sujet de la mendicité. Il appartiendra peut-être un jour au Conseil d'État de trancher. Ce qui demandera du temps, et n'implique pas nécessairement une réponse très précise.

Si la mendicité soulève beaucoup d'émotion, il ne faut pas pour autant verser dans le misérabilisme ou l'angélisme. On ne doit pas, par exemple, masquer que quelques groupes peuvent s'engager dans l'exploitation de la misère. Il est, en particulier, amplement jugé comme inacceptable que des enfants soient poussés par leur famille à de telles extrémités. Le système d'aide et de protection sociale, s'il connaît des difficultés, est encore assez solide pour trouver d'autres solutions à ces situations. Le législateur a rayé les deux délits de vagabondage et de mendicité du nouveau Code pénal entré en application le 1er mars 1994. Il a néanmoins institué comme délit le fait de provoquer un mineur à la mendicité (art. 227-20). Des tribunaux commencent d'ailleurs à s'emparer de cette possibilité pour punir des exploitations intolérables, unanimement réprouvées.

Le misérabilisme et l'angélisme ne doivent pas non plus voiler une partie de la réalité, composée de rackets, de menaces, d'agressions caractérisées. Les comportements menaçants peuvent être condamnés. Mais ces comportements doivent être condamnés chez les mendiants au même titre que pour n'importe quel autre citoyen. Le problème est que « l'exclu » est considéré comme un autre, le mendiant est apprécié comme « différent », ce qui nécessiterait des interventions, au moins en matière policière, différenciées. En l'espèce, un statut est confondu avec une activité. C'est tout le problème des

nationale. Il est certain que la plupart des grandes villes qui avaient pris ce type de mesure vers 1995 ont cessé après de le faire. D'autres types d'arrêtés, ne désignant pas expressément la mendicité, ont cependant été pris, comme ceux prohibant la consommation d'alcool dans les lieux publics des centre-ville.

arrêtés « anti-mendicité » qui, bien que leurs promoteurs s'en défendent, s'attaquent à un statut plus qu'à une activité. En visant spécifiquement la « mendicité agressive », ils ciblent en réalité une catégorie de mendiants jugés indésirables. Ce n'est pas seulement leur comportement, par moments inacceptable, qui est incriminé, mais leur présence même.

Certains criminologues américains appuient les mesures prises par les municipalités pour réduire l'exercice ou interdire complètement la mendicité et ses activités dérivées [1]. Aux États-Unis, les levées de boucliers ont été nombreuses pour contrer ces dispositions. Le Premier amendement à la Constitution américaine et toute sa jurisprudence ont été convoqués pour protéger les libertés d'expression et de circulation. Les opposants à ces mesures ont argumenté qu'il fallait protéger les droits des pauvres et des sans-abri, et tolérer toute forme non violente de déviance comme une manifestation de la liberté. Les joutes juridiques se sont multipliées entre les partisans de la lutte contre la mendicité et les défenseurs des libertés constitutionnelles.

Des criminologues, pour assurer la réappropriation collective de l'espace public, sont partisans de la criminalisation de certains comportements « incivils », dont la mendicité « agressive ». Il ne s'agit néanmoins pour eux que d'un élément d'une réforme plus globale de la police urbaine, vers plus de prévention, d'îlotage pédestre et de coopération avec les citoyens. De telles orientations permettent certainement de répondre à des problèmes municipaux et électoraux. Elles ne permettent pas de résoudre un problème collectif à l'échelle de territoires et d'enjeux plus importants, et peuvent ne conduire qu'à se renvoyer les problèmes, les personnes et les responsabilités de

1. G. Kelling, C. Coles, *Fixing Broken Windows. Restoring Order and Reducing Crime in our Communities*, New York, Free Press, 1996.

ville en ville[1]. La célébration des résultats des mesures de « *community policing* » et de « tolérance zéro », très largement publicisées dans le cas de New York, ne doit pas faire oublier que ces impacts ne sont mesurés que sur des espaces limités.

La question posée à l'échelle locale par la mendicité est tout sauf simple. Elle s'inscrit dans la problématique, aujourd'hui discutée, des « incivilités »[2]. Le terme n'est pas neuf mais il ne signifie plus seulement discourtoisie. Depuis le milieu des années 1990 il est devenu synonyme de désordre, de nuisance, d'inconduite, d'incivisme, d'impolitesse, d'insolence, de petite délinquance. La formule, malgré son imprécision, a fait mouche. Elle désigne des comportements et des phénomènes différents, de conduites anodines qui empoisonnent la vie quotidienne, jusqu'à des délits juridiquement bien référencés. Sans qu'on sache si ces phénomènes sont en réelle expansion, car ils échappent pour la plupart aux sanctions pénales et aux statistiques, les sondages d'opinion indiquent une inquiétude accrue face à une progression ressentie de ces pratiques. Les incivilités sont estimées comme plus fréquentes et plus exaspérantes qu'auparavant.

Les liens entre incivilités, insécurité et sentiment d'insécurité ont été étudiés. Les processus de dégradation des quartiers dans lesquels peuvent se concentrer ces incivilités ont également été mis en lumière. Par ailleurs, les observateurs ont insisté sur les conséquences du non-traitement de ces incivilités en termes d'abstention électorale, de désaffection politique ou bien de basculement dans l'extrémisme. Les incivilités sont ainsi devenues une préoccupation première des élus locaux. Concrète-

1. On reviendra de manière plus fouillée, dans le sixième chapitre, sur ce phénomène qu'on baptise le « ping-pong ».

2. Voir S. Roché, *Tolérance zéro ? Incivilités et insécurité*, Paris, Odile Jacob, 2002 ; P. Robert, *Le citoyen, le crime et l'État*, *op. cit.*

ment, les incivilités ont provoqué, ou au moins accompagné une reformulation et une reconfiguration des politiques de sécurité. Des initiatives sont prises localement par des acteurs très différents, selon des orientations variées. Sur un volet coercitif sont apparus les arrêtés municipaux interdisant la mendicité mais aussi des arrêtés municipaux instaurant des couvre-feux pour les mineurs. Sur un volet préventif, se sont multipliés de nouvelles structures et de nouveaux métiers, à la frontière des sphères publiques et privées, pour tenter de trouver des voies efficaces de régulation de l'espace public et de traitement des conflits. Les idées forces dégagées sont celles de la « prévention », de la « médiation », de la « proximité ».

Une question essentielle est de savoir, quand on se préoccupe d'incivilités, s'il faut cibler des situations ou des populations, s'il faut se concentrer sur des comportements singuliers ou sur des groupes particuliers d'individus, s'il faut privilégier des réponses spéciales ou bien réformer des politiques générales. Ces dilemmes à la fois théoriques et concrets ne se résolvent pas aisément, car la problématique des incivilités est bien, au sens le plus complet du terme, une question de justice. Pour la mendicité, et l'exaspération que certaines pratiques peuvent susciter, l'orientation la plus « universelle » est certainement de ne pas prendre de mesure spécifique de type arrêté anti-mendicité, mais de traiter les éventuels débordements avec les règles d'hygiène et de police qui concernent tout le monde. Une bonne formule est d'indiquer que les SDF ne doivent pas être punis pour ce qu'ils sont, mais pour ce qu'ils font. Toutefois, cette formule, tout comme cette orientation, n'ont rien de simple, car il y a naturellement une corrélation entre ce qu'on fait et ce qu'on est, ou, plus précisément, entre ce qu'on fait et la situation dans laquelle on se trouve. Cet exposé, descriptif et par moments normatif, sur les arrêtés anti-mendicité et sur les incivilités montre toute l'importance de la variable universel/particulier dans les réponses à la question SDF, du point de vue du problème de la mendicité.

Outre les arrêtés municipaux, il faut signaler que des procédés très matériels sont employés par les différents gestionnaires d'espaces publics pour repousser les « indésirables ». Des villes, des entreprises de transport, des centres commerciaux ont développé depuis quelques années des actions de solidarité pour la prise en charge assistancielle des errants. Parallèlement, ces mêmes institutions ont pu continuer à mettre en œuvre des dispositions visant à repousser les personnes qui occupent trop longuement l'espace. Citons trois exemples. Des « pics anti-clochards » ont été érigés (comme les « pics anti-pigeons ») dans des gares pour empêcher les sans-abri de s'installer. Des systèmes d'arrosage ont été inventés pour que certains espaces restent continuellement humides, cela afin que personne ne s'y installe. Des centres commerciaux ont pris la décision de verser de l'eau de javel dans leurs poubelles afin d'interdire aux sans-abri d'y récupérer de quoi manger[1]. Dans tous ces cas, ces initiatives inhospitalières ont pu être prises parallèlement à l'affichage et au montage d'actions visant à aider les personnes en difficulté.

Par prise en charge des SDF, on pourrait en fait seulement entendre ce qui relève des politiques sociales. Ce serait une méprise importante. Les fonctionnaires de police, les agents des services de sécurité et les gardiens des centres d'hébergement comptent parmi les personnes avec lesquelles les SDF sont le plus souvent en contact. Gendarmes, policiers, salariés des sociétés de gardiennage sont autant d'acteurs de la prise en charge. La police pari-

1. Dans ce troisième cas, on pourrait rétorquer que le droit pousse à prendre ce type de dispositions. En effet, la consommation de produits périmés pourrait rendre malade une personne qui les trouverait dans une poubelle. Il est donc nécessaire de se protéger d'éventuelles poursuites.

sienne a ainsi toujours participé, pendant les périodes hivernales, à des opérations particulières visant à recueillir et à héberger les sans-abri.

En un demi-siècle, le rôle de la BAPSA – brigade de police bien singulière – a considérablement évolué, de la répression à l'assistance. À sa création, les associations humanitaires étaient peu nombreuses. De plus, jusqu'en 1994, les délits de vagabondage et de mendicité autorisaient la BAPSA à embarquer d'autorité les sans-abri. Aujourd'hui, ces délits n'existent plus. La BAPSA ne conduit donc plus, en théorie, que des volontaires, d'où la nécessité d'établir un dialogue.

Tous les jours, une dizaine de véhicules sillonnent Paris. Les agents de cette « police humanitaire » (l'expression est utilisée par la Préfecture de police) connaissent les bouches de chaleur de la capitale et repèrent de loin les cartons susceptibles d'abriter un corps. Le dialogue s'établit souvent sans agressivité. Les « bleus », baptisés de la sorte en raison de la couleur de leur uniforme, n'ont néanmoins pas toujours bonne presse. Il n'est pas rare d'entendre des récits d'exactions. Cependant, comme en témoignent par exemple les files d'attente pour monter dans les bus, le service proposé n'est pas toujours rejeté.

Au-delà de la seule BAPSA, il faut revenir sur les évolutions du rôle et du regard des policiers. Ceux-ci peuvent prendre des mesures coercitives visant à repousser les sans-abri. Ils peuvent également détourner les moyens dont ils disposent pour aider les personnes en difficulté.

Reprenant le graphique concernant le nombre de décisions de justice rendues au titre des délits de vagabondage et de mendicité, on ne peut qu'être frappé par le fait qu'un sommet est atteint en 1954, année de l'appel de l'abbé Pierre. Un élément d'explication est de considérer qu'une partie de ces décisions étaient rendues afin d'aider les prévenus à passer un moment sous un toit. Sans qu'on puisse disposer de proportions dans les jugements, les témoignages abondent concernant des vagabonds qui se présentaient, notamment l'hiver, pour bénéficier quelque temps d'un logement. Cette observation se confirme partiellement quand on remarque que c'est pendant les années qui ont suivies les hivers les plus froids (1955-1956, 1957-1958, 1959-1960, 1962-1963, 1969-1970) que le nombre de décisions a connu des pics.

De fait, les institutions publiques comme les commissariats et les hôpitaux servaient sporadiquement (ou parfois continuellement) d'« asiles » pour les « clochards ». On sait que l'hôpital a longtemps servi, principalement, d'hébergement pour les pauvres. Cette fonction était encore repérable durant les trente glorieuses même si cela n'était pas sans gêner les praticiens hospitaliers [1].

Les délits de vagabondage et de mendicité avaient l'intérêt, paradoxal, certainement, de permettre de prendre en charge, sur un mode assistanciel, quelques SDF. Repérées dans la rue en train de grelotter, ces personnes pouvaient être emmenées vers des hébergements, même sans leur consentement. Certains sans-abri faisaient eux-mêmes la demande d'incrimination afin de passer un moment à l'abri [2].

Depuis que les délits ont été rayés de la carte pénale, les acteurs de la prise en charge se trouvent un peu embarrassés. En 1997, des maires ont considéré qu'en période de grand froid l'hébergement devait pouvoir être imposé aux sans-abri, parfois contre leur gré. Les arrêtés municipaux pris alors pour contraindre les sans-abri à s'abriter

1. Dans une contribution aux *Annales médico-psychologiques* (n° 1, t. 2, juin 1955), titrée « Vagabondage et parasitisme asilaire », des auteurs déplorent la présence d'« une pléiade de fidèles habitués de l'hôtellerie asilaire », dont des « clochards » qui, par des « jeux adroits », se conforment à des normes pour rester à l'hôpital.

2. Pour des réflexions plus complètes, cf. D. Laberge, D. Morin, « L'incarcération comme mode de gestion de l'itinérance », *Revue internationale de criminologie et de police technique*, vol. L, n° 1, 1997, p. 38-53.

ont provoqué un débat aussi enflammé que celui qui peut entourer en été les arrêtés anti-mendicité. S'ils ne sont assurément pas pris avec la même visée, ils s'inscrivent sur le même registre. Quelle que soit la saison, ces arrêtés municipaux posent la question de la responsabilité du maire à l'égard des évolutions des rues de sa ville. En été il peut être accusé de ne rien faire pour la tranquillité des rues ; en hiver il peut être accusé de ne rien faire pour éviter de probables tragédies.

Avec, en trame de leurs réflexions, des questions aussi compliquées que l'articulation entre la sécurité et la solidarité (en été), ou l'articulation entre le droit de circuler et la non-assistance à personne en danger (en hiver), les décisions des maires ne font que refléter les préoccupations et les demandes de leurs administrés, dont les sentiments d'inquiétude ou de compassion peuvent apparaître contradictoires, au moins sur le temps d'une année.

En tout cas, en hiver, se pose bien le problème de mesures contraignantes pour aider des personnes qui se trouvent en danger. Mais quels leviers juridiques utiliser ? Certains plaident pour la non-assistance à personne en danger, au risque d'abus liberticides liés à des hébergements contraints. Rien n'est simple…

Ce rappel de l'importance de la dimension répressive dans la prise en charge des SDF, avec les ambiguïtés de sa mise en application, était nécessaire. Il a permis d'insister sur le poids de la question de la sécurité (sécurité des espaces publics, comme sécurité des personnes SDF). Il permet également de relever d'ores et déjà, d'une part, que des SDF en grande difficulté peuvent agir de manière intentionnelle (quand ils cassent, par exemple, la vitre d'un commissariat pour être hébergé), d'autre part, que des acteurs de la prise en charge peuvent s'arranger (« bricoler ») avec les ressources, normatives et matérielles, dont ils disposent.

LA QUESTION SDF DANS LA PROBLÉMATIQUE DE L'EXCLUSION

La thématique de l'exclusion est venue modifier les modes de description et d'action qui concernent la pauvreté, les inégalités et la question plus générale du lien social[1]. Si l'on peut remonter au milieu des années 1960 pour en découvrir l'émergence, elle ne prend réellement de l'ampleur que dans les années 1990. La lutte contre l'exclusion est devenue une priorité impérieuse dans les discours des responsables publics, mais également dans les textes normatifs. Depuis la fin des années 1980, les règlements et les lois promouvant l'insertion et la lutte contre l'exclusion au rang de priorité de l'action publique se sont accumulés.

Les débats relatifs à l'utilisation pertinente ou infondée de la notion sont connus. L'exclusion et les exclus sont le thème d'abondantes discussions. L'enjeu est ici de montrer que les SDF et leur prise en charge se situent en bonne place dans les caractérisations de l'exclusion, notion dont l'usage ne saurait toutefois se limiter à cette problématique limitée.

Considérations sur la notion d'exclusion. En quoi les SDF sont-ils des exclus ?

L'exclusion est une catégorie contemporaine de l'action publique à l'aune de laquelle sont appréciées les questions de pauvreté, d'emploi, d'inégalité, d'intégration ou de citoyenneté. Alimentant le débat public de manière lancinante, la notion est discutée et critiquée. Sans entrer

1. S. Paugam (dir.), *L'Exclusion. L'état des savoirs*, Paris, La Découverte, 1996.

dans des querelles de chapelle, on cherchera simplement à préciser le vocabulaire et à préciser dans quelle mesure les SDF peuvent être considérés comme des exclus.

L'irruption dans le débat public du thème de l'exclusion est généralement datée du début des années 1970. Quelques livres sont rituellement cités pour rappeler les origines de la notion. Ceux qui allaient plus tard être baptisés les SDF étaient cependant largement absents des constats et des recommandations contenus dans les documents publiés autour de la pauvreté, du « Quart-Monde », des « sous-prolétaires », des exclus et de l'exclusion dans les années 1960 et 1970.

Le livre le plus célèbre est assurément celui de Lenoir à qui l'on attribue le succès du terme « exclu » même s'il est peu utilisé dans ce texte où on ne trouve aucun développement conséquent sur les personnes en errance (qu'on les baptise alors clochards, vagabonds ou sans-abri)[1]. Lenoir traite très incidemment des « vagabonds », mais dans un ensemble très hétéroclite (et en une phrase) qui comprend « les ex-détenus, les prostituées et les mères célibataires ». Cette référence est faite dans un paragraphe consacré aux adultes pris en charge dans les centres d'hébergement. Et Lenoir de préciser qu'« il ne faudrait pas croire que ces centres ne reçoivent que des épaves. Il leur arrive d'héberger quelques jours des personnes irrécupérables, alcooliques ou droguées qui doivent être orientées sur les centres de traitement, mais on y voit aussi passer des hommes et des femmes cultivés, au sens moral élevé, que les hasards de la vie ont laissés soudain seuls ». On voit là poindre le thème qui sera rabâché dans les années 1980 et 1990, de la coexistence entre une

1. R. Lenoir, *Les Exclus. Un Français sur dix*, Paris, Seuil, 1974. La même année, Stoléru publie un livre, très favorable aux logiques de ciblages, qui fera également date. On n'y trouve rien sur les sans-abri. Cf. L. Stoléru, *Vaincre la pauvreté dans les pays riches*, Paris, Flammarion, 1974.

population de SDF traditionnels (les « clochards », irrécupérables) et une population de nouveaux pauvres, réinsérables.

D'autres documents, plus anciens, sont habituellement signalés comme ayant également contribué à l'émergence de la notion. Il s'agit des livres de Massé ou de Klanfer[1]. Le premier, signé par le Commissaire au Plan, oppose dans un court chapitre les « exclus » et les « élus » de la croissance. On n'y trouve aucune indication sur le problème des sans-abri. Le second, issu d'un colloque à l'UNESCO et publié par l'association Aide à toute détresse (ATD), porte sur le « sous-prolétariat » écarté des bénéfices de la croissance. Rien n'y est dit de l'appartenance ou non des sans-logis ou des clochards à ce sous-prolétariat. Relevons que des enquêtes antérieures de l'INED sur les thèmes du logement et du sous-prolétariat ne disaient pas non plus un mot sur les errants et les sans-logis vivant dans la rue[2].

Un livre de Labbens, parfois cité lui aussi parmi les précurseurs des travaux français sur la pauvreté, est directement consacré au « quart-monde qu'est le sous-prolétariat »[3]. Ce sous-prolétariat est délimité comme correspondant à la population des cités « d'urgence » ou « de transit » où sont logées des familles « inadaptées ». Un chapitre complet est consacré aux « mal logés » dans le XVIIIe arrondissement de Paris, mais rien n'est dit sur la condition des sans-abri, des sans-logis, ou des clochards. Ceux-ci ne sont pris en compte ni dans les analyses d'essence néo-marxiste sur les « sous-prolétaires »[4] ni

1. P. Massé, P. Bernard, *Les dividendes du progrès*, Paris, Seuil, 1969 ; J. Klanfer, *L'exclusion sociale*, *op. cit.*

2. A. Sauvy, « Le logement des faibles : nouvelles données sur l'élimination du prolétariat », *Population*, vol. 12, n° 4, 1957, p. 585-606.

3. J. Labbens, *Le Quart-Monde. La condition sous-prolétarienne*, Pierrelaye, Éditions Science et Service, 1969.

4. Si les luttes des (et pour les) mal-logés et sans-logis sont bien décrites par M. Castells, E. Cherki, F. Godard, D. Mehl, *Crise du logement et mouvements sociaux urbains*, Paris, Mouton, 1978, en lien avec la

dans les analyses d'essence culturaliste relatives au « Quart-Monde ».

Les livres de Klanfer et Labbens s'inscrivent explicitement dans la lignée de travaux menés par et autour de l'association ATD Quart-Monde qui les publie. Le Père Joseph Wresinski, fondateur du mouvement ATD, a abondamment contribué au succès du thème de l'exclusion. Dans son célèbre rapport au Conseil économique et social (en 1987), qui sera utilisé comme base d'information et de réflexion pour le débat législatif autour du RMI, il indique parmi ses propositions que l'exclusion sociale doit être considérée comme une « priorité nationale ». À la différence des premiers travaux réalisés par des experts proches d'ATD, le rapport de 1987 citera explicitement le problème des « vagabonds » et des « personnes sans logement » comme caractéristique de l'exclusion sociale.

À côté des travaux publiés par ATD, ou par quelques hauts fonctionnaires, des ouvrages ont connu dès les années 1960 un succès plus grand public, comme celui du journaliste de la Gorce, qui repère, en période d'expansion, une « autre France » composée de plusieurs millions de personnes qui « restent sur le bord de la route »[1]. Il parle des « vaincus de la prospérité », des « parias de la nation », des « ombres de la France riche ». Dans ce livre, le journaliste ne parle ni des clochards ni des sans-abri, tout en notant « le problème capital du logement » et en remarquant qu'à « dix minutes de Paris, d'énormes bidonvilles abritent une misère sans nom ».

Au-delà de l'absence des sans-abri, il faut remarquer que toutes ces publications des années 1960 et 1970 n'utilisent qu'incidemment l'expression d'*exclusion*. Elles traitent des problèmes d'*inadaptation* dans un contexte de

question du sous-prolétariat et du « sous-habitat », rien n'est dit de la vie à la rue, ni des politiques à mettre en place pour les « clochards ».

1. P.-M. de la Gorce, *La France pauvre*, *op. cit.*

progrès et de croissance. À l'origine, la notion ne désignait pas les problèmes attachés au chômage massif, mais plutôt les survivances d'une pauvreté anachronique dans une société connaissant de forts taux de croissance. À côté des inadaptations ou des handicaps physiques, le droit repère des « inadaptés » et des « handicapés » sociaux. Une politique particulière se renforce alors, ciblant les « inadaptés sociaux » adultes. Il s'agit de ces CHRS déjà évoqués. Ces centres constituent, à partir de 1974, le socle de la prise en charge de l'inadaptation sociale[1].

Les exclus, envisagés dans les années 1960 et 1970 sous les noms d'inadaptés ou de handicapés sociaux, étaient des « laissés pour compte » de la croissance. L'exclusion n'était pas directement attachée au problème de la pauvreté. Dans ces mêmes périodes, Foucault utilisait également la notion d'exclusion. Mais il s'agissait alors de décrire et combattre les formes disciplinaires de prise en charge de la folie, de la marginalité ou des immigrés. L'exclusion, en tout cas chez Foucault, n'avait pas le sens économique qu'on lui donne aujourd'hui.

Notons, à titre de contribution à la généalogie de la notion d'exclusion (qui consiste pour partie à exhumer des textes oubliés), que dans un livre peu repris, publié avant celui de Lenoir, Perroux insistait explicitement sur la question de l'exclusion et des exclus dans une optique d'analyse économique et sociologique[2]. Dans ce court ouvrage, une partie très significative du propos porte sur les « exclus du système ». Les « masses de l'exclusion » y sont décrites comme l'ensemble des pauvres en termes absolus qui, dans les pays riches, « ne disposent pas du minimum vital évalué officiellement par l'administration ». Insistant sur le carac-

1. La loi du 19 novembre 1974 qui matérialise les CHRS et étend l'aide sociale à de nouvelles catégories de bénéficiaires a préféré l'expression de handicapé social à celle d'inadapté social.

2. F. Perroux, *Masse et classe*, Paris, Casterman, 1972.

tère multidimensionnel de ces phénomènes, Perroux oppose la « participation » et l'« exclusion ». Les « exclus », qui n'ont rien à voir avec la classe ouvrière, sont les « non-participants » économiques et culturels. Ils s'opposent aux « participants pléniers » et aux « participants contenus ». Ils constituent une « multitude de citoyens de *partiel exercice* » (c'est Perroux qui souligne). Comme dans tous ces ouvrages des années 1960-1970, présentés comme des sources de la notion d'exclusion, on ne trouve pas un mot chez Perroux sur les sans-abri ou les clochards.

La notion d'exclusion apparaît donc au cours des années 1960 et 1970 au sein d'une abondante production de travaux. Elle est largement considérée comme un synonyme d'inadaptation, mais elle est utilisée sur un mode plus politique et militant. La notion est considérée comme équivoque par des observateurs. Elle est également souvent critiquée comme idéologique. Selon certains auteurs, critiquant (entre autres) les analyses menées par ou autour du Commissariat au Plan, les discours sur l'exclusion sociale se placent sur un registre moral. Ils risquent d'occulter les dimensions politiques des injustices sociales[1]. D'autres observateurs préfèrent la notion d'exclusion à celle d'inadaptation, considérant que la première renvoie à une responsabilité collective, l'autre à une responsabilité individuelle.

Le terme d'exclusion paraissait alors difficilement utilisable par les acteurs publics qui, avant de lutter contre l'exclusion, étaient encore sommés de réduire les inégalités. À la fin des années 1970, d'autres notions jugées plus adéquates, comme la pauvreté et la précarité, effacent l'exclusion de la scène politique. Au début des années 1980, on parle surtout de « nouvelle pauvreté »[2]. C'est vers la fin

1. Voir, par exemple, J. Verdès-Leroux, « Les exclus », *Actes de la recherche en sciences sociales*, n° 19, 1978, p. 61-65.

2. Le terme d'exclusion ou d'exclus ne s'efface pas totalement. En

des années 1980 que l'exclusion revient dans les discours publics pour s'imposer comme une notion passe-partout.

Le souci de définition et de mesure est constant. Les travaux du Commissariat au Plan, foyer important de la diffusion de la notion d'exclusion [1], en témoignent. Au début des années 1990, divers rapports issus de commissions du Plan vont directement porter sur le problème. Dans ces documents, la question des sans-abri, encore une fois, ne sera pas spécialement traitée. Néanmoins, et ce constat est significatif, les vagabonds, les clochards, les sans-logis sont systématiquement évoqués comme comptant parmi les plus exclus. Ce n'est qu'à partir de ce moment que la question SDF est directement rapportée au thème de l'exclusion.

L'exclusion alimente maintenant le débat public avec préséance sur les autres notions avec lesquelles elle était en concurrence sur le marché de la désignation des problèmes sociaux (inadaptation, grande pauvreté, misère, etc.). Le terme « exclu » s'est lui aussi imposé, remplaçant (ou plutôt englobant) ceux avec lesquels il était en compétition.

SDF, jeunes des quartiers sensibles, handicapés, chômeurs de longue durée, RMIstes sont ainsi réunis sous une même appellation. L'exclusion se confond avec la pauvreté, la ségrégation spatiale, la solitude, la vieillesse, voire le simple malaise. Des difficultés, qui parfois n'ont rien à voir, sont agglomérées dans un même vocable utilisé pour caractériser toutes les déficiences, tous les manques, tous les « sans ». Ainsi, les sans-abri, les sans-

1982, *Le Monde* constate que « les "nouveaux pauvres" sont de plus en plus nombreux » (10 mai) et compte « des exclus par millions » (15 mai). En octobre 1984, en plein débat sur la nouvelle pauvreté, le quotidien du soir titre sur « Les exclus » (11 octobre 1984).

1. C'est ce que déplorait B. Jobert, *Le social en plan*, *op. cit.*, qui voyait les liens entre idéologie néo-libérale, force de persuasion d'ATD, et ciblage de plus en plus polarisé de l'action sociale.

papiers, les sans-ressources, peuvent être réunis sous le même nom. La notion d'exclusion est, pour le moins, pleine d'ambiguïté. Elle porte sur des problèmes et des populations hétérogènes, ce qui invite d'ailleurs observateur et législateur à préférer le pluriel : on parle désormais plus volontiers des exclusions que de l'exclusion [1].

Constatant ces équivoques et ces imprécisions, des auteurs se sont élevés contre l'utilisation lancinante de la notion [2]. Ce qui importe, au-delà de la critique du caractère intrinsèquement ambigu de la notion, c'est d'avoir présent à l'esprit que ce qu'elle semble indiquer, en l'occurrence une rupture plus ou moins absolue de la société, ne permet pas une description satisfaisante de la réalité. Les métaphores organiques du corps social en termes d'exclusion et/ou de cohésion sociale ont beau être percutantes, elles présentent des risques.

La thématique de l'exclusion consiste en définitive à opérer une coupure radicale sur l'échelle des ressources (revenus et liens sociaux). On y trouverait en bas les exclus et en haut les inclus. Cette séparation dépend de l'endroit où le curseur doit s'arrêter sur l'échelle de la distribution des positions sociales. Or chaque personne qui parle d'exclusion conçoit un endroit différent où placer ce curseur, définissant de la sorte un stock, plus ou moins important, d'exclus. En réalité, rien n'est figé. La société n'est pas une échelle brisée. L'image de la « fracture sociale », qui a rythmé la campagne présidentielle de 1995, a certainement tout son intérêt pour la mobilisation

1. On trouve ce pluriel dans le titre de la loi d'orientation relative à la lutte contre les exclusions du 29 juillet 1998.

2. M.-T. Join-Lambert, « Exclusion : pour une plus grande rigueur d'analyse », *Droit social,* n° 3, 1995, p. 215-221 ; M. Elbaum, « Justice sociale, inégalités, exclusion », *Revue de l'OFCE*, n° 53, 1995, p. 197-247 ; R. Lafore, « Exclusion, insertion, intégration, fracture sociale, cohésion sociale : le poids des maux », *Revue de droit sanitaire et social*, vol. 32, n° 4, 1996, p. 803-822.

politique. Elle est, en revanche, d'une faible pertinence pour l'analyse rigoureuse des phénomènes qu'elle souhaite décrire et combattre.

L'image d'une société duale est à répudier au moins en raison du fait qu'elle consiste à figer ce qui est toujours mouvant. Aussi est-il préférable de raisonner en termes de processus. C'est l'avantage et la réussite de récents travaux sociologiques que d'avoir fait passer la nécessité de raisonner en termes de dynamiques et de parcours individuels. Les travaux de Paugam sur la disqualification sociale et de Castel sur la désaffiliation sont connus et discutés bien au-delà des cercles scientifiques. Ils invitent à raisonner en termes de dynamiques, de liens sociaux, de relations interindividuelles. Ces productions sociologiques rejoignent, approfondissent et dépassent des recherches plus anciennes qui soulignaient déjà fermement cette nécessité de considérer des flux de population plus que des stocks, des processus sociaux plus que des statuts figés[1].

La notion d'exclusion est parfois vivement rejetée. Elle devient objet de controverses entre sociologues. Toute une littérature critique, parfois polémique, s'est ainsi constituée. Il est reproché à la notion d'exclusion d'être métaphorique, idéologique, sans intérêt pour l'analyse comme pour l'action. Doit-on pour autant, par défiance ou simple précaution, totalement la repousser ? S'il est salutaire d'en relever les ambiguïtés, il ne faut pas pour autant s'en séparer définitivement. Ce serait d'abord voiler les paroles, les actions, les pratiques, les politiques qui lui donnent de la consistance.

Le développement de cette notion est, en soi, un phénomène. S'il est équivoque, le terme ne peut être irrémédiablement sacrifié sur l'autel de la pureté sémantique.

1. Voir notamment A. Lion, P. Maclouf (dir.), *L'insécurité sociale*, Paris, Les Éditions Ouvrières, 1982.

L'exclusion est un nouveau nom de la pauvreté, un nouveau moyen d'appréhender la question sociale marquée par l'inquiétude collective face au chômage. La plupart des problèmes sociaux et des débats autour des moyens de les traiter peuvent être, certes plus ou moins adroitement, appréciés par rapport à l'exclusion. Il peut alors bien s'agir d'une manière contemporaine de poser la question de l'intégration et d'évaluer les forces et faiblesses des liens sociaux.

Contextuellement, il est bien compréhensible que la notion d'exclusion ait pris tant d'importance. Son utilisation est parallèle à une évocation des droits de l'homme qui, au moins depuis le début des années 1970, sont fortement rappelés dans les débats sur la pauvreté dans les pays occidentaux [1]. Encore une fois, si elle peut prêter à bien des amalgames, voire à des utilisations douteuses, elle est en congruence avec une configuration générale de la société qui fait qu'après un demi-siècle de consolidation de l'État-providence certaines situations sont généralement considérées comme intolérables, comme des atteintes aux droits de l'homme, dans des sociétés d'abondance qui fonctionnent sur les mythes (mobilisateurs mais souvent décevants) du progrès et de l'égalité.

Pour en revenir à des préoccupations théoriques, rappelons l'invitation fondatrice de Simmel à repousser les raisonnements binaires opposant les pauvres aux non pauvres. Son idée essentielle est que le pauvre n'est pas hors de la société, mais dans la société à une place assignée. « Les pauvres se situent d'une certaine manière à l'extérieur du groupe ; mais cela n'est rien de plus qu'un mode d'interaction particulier qui les unit à l'ensemble ». La définition de l'exclusion, comme celle de la pauvreté,

1. P. Strobel, « De la pauvreté à l'exclusion : société salariale ou société des droits de l'homme ? », *Revue internationale des sciences sociales*, n° 148, 1996, p. 201-218.

et le découpage de populations exclues et non exclues, étant en fait toujours arbitraires, la véritable question sociologique n'est pas celle du décompte des exclus, mais celle des relations d'interdépendance et des actions engagées en matière de lutte contre l'exclusion. Dans cette logique, les SDF ne sont pas naturellement « exclus », mais ils sont parmi les individus dont les situations font qu'ils peuvent être reconnus comme tels.

Au niveau du débat social, une des acceptions de l'exclusion, sans en réserver la pertinence à cette seule dimension, est directement recevable. On peut en effet comprendre le succès des notions d'exclusion et d'exclu, à l'aune des difficultés du système de Sécurité sociale. Fondé sur des bases professionnelles, celui-ci, sous les coups du chômage, écarte de ses prestations et de ses équipements ceux qui en bénéficiaient auparavant et ceux qui pourraient en bénéficier s'ils disposaient d'un emploi stable. En ce sens les « exclus » sont les exclus des mécanismes de Sécurité sociale et du grand projet de démocratie sociale. Ils ne sont pas en dehors de la société, mais ils sont à côté des règles générales, envisagées comme universelles, de protection sociale. À cet égard, les exclus sont les personnes cibles des dispositifs d'assistance. Ce sont les anciens assurés sociaux, ou ceux qui ne l'ont jamais été, et qui se trouvent, ou non d'ailleurs, bénéficiaires de l'aide sociale[1]. Cet élément de définition des exclus correspond parfaitement aux cas des SDF qui, typiquement, ne sont plus ou n'ont jamais été affiliés à la

1. D. Béhar, P. Estèbe, R. Epstein, « Les détours de l'égalité. Remarques sur la territorialisation des politiques sociales en France », *Revue française des affaires sociales*, vol. 52, nº 4, 1998, p. 81-94, remarquent aussi que la question de l'exclusion est indexée sur les difficultés d'accès aux droits délivrés par la Sécurité sociale. Selon P. Rosanvallon, *La nouvelle question sociale*, *op. cit.*, la « nouvelle » question sociale est directement attachée à la prétention d'universalisation des droits sociaux.

Sécurité sociale. Dans cette optique, les SDF, au terme de parcours personnels marqués par des ruptures sociales, correspondent à la figure extrême de l'exclusion. Si la question de l'exclusion déborde largement la question des SDF, ceux-ci sont devenus une cible emblématique des politiques de lutte contre l'exclusion.

Insertion, mutations de l'État-providence et ciblage des SDF

En une trentaine d'années, les politiques sociales sont passées d'un mode de protection assurancielle appelé à se généraliser et de la gestion résiduelle d'une minorité de « laissés pour compte » de la croissance à des dispositions d'envergure ciblées sur des catégories et /ou des territoires particuliers.

De la même manière qu'un passage s'est opéré de la thématique des inégalités à celle de l'exclusion, un passage s'est opéré de la thématique de l'assistance à celle de l'insertion. Le couple exclusion/insertion transforme l'économie des responsabilités héritée de l'histoire de la construction de l'État-providence.

Loin du pari redistributif élaboré sur les bases de l'assurance, du travail salarié, de la responsabilité et de la réciprocité, l'insertion a plus à voir avec l'assistance qu'avec la Sécurité sociale. Qu'on la considère comme une dégradation de l'objectif républicain d'intégration ou comme une nouvelle voie de l'action publique, l'insertion se situe certainement à l'intersection de deux ensembles institutionnels qui ne sont pas séparés de manière définitive : l'assurance et l'assistance. Entre indemnisation, assistance et intégration, l'insertion est à la fois la méthode et l'objectif des interventions de lutte contre l'exclusion.

Sur trois décennies, on repère des variations significatives du travail social liées à la mise en avant de l'insertion. Deux numéros notables de la revue *Esprit*, parus à un quart de siècle d'intervalle, témoignent de forts changements[1]. Dans les années 1970, le travail social s'analysait en termes très critiques de contrôle social. On s'interrogeait sur son pouvoir et son caractère disciplinaires. Aujourd'hui on se penche sur son utilité et ses performances. Autrefois considéré et critiqué comme vecteur de normalisation, on lui demande aujourd'hui d'être un des premiers acteurs de l'insertion[2]. Avec l'insertion, l'action et le travail social se trouvent, en partie, recomposés, avec l'élaboration de nouveaux outils, éloignés du modèle psycho-éducatif. Le renouveau des publics, considérés comme plus hétérogènes, a des impacts certains sur les professions et pratiques du social. Il n'y a plus une clientèle, relativement homogène, du travail social, mais des clientèles, des bénéficiaires, des publics cibles, des trajectoires singulières.

Les notions d'exclusion et d'insertion, et les réalités et pratiques qu'elles recouvrent ont un impact remarquable sur le travail social, mais plus globalement sur la construction et la mise en œuvre des politiques publiques. Elles suscitent et accompagnent des mutations de l'État-providence.

L'action publique n'est plus l'administration verticale et sectorielle animée par l'idéologie de l'intérêt général héritée de l'épure administrative classique élaborée à la fin du XIXe siècle. À la production et au respect de la règle s'ajoutent les pratiques du partenariat et de la contractualisation dont on attend l'adaptation, la modernisation et la performance des interventions publiques[3]. L'État se retrouve de la sorte sous contrainte d'efficacité politique et non plus seulement de régularité juridique. En matière

1. « Pourquoi le travail social ? », *Esprit*, nº 4-5, 1972 ; « À quoi sert le travail social ? », *Esprit*, nº 3-4, 1998.

2. M. Autès, *Les paradoxes du travail social*, Paris, Dunod, 1999.

3. J.-P. Gaudin, *Gouverner par contrat. L'action publique en question*, Paris, Presses de Sciences-Po, 1999.

de protection sociale, pour reprendre une distinction de Commaille[1], on passe à la fois d'une gestion paritaire et d'une régulation administrative (moderne), à un modèle caractérisé à la fois par une gestion plus étatisée et par une régulation « postmoderne », plus souple, plus adaptée, plus ciblée, des questions sociales.

L'idée récente de la gouvernance permet une différenciation par rapport au thème classique du gouvernement, en insistant sur les interactions entre l'État, les collectivités locales et le secteur privé. Les rapports entre ces acteurs ne seraient plus caractérisés par la force ou la dépendance mais par la négociation. Pour autant, la notion de gouvernance qui est à la fois observation et prescription ne permet pas une vision claire des processus à l'œuvre. Si elle est une voie appréciable pour participer au renouvellement de l'analyse des politiques publiques, il convient de ne pas lui accorder une validité démesurée.

Le renforcement des villes et des régions, dans toute l'Europe, depuis une vingtaine d'années donne lieu à d'importantes réflexions sur la « gouvernance urbaine », avec l'émergence de nouveaux acteurs et de nouvelles articulations des ressources et des compétences. Certains constatent la banalisation de l'État par rapport aux villes et valorisent la notion de gouvernance comme problématique de l'efficacité de l'action publique[2]. D'autres, dans une entreprise de remise en cause des analyses en termes de gouvernance, s'interrogent sur la montée d'un pouvoir inédit et sur la place du politique dans ces nouvelles configurations[3]. D'autres encore relèvent qu'il y a loin de la

1. J. Commaille, *Misères de la famille. Question d'État*, Paris, Presses de Sciences Po, 1996.

2. P. Le Galès, « Du gouvernement de la ville à la gouvernance urbaine », *Revue française de science politique*, vol. 45, nº 1, 1995, p. 57-95.

3. J. Padioleau, « L'action publique postmoderne : le gouvernement politique des risques », *Politiques et management public*, vol. 17, nº 4, 1999, p. 133-143.

théorie à la réalité, les pratiques de gouvernance étant en fait extrêmement limitées par rapport aux régulations publiques traditionnelles [1].

Indéniablement, les politiques locales, prosaïquement définies comme les actions entreprises par les autorités locales, en lien avec l'État, pour agir sur leur environnement, se sont fortement développées tandis que s'intensifiaient les débats autour de l'implosion de l'intérêt général [2]. Les « nouvelles » politiques locales sont, pour des territoires, comme l'exclusion pour des populations, rattachées à des besoins particuliers et à des circonstances singulières. Avec le déploiement et le renforcement des pratiques de ciblage (social et territorial), l'action publique, envisagée à partir d'un mixte de public et de privé, d'un métissage d'interventions nationales et de pratiques locales, ne se déploie plus en fonction d'un droit général et abstrait, mais s'adapte et se modèle en fonction de spécificités.

Après avoir additionné des politiques catégorielles en fonction d'une cible rassemblant des situations spécifiques (handicap, grand âge, isolement), l'État développe depuis les années 1980 des politiques « transversales » construites en considération d'objets qui, *a priori*, dépassent la logique habituelle du ciblage. Les catégories traditionnelles de l'action sociale sont jugées obsolètes. Les politiques de lutte contre l'exclusion ne concernent plus des groupes comme les salariés, les retraités ou les handicapés. Elles s'attachent à résoudre des problèmes singuliers qui sont évolutifs et qui ne sont pas exactement de même nature que les risques sociaux couverts collecti-

1. B. Jouve, C. Lefevre, « De la gouvernance urbaine au gouvernement des villes ? Permanence ou recomposition des cadres de l'action publique en Europe », *Revue française de science politique*, vol. 49, nº 6, 1999, p. 835-853.

2. R. Balme, A. Faure et A. Mabileau (dir.), *Les nouvelles politiques locales*, *op. cit.*

vement par la Sécurité sociale. En un mot, la logique du ciblage s'est transformée, passant de catégories délimitables de l'action sociale à l'ensemble plus flou des exclus.

Les SDF, sans être l'objet d'une politique sectorielle identifiable, sont devenus la cible d'un système de prise en charge qui s'est développé à mesure que s'affirmaient les notions d'exclusion et d'insertion en tant que priorités pour l'action publique. La prise en charge des sans-abri est un des éléments les plus saillants de ces politiques, car les SDF sont considérés comme les plus exclus, parmi les exclus.

Les SDF sont en quelque sorte des figures typiques de l'exclusion, car les discours ou les analyses sur ce thème sont presque toujours, d'une manière ou d'une autre, rattachés à la situation des SDF. Les articles de presse, les débats entre hommes politiques, les expertises utilisent des descriptions ou des photographies de personnes sans-abri pour illustrer leurs propos ou leurs textes. C'est le cas également des revues scientifiques ou plus généralistes. Pour ce qui est de la télévision, le constat est flagrant. Quand on y parle d'exclusion (durant les années 1990), on y montre des sans-abri. Parmi 32 reportages télévisés consacrées aux débats sur la loi contre les exclusions (adoptée le 29 juillet 1998) visionnés entre janvier et août 1998, sur les trois premières chaînes, seuls deux ne montraient pas de sans-abri ou de centre d'hébergement pour sans-abri.

Comme la notion d'exclusion est critiquée pour son imprécision, des débats naissent quant à savoir si tel ou tel type de population peut légitimement figurer sur les registres de l'exclusion et des politiques qui cherchent à la traiter. S'il y a bien un accord sur une de ces catégories, c'est bien autour de celle des sans-abri. D'aucuns peuvent considérer que les chômeurs, les sans-papiers, les habitants des quartiers sensibles ne sont pas des exclus, tandis

Tableau 1. – *Rang des réponses à la question :*
« Pour chacune des situations suivantes, la définiriez-vous ou non comme liée à la pauvreté ? » (1993)

	Belgique	*Danemark*	*Allemagne*	*Grèce*	*Espagne*	*France*	*Irlande*	*Italie*	*Luxem-bourg*	*Hollande*	*Portugal*	*Roy. Uni*	*Union euro-péenne (12)*
Vivre à la rue, sans logement	1	1	1	1	1	1	1	1	1	1	1	1	1
Vivre dans l'exclusion sociale	2	2	2	4	3	2	3	3	2	2	3	5	2
Vivre dans un quartier pauvre	3	3	5	8	4	3	4	2	4	4	2	3	3
Au chômage depuis un an	5	5	7	3	2	4	6	5	7	6	5	2	4
Vie nomade	11	11	3	2	11	10	2	7	3	12	9	4	5
Être toxicomane	4	4	4	10	8	6	5	10	5	3	7	6	5
Immigré de condition modeste	6	6	11	6	6	5	9	4	10	10	6	11	7
À la recherche d'un asile	7	7	10	5	5	8	7	8	6	5	7	8	8
Vivre à la marge par choix	8	8	9	12	7	11	10	6	9	7	4	9	9
Handicapé physique	9	9	6	7	9	7	11	12	11	9	10	7	10
Cure psychiatrique	10	10	8	9	10	9	8	9	8	8	11	7	11
Vivre en maison de retraite	12	12	12	11	12	12	12	11	12	11	12	12	12

Source : Enquêtes Eurobaromètre.

que d'autres peuvent avancer des arguments allant dans le sens contraire. Cependant, la plupart des observateurs et des acteurs de la lutte contre l'exclusion s'accordent pour considérer que les SDF figurent, et même prioritairement, parmi les exclus. Souhaitant limiter les équivoques liées aux débats relatifs aux catégories de l'exclusion, certains proposent même de réserver le terme d'exclusion aux personnes SDF et à leurs conditions [1].

Au-delà des appréciations des experts, une enquête indique clairement que les SDF sont bien considérés comme les exclus par excellence. Les représentations concernant la pauvreté et l'exclusion sont très variées. Néanmoins, et ce partout en Europe, le fait de vivre à la rue est au premier rang des phénomènes considérés comme définissant la pauvreté (tableau 1) [2].

Sans toit ni travail, éloignés des représentations générales de ce qu'est un citoyen intégré, les SDF constituent la figure typique de l'exclusion. N'étant plus assurés sociaux pour cause de chômage ou ne l'ayant jamais été, parfois bénéficiaires de l'aide ou de l'action sociale mais pas systématiquement, les SDF sont présentés comme des individus passés à travers les mailles des filets du système de protection sociale. Éloignés de la Sécurité sociale, assujettis ou clients potentiels de l'aide et de l'action sociales, les SDF sont dépeints comme les exclus manifestes de l'État-providence. Leur prise en charge en ressort comme un élément crucial de politiques sociales transformées par l'accentuation des ciblages, les mutations de l'État et l'investissement de nombreux partenaires.

1. S. Roy, « L'itinérance : forme exemplaire d'exclusion sociale ? », *Lien social et politiques – RIAC*, n° 34, 1995, p. 73-80.

2. Ce tableau est tiré de P. Golding, « Public attitudes to social exclusion : some problems of measurement and analysis », *in* G. Room (dir.), *Beyond the Threshold*, Bristol, Policy Press, 1995, p. 212-232.

L'étude de la question SDF est ainsi un prisme pour apprécier les évolutions d'une action publique unilatérale et centralisée (construite autour de l'État et du droit public), vers une action publique négociée (ajustée aux territoires et aux différents acteurs des opérations).

2

Une visibilité accrue et des réactions ambiguës

Les SDF, ou les vagabonds, ont toujours été présents dans les rue et, à des degrés divers, dans les préoccupations des responsables publics locaux et/ou nationaux. Il faut se demander pourquoi ils ont pu trouver une place éminente, ces dernières années, sur l'agenda politique.

Un thème capital de l'analyse des problèmes sociaux et des politiques publiques est de comprendre pourquoi certains problèmes sont traités par des autorités publiques et pas d'autres ; pourquoi certaines difficultés, pouvant affecter un nombre important de personnes, ne sont pas prises en compte sur l'agenda politique alors que des phénomènes appréciés comme mineurs peuvent y prendre une place importante[1].

On a déjà souligné que durant les périodes de croissance et de reconstruction de l'après-guerre, la pauvreté et la marginalité s'étaient effacées en tant que grands problèmes de société. Il ne s'agissait que de phénomènes estimés résiduels, appelés à disparaître en raison à la fois d'une forte croyance dans le progrès et dans la capacité de

1. Sur l'analyse des problèmes sociaux et des problèmes publics, cf. J. Kingdon, *Agendas, Alternatives, and Public Policies*, New York, HarperCollins, 1984 ; J. Gusfield, *The Culture of Public Problems. Drinking-Driving and the Symbolic Order*, Chicago, University of Chicago Press, 1981.

protection étendue d'une Sécurité sociale se généralisant. La particularité de la période actuelle est d'avoir vu la question sociale réapparaître comme préoccupation centrale. Dans ce cadre, les SDF sont revenus à l'ordre du jour. Mais à quoi véritablement attribuer ce regain d'intérêt ?

À l'augmentation de la pauvreté ? Rien n'indique *a priori* que la pauvreté, comme d'ailleurs le chômage, soit strictement corrélée avec le phénomène SDF. Pendant des périodes d'expansion, on peut trouver de nombreuses personnes sans-abri dans les rues. Inversement, pauvreté et chômage peuvent s'accroître sans qu'on signale l'existence de personnes vivant dans la rue. Par ailleurs, il faut rappeler que la pauvreté, entendue au sens monétaire, n'a pas vraiment varié depuis le milieu des années 1980. Certes elle s'est profondément modifiée, se rajeunissant et s'urbanisant, mais on ne peut pas dire qu'elle ait proportionnellement augmenté, au moins si on se limite à la pauvreté envisagée dans son seul sens monétaire[1]. Ce serait plus vraisemblablement aux transformation des formes de la pauvreté et, surtout, aux modifications des appréciations relatives à la pauvreté, que l'on pourrait associer l'émergence et le développement du phénomène SDF.

À l'augmentation du nombre de SDF ? L'importance accordée actuellement à la question SDF s'expliquerait par une augmentation drastique de cette population. La légitimation de l'intervention publique pour la prise en charge des SDF a surtout été appuyée par des assertions qui indiquaient que le nombre des SDF était en forte augmentation. Si rien ne permet rigoureusement d'affirmer une croissance du nombre de SDF, ce type de discours, surtout tenus par des responsables associatifs déclarant chaque année observer une croissance des phénomènes, a certainement eu un impact. On ne peut ignorer la convergence des rap-

1. Voir N. Herpin, D. Verger (dir.), « Mesurer la pauvreté aujourd'hui », *Économie et statistique*, n°s 308-309-310, 1997.

ports quasi unanimes des services d'accueil (publics ou associatifs) indiquant une aggravation continuelle du problème depuis une vingtaine d'années, mais on ne dispose pas de données rigoureuses. Plus fondamentalement, ce n'est pas parce que l'effectif d'une population augmente que mécaniquement une action publique se met en place.

À la crise du logement ? Depuis le début des années 1980, le marché du logement a connu des tensions et des dysfonctionnements. Alors que tout indique des progrès et des améliorations concernant le bâti et les aménagements, les problèmes de solvabilité dus au chômage et à la précarité sont incontestables. Toutefois, ces difficultés n'impliquent pas nécessairement une augmentation visible du nombre de personnes à la rue. Les personnes qui perdent leur logement peuvent cohabiter avec des proches. Elles peuvent également être sans logement, hébergées dans un centre d'hébergement ou totalement à la rue, sans être identifiables dans l'espace public comme des SDF.

À des changements majeurs d'orientation politique ? Depuis deux décennies la vie politique a été riche de rebondissements. On peut penser que la mise en œuvre d'options politiques particulières pourrait avoir eu un fort impact sur la qualification du problème SDF en tant que question appelant légitimement une action publique. Or, comme on le verra, il semble plutôt que gauche et droite, sur la question SDF, aux détails techniques et aux polémiques partisanes près, n'accusent pas de grandes divergences.

Ces éléments d'explication ont certainement une part de validité. Pris isolément, ils ne permettent pas de comprendre les raisons de l'apparition d'une action publique spécifiquement ciblée sur les sans-abri. Les SDF ne sont pas arrivés spontanément sur l'agenda politique, car aucun problème social n'y accède de la sorte. Il existe toute une dynamique de construction sociale et symbolique, car un problème n'existe pas en soi. Il ne faut pas, pour autant, en exagérer le caractère symbolique, la réalité n'étant pas totalement « construite socialement »[1]. Ce ne sont pas les seules catégories d'appréciation de la réalité qui se transforment. La réalité change également.

On insistera dans un premier temps sur la visibilité grandissante des SDF depuis le début des années 1970. Cette visibilité, pour laquelle on avancera des éléments d'explication en termes de transformations des pratiques de gestion et de contrôle de l'espace public, s'est accrue dans les années 1980, et plus fortement encore dans les années 1990. Plus précisément encore, c'est en 1993, avec l'apparition du marché des « journaux de rue », que les SDF ont acquis une visibilité singulière.

On s'intéressera ensuite aux réactions des individus et de l'opinion confrontés à cette visibilité croissante. Par une reprise commentée d'une série de sondages on verra que l'orientation générale à l'endroit des sans-abri est certainement à la sympathie. Toutefois, une étude microsociologique sur les réactions quotidiennes face aux mendiants permettra de mettre en évidence l'ambiguïté des réactions que cette visibilité accrue provoque.

UN PROBLÈME SOCIAL VISIBLE À L'ŒIL NU

Le problème SDF rencontre une forte audience d'abord parce qu'il est à la fois très visible et très proche. Il s'agit en quelque sorte, pour reprendre et adapter le vocabulaire de Boltanski[2], d'une « souffrance à proximité ». Chacun peut être aujourd'hui, dans ses déplacements (au moins

1. L'expression « construction sociale de la réalité » est devenue particulièrement flottante. Elle devient plus dangereuse qu'utile à l'analyse sociologique. Cf. P. de Lara, « Un mirage sociologique. La "construction sociale de la réalité" », *Le Débat*, nº 97, 1997, p. 114-129.

2. L. Boltanski, *La souffrance à distance. Morale humanitaire, médias et politique*, Paris, Métailié, 1993.

dans les grands centres urbains), quotidiennement confronté aux personnes sans-abri. L'effectif d'habitants et de passants concernés est important. Des discussions sur ce thème ont pu s'engager. Des représentations personnelles ont pu s'affiner ou se transformer. Toutefois, une visibilité physique, même de drames effroyables, ne conduit pas automatiquement à une action publique.

Des phénomènes particulièrement visibles

Dans les rues, dans les transports en commun, sur les berges des fleuves, dans les jardins publics, errent des personnes que tout un chacun qualifie spontanément de SDF. À partir des années 1980, les piétons ont pu observer un nombre inhabituel de personnes dormant sur la chaussée, occupant les bancs ou les toilettes publics, exerçant la manche ou des activités dérivées.

La présence et le comportement des SDF sont spécialement repérables. Les personnes que l'on nomme ainsi sont celles, mal vêtues, qui fouillent dans les poubelles, qui dorment sur des trottoirs, qui s'installent dans des friches urbaines, des parkings, des garages désaffectés, des caves, des caravanes en bordure de voies ferrées ou des guichets automatiques de banque en plein centre-ville. Elles viennent se réfugier dans les gares, dans le métro, dans les centres commerciaux où elles exercent diverses activités plus ou moins licites. Seuls ou en groupe, les SDF vivent aux yeux de tous.

Les circonstances de vie à la rue sont particulièrement discernables, car les SDF sont continuellement exposés au regard des autres[1]. Subissant agressions, humiliations, violences physiques et climatiques, ces personnes

1. Voir S. Bordreuil, « Hommes à la rue aux États-Unis », *Annales de la recherche urbaine*, 57-58, 1992, p. 135-146 ; P. Pichon, « Survivre la nuit et le jour. La préservation de soi face au circuit d'assistance », *op. cit.*

véhiculent les marques de leur existence difficile. On repère ainsi des personnes à l'aspect physique dégradé, ou au comportement original. Sans toujours se soucier de savoir qui on croise, on étiquette comme SDF les personnes qui semblent correspondre à ce terme. Les groupes sont encore plus visibles car ils se peuvent se livrer à des libations bruyantes et à des chahuts dégénérant parfois en bagarres. Les altercations entre SDF renforcent encore leur visibilité.

On côtoie donc les SDF. On en repère aussi les traces. Des cartons, des bouteilles vides, des souillures diverses, des vêtements regroupés dans un caniveau, sous les grilles d'un parc, près d'un porche, sont le signe de la présence d'une personne ou d'un groupe qui a passé là un moment de la journée. La ville contemporaine est ainsi ponctuée d'empreintes de ces présences[1].

On peut également repérer la présence des SDF parce que certains abris de fortune ont été créés à la périphérie des villes, quand ce n'est pas en leur plein centre. Des duvets disposés à côté de fourneaux et de quelques bagages peuvent ainsi se trouver sous les ponts des grandes villes. Des tentes ou des baraquements de fortune peuvent être établis dans des friches, dans des tunnels routiers ou ferroviaires, ou sur des bords de fleuve, à proximité ou au centre des plus grandes métropoles, et toujours aux vues de tous.

De plus, avec le développement des systèmes de prise en charge se sont formées des rangées de SDF aux portes des services d'hébergement ou des services de distribution de repas. Il y a certes toujours eu des files d'attente devant ces services, mais leur nombre ayant augmenté depuis le retour des soupes populaires au début des années 1980, les files de personnes considérées comme

1. P. Gaboriau, *Clochard. L'univers d'un groupe de sans-abri parisiens*, Paris, Julliard, 1993.

SDF sont devenues plus nombreuses. Les attroupements autour des centres d'hébergement ou des accueils de jour font masse. Les programmes d'aide alimentaire distribuée sous chapiteaux ou sur la voie publique ont pour première conséquence d'augmenter la perception de l'acuité du problème par la population[1]. Il s'agit d'ailleurs d'un dilemme pour les distributions de repas. Délivrer ces services dans la rue accroît la visibilité du phénomène. Cependant, les conditions de distribution, notamment en hiver, ne sont pas agréables. Il est donc préférable pour le bien-être des accueillis de pouvoir disposer d'un bâtiment pour offrir des repas. Mais alors le problème est moins visible, et on pourrait donner l'impression de l'avoir réglé quand bien même le nombre de repas servis pourrait continuer à augmenter. Si on laisse ces soupes populaires dans la rue, elles sont visibles. Si elles se déroulent sous un toit, on a l'impression qu'elles ne sont plus là et que le problème a disparu ou s'est amoindri. Au sein du système de prise en charge des SDF, les acteurs doivent gérer cette dialectique de la visibilité.

La netteté de la présence urbaine des SDF peut s'interpréter à partir de leurs pratiques d'utilisation de l'espace public. Les travaux ethnologiques mettent bien en évidence les usages singuliers qui peuvent être faits de l'espace public par les SDF. L'espace public devient espace de refuge et de ressources. Il s'agit d'une utilisation spéciale de l'espace public qui se privatise et devient lieu d'assistance et d'existence. Les personnes sans-abri y développent des conduites distinctives qui les font repérer comme telles. Elles ont aussi des modes d'appropriation, de privatisation de l'espace, qui font qu'elles s'y

1. Cf. M. Lipsky, M. Thibodeau, « Fedding the Hungry with Surplus Commodities », *Political Science Quarterly*, vol. 103, n° 2, 1988, p. 223-244.

installent, plus ou moins longuement, de manière plus ou moins organisée, mais toujours de manière visible.

Certaines parties de l'espace public deviennent ainsi des territoires que s'approprient, de manière précaire, des personnes qui cherchent des ressources et un refuge qu'elles ne trouvent pas ailleurs. Les instances responsables de la maintenance de ces espaces les découvrent parfois. Elles les tolèrent ou les repoussent. Quand les personnes SDF se sont appropriées un espace peu fréquenté où elles cherchent à se cacher en étant moins visibles, elles prennent le risque d'être plus facilement délogées par des services de sécurité qui interviennent plus rarement, ou en tout cas moins violemment sous les yeux du public car celui-ci pourrait prendre fait et cause pour les SDF. Ainsi, lorsqu'un campement s'est établi dans une friche difficilement accessible ou dans un recoin peu fréquenté d'un grand centre commercial, il est plus exposé à l'intervention d'équipes de propreté ou de sûreté qui peuvent le repousser ailleurs lorsqu'elles le découvrent.

Phénomène plus visible encore, les SDF s'exposent et se déclarent. L'espace public pouvant être interprété dans la perspective dramaturgique goffmanienne comme un théâtre de rôles et d'interactions, les SDF n'y sont pas simplement des éléments du décor. Ils sont des sujets actifs de cet espace, leurs divers modes d'exposition et de mise en scène les rendant encore plus identifiables.

Depuis le début des années 1980, les occasions de contacts se sont multipliées. La recrudescence de la pratique de la mendicité et de ses formes dérivées a conduit un nombre important de personnes à s'exposer et à se déclarer SDF. Le développement des contacts entre les SDF et les passants ordinaires a incontestablement contribué à la visibilité et à la formulation du problème. L'ampleur de la question SDF est ainsi associée au nombre de personnes qui se déclarent SDF, sans qu'on sache exactement ce qu'il en est de leurs conditions véritables de logement.

Ce regain de la visibilité des pratiques de mendicité est attesté à partir du milieu des années 1970. Les réactions sont d'abord étonnées ou ulcérées. Avec le temps elles se pacifient[1]. Les mendiants ont pu reprendre place dans l'espace public des grandes villes au cours des années 1980 sans avoir à subir une pression policière trop forte.

Les activités associées couramment aux SDF sont très variées. Ces personnes peuvent jouer de la musique, vendre des fleurs, réaliser des fresques à la craie sur le trottoir, jouer des mini-pièces de théâtre ou de marionnettes dans le métro. Elles accompagnent très souvent leur prestation de déclarations sur leur situation sociale en indiquant qu'elles sont forcées d'exercer ces activités car elles ne disposent pas de logement ni d'autres moyens de subsistance. L'activité la plus caractéristique est bien entendu la mendicité. Celle-ci n'est pas uniforme. Les frontières qui la séparent d'autres activités comme celles du joueur d'accordéon dans le métro, du cracheur de feu ou du vendeur de « journaux de sans-abri » sont floues. Ces activités sont très proches de la mendicité dans la mesure où il s'agit de sollicitations non, ou très peu réglementées, protégées, déclarées. Pour parler avec un peu de précision de la mendicité et des mendiants il faut se souvenir qu'on ne parle pas que de personnes sans-logement, et qu'on ne s'arrête pas à la simple sollicitation sans contrepartie. Tous les mendiants ne sont pas sans-abri, et *vice versa*[2].

1. Pour quelques articles de presse significatifs de la période cf. « Le racket des nouveaux mendiants » (*France Soir*, 15 janvier 1976) ; « "T'as pas cent balles" ? — "Non"... et le mendiant sort son couteau » (*Le Parisien*, 8 janvier 1980) ; « Manchards à vingt ans » (*Libération*, 26 février 1982). Ces papiers, dont le ton varie, signalent une augmentation très visible de la mendicité.

2. Cf. B. O'Flaherty, *Making Room. The Economics of Homelessness*, Cambridge, Harvard University Press, 1996.

La mendicité appartient à un secteur d'activités caractérisées par le fait qu'elles s'exercent dans l'espace public, qu'elles sont mises en œuvre dans l'attente d'une rétribution, et qu'elles sont plus ou moins licites. La mendicité, au sens strict, la manche, se caractérise par la sollicitation d'un secours qui doit venir sans contrepartie de la part du secouru. Elle est une demande écrite ou orale d'un don à partir de bribes d'informations sur le bénéficiaire.

Avec les colporteurs, les artistes, les (re)vendeurs à la sauvette, les pickpockets, les prostituées, le mendiant s'inscrit dans l'univers haut en couleur des métiers de la rue. Ces activités, plus ou moins tolérées, sont un des moyens de ceux qui n'ont plus rien, ou plus grand chose, pour assurer leur quotidien. Il s'agit d'assurer ses revenus et son existence dans un système économique proche de la cueillette ou du braconnage. Insistons sur le cas des journaux de rue, très symptomatique de la visibilité de la question SDF.

Depuis mai 1993, des vendeurs d'un type nouveau ont pris position sur le pavé. Ils proposent des journaux dont le premier fut en France *Macadam Journal*. C'est à partir de l'exemple new-yorkais de *Street-News*, qui a lui-même inspiré le journal londonien *The Big Issue*, que sont successivement apparus, à partir du printemps 1993, *Macadam*, *Le Réverbère*, *La Rue*, *Faim de Siècle*. Un véritable marché avec des produits différents a vu le jour. Les politiques éditoriales, les liens entre l'éditeur et le vendeur n'ont pas grand chose à voir. Toutefois, ce qui rassemble ces publications (le système de vente et la catégorie spécifique de vendeurs) est plus important que ce qui les différencie[1].

Un nombre important, pour ne pas dire considérable, de personnes se sont mises à exercer au cours de

1. Pour une analyse plus complète de cette activité et de ce marché, cf. J. Damon, « Les journaux de rue », *Revue française des affaires sociales*, vol. 49, nº 2-3, 1995, p. 53-77.

l'année 1993 une activité qui n'a rien d'inédit : le colportage de presse. La nouveauté réside dans les stratégies adoptées par les entreprises qui éditent ces publications. À destination *a priori* exclusive de personnes considérées comme « sans-abri », « exclues » ou « SDF », les emplois proposés par ces initiatives ont étonné. Les vendeurs disposaient d'une activité pour se construire des revenus presque réguliers. Les acheteurs découvraient de nouvelles formes de relations avec des personnes qu'ils croisaient jusqu'alors sans imaginer pouvoir avoir de relations commerciales avec elles.

Avec ces journaux, les sans-abri sont apparus plus nombreux et physiquement plus proches des autres utilisateurs de l'espace public. Avec ces expositions et ces interpellations publiques, les expériences ordinaires de rencontre et de face-à-face avec les SDF ont changé. Les sans-abri sont plus souvent à l'origine d'un contact, d'une discussion que passifs, assis ou allongés par terre. Les nouvelles interactions induites par ces journaux ont permis une certaine réduction de l'altérité entre le SDF et le passant, qui tous les deux changent de rôle pour devenir respectivement vendeur et acheteur.

La vente de ces journaux implique une mise en scène élaborée de la part du vendeur. D'une part il lui faut garder une apparence correcte pour ne pas faire fuir le client, d'autre part il lui faut tout de même correspondre à la représentation que les acheteurs potentiels ont d'un SDF. Vendeur à la criée, il reste sans-abri proclamant sa situation sur le pavé ou dans le réseau métropolitain. L'identité sociale réelle du vendeur n'apparaît pas lors de l'interaction occasionnée par la vente. Celle-ci a un rôle d'information sociale[1]. En vendant ces journaux, la personne n'a plus le contrôle complet de l'information sur sa condition sociale. Ses vêtements, ses attitudes sont secondes

1. Voir E. Goffman, *Stigmate*, *op. cit.*

derrière son activité. Il ne fait aucun doute que le vendeur est un SDF, à tout le moins une personne en grande difficulté.

Cette presse de rue, après une période de grande activité, s'est profondément transformée. L'accumulation de titres, ponctuée de scandales et de procès, a conduit le marché à se rétrécir, les acheteurs à se lasser et les vendeurs à se décourager. Une dizaine d'années après la naissance de ces journaux ne survivent que quelques titres dont *Macadam*, *L'Itinérant* et quelques journaux locaux. Comme il y a moins de vendeurs de journaux de SDF, on pourrait même avoir l'impression qu'il y aurait moins de SDF, ce qui n'a rien de fondé. En tout cas, la croissance, puis le déclin de ce marché particulier ont indiscutablement eu un fort impact sur la perception et la formulation du problème SDF.

Une ville et des espaces publics plus « poreux »

Pour expliquer la visibilité accrue, la présence visiblement plus répandue, la multiplication des interactions avec les SDF, quelques hypothèses originales, sans être foncièrement hétérodoxes, méritent d'être avancées. Elles concernent le mode de gestion des villes et des espaces publics, plus que la population SDF.

L'hypothèse fondatrice est relative à la transformation des modes de régulation des espaces publics. Elle s'appuie sur plusieurs constats : la décriminalisation du vagabondage et de la mendicité ; les modifications des pratiques policières qui se désintéressent des petits problèmes quotidiens ; l'ouverture des espaces publics avec la disparition des contrôles à l'entrée, notamment dans les gares et dans le réseau du métro parisien ; les avancées des politiques de réhabilitation qui font disparaître des quartiers entiers où pouvaient se concentrer les SDF.

Ces constats conduisent à soutenir l'hypothèse de

plus grande « porosité » des espaces publics. L'hypothèse explicative de la visibilité accrue des SDF, par le biais de changements dans la morphologie et l'écologie urbaines, a déjà été formulée aux États-Unis[1]. Elle repose sur des études relativement anciennes signalant une dispersion de la population sans-abri, dans la ville, avec la disparition progressive des quartiers insalubres[2]. Toutes choses égales, par ailleurs, cette analyse en termes de gestion des espaces publics est un élément important pour comprendre l'augmentation de la visibilité des SDF.

Au sortir de la guerre, près d'un Français sur deux est considéré comme mal-logé. Au début des années 1960, 40 % des Français vivent dans des logements surpeuplés. La question des personnes sans logement n'était cependant pas à l'ordre du jour (sinon autour de février 1954, avec l'appel de l'abbé Pierre). Il existait pourtant bien des personnes qui n'avaient, à cette époque, ni toit ni revenus stables. Elles ne pouvaient être accueillies dans des centres d'hébergement car ceux-ci ne se développent véritablement qu'à partir des années 1970. Elles pouvaient vivre dans des baraquements en bordure des grandes villes, ou dans des cités de transit édifiées précisément pour accueillir transitoirement (en théorie) les anciens habitants des quartiers insalubres. Elles pouvaient également vivre au cœur des grandes villes, dans des logements concentrés dans des « îlots » d'insalubrité.

À partir de 1970, les politiques de résorption de l'habitat insalubre vont monter en puissance. Les mesures prises vont circonscrire certains immeubles et interdire leur habitation. Le développement de la lutte contre l'insalubrité a ainsi contribué à la disparition d'un parc ancien de

1. Voir, en particulier, D. Snow, L. Anderson, *Down on their Luck*, *op. cit.*

2. H. Bahr, « The gradual disappearance of skid row », *Social Problems*, vol. 15, n° 1, 1967, p. 41-45.

logements à faible loyer. Certaines personnes n'ont plus pu trouver d'appartements ou de chambres correspondant à leur budget et ont été obligées de quitter ces quartiers. Quelques-unes ont pu se retrouver à la rue.

Ce raisonnement fonctionne convenablement car si on supprime des logements bon marché et que le pouvoir d'achat n'augmente pas dans la population qui y habitait, certaines personnes connaîtront plus de difficultés pour se loger. Si certaines d'entre elles ont effectivement pu perdre ainsi leur logement, cela n'implique toutefois pas qu'elles aient pu acquérir dans l'espace public une visibilité de sans-abri.

Les arguments qui insistent sur les effets pervers d'un urbanisme aseptisant, ne tolérant plus les habitations relativement délabrées, ont certes du poids, mais ils n'ont qu'une valeur explicative limitée pour rendre compte de la croissance de la visibilité du problème. Deux éléments sont plus importants pour comprendre cette augmentation : l'ouverture des espaces publics, et la transformation du mode de gestion de ces espaces.

Dans toutes les grandes métropoles, on peut repérer un changement dans la distribution écologique du phénomène SDF lié à la disparition des « niches urbaines » dans lesquelles ils pouvaient se trouver. Les quartiers qui auparavant concentraient les sans-abri et les mal-logés ont connu un mouvement d'harmonisation qui fait que, globalement, il n'existe plus véritablement de quartiers dans lesquels se concentrent aujourd'hui ces personnes. Certains quartiers parisiens, comme la place Maubert, les Halles ou le quartier Mouffetard, comptaient auparavant parmi ces lieux de rassemblement. Tous ces sites ont été réaménagés depuis le début des années 1970. En particulier, le déménagement des Halles de Paris, vers Rungis, en 1979, a profondément perturbé la population des « clochards » de Paris. Ceux-ci ont été obligés de quitter des territoires sur lesquels s'étaient négociées et ajustées des habitudes. Dans la mesure où la pression coercitive était en phase de fort déclin, ces personnes ont pu trouver dans d'autres quartiers les ressources qu'elles ne trouvaient plus dans les espaces traditionnels de l'errance et de « la cloche ». Comme aucun quartier particulier n'a émergé pour remplacer des sites comme Les Halles ou Mouffetard, ce sont tous les quartiers de Paris qui ont commencé à voir apparaître des personnes qui y cherchaient un refuge et des ressources. Il est donc vraisemblable qu'on a assisté à une dispersion écologique du phénomène sans-abri. Moins concentrée, plus dispersée, mais présente dans un grand nombre de quartiers, la population sans-abri a de la sorte gagné en visibilité.

Concomitamment à cette dispersion dans la ville, des espaces publics se sont ouverts. C'est le cas de bâtiments comme les gares, qui, avec la disparition des tickets de quais, se sont largement ouvertes au cours des années 1970. C'est également le cas des aérogares et des stations de métro qui sont devenus plus aisément accessibles que par le passé, les systèmes de contrôle ayant été transformés. Ces espaces sont maintenant « poreux ». On peut aisément y pénétrer et y séjourner une bonne partie de la journée, voire même de la nuit, sans être inquiété. La relative déshumanisation de la gestion quotidienne des espaces publics et de certains bâtiments privés, en en retirant les agents chargés de leur animation et de leur contrôle, a eu pour conséquence une fréquentation, une utilisation et une appropriation de ces lieux par des personnes qui auparavant en étaient quasi systématiquement repoussées. Les services de contrôle de certains espaces se sont transformés, passant d'activités en poste fixe à des activités en brigade mobile, et ont réorienté leurs priorités. La régulation de l'espace public s'en trouve modifiée et ceux qui auparavant ne pouvaient y pénétrer peuvent désormais y entrer et s'y sédentariser. De la même façon, la disparition des fonctions de gardiennage dans les grands immeubles, liée au remplacement des concierges par des digicodes, font que des SDF peuvent se glisser dans les sous-sols, les entrées ou les étages des immeubles.

Ces changements dans l'accessibilité et le contrôle de certains espaces constituent un des éléments illustratifs du caractère poreux de la ville. On peut, pour appuyer ce raisonnement, constater que ce sont les pratiques générales de régulation de la ville qui ont changé. L'augmentation de la visibilité des SDF a certainement à voir avec la progressive transformation de la police urbaine vers la priorité accordée à la lutte contre la criminalité[1]. En particulier, la décriminalisation du vagabondage et de la mendicité a contribué à cette visibilité en permettant aux cibles de ces délits moins poursuivis de se déplacer sans être inquiétées. Les SDF ont eu moins à se cacher et à se protéger de la police, car à partir de la fin des années 1960, comme on l'a vu, ils ont été moins systématiquement arrêtés.

Ce constat d'ouverture physique ne signifie pas que les gestionnaires des espaces fréquentés acceptent mieux la présence des SDF. Pour tenter de repousser les SDF, dont le nombre a au fur et à mesure du temps été jugé plus important, ils ont pu développer des mesures plus ou moins violentes, à la légitimité et l'efficacité discutables. Cependant, la configuration générale de ces espaces et de leur régulation fait qu'aujourd'hui la présence de SDF y est facilitée et, globalement, mieux tolérée par les agents, les clients et les passants qui les traversent ou qui y travaillent.

1. D. Monjardet, *Ce que fait la police*, Paris, La Découverte, 1996.

DES RÉACTIONS INDIVIDUELLES VARIÉES

La visibilité accrue des SDF ne provoque pas forcément la bienveillance, car il n'y a pas de correspondance directe entre la magnitude d'un phénomène et le degré avec lequel il va pouvoir susciter de la sympathie[1]. On montrera dans un premier temps, à partir d'une série de sondages d'opinion, que le chômage, la pauvreté et l'exclusion campent fermement aux premiers rangs des préoccupations des Français durant les deux décennies quatre-vingt et quatre-vingt-dix. Les enquêtés portent majoritairement un regard bienveillant sur les personnes et les familles en difficulté. Toutefois on montrera, dans un deuxième temps, en faisant état de constats plus microsociologiques, que les sentiments à l'endroit des sans-abri, sont beaucoup plus ambigus que ne le laissent paraître les sondages sur l'exclusion et la pauvreté. Dans un troisième temps, à partir de l'étude des réactions individuelles face aux sollicitations des mendiants, on mettra en lumière la diversité des réponses élaborées (ou plutôt « bricolées ») en fonction des représentations relatives à la pauvreté et à l'exclusion.

Exclusion et pauvreté : de vives préoccupations dans l'opinion

Les sondages qui ont été réalisés sur la question de l'exclusion et de la pauvreté depuis une vingtaine d'années montrent que les « exclus » bénéficient indiscutablement de la sympathie de l'opinion publique.

Vis-à-vis de l'exploitation de ces sondages, il n'est pas inutile de préciser, sans entrer dans le débat sur le

1. Voir L. Coser, « The visibility of evil », *Journal of Social Issues*, vol. 25, n° 1, 1969, p. 101-109.

Tableau 2. – *La crainte de l'exclusion*

	A. Vous arrive-t-il ou pas d'avoir peur de devenir vous-même un exclu ? B. Vous arrive-t-il ou pas d'avoir peur qu'un de vos proches devienne un jour un exclu ?				
	Octobre 1993 (%)		*Septembre 1995* (%)	*Septembre 1996* (%)	*Février 1998* (%)
	A	*B*	*A*	*A*	*A*
Oui	55	73	53	53	57
Non	43	26	46	46	43
NSP	2	1	1	1	
Total	100	100	100	100	100

Sources : Baromètre CSA/La Croix/FNARS, « Les Français et l'exclusion », février 1998 ; La Croix (5 octobre 1998) ; La Rue, n° 2 (décembre 1993) ; La Rue, n° 22 (octobre 1995) ; La Rue, n° 33 (octobre 1996).

sentiment de légitimité et de véridicité que leur institution peut inspirer, qu'il ne faut pas leur accorder une importance démesurée. Il ne faut certainement pas non plus leur nier toute validité. Ils ont toujours comme intérêt, dans le cadre de l'analyse des politiques publiques, d'être un élément important à considérer par l'analyste, car les responsables et décideurs publics s'en inquiètent.

Globalement, la question de l'exclusion attise d'abord des craintes. À partir du début des années 1990, avec les fortes tensions sur les marchés du logement et de l'emploi, le risque de compter parmi les « exclus » est, selon les personnes interrogées dans les sondages, devenu fort. Plus d'un Français sur deux, au cours des années 1990, déclare craindre de devenir un jour un exclu. C'est ce que montre clairement une vague d'enquêtes menées par l'Institut CSA depuis octobre 1993 (tableau 2), reprises très largement par la presse, par des chercheurs, dans des rapports administratifs ou politiques.

Notons qu'il ne s'agit pas là d'une nouveauté des années 1990. Une crainte similaire vis-à-vis de la nouvelle pauvreté existait dans les années 1980. Deux sondages réalisés par l'institut Louis Harris le rappellent. En réponse à une enquête réalisée en novembre 1984 pour *France Soir Magazine*, 77 % des personnes interrogées répondaient positivement à la question « Avez-vous l'impression que vous pourriez un jour faire partie des pauvres ? ». Un deuxième sondage indiquait, fin 1989, que 52 % des Français craignaient de devenir des nouveaux pauvres[1]. Ces données étaient dans les notes et à l'esprit des décideurs avant le vote de la loi sur le RMI en décembre 1988.

Les travaux du CREDOC, dans le cadre de l'enquête barométrique sur les « Conditions de vie et aspirations des Français », montrent depuis le début des années 1980 une progression de l'inquiétude vis-à-vis du chômage, qui certes n'est pas l'exclusion, mais qui est profondément rattaché à cette problématique (graphique 3).

Le chômage, dans les années 1990, est devenu un problème obsédant, occultant les autres questions économiques et sociales. L'inquiétude pour le chômage atteint un sommet entre 1993 et 1996, à un moment où la question SDF prend la place la plus importante qu'elle ne tiendra jamais sur l'agenda politique.

Les enquêtes du CREDOC permettent également d'obtenir des indications sur les appréciations des Français

1. « L'an 2000 des misérables » (*L'Humanité*, 2 novembre 1989). Dans ce sondage, 30 % des personnes interrogées disaient avoir connu la pauvreté. Massivement, elles estimaient que c'est avant tout à l'État d'agir (63 %).

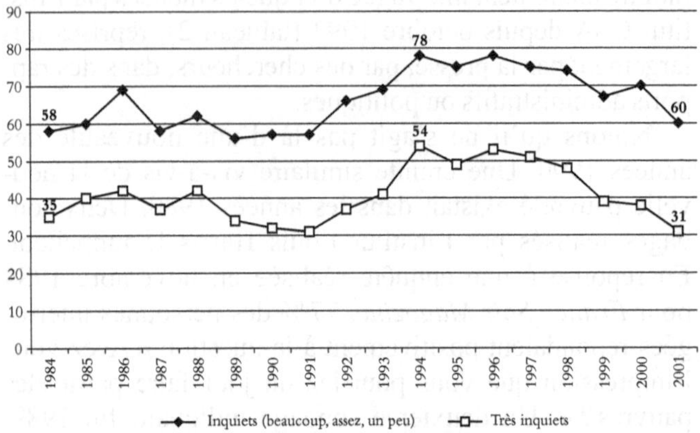

Source : CREDOC, Enquêtes « Conditions de vie et aspirations des Français »

Graphique 3. – Inquiétude vis-à-vis du chômage. Individus se déclarant inquiets, pour eux-mêmes ou pour des proches, du risque de chômage

concernant les situations de pauvreté et concernant les politiques de lutte contre la pauvreté. Sur ce deuxième point, les trois quarts des personnes interrogées trouvaient, en 1995, que les pouvoirs publics ne faisaient pas assez (contre seulement 62 % en 1990). En 2000, ce ne sont plus que 63 % de la population qui estiment que les pouvoirs publics « ne font pas assez » pour les plus défavorisés. Ce taux a reculé de 6 points par rapport à 1997, et même de 10 par rapport à 1995, mais la solidarité envers les personnes démunies semble toujours majoritaire. Si on décèle une baisse à la fin de la décennie, la principale conclusion est que, sur cette période, les Français ont toujours majoritairement indiqué qu'ils pensaient que « les pouvoirs publics ne font pas assez ».

Tableau 3. – *« Estimez-vous que les pouvoirs publics font trop, font ce qu'ils doivent ou ne font pas assez pour les plus démunis ? »*

	1991	*1992*	*1995*	*1997*	*2000*
Les pouvoirs publics ne font pas assez	61,8	51,6	72,7	69	63,2
Les pouvoirs publics font ce qu'ils doivent	34,3	33,9	24,3	27,5	31,2
Les pouvoirs publics font trop	3	3,4	1,8	2,5	4,1
NSP	0,9	1,1	1,1	1,0	1,5

Remarque : On ne dispose pas de série plus fournie car la question n'a pas été systématiquement répétée dans l'enquête.

Source : CREDOC, Enquêtes « Conditions de vie et aspirations des Français »

Sur la même période, on peut repérer que la sympathie déclarée expressément à l'endroit des « exclus » reste élevée. C'est ce que confirment les réponses aux questions qui ont été posées en ce sens dans le cadre des enquêtes menées par CSA (tableau 4). La solidarité à l'égard des personnes démunies est plébiscitée par les Français.

Toutes ces enquêtes ne concernent pas directement les SDF, mais les « exclus » ou les « pauvres » en général. La différence ne semble pas fondamentale pour le propos. Il est plus important de relever que, souvent, ces enquêtes ont été effectuées pendant l'automne ou l'hiver, périodes pendant lesquelles la sympathie à l'égard des pauvres est toujours plus soutenue, et ce dans tous les pays occidentaux [1].

1. W. Bunis, D. Snow, A. Yancik, « The cultural patterning of sympathy toward the homeless and other victims of misfortune », *Social Problems*, vol. 43, n° 4, 1996, p. 387-402.

Tableau 4. – *Attitudes à l'égard des exclus*

	Question : On parle beaucoup des exclus : des chômeurs, de longue durée ou des personnes sans logement, etc. À leur égard quelle est votre attitude ? Réponses données à l'aide d'une liste			
	Octobre 1993 (%)	*Septembre 1995 (%)*	*Septembre 1996 (%)*	*Février 1998 (%)*
– Je suis prêt(e) à les aider	42	43	37	43
– J'ai de la sympathie pour eux	35	37	36	41
– Je suis méfiant(e)	17	15	21	13
– Je suis indifférent(e)	3	3	4	2
NSP	3	2	2	1
Total	100	100	100	100

Sources : Baromètre CSA, *La Croix*, FNARS, « Les Français et l'exclusion », février 1998 ; *La Croix* (5 octobre 1998) ; *La Rue*, n° 2 (décembre 1993) ; *La Rue*, n° 22 (octobre 1995) ; *La Rue*, n° 33 (octobre 1996).

Des évolutions récentes vers une relative baisse de la sympathie sont à prendre au sérieux. Si on considère le cas des appréciations vis-à-vis du RMI (dispositif saillant des politiques de lutte contre l'exclusion), on peut mettre au jour une tendance des Français à être de plus en plus critiques. Un nombre important de personnes interrogées par le CREDOC (45 %) considéraient en 1999 qu'une allocation comme le RMI risquait d'« inciter les gens à s'en contenter et à ne pas chercher du travail » (graphique 4). En 2000, cette proportion est passée à 53 % des enquêtés. C'est la première fois depuis l'instauration de cette prestation que, sur ce sujet, la majorité s'inverse. Dit autrement, une majorité des Français insiste sur les « effets pervers » du RMI, plus que sur ses effets bénéfiques pour les bénéficiaires.

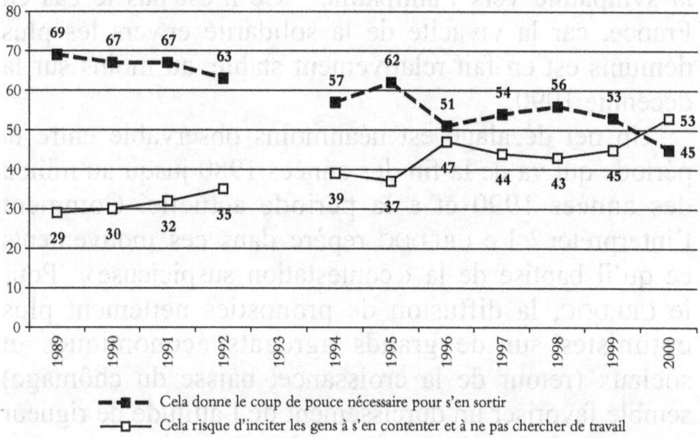

Source : CREDOC, Enquêtes « Conditions de vie et aspirations des Français ».

Remarque : La question n'a pas été posée dans la vague 1993 de l'enquête.

Graphique 4. – Au sujet du revenu minimum d'insertion (RMI) pensez-vous plutôt que cela donne le coup de pouce nécessaire pour s'en sortir ou que cela risque d'inciter les gens à s'en contenter et à ne pas chercher de travail ?

Cette information, comme la tendance repérable dans le tableau 3 à une augmentation des appréciations jugeant que les pouvoirs publics s'impliquent suffisamment pour aider les démunis, pourrait laisser présager une inversion d'orientation. On ne peut cependant voir dans cette baisse – pour le moment – l'expression d'une « fatigue » ou d'une « lassitude » de la compassion à la française. Avec la persistance de la misère, les Américains vivent en effet une certaine « fatigue de la compassion » qui a en partie réorienté, durant les années 1990, les sentiments à l'endroit des *homeless* de la sympathie vers l'antipathie[1]. Ce n'est pas le cas en France, car la vivacité de la solidarité envers les plus démunis est en fait relativement stable, au moins sur la décennie 1990.

Un net décalage est néanmoins observable entre la période qui va de la fin des années 1980 jusqu'au milieu des années 1990 et à la période actuelle. Comment l'interpréter ? Le CREDOC repère dans ces mouvements ce qu'il baptise de la « contestation suspicieuse ». Pour le CREDOC, la diffusion de pronostics nettement plus optimistes sur de grands agrégats économiques et sociaux (retour de la croissance, baisse du chômage) semble favoriser un durcissement de l'attitude de rigueur de la population. Si la progression des courbes, notamment pour le RMI, va vers une inversion dans les opinions des Français (grossièrement dit : d'une majorité favorable, vers une majorité défavorable), il convient d'être nuancé dans l'appréciation de cette désaffection relative.

Les évolutions vers plus de critiques des dispositifs publics en direction des démunis ne signifient pas, pour autant, que les personnes interrogées « rangent au placard » (expression CREDOC) leur conception solidaire des politiques sociales. Ce n'est pas le bien-fondé des prestations que les Français remettent de la sorte en question. Ce sont plutôt les modalités de versement et de contrôle des aides qui sont en cause. En 1999, 74 % de la population estimaient que le montant du RMI n'étaient pas assez élevé. Ce n'est donc pas la nécessité des actions dirigées vers les plus démunis qui est contestée. Ce qui apparaît

1. Cette « fatigue de la compassion » est avancée aux États-Unis comme un phénomène massif qui expliquerait le rejet dont peuvent être victimes les *homeless*. La tendance n'est cependant pas évidente. Cf. B. Link *et al.*, « Public knowledge, attitudes, and beliefs about homeless people. Evidence for compassion fatigue ? », *American Journal of Community Psychology*, vol. 23, n° 4, 1995, p. 533-555.

plutôt, toujours selon le CREDOC, c'est le souhait d'une attention plus grande portée aux modalités de distribution des prestations. Les personnes interrogées voudraient qu'elles soient plus précisément ciblées sur ceux qui « en ont le plus besoin » et désireraient accroître les contrôles et les contreparties.

La conclusion de cette rapide reprise de quelques sondages, au-delà des subtilités méthodologiques qui seraient nécessaires à un traitement plus approfondi, est claire. Sur les deux dernières décennies, et en particulier durant la plus grande partie des années 1990, les Français déclarent, globalement, une tolérance et une bienveillance à l'égard de personnes qui vivent des situations qu'ils peuvent redouter.

De la sympathie générale et relativement constante au cours des années, on ne doit pas conclure à une unanimité permanente et complète sur la question. En effet, les réactions face aux pauvres varient en fonction d'éléments comme la période de l'année, le lieu de résidence des personnes interrogées, et les représentations plus précises de qui sont les pauvres, les exclus, les sans-abri.

Ambiguïté des appréciations et NIMBY

À la lecture des sondages, les Français déclarent de la sympathie à l'endroit des pauvres et, par extrapolation, à l'endroit des SDF. Toutefois une lecture plus fine est nécessaire. On peut ainsi voir émerger toute l'ambiguïté des appréciations relatives à la question SDF. Les personnes sans-abri, comme le montrent quatre vagues d'un sondage barométrique réalisé de 1994 à 2000 pour la Préfecture de police de Paris, apparaissent bien aux premiers rangs des préoccupations des Parisiens, en temps que problème quotidien (tableau 5).

Tableau 5. – *Les sans-abri aux premiers rangs des préoccupations des Parisiens « Dans cette liste, quels sont les problèmes les plus importants à Paris actuellement ? »*

	1994		*1996*		*1998*		*2000*	
	%	*Rang*	*%*	*Rang*	*%*	*Rang*	*%*	*Rang*
Le nombre de sans-abri	64	1	66	2	60	2	52	2
La pollution (atmosphérique, sonore)	33	5	69	1	62	1	69	1
L'insécurité	40	3	43	5	44	3	38	4
La circulation et le stationnement	51	2	59	3	34	4	52	2
Les trafics de drogue	39	4	47	4	32	5	29	5
L'immigration clandestine			23	7	23	6	13	8
La propreté	16	6	23	6	15	7	27	6
Le fonctionnement des transports en commun	13	7	21	8	14	8	21	7

Sources : Préfecture de police de Paris, SOFRES, janvier 1994 et janvier 1996 ; IFOP, janvier 1998 ; IFOP, mars 2000.

Ces sondages, réalisés en hiver, permettent d'insister sur l'ambivalence des représentations vis-à-vis des sans-abri. En effet, affirmer que le « nombre de sans-abri » est un des « problèmes les plus importants à Paris actuellement » peut signifier deux choses opposées. D'un côté, certains Parisiens peuvent exprimer que cette présence est insupportable car ils considèrent qu'elle est indigne de leur ville et qu'il faut que les pouvoirs publics agissent pour aider ces personnes. De l'autre côté, certains Parisiens peuvent répondre de la même manière mais en considérant que les pouvoirs publics doivent agir pour écarter, parfois même *manu militari*, cette population de la capitale.

La visibilité grandissante des sans-abri est un événement qui fait réagir directement les habitants des villes. Inquiétés, émus, ou exaspérés par des situations et des comportements qu'ils jugent indignes, inhumains ou intolérables, leurs réactions sont loin d'être uniformes. La grande visibilité et l'exposition des SDF suscitent des sentiments qui vont de la grande affection à la forte répulsion. Ces réactions peuvent conduire à une demande d'intervention publique, que ce soit sur un registre assistanciel ou répressif.

La question SDF achoppe en fait sur un dilemme commun lié à ce que les anglo-saxons appellent le syndrome « NIMBY » (*Not In My Back-Yard*, pas dans mon jardin). Il s'agit de l'opposition locale à l'implantation ou au développement d'infrastructures collectives, en raison des nuisances probables ou supposées que ces installations pourraient engendrer. On repère, depuis le début des années 1980, une inflation des controverses et des mobilisations contre les projets les plus divers : autoroutes, porcheries, aéroports, TGV, déchetteries, hypermarchés, etc. Le NIMBY, devenu un important dilemme pour les urbanistes, les élus et les aménageurs, a surtout été étudié dans le domaine des conflits environnementaux et urbanistiques. Le problème concerne également les équipements sanitaires et sociaux, notamment les services qui prennent en charge les sans-abri[1].

Les mécanismes du NIMBY ne sont pas nécessairement les mêmes en ce qui concerne les services aux sans-abri, les

1. Voir, pour les États-Unis, L. Takahashi, *Homelessness, AIDS, and Stigmatization. The NIMBY syndrome in the United States at the end of the Twentieth Century*, New York, Oxford University Press, 1998.

usines, les prisons ou les centres commerciaux. Toutefois, les résistances locales que rencontrent les aménageurs et les élus sont très semblables. Les discours accompagnant ces oppositions reposent sur des considérations économiques, esthétiques, sécuritaires. Les habitants et commerçants craignent la baisse de leurs valeurs foncières et immobilières, et ils se préoccupent de la dégradation de leur cadre de vie.

Le constat d'oppositions de type NIMBY repose sur un fait important : la sympathie peut être générale à l'endroit des SDF, on peut souhaiter une intervention pour les prendre en charge, mais pas à côté de chez soi… Ainsi des réactions collectives ulcérées de quartiers ou de villes face au problème, relativisent le constat trop simple d'une unanimité de la sympathie pour les SDF. Cette sympathie est un constat exact mais qui varie assez sensiblement dans le temps et dans l'espace.

Les sentiments à l'endroit des sans-abri ne sont donc pas aussi évidents et unanimes que de grands discours sur la pauvreté et l'exclusion, s'appuyant sur une partie des résultats des sondages d'opinion, pourraient le laisser entendre. Pour avoir une idée du caractère oscillant de ces sentiments entre l'indignation, la révulsion, l'indifférence ou l'exaspération une analyse microsociologique des réactions face à la mendicité est utile. Si tous les sans-abri ne sont pas des mendiants et inversement, un examen des réactions face aux sollicitations de personnes très généralement caractérisées comme SDF permet de repérer, au-delà de l'opinion sondée, les variations des représentations individuelles.

Un bricolage cognitif : face au mendiant, donner ou ne pas donner ?

Faut-il donner au mendiant, l'ignorer ou l'éconduire ? Dans les rames du métro, certains donnent, d'autres ne lèvent pas les yeux ; mais personne ne reste indifférent. À force d'expériences, chaque usager a été obligé de se construire des cadres d'interprétation de la situation, afin d'identifier le problème et de savoir quelle posture adopter. À chaque rencontre, divers ajustements vont s'opérer entre les bases cognitives de la formulation individuelle du problème sans-abri et l'irruption d'une demande. Il existe nombre de discours et de théories sur les mendiants et sur la mendicité. On a pu repérer des tactiques pour répondre ou éviter de répondre aux demandes. Cependant, toutes ces tactiques et théories ne semblent jamais satisfaisantes car elles n'englobent pas tous les scénarios de rencontres entre un mendiant et un passant. Il n'y a pas de schéma définitivement établi (ou très rarement) pour répondre à des sollicitations répétées, par des individus différents. La réponse dépend de variables très diverses, mais surtout elle varie en fonction des moments de la journée, des périodes de l'année ou tout simplement de l'humeur.

On propose d'appeler bricolage cognitif le mode d'élaboration des réponses aux sollicitations. Celles-ci sont bricolées à partir de considérations affectives (cette situation me fait-elle mal au cœur ?), appréciatives (ce SDF est-il responsable de sa situation ?), axiologiques (catholique, protestant ou musulman, dois-je donner ?) ou utilitaristes (à quoi va servir mon don ?). Dans tous les cas on convoque des moyens cognitifs de sélection. Face à ceux qui sollicitent nos attentions, on peut s'interroger sur la *véridicité* (réalité de la misère), sur *l'innocuité* (ce qui va se passer si on donne), la *remédiabilité* (un don va-t-il changer quoi que ce soit ?), ou la *communicabilité* (cette pauvreté peut-elle m'atteindre ?)[1].

Nous sommes couramment sollicités par des personnes qui demandent « un franc ou deux » (un euro ou

1. Voir P. Pharo, « Sollicitation et déréalisation du malheur. Problèmes de sensibilisation », *L'Année sociologique*, vol. 44, 1994, p. 58-82.

deux, maintenant), « cent balles », « des pièces de monnaie », « un ticket restaurant », « une petite pièce », ou seulement « un sourire ». Souvent elles proposent comme contribution, en échange d'une rétribution, un service ou un produit qui peut être un journal, un gadget, un morceau d'accordéon ou de violon, un poème, un chant. Les propriétés de la sollicitation (orale/écrite, prestation artistique/produit vendu, aspect du solliciteur, etc.) auront un impact inégal sur le témoin de la scène. En fonction de ses convictions morales, de ses options politiques ou de ses goûts musicaux, il choisira de répondre à telle ou telle sollicitation.

Entre la générosité, jamais totalement innocente, et l'indifférence, toujours plus ou moins simulée, trois attitudes sont repérables. Il ne s'agit pas ici d'une typologie mais, bien plus ordinairement, des trois seules possibilités offertes : donner systématiquement, ne jamais donner, ou donner de temps en temps.

Une première attitude, probablement la plus répandue, est de donner de temps en temps, en fonction de la prestation. Adopter cette attitude revient à effectuer une séparation entre ceux qui méritent un don et les autres. On peut opérer des distinctions entre ceux dont on considère qu'ils souffrent réellement et ceux dont on estime qu'ils n'appellent pas de générosité, entre ceux dont on juge qu'ils sont ou non responsables de leur situation. Croyant que « cela peut arriver à tout le monde » des passants donneront à ceux qui leur ressemblent. Croyant que certains mendiants sont des profiteurs et des simulateurs, d'autres passants réserveront leur altruisme à ceux qu'ils estiment être de « vrais » SDF, visiblement plus marqués par les conditions de vie à la rue. Il faut par conséquent, pour chaque personne qui a opté pour telle ou telle attitude, éconduire les mendiants importuns tout en donnant à ceux qui conviennent à l'image du SDF « méritant » qui aura pu s'établir.

Une autre attitude consiste à ne jamais donner. Elle se légitime diversement. On peut ne jamais donner car on considère que ces prestations ne méritent aucune rétribution ou bien pour « ne pas encourager » ; ce qui est un regard bien précis sur la mendicité. Il y a là un jugement moral. On ne donne pas parce que le mendiant va boire ou se droguer. S'il dit ou écrit « j'ai faim », on va lui proposer un repas ou un sandwich pour pouvoir se gausser de son éventuel refus. Il est pourtant évident qu'il n'a pas faim en permanence… On peut aussi ne jamais donner parce qu'on ne sait comment, en toute justice, choisir à qui donner. On peut ne jamais donner parce qu'on considère qu'on donne assez par ailleurs, soit en versant des dons aux associations, soit par l'intermédiaire des modes collectifs de redistribution. Ainsi, on ne fait pas la charité car on paye par ailleurs pour la solidarité.

Une troisième attitude consiste à donner systématiquement quelque chose. Cette attitude peut devenir onéreuse… La forme typique de cette attitude consiste à ne donner qu'à la même personne. On dispose ainsi, en quelque sorte, de ses « abonnés » ou de « son » pauvre. On peut aussi décider d'un budget (par exemple 10 ou 20 F. par semaine, ou bien quelques euros) à distribuer. Une autre technique est de donner selon un rythme convenu, par exemple une fois par jour, au premier quémandeur croisé.

Les stratégies personnelles de réponse aux sollicitations sont essentiellement pragmatiques. Si elles reposent sur la matrice cognitive de chaque individu et notamment sur ses représentations de la pauvreté et de la marginalité, chaque interaction avec un SDF reste singulière.

Le citadin qui croise un SDF, ou à plus forte raison celui qui est interpellé par un SDF est forcé de s'adapter en répondant ou en ne répondant pas, en baissant la tête, en forçant le pas, en se plongeant ostensiblement dans sa lecture. Diverses tactiques d'évitement peuvent ainsi être utilisées par le passant ou l'usager des transports publics pour ne pas avoir à supporter un regard ou une demande. S'il ne souhaite pas donner suite à la demande expresse qui lui est faite il est conduit à repousser plus ou moins fermement la demande. Lorsque la requête est faite au groupe dans lequel il se trouve (rame de métro, passagers d'un véhicule à l'arrêt, clients à la terrasse d'un café), il lui faut accentuer ce que Goffman[1] appelle son « effort attentif d'indifférence » face au stigmate pour rester impassible alors que manifestement la scène sociale est troublée.

Si les motivations de cet effort ne sont pas les mêmes face au SDF que face à la personne handicapée, il n'en demeure par moins que dans le cas particulier du mendiant, du vendeur de journal de SDF ou du sans-abri effondré à terre, la réaction la plus commune reste cette indifférence feinte. La présence d'une personne faisant la manche ou la quête après une prestation quelconque dans les rames du métro suscite généralement un détachement qui peut être analysé sur un axe qui va de la pitié au mépris en passant, attitude la plus courante, par la gêne. Dans un jeu de face-à-face où chacun tente, pour reprendre le vocabulaire de Goffman, de « faire bonne figure » ou de ne pas « perdre la face », on peut repérer une grande indécision dans les tactiques employées quand il y a exposition à la honte ou à l'invective. Du rougissement au malaise physique en passant par le cillement des yeux ou le détournement de tête, le côtoiement des SDF, avec ce qu'il a de proximité charnelle et de rapprochement social, met en jeu des conventions plus ou moins strictement élaborées, qui doivent nécessairement s'adapter aux cas particuliers.

1. E. Goffman, *Stigmate*, *op. cit.*

Une visibilité physique qui n'implique pas une visibilité politique

L'augmentation de la visibilité des SDF et la croissance du nombre de contacts forcent à réagir et à agir individuellement. Il y a là très nettement un écart entre ce qui est (des sans-abri visiblement nombreux dans l'espace public), et ce qui devrait être (moins de misère, moins de mendiants). Cet écart concret et quotidien est à la base d'un problème social, au sens que lui ont donné Merton et Nisbet. Pour autant, ce n'est pas parce que ce phénomène est visible qu'automatiquement vont se déclencher des interventions publiques. De plus, cette visibilité ne peut en rien renseigner sur les formes que devraient prendre l'action publique. Elle peut conduire certains citadins, ou certains usagers des transports en commun à souhaiter une intervention collective. Constatant l'amplification du phénomène SDF, des habitants peuvent en venir à demander aux pouvoirs publics d'intervenir pour ne plus avoir à supporter quotidiennement ces malaises dans l'interaction avec les personnes démunies. Certains vont demander des interventions policières pour que le problème soit mis hors de leur vue, d'autres vont souhaiter des actions plus sociales pour la prise en charge de situations qu'ils jugent inacceptables.

Depuis les années 1980, les besoins et la situation des SDF ont attiré le regard compatissant ou inquiet des habitants. Cette visibilité du problème peut probablement attirer l'attention des médias, locaux et nationaux, et activer l'intervention des organismes sociaux privés ou publics. Cependant, cet éventuel appel à des interventions publiques, tout comme cette excitation de l'intérêt médiatique, n'ont rien d'évidents. Ce n'est pas parce que le nombre de contacts avec des SDF augmente qu'on se tourne forcément vers les pouvoirs publics. Ce n'est pas parce que la présence des SDF est particulièrement visible qu'elle en devient forcément un sujet intéressant pour les médias. Côtoyer la misère peut pousser à l'action individuelle, mais ne conduit pas nécessairement à une action collective. La visibilité physique des personnes SDF n'infère pas automatiquement une visibilité politique du problème SDF.

La première action induite par la présence des SDF, avant de se tourner vers la police, les services sociaux ou les élus, est une action individuelle. La multiplication des interactions et des gestes de réponse ou de non-réponse conduit à des discussions entre collègues, entre amis, entre parents sur le phénomène SDF. Les formulations individuelles de ce problème, qui résultent de ces contacts et de ces discussions, précèdent la formulation politique qui pourra en être faite. Les habitants peuvent se tourner vers les associations et les pouvoirs publics. Constatant que le problème n'est pas simple et ne se résout pas du jour au lendemain, ils engagent des discussions, élaborent des propositions et peuvent, le cas échéant, s'investir dans des actions ou demander aux élus, aux services publics ou associatifs d'intervenir. Mais il ne s'agit que d'une éventualité.

Dans d'autres pays, la visibilité des SDF, parfois beaucoup plus élevée, ne conduit pas à des interventions publiques. Les environnements sont extraordinairement différents, mais on peut citer le cas de villes dans lesquelles la présence des sans-abri et des mendiants est particulièrement visible (en Inde ou au Brésil) sans que de larges programmes publics de prise en charge soient mis en œuvre, loin de là.

C'est peut-être parce que la présence visible de pauvres dans les rues occidentales a été parfois relayée comme une « tiers-mondisation » que des politiques d'ampleur ont pu être mises sur pied. Durant des siècles, la visibilité des vagabonds et des mendiants avait conduit à des politiques pénales répressives. La (ré)apparition du « quart monde » et des SDF (termes modernes pour désigner des phénomènes relativement homologues) a conduit, dans un nouveau contexte, à des politiques sociales assistancielles.

La sympathie contemporaine de l'opinion publique française pour cette question visible peut être rappelée pour comprendre la place et la forme prises par le problème SDF sur l'agenda politique. Cette sympathie n'a toutefois été mesurée qu'après que des réponses publiques ont été entreprises. Les sentiments vis-à-vis des SDF n'ont pu être sondés qu'à partir du moment où le problème SDF avait acquis une réelle visibilité politique.

En fin de compte, de la même manière que l'on doit renoncer à expliquer la mise sur agenda du phénomène SDF par la seule augmentation de la taille de cette population, on doit renoncer à une explication qui ne porterait que sur la forte visibilité des SDF et sur les réactions individuelles qu'elle provoque. Pour rendre compte complètement du processus de mise sur agenda, et de la traduction politique de la question SDF qui en résulte, il faut passer par l'examen du rôle des acteurs qui ont su faire valoir cette visibilité auprès des autorités.

3

La spécification progressive de la question SDF

Pour se placer sur l'agenda politique il faut parfois briser la file des problèmes sociaux en attente, afin de se retrouver en haut de la pile des dossiers à traiter. Il est nécessaire, à cet effet, que le phénomène bénéficie d'une forte visibilité, d'une ampleur jugée importante et d'un fort soutien public[1]. C'est précisément le cas des SDF, à partir du début des années 1980.

Ce chapitre poursuit l'analyse de la dynamique d'accès de la question SDF à l'agenda politique. On s'attachera aux processus simultanés de formalisation d'une action publique et d'un problème social. Le souci est de souligner les résultats des dynamiques de « traduction », de « médiation » ou de « transcodage »[2], qui ont fait qu'avec le temps se sont constituées, de manière interdépendante, une politique ciblée et une cible.

Au cours des années 1980, et surtout des années 1990, des actions collectives se sont déployées en faveur des SDF, des groupes de pression ont démarché les antichambres du pouvoir, des experts ont aidé à l'énonciation de

1. J. Kingdon, *Agendas, Alternatives, and Public Policies*, *op. cit.*

2. On fait référence aux travaux sur les dynamiques de médiation, B. Jobert, P. Muller, *L'État en action*, Paris, Puf, 1987 ; de traduction politique, P. Muller, *Les politiques publiques*, Paris, Puf, 1990 ou de transcodage, P. Lascoumes, *L'éco-pouvoir*, *op. cit.*

revendications audibles par les décideurs. Des valeurs, des croyances, des figures charismatiques et d'autres ressources diverses ont pu être rassemblées et coordonnées vers l'objectif collectif d'impliquer les pouvoirs publics dans la prise en charge des problèmes spécifiques vécus par les SDF.

Des associations, des autorités morales, des journalistes, des hommes politiques, des personnes sans-abri seules ou investies dans des actions collectives ont participé à la mise en forme du problème. Il importe de comprendre les liens entre ces divers acteurs qui sont par moments en compétition et qui à d'autres moment coopèrent. On mettra l'accent sur le rôle des entrepreneurs de morale et sur celui des entrepreneurs politiques. Ces derniers sont définis comme les acteurs qui, concernés par un problème social, s'impliquent dans la formulation de ce problème et dans la proposition de solutions. Dans le cas d'espèce, les entrepreneurs politiques sont aussi, en reprenant le vocabulaire de Becker[1], des entrepreneurs de morale. Des personnalités provenant d'horizons différents se sont engagées, toujours pour utiliser l'appareil conceptuel de Becker, dans une « croisade morale », associant ceux qui créent et ceux qui appliquent les normes. Reposant largement sur des structures associatives, cette croisade morale a été incontestablement victorieuse, avec l'instauration d'un nouvel ensemble de lois et de règlements.

L'agenda politique est toujours un lieu de compétition des problèmes et de leurs formulations. Ce n'est pas une institution figée. Certains problèmes peuvent y apparaître de manière éphémère, d'autres s'y inscrivent dans la durée. Dans le cas de la question SDF, ce problème social, qui était déjà présent sous une forme pénale dans les années d'après-guerre puis sous une forme sociale, comme

1. H. S. Becker, *Outsiders. Études de sociologie de la déviance*, Paris, Métailié, 1985 (1963).

un élément des questions d'inadaptation et d'exclusion dans les années 1970, va arriver en force et en catastrophe sur l'agenda politique, au début des années 1980, avec le thème de la « nouvelle pauvreté » qui provoque des innovations institutionnelles majeures. Par la suite, dans un mouvement constant de spécification et d'institutionnalisation de la question SDF, des politiques publiques vont de plus en plus précisément circonscrire cette population en mettant en œuvre des réponses spécialement ciblées.

UN HÉRITAGE DE LA NOUVELLE PAUVRETÉ : LE CIBLAGE CROISSANT DES SDF

La sociologie des politiques publiques invite à prendre en considération les phénomènes d'héritage et d'apprentissage dans l'étude de l'action publique[1]. La formulation antécédente des événements, la dynamique des réponses déployées ont un impact sur la spécification d'un problème et sur les formes que vont prendre les dispositifs créés pour le prendre en charge. L'environnement programmatique de la prise en charge des SDF va, en se structurant, générer une inertie, en termes juridiques, budgétaires, organisationnels. Avec le temps le chemin, le « sentier » pour parler comme les politistes institutionnalistes qui s'intéressent aux phénomènes de *path dependance*, va engendrer une certaine dépendance et devenir plus contraignant[2].

Les premières voies empruntées par les gouvernements à partir du début des années 1980 pour lutter contre

1. Voir deux articles de R. Rose, « Inheritance before choice in public policy », *Journal of Theoretical Politics*, vol. 2, nº 3, 1990, p. 263-291 ; « What is Lesson-Drawing ? », *Journal of Public Policy*, vol. 11, nº 1, 1991, p. 3-30.

2. Voir B. Palier, G. Bonoli, « Phénomènes de *Path Dependence* et réformes des systèmes de protection sociale », *Revue française de science politique*, vol. 49, nº 3, 1999, p. 399-420.

la pauvreté vont en effet avoir un fort impact sur la formulation de la question SDF. Les possibilités d'action de chacun des gouvernements successifs sont, depuis, modelées, au moins en partie, par les expériences passées. Les équipes gouvernementales, tout en se critiquant, se transmettent le problème et les méthodes pour le résoudre. Bien entendu, le sentier tracé par les premières décisions a évolué. Il n'en reste pas moins que la structuration institutionnelle de la prise en charge des SDF repose encore largement, ne serait-ce que budgétairement (ce qui est capital), sur ce qui a été mis en place au début des années 1980.

Il importe de s'arrêter sur l'ensemble normatif et institutionnel qui s'est développé à partir du thème de la nouvelle pauvreté. Des innovations datant du début des années 1980, et tout particulièrement les plans hivernaux de lutte contre la pauvreté et la précarité (dits « plans pauvreté/précarité » ou « plans d'urgence »), charpentent l'action publique actuelle en direction des SDF. Ces programmes n'étaient pas, à l'origine, spécifiquement ciblés sur la population aujourd'hui désignée comme SDF. Ils visaient des catégories plus générales comme les « personnes démunies » ou les « personnes défavorisées ». Avec le temps, les plans hivernaux vont se concentrer toujours plus précisément sur une cible qu'ils contribuent d'ailleurs à définir : les SDF. Parallèlement, la prise en charge des « démunis », des « défavorisés » ou des « exclus » va s'étendre dans des politiques de plus grande ampleur (RMI, droit au logement) qui ont pu être expérimentées dans le cadre des plans d'urgence.

Apparition d'une « nouvelle pauvreté »

Jusqu'aux années 1970 la pauvreté était quasi inexistante, en tant que dossier particulier, sur l'agenda politique. La protection sociale, aménagée principalement autour de la Sécurité sociale et résiduellement autour de l'aide et de l'action sociales, devait permettre de prévenir et, à défaut, de réparer les problèmes sociaux. Elle ne se préoccupait pas distinctivement de pauvreté. Cependant, la progression du chômage ainsi que des indications sur l'amplification des situations de pauvreté, relevées à l'échelle locale par les associations et les municipalités, ont conduit l'État à s'inquiéter à nouveau des problèmes de pauvreté, à la fin des années 1970 et au début des années 1980[1]. À compter du début des années 1970, des villes, des caisses d'allocations familiales (CAF) et des associations caritatives, notamment le Secours catholique, font état de détresses qui ne correspondent plus à leur clientèle ordinaire. Des catégories nouvelles (plus de jeunes, plus de femmes, plus de Français) viennent frapper aux portes de l'assistance. Des discours et des analyses distinguent alors, d'un côté, des « anciens pauvres » (des personnes âgées, des immigrés ou des « inadaptés ») assez bien identifiés et pris en charge de manière jugée satisfaisante, et, d'un autre côté, des « nouveaux pauvres » moins bien connus et présentés comme des victimes de la crise naissante. Parmi ces nouveaux pauvres, on trouve des personnes sans logement qu'on baptiserait maintenant des SDF. Notons une certaine insistance sur les différences entre les clochards et les nouveaux pauvres. Ces derniers seraient des « victimes de la crise », à l'inverse des clochards qui seraient responsables de leur situation, ayant choisi leur condition[2].

1. Cf. S. Milano, *La pauvreté absolue*, Paris, Hachette, 1988.

2. Cf. par exemple, « Des clochards ? Non, des victimes de la crise » (*Le Quotidien de Paris*, 27 janvier 1983). Voir également, dans la presse spécialisée, « Les "Sans domicile fixe" et le bureau d'aide sociale de Paris », *Actualités sociales hebdomadaires* (n° 1068, 3 juin 1977). Le sigle SDF (souvent employé en insistant sur la différence avec les « clochards ») était déjà utilisé dans les années 1970 dans la grande presse. Cf., par exemple, « SDF Calcutta sur Seine » (*Le Monde*, 15 mars 1976) ; « On les appelle les SDF » (*L'Aurore*, 29 mai 1980).

Les pouvoirs publics se saisissent de la nouvelle pauvreté, d'abord par des rapports. Le Commissariat au Plan et la Direction de l'Action sociale jouent un rôle éminent en soutenant des enquêtes et des travaux de recherche. Leurs conclusions et propositions vont faire date. Ces documents sont connus. Ils nous intéressent pour deux raisons. Tout d'abord, on constate qu'ils ne contiennent pas d'analyses ni de propositions spécifiques aux « sans-abri », aux « sans domicile fixe », aux « clochards » ou aux « SDF ». Ensuite, ils vont avoir un impact sur la mise en œuvre, dans l'urgence, de programmes de réponse à la pauvreté, dont la prise en charge actuelle des SDF a hérité. Ces expertises serviront de base à un groupe de travail interministériel commandé en 1980 par le Premier ministre Raymond Barre, pour « définir les actions destinées à permettre la résorption progressive des îlots de pauvreté ». Présidé par un conseiller d'État, Gabriel Oheix, le groupe rend son travail au gouvernement en mars 1981.

Le rapport Oheix contient 60 propositions « contre la précarité et la pauvreté ». Parmi ces propositions, cinq concernent le logement. Il ne s'agit pas d'urgence ni de dispositifs spécifiques pour les personnes sans logement, mais de moyens financiers pour éviter les impayés de loyer, ou pour unifier les efforts de résorption de l'habitat insalubre. Il proposait en particulier de créer des « structures adaptées à la lutte contre la pauvreté au niveau départemental et local ». Ce rapport, rendu au gouvernement juste avant la venue de la gauche au pouvoir, sera utilisé pour la construction des premières réponses à la « nouvelle pauvreté ». Arrivée au pouvoir, la gauche ne prend pas tout de suite de mesures particulières contre la pauvreté. L'accent est mis sur la réduction des inégalités. Pour résoudre la pauvreté, il fallait essentiellement passer par une transformation du système de transferts afin d'améliorer les conditions des travailleurs. Aux premières mesures de relèvement des bas salaires s'adjoint néanmoins une préoccupation pour l'augmentation signalée des phénomènes de précarité et de pauvreté. Le ministre de la Solidarité nationale, Nicole Questiaux, commande un rapport à un haut fonctionnaire, Dominique Charvet, consacré aux défauts de la protection sociale. Le rapport Charvet, qui a de nombreux points communs avec le rapport Oheix, constate qu'« il est vrai qu'à quelques exceptions près on ne meurt plus de froid et de faim dans la France de 1982, mais le froid et la faim y restent des vérités ». L'auteur considère néanmoins que les problèmes sont graves. Il insiste déjà sur l'« urgence » qu'il y a à intervenir et indique que sa mission doit « mener à bien un certain nombre d'opérations commando »[1].

Les différents rapports vont inspirer un premier train de mesures, sans que toutes leurs propositions soient reprises, à la déception de certains observateurs[2]. Un « programme de lutte contre la pauvreté et la précarité » adopté par le Conseil des ministres en janvier 1983 fait siennes certaines propositions de ces rapports. Des lettres et circulaires ministérielles appellent à intensifier des actions particulières contre la pauvreté. Une de ces circulaires, en date du 17 mars 1983, prend acte du terme « urgence sociale », promis à un riche avenir. « Bien connue en matière sanitaire, la notion d'urgence doit être mieux prise en compte dans le domaine social ». Cette circulaire rappelle qu'« il a été décidé d'organiser dans une quinzaine de grandes agglomérations des services d'urgence sociale, fonctionnant en dehors des heures habituelles, 24 heures sur 24, dimanche et jours fériés compris. Leur objectif est de répondre sans délai aux situations sociales qui exigent une intervention immédiate ».

1. Cf. *Le Monde*, 9 mai 1982.
2. J.-M. Belorgey, *La gauche et les pauvres*, Paris, Syros, 1988.

Si dans les informations et textes réglementaires, comme dans les rapports officiels, on ne trouve que très rarement des lignes consacrées aux sans-abri, ces derniers commencent à être repérés comme une population particulière, appelant des réponses spécifiques. Dès les hivers 1982-1983 et 1983-1984 (le plus rigoureux de la décennie 1980), des dépêches AFP signalant de nombreux sans-abri morts de froid commencent à être reprises dans la presse. Ces dépêches insistent sur la nécessité de répondre immédiatement aux problèmes des nouveaux pauvres, et notamment des sans-abri. « Il y a urgence. Il faut agir avant qu'ils ne tombent » titre l'une d'entre elles (AFP, 18 décembre 1983). Les associations sont présentées comme débordées. Des institutions comme les caisses de Sécurité sociale ou les entreprises publiques de transport (SNCF, RATP) sont sollicitées par les préfectures pour participer à l'accueil et à l'hébergement des personnes qui risqueraient de mourir de froid.

Après les préoccupations locales des associations et des villes, le problème de la pauvreté prend place dans les couloirs des administrations, sans être encore placée en position déterminante sur l'agenda politique du gouvernement. Ce n'est qu'à partir de 1984 que le thème va acquérir une visibilité politique majeure avec une médiatisation massive et des polémiques autour de la nouvelle pauvreté. Début 1984, la droite impute à la politique sociale menée par la gauche le fait de créer de la pauvreté et, ce qui est plus important à relever, elle invite à intervenir spécifiquement pour traiter ce problème. La gauche, montrée du doigt, entre dans un débat sur la nature de cette nouvelle pauvreté qu'elle attribue aux politiques antérieures à son accession au pouvoir. Ce conflit politique est connu. Il n'est pas utile de s'attarder sur son analyse[1]. Il faut en revanche en souligner une conséquence capitale. À partir

1. Pour les détails, cf. J.-M. Belorgey, *La gauche et les pauvres*, *op. cit.*

de 1984, la légitimité de l'intervention de l'État en matière de lutte contre la pauvreté ne sera plus remise en question. Le consensus s'établit sur une double nécessité : intervenir publiquement et spécifiquement en direction de la pauvreté, associer tous les protagonistes (dans les circulaires, on parle déjà de « partenaires »). De ce consensus premier, dériveront par la suite tous les accords sur la modalité du « partenariat » comme nouvelle forme d'action publique. Ces propositions appellent une démonstration.

Les premiers dispositifs étatiques ciblés sur la pauvreté

Les premiers programmes d'actions contre la pauvreté et la précarité, mis en place par les socialistes, entre autres pour répondre aux critiques de la droite mais également du parti communiste, seront repris sans transformation majeure par l'opposition lorsqu'elle reviendra au pouvoir en 1986. Depuis, les alternances n'ont jamais conduit à un réexamen de la légitimité de ces plans hivernaux. Seules des considérations techniques seront avancées pour discuter de l'opportunité, ou plutôt du dimensionnement, de ces plans. L'exercice de confirmation de cet unanimisme politique permet également de dégager des éléments qui ont émergé à mesure que les programmes se mettaient en œuvre, donnant une première idée du chemin que vont suivre la formulation et la prise en charge de la question SDF. À mesure du déroulement des plans pauvreté/précarité, les sans-abri vont d'ailleurs devenir la cible principale de ces mesures particulières.

L'institutionnalisation des plans va permettre l'émergence d'une boîte à outils, toujours plus fournie, pour la prise en charge des phénomènes de pauvreté et de précarité. S'ils ont nettement eu une forte influence sur la création du RMI et sur l'édification du droit au logement, ils ont également autorisé une spécification croissante de la prise en charge des SDF, spécialement en séparant ce qui relève de « l'urgence » de ce qui relève de « l'insertion ». La rétrospective des plans peut paraître rébarbative. Il n'en reste pas moins que c'est en leur sein que s'est progressivement construit et développé le système global de lutte contre l'exclusion et le système particulier de prise en charge des sans-abri. Il n'est donc pas inutile d'y revenir de manière fouillée. C'est à partir du programme de « lutte contre la pauvreté et la précarité » mis en place en octobre 1984 que le « sentier » va commencer à être balisé pour la formalisation du problème SDF. Ce programme démarre à un moment de forte médiatisation de la question de la pauvreté. Des maires de toutes tendances, réunis au sein de l'Association des maires des grandes villes de France, proposent pour la période du 1er novembre 1984 au 1er avril 1985 un dispositif d'urgence pour faire face à « la montée de la pauvreté ». Parmi ces élus, le maire de Paris, Jacques Chirac, qui en juillet avait déjà demandé une intervention rapide de l'État énonçant que « les communes ne pourront pas faire face à cette situation dramatique », plaide le 7 octobre pour un « véritable Plan Orsec de la misère » élaboré « au-delà de toutes considérations partisanes » [1]. Les cabinets ministériels et les administrations se mobilisent. Le Premier ministre Laurent Fabius reçoit successivement le Père Wresinski et l'abbé Pierre. L'épiscopat lance un appel à la lutte contre la pauvreté, à la solidarité individuelle et nationale. Le président de la République déclare le 13 octobre que « chacun dans ce pays doit manger à sa faim. Plus une seule famille avec enfant ne doit se trouver dans la rue ». 500 millions de francs sont dégagés, notamment sous la forme d'un relèvement de 0,5 % de l'impôt sur les grandes fortunes. La

1. En juillet 1984, le maire de Paris avait alerté « publiquement et solennellement » l'opinion sur l'apparition d'une nouvelle forme de pauvreté. Il constatait un afflux de « nouveaux pauvres » très différents des « traditionnels clochards ». L'objet de ce « cri d'alarme » était « d'interpeller l'État sur ses responsabilités » (AFP, 19 juillet 1984).

controverse politique reprend alors sur les formes (en l'occurrence financières) que doit prendre la lutte contre la pauvreté, mais le bien-fondé de l'intervention urgente de l'État n'est plus en débat.

La circulaire du 23 octobre 1984, relative à la « mise en place de dispositifs d'urgence pour les personnes en situation de pauvreté et de précarité », précise que « ces actions doivent viser aussi bien à prévenir les situations de détresse qu'à les traiter en répondant mieux aux besoins les plus urgents ». La réalisation de ces actions demande « la mobilisation de toutes les initiatives et de tous les efforts locaux, sans exclusive ». L'appel à la mobilisation réunit, autour du préfet, différents « partenaires ». On peut recenser, pour les services de l'État, les directions départementales de l'Action sanitaire et sociale (DDASS), les directions départementales de l'Agriculture (pour l'exécution des programmes d'aide alimentaire), les directions départementales de l'Équipement (pour l'hébergement et le logement), l'armée (pour le stockage, la distribution de nourriture, mais également pour l'hébergement). La participation des conseils généraux, des municipalité et des entreprises publiques a été très variable, mais elle a permis des réalisations originales. D'anciens bâtiments ayant servi de gendarmerie, d'hôpitaux, de presbytères, ou mis à disposition par la RATP et la SNCF ont été utilisés comme centres d'hébergement. Au-delà des satisfecit de l'administration sur ses capacités de mobilisation, il apparaît dans les conclusions du bilan du programme une critique de l'« incohérence » des actions qui ont été « mal coordonnées ». Les acteurs de ce plan soulignent les difficultés à repérer les personnes qui peuvent en être bénéficiaires et à évaluer les besoins. Il est fait état de conflits entre bénévoles et travailleurs sociaux. Ces derniers insistent sur l'inefficacité des aides ponctuelles.

Le bilan du plan d'urgence suivant (hiver 1985-1986) rappelle tout d'abord que les principales dispositions reprenaient celles de l'année précédente. La circulaire du 30 octobre 1985 insiste sur le rôle de l'État pour « impulser, coordonner et contrôler ». Les cellules d'urgence réunissent les mêmes acteurs que lors du précédent programme. Les bilans relèvent le risque de « saupoudrage et de double emploi » des aides apportées par l'État. La nouveauté de ce programme d'actions n'est pas d'initiative étatique. C'est à la fin de l'automne 1985 que sont créés, par Coluche, les Restaurants du Cœur. La création des Restos du Cœur, soutenue par de nombreuses personnalités, bénéficiera d'une couverture médiatique très large et d'une forte sympathie dans l'opinion. Cette initiative associative soulèvera cependant des questions chez les travailleurs sociaux exerçant dans les services publics de l'action sociale.

La première campagne « pauvreté / précarité » de la droite revenue au pouvoir reprend les grandes lignes des précédentes. Le gouvernement ne remet pas en cause le principe de ces programmes que sa majorité a réclamé en 1984. Il lui donne même des objectifs plus ambitieux. Le plan hivernal 1986-1987 entend constituer, selon la circulaire du 20 octobre 1986, « une réponse globale au problème de la pauvreté ». Le programme, sans bouleversements, innove en séparant réponses aux besoins élémentaires (accueil et hébergement d'urgence, aide alimentaire) et réponses préventives (aides liées au logement, programmes d'insertion sociale et professionnelle). Il segmente les interventions en actions « d'urgence », et en actions « d'insertion ». Il innove également en permettant, dans quelques départements, le système de compléments locaux de ressources (CLR), dont l'expérience contribuera à l'établissement du RMI. En janvier 1987, une vague de froid provoque, comme en janvier 1985, la mort de plusieurs personnes sans-abri (on ne parle pas encore beaucoup de « SDF ») et, partant, une couverture médiatique assez importante des opérations. Les fonctionnaires, les journalistes, les associations se concentrent de plus en plus sur ces personnes qui n'étaient, à l'origine, qu'une cible parmi d'autres de ces programmes.

Le programme 1987-1988 ne diffère pas radicalement. Parce que « la lutte contre la pauvreté et la précarité est une priorité nationale », le gouvernement décide de reconduire le plan d'action 1986-1987 (circulaire du 23 octobre 1987). Ce plan se concentre de manière plus marquée sur les actions dites « d'urgence ». Les actions entreprises dans le domaine du logement sont désormais conduites tout au long de l'année. Les ressources budgétaires allouées permettent de financer des outils spécifiques qui se généralisent dans les départements : les Fonds d'aide aux impayés de loyers (FAIL) et les Fonds d'aide au logement et de garantie (FARG), qui seront fusionnés dans les Fonds de solidarité pour le logement (FSL) avec la loi du 31 mai 1990 relative au droit au logement (dite loi « Besson »). Le système des CLR, de la même manière, s'étend à d'autres départements.

L'alternance de 1988 ne remet pas en cause le principe des plans hivernaux. La campagne 1988-1989 a cependant été marquée par un événement majeur, l'instauration du RMI. Cette innovation, qui puise dans les expériences des campagnes d'urgence, ne bouleverse pas le schéma général du programme d'actions de lutte contre la pauvreté et la précarité qui s'organise comme les années précédentes. La circulaire du 4 novembre 1988 insiste sur les ambitions du RMI mais note qu'il reste « nécessaire de faire face aux besoins des populations en difficulté dès le début de l'hiver ». Les actions d'urgence sont donc reconduites, articulées avec la mise en place des structures de gestion du RMI (programme départemental d'insertion, commission locale d'insertion), qui s'implantent dans les départements et dans les villes.

À partir du programme 1989-1990 l'inflexion va se poursuivre, avec une concentration renforcée sur les sans-abri. L'objectif de ces programmes n'est plus de lutter globalement contre la pauvreté. Des dispositifs institutionnels plus consistants se voient assigner ce rôle. La création du RMI devait même permettre de faire disparaître les programmes hivernaux. La circulaire du 10 novembre 1989 invite à une révision des actions, considérant qu'elles s'insèrent désormais dans un ensemble plus large chargé de lutter contre l'exclusion.

Institutionnalisation des plans d'urgence et concentration sur les SDF

L'accueil et l'hébergement d'urgence des SDF sont en fait devenus les composantes principales de ces plans qui, chaque année, sont attendus par les associations, les collectivités locales, l'opposition et les médias. Si les budgets consacrés à ces programmes ont baissé à partir de la mise en œuvre du RMI, les sommes allouées spécifiquement à la prise en charge des SDF n'ont fait qu'augmenter. Par ailleurs, les crédits finançant ces plans ont à nouveau augmenté à partir des campagnes 1989-1993 et, surtout, 1993-1994. Ces sommes ont été de plus en plus orientées sur la prise en charge « en urgence » des SDF[1].

Aujourd'hui, lors de la mise en œuvre de chacun de ces plans, le gouvernement indique qu'il ne s'agit que d'un élément d'une politique beaucoup plus étendue de lutte contre l'exclusion. Cet élément, spécifiquement dirigé vers les SDF, concentre cependant beaucoup d'intérêt médiatique et de passion politique. Les gouvernements ont tous cherché à banaliser ces campagnes hivernales en indiquant que les réponses aux problèmes des SDF fonctionnaient, pour la plupart, toute l'année. Pour autant, aucune équipe ministérielle n'y a jamais mis fin. Au

1. Sur ce volet budgétaire et la description des évolutions du chapitre budgétaire « 41.21 », voir le cinquième chapitre du livre.

contraire, les crédits ont régulièrement augmenté depuis 1993. La prise en charge des SDF, en urgence et en hiver, s'est donc institutionnalisée.

On peut faire quelques remarques générales.

L'unanimisme. Le consensus politique qui s'est dégagé en 1984 sur la nécessité d'une implication forte de l'État ne s'est pas affaibli. Ce sont seulement les formes et l'ampleur des programmes publics qui susciteront des débats et polémiques. Les changements introduits dans les programmes sont plus le fait d'innovations locales ou de productions réglementaires qui sont loin de déclencher des modifications radicales. On illustre ici le phénomène connu selon lequel ce sont, surtout en matière de politiques sociales, les évolutions internes des programmes, plus que les partis politiques qui permettent le changement[1].

Le partenariat. L'assemblage et la conduite des dispositifs ont dès l'origine nécessité le partenariat, une notion jusqu'ici peu usitée dans les politiques publiques françaises. À partir de ces premières années d'expériences, on peut repérer une certaine emphase rhétorique autour de ce terme, qui devient « interpartenariat » ou « multipartenariat » dans les rapports établis par les départements à partir de la campagne 1987-1988. Ce partenariat a rassemblé les services de l'État, ceux des collectivités locales, les associations, mais aussi d'autres institutions intéressées, organismes de Sécurité sociale, HLM, chambres de commerce, entreprises (RATP, SNCF, EDF/GDF, les centres Leclerc). Ce partenariat proclamé comme méthode de travail pose cependant des problèmes. Chaque année, en effet, des nouvelles structures se sont créées pour participer au plan d'urgence. Les Restaurants du Cœur, à partir de la campagne 1985-1986 sont apparus comme un acteur majeur, mais avec lequel la coopération n'était pas toujours

1. R. Rose, « Inheritance before choice in public policy », *op. cit.*

commode. Au-delà des difficultés de coopération entre les associations, on relève également, dans les bilans des plans, que la coordination n'a jamais été facile entre les collectivités territoriales.

La coordination par l'État. Chaque année les circulaires appellent à veiller plus fortement à la cohérence et au contrôle des opérations. L'État central appelle les préfets à renforcer les cellules départementales d'animation et à améliorer l'intégration des associations dans le dispositif, en concluant plus systématiquement des conventions d'objectifs. L'État cherche à mesurer l'impact des plans et à s'assurer du respect des engagements souscrits par les associations. Chaque année cette coordination est rituellement réclamée, et sa faible vigueur déplorée. On doit voir dans ce souci de coordination une illustration du rôle croissant de l'État, sur cette période, dans le domaine de la prise en charge des SDF.

Urgence et insertion. La prégnance de la catégorie (d'origine médicale) de l'urgence, depuis le début des années 1980, est indubitablement à associer au développement de l'action humanitaire, dans les pays du Tiers Monde durant les années 1970, puis en France. On a vu également qu'au cours de ces plans la notion d'insertion avait progressivement pris de l'ampleur, jusqu'à d'ailleurs se séparer de celle d'urgence. Cette coupure entre l'urgence et l'insertion constitue un clivage très clair aujourd'hui dans la formulation et la prise en charge des SDF. D'un côté on trouve des mesures spécifiques fonctionnant surtout en hiver et spécialement dirigées vers les SDF. De l'autre, on trouve des mesures plus génériques, ciblées cette fois-ci sur les « exclus », et dont peuvent le cas échéant bénéficier des personnes comptées comme SDF.

Le point essentiel est de repérer que l'État a pris une place centrale, exerçant chaque année un contrôle plus poussé. Ce rôle capital ne lui a pas été contesté par les autres acteurs, notamment les associations. Plus précisément les services déconcentrés de l'État ont su, à travers ces programmes, ordonnancer les différents acteurs ce qui fait qu'aujourd'hui, techniquement, en matière de prise en charge des SDF l'attention se tourne directement vers le préfet ou la DDASS, plus que vers le département, la municipalité ou les associations. Plus au fond, retenons qu'après la décentralisation, l'État avec ces programmes d'action spécifique contre la pauvreté et avec le RMI a repris l'initiative cherchant, entre autres, à remédier à la disparité observée ou redoutée des actions développées aux échelles locales[1].

Pour conclure sur ces héritages de la thématique et de la prise en charge de la « nouvelle pauvreté », il faut remarquer que les services de l'État et des collectivités locales ont continuellement insisté sur le manque de connaissances relatives aux populations secourues. Pour mieux connaître ces personnes, et pour mieux tenter de résoudre leurs difficultés, les pouvoirs publics vont faire appel de plus en plus résolument à l'expérience et à l'implication du secteur associatif.

LES ASSOCIATIONS ET LE « LOBBYING CONTRE L'EXCLUSION »

Les décideurs publics sont, pour la sélection et la formulation des dossiers qu'ils ont à traiter, en situation d'interdépendance avec d'autres acteurs tels les associations ou les médias. Dans l'analyse de la mise sur agenda de la question SDF, il faut s'intéresser aux groupes de

1. Voir l'analyse de Ligneau, qui rappelle les réticences des collectivités locales vis-à-vis de l'instauration d'un RMI géré par l'État. Cf. P. Ligneau, « Les collectivités locales et le revenu minimum d'insertion », *Droit social*, n° 7-8, 1989, p. 601-610.

pression, aux experts, aux personnalités qui participent à la codification du problème.

On baptise « lobbying contre l'exclusion » le travail des entrepreneurs politiques qui depuis une vingtaine d'années sont intervenus de diverses manières pour que le phénomène SDF soit inscrit sur l'agenda politique. L'expression est contestable, mais elle convient car elle désigne à la fois le fait que des groupes de pression existent en matière de prise en charge des SDF, et que la question SDF n'est qu'un élément de la problématique de l'exclusion.

Pour utiliser une des notions qui connaissent leur heure de gloire dans l'analyse des politiques publiques, on peut mettre au jour une véritable coalition en faveur d'une cause *(advocacy coalition)*[1], en l'occurrence celle des SDF[2]. Provenant de sphères différentes (associations de solidarité, action humanitaire, monde du spectacle, champ politique), des acteurs partagent des croyances quant à la légitimité, aux finalités et aux modalités d'une politique. Ils sont en interaction dans des réseaux de contacts, d'influence et de décision, par exemple dans des conseils d'administration d'associations.

On présentera d'abord les personnalités qui composent la « banque » d'entrepreneurs politiques de la question SDF. Ces entrepreneurs sont les acteurs qui défendent des propositions, et ici aussi des populations, à inscrire sur l'agenda politique. Il s'agit de personnes qui souhaitent que le phénomène SDF soit reconnu et traité

1. Cf. P. A. Sabatier, H. Jenkins-Smith, « The Advocacy Coalition Framework. An assessment », *in* P. Sabatier (dir.), *Theories of the Policy Process*, *op. cit.*, p. 117-166.

2. Notons, plus qu'anecdotiquement, que l'activité d'*advocacy* (soutien, défense juridique et mobilisation collective) est très développée aux États-Unis à partir d'organisations locales, les *Coalitions for the homeless*. Cf. K. Hopper, « Du droit à l'hébergement au droit au logement. Quinze ans de mobilisation en faveur des sans-domicile aux États-Unis (1980-1995) », *Sociétés contemporaines*, n° 30, 1998, p. 67-93.

par les pouvoirs publics. On insistera ensuite sur l'hétérogénéité du secteur associatif, qui tient une place prépondérante dans l'action publique de prise en charge des SDF. Si ces associations ont des appréciations et des propositions différentes relatives à la question SDF, elles peuvent coopérer dans le cadre d'une coalition d'intérêts, de moyens et de représentations en faveur des SDF. On remarquera enfin que le répertoire des interventions associatives s'est transformé en intégrant la médiatisation et le recours à l'expertise comme instruments pratiques dans un objectif commun qui consiste à atteindre l'agenda politique.

Une « banque » d'entrepreneurs politiques

Les SDF, les pauvres, les déviants de toute sorte ont suscité de multiples vocations. Sont ainsi apparues, dans l'histoire, des figures reconnues comme légitimes pour représenter les personnes en difficulté. Célébrées pour leur générosité elles bénéficient d'une rare popularité, que bien des hommes politiques peuvent envier. Le plus connu des entrepreneurs politiques, en matière de pauvreté est assurément l'abbé Pierre. On trouve, avec l'abbé Pierre, le croisement typique entre les notions d'entrepreneur politique et d'entrepreneur de morale. Sa vie militante et publique, appuyée sur ses convictions religieuses et sur l'association qu'il a fondée (Emmaüs), est en soi une croisade morale et politique pour les sans-abri. Relativement peu entendu durant les années 1960 et 1970, il réapparaît dans les années 1980 à mesure que s'affirme le thème de la nouvelle pauvreté. En contact avec les plus hautes autorités de l'État, avec les médias, il prend place solidement en tête du hit-parade des personnalités les plus appréciées par les Français.

L'abbé Pierre n'est pas la seule personnalité, à la fois autorité morale et acteur du jeu politique, préoccupée par les phénomènes de pauvreté et de misère. D'autres ont acquis une incontestable renommée dans le même domaine. On peut ainsi relever les noms du Père Joseph Wresinski, ou de Geneviève Anthonioz de Gaulle, autour du mouvement ATD - Quart Monde. Des personnes moins impliquées dans la politique sont à rapprocher de la figure de l'entrepreneur politique. Dans les années 1980, des célébrités issues du monde du spectacle se sont inquiétées de la pauvreté. Des artistes populaires et appréciés (Jean-Jacques Goldmann, Jacques Higelin, Muriel Robin, Marina Vlady, Miou-Miou, Lambert Wilson, Christophe Lambert, Josiane Balasko, Carlos, tous les « enfoirés » proches des Restaurants du Cœur) se sont impliqués aux côtés de Coluche et des Restaurants du Cœur. Dans les années 1990, d'autres personnalités encore ont accompagné les luttes protestataires entreprises contre l'exclusion. On pense, par exemple, à Albert Jacquard, à Mgr Jacques Gaillot, ou à Léon Schwarzenberg. Ils ont pour particularité d'être assez marginaux, au sens d'originaux, dans leur milieu d'origine. Adroits débatteurs, ils savent jouer des médias. Très impliqués dans les actions collectives, on les voit interviewés à la télévision, dans des débats ou dans des appartements qu'ils viennent de réquisitionner avec les associations qu'ils appuient. Ils tiennent des propos à la fois descriptifs, moraux et normatifs. Ils proposent des analyses sur les phénomènes, les formulent en termes d'indignation et font des prescriptions, plus ou moins radicales, pour que les problèmes soient pris en charge politiquement. On peut également inclure dans la banque d'entrepreneurs politiques des hauts fonctionnaires (René Lenoir, Jean-Michel Belorgey) et des hommes politiques (Simone Veil, Louis Besson) qui depuis longtemps, et de gauche comme de droite, se sont investis sur les questions du Quart-Monde, de l'inadaptation, de la pauvreté ou de l'exclusion. Enfin, citons certaines personnalités issues des associations humanitaires, par exemple les « French Doctors » Xavier Emmanuelli et Bernard Kouchner.

Ces entrepreneurs politiques, et les initiatives associatives qu'ils lancent ou accompagnent, ont connu de nombreux succès dans leur rôle politique d'interpellation et de mobilisation. Depuis l'appel de l'abbé Pierre en 1954, conduisant à une massification de la construction de logements sociaux, en passant par « l'amendement Coluche » sur la fiscalité des dons (réduction d'impôts égale à 50 % des dons à des organismes de solidarité, sous plafond), jusqu'au vote des lois sur le RMI, le droit au logement ou la lutte contre les exclusions, qui reposent en partie sur des propositions et demandes associatives [1], notamment d'ATD, ces associations ont pris place dans la vie politique locale et nationale.

L'idée de cette « banque » d'entrepreneurs politiques (cette bourse de personnalités que l'on peut solliciter) est très liée aux concepts actuellement développés en science politique. Ces personnalités, distinguables à l'échelle nationale mais aussi à l'échelle des territoires fonctionnent, pour leurs contacts réciproques, en réseau (elles se croisent par-delà leurs affiliations institutionnelles). Elles sont en relation régulière ou structurelle avec les milieux de la décision politique. Elles partagent (au-delà de dissensions partisanes, d'oppositions techniques et de rancœurs historiques) des croyances causales ainsi que des conceptions et des intérêts communs sur le problème de la pauvreté, et des SDF en particulier. Ces personnalités adhèrent, notamment, à l'idée de la légitimité d'une intervention publique spécifique en direction des SDF. On trouve là l'illustration tangible de trois concepts (à notre sens très proches) de la science politique, un réseau

1. C'est ce que relève Commaille, s'inquiétant de la faible capacité de l'État à innover législativement. Cf. J. Commaille, « L'ordre juridique comme désordre politique », *Pouvoirs*, nº 94, 2000, p. 75-86.

thématique d'action publique et/ou une communauté de politique publique, et, distinctement, une coalition en faveur d'une cause, qui s'incarnent, en l'espèce, dans le secteur associatif. C'est dans les conseils d'administration des associations, lors des inaugurations de leurs services, ou à partir de recommandations sur leurs activités, que les personnalités de la banque d'entrepreneurs s'entrecroisent et agissent autour de la question SDF.

Par leur position dans l'action, par la mobilisation de leurs données, par leurs capacités de proposition, les associations sont progressivement devenues, dans leur diversité, « propriétaires » de la question SDF. La « propriété des problèmes publics » désigne le fait que tous les acteurs n'ont pas la même influence pour dessiner les traits d'un problème[1]. Au sujet des SDF, les associations ont su construire une crédibilité et des voies d'accès à l'opinion et à la décision publiques. Elles ont largement participé à la définition et à la construction de solutions aux problèmes posés. Leurs administrateurs, leurs membres et leurs salariés ont su s'imposer comme les représentants dominants du problème. Il convient cependant de souligner l'hétérogénéité du secteur associatif en matière de prise en charge des SDF.

Hétérogénéité et capacités de coopération des associations

Les associations ont des présentations et des propositions variées. Au sein de l'univers associatif, toutes ne fonctionnent pas de la même manière ni ne se donnent les mêmes objectifs. Avec des différences qui sont loin d'être des nuances, elles partagent toutefois un noyau dur de représentations sur la question qui autorise la coopération. Il est nécessaire de se consacrer à un rapide travail de mise

1. J. Gusfield, *The Culture of Public Problems*, *op. cit.*

en ordre pour distinguer les diverses associations impliquées dans la prise en charge du problème SDF. On prend en considération trois variables : la dépendance vis-à-vis des fonds publics pour les actions en direction des sans-abri ; le fait de gérer ou non des services spécifiquement destinés aux SDF ; le poids de la fonction militante dans le projet associatif. On peut alors distinguer trois grands types d'associations engagées dans la prise en charge des SDF.

Un premier type comprend les associations intervenant traditionnellement dans le secteur social. Elles disposent d'une implantation historique et bénéficient d'une capacité d'expertise reconnue de longue date. Un premier sous-type (1/a) rassemble celles qui disposent de budgets importants, surtout issus de fonds privés, et qui travaillent sur plusieurs causes à la fois. Toutefois, en matière de services aux sans-abri, elles reposent maintenant largement sur les fonds publics pour les différents services qu'elles peuvent fournir. Si elles bénéficient de budgets publics, elles conservent un degré d'indépendance relativement élevé. On peut également repérer un deuxième sous-type (1/b), avec un secteur associatif particulier, lui aussi ancien mais plus spécifiquement dédié à l'accueil des personnes en difficulté, qui s'est développé depuis les années 1950. Ce sont principalement les associations gérant des CHRS, qui sont rassemblées au sein de la Fédération nationale des associations d'accueil et de réadaptation sociale (FNARS). Leur budget dépend presque totalement des fonds publics.

Un deuxième type rassemble les associations qui se sont créées plus récemment en réaction au problème de la nouvelle pauvreté ou de l'exclusion. Elles interviennent avec des ressources privées. Elles ne souhaitent pas dépendre des subventions et des pouvoirs publics. On peut encore repérer deux sous-types. Il existe des associations (2/a) qui gèrent des services aux personnes

Tableau 6. – *Les associations impliquées dans la prise en charge des SDF*

Types associatifs		*Dépendance vis-à-vis des pouvoirs publics*	*Gestion de services*	*Fonction militante*	*Exemples*
Type (1)					
Gestionnaire	(1/a) Privé	*	***	**	Secours catholique Armée du Salut
Plutôt militant	(1/b) Public	**	***	**	Associations fédérées par la FNARS
Type (2)					
Militant	(2/a) Interpellation	*	**	**	Restaurants du Cœur
Privé	(2/b) Dénonciation	*	*	***	DAL
Type (3)					
Gestionnaire					
Public		***	***	*	– a
Non militant					

a. Il est difficile de donner des exemples d'associations de type (3), car il s'agit d'une pléiade de petites structures réparties sur tout le territoire. Certaines ont cependant atteint une large reconnaissance médiatique. On peut citer les deux exemples de la Halte des amis de la rue, ou de l'Association pour la réinsertion économique et sociale (ARES), toutes les deux se concentrant, en théorie, sur les SDF fréquentant les gares parisiennes.

démunies, avec des budgets privés, reposant essentiellement sur des bénévoles. C'est le cas des Restaurants du Cœur. Les associations de ce type pratiquent un militantisme d'interpellation, mais sans dénonciation. Un deuxième sous-type (2/b) est composé d'associations qui ne gèrent pas directement de services mais qui se donnent pour principale mission de « porter » politiquement la question SDF. Elles lancent des mobilisations et des protestations. L'exemple le plus caractéristique est l'association Droit au logement (DAL), créée au tournant des années 1980 et 1990. Elles défendent des formulations et proposent des réponses très politiques (réquisitions massives, changements de politique économique, etc.). À l'intersection entre les sous-types (2/a) et (2/b), on trouve des associations militant en faveur des sans-abri et qui proposent des services spécialisés aux SDF. Ce sont des associations humanitaires comme Médecins du Monde ou Médecins sans frontières.

Le troisième type d'associations rassemble celles qui se sont créées depuis l'émergence de la pauvreté et de l'exclusion comme catégories d'action publique, avec pour vocation unique de proposer des services aux SDF, mais en relation très étroite avec les pouvoirs publics. Elles ne gèrent pas des services de très grande taille et dépendent totalement des subventions publiques.

Cette typologie sommaire balise l'ensemble des associations qui interviennent dans la prise en charge des SDF, mais ne les enferment pas dans un type ou un autre. Elle permet de mettre en lumière la diversité associative et de l'interpréter. À un pôle, on peut remarquer les associations militantes, sans subventions publiques, qui gèrent des services sans liens étroits avec les pouvoirs publics (Restaurants du Cœur) ou qui, plus militantes, agissent de manière spectaculaire pour entraîner l'action publique (DAL). À un pôle opposé, on observe des associations qui sont quasiment des démembrements administratifs et qui fonctionnent en symbiose avec les orientations politiques, appuyées sur des budgets publics. Entre ces deux pôles on peut situer toutes les associations intervenant dans la prise en charge des SDF.

L'ensemble associatif qui intervient dans la prise en charge des SDF est, on le voit, assez hétérogène. Les associations, ou bien les services de ces associations, se sont par ailleurs concentrés sur certaines catégories de SDF (les sans-abri avec des animaux, les sans-abri alcooliques, les sans-abri présentant des troubles psychiques, les jeunes sans-abri, les femmes sans-abri, les sans-abri toxicomanes, etc.). Le ciblage général sur la catégorie « SDF » se fragmente ainsi en ciblages plus resserrés sur des catégories particulières de SDF. Ces ciblages au sein du ciblage peuvent aller très loin, chaque association pouvant revendiquer la priorité de ses cas jugés particuliers. Il s'agit d'un point important de l'analyse. Si le problème social SDF est bien inscrit sur l'agenda politique, sans conflits entre les acteurs du système de prise en charge, des relations plus conflictuelles peuvent naître entre associations et/ou entre entrepreneurs politiques. Au sein de cette « coalition pour une cause », rassemblant les associations, des croyances et des intérêts peuvent entrer en compétition. Les modes d'action de toutes ces associations ne sont pas les mêmes. Des concurrences entre les représentations sont repérables. Des conflits, notamment en matière d'accès à la reconnaissance et aux fonds publics, peuvent émerger. Derrière un fort unanimisme public, qui n'est pas que de façade, les oppositions prennent corps dans les couloirs et les bureaux des administrations. On a ainsi pu noter, avec des responsables de la DASS de Paris, une certaine forme de compétition des associations quant à savoir laquelle d'entre elles était la plus performante. Cette compétition a été sarcastiquement baptisée le « concours du plus pauvre », chaque service indiquant qu'il était celui qui traitait les cas les plus difficiles et critiquant les autres pour leur inefficacité ou leur défausse en la matière. Ces luttes entre associations ne peuvent être niées. Les critiques portant sur la fermentation et le bouillonnement d'un commerce de la charité ont leur part de vérité[1].

L'existence de ces antagonismes est seconde derrière la collaboration effective des associations et le partage d'importants éléments de formulation du problème SDF. Comme dans le cas des associations de défense de l'environnement, des oppositions du type gestion/protestation ou connivence/indépendance sont assez réductrices et risquent, en se concentrant sur les frictions, de masquer des collaborations particulièrement intégratrices[2]. Toutes les associations engagées dans la lutte contre l'exclusion ont en effet des traits communs qui leur font taire leurs différences et qui les font souvent travailler ensemble.

Des fonctions renforcées : communication et expertise

Les années 1980, et plus encore les années 1990 ont vu l'arrivée et le renforcement d'un type d'associations plus contestataires et plus médiatiques (types 2/a et 2/b) qui a contribué à une profonde transformation des actions et des interventions du secteur associatif dans son ensemble. Avec la forte médiatisation des Restaurants du Cœur, les autres associations, pour ne pas perdre de ressources sur les marchés de la sympathie ou de la subventions publiques, ont eu recours de manière plus structurée aux médias. Par ailleurs, la tendance des associations à s'inscrire plus nettement dans l'univers politique les a également conduit à développer une fonction d'expertise[3].

1. Des romans policiers, pour certains rédigés très probablement sous pseudonyme par des « experts », donnent l'image d'un secteur chargé de rivalités exacerbées. Cf. G. Delteil, *Balles de la charité*, Paris, Gallimard, 1990 ; S. Preuss, *Le programme EDDI*, Paris, Gallimard, 1996 ; T. Jonquet, *Le pauvre nouveau est arrivé !*, Paris, Méréal, 1997.

2. P. Lascoumes, *L'éco-pouvoir*, *op. cit.*

3. Le recours aux médias et à l'expertise sont deux ressources traditionnelles des groupes d'intérêt. Cf. M. Offerlé, *Sociologie des groupes d'intérêt*, Paris, Montchrestien, 1994.

Le secteur associatif est entré dans l'ère de la communication. Toutes les associations, ou presque, considèrent désormais la médiatisation comme un outil, pour faire connaître leurs services et les problèmes qu'ils traitent, pour aiguillonner les pouvoirs publics, pour recueillir des dons, des adhésions ou des subventions. À l'intérieur des institutions plus traditionnelles, des services particuliers ont été créés à cet effet. Des chargés de communication, des attachés de presse ont été embauchés pour assurer la visibilité des actions. Si cette fonction de communication n'est pas toujours neuve dans les associations, elle s'est systématisée et a pris une place prépondérante dans de nombreuses structures.

Parallèlement à ce recours accru aux médias, les associations ont également plus fortement fait appel à des capacités d'expertise pour définir le problème qu'elles traitent et en proposer des caractérisations aux décideurs et à l'opinion publics. La plupart des associations engagées dans la lutte contre l'exclusion consacrent des moyens à l'élaboration de connaissances. Elles appuient financièrement des recherches. Elles produisent des études. Elles commandent des sondages. ATD, parmi les associations du type (1/a), appuie cette dimension d'expertise depuis très longtemps. Les autres associations ont progressivement rejoint ATD dans ce rôle. Elles font désormais office de *think tanks* sur la pauvreté ou l'exclusion. Elles produisent des chiffres, des constats, des analyses, des propositions qu'elles communiquent à la presse, aux élus et aux fonctionnaires. Les expertises réalisées ou seulement soutenues par les associations constituent, avec leurs bilans d'activité, une des principales sources d'information utilisées par les responsables publics pour s'informer sur la question SDF. Les pouvoirs publics ne disposant pas à l'origine de connaissances sur le problème, ils se sont tournés vers le secteur associatif pour y trouver des informations. Les associations ont été, en quelque sorte, chargées de décoder la boîte noire de la question SDF. Les informations transmises par les associations semblant, au moins dans un premier temps, suffisantes et certainement véridiques puisqu'elles provenaient des « spécialistes », les décideurs ont été portés à endosser les analyses associatives ainsi que leurs propositions réalisables. Ainsi, collectivement, les associations ont-elles pu progressivement devenir des « technotables »[1], assurant des passerelles entre les différents niveaux d'évaluation, de formulation et d'action pour ce qui concerne les SDF.

La capacité d'expertise des associations a été officiellement reconnue et instituée par le Parlement et par l'État. Les associations (avec des représentants de tous les types repérés) sont membres et acteurs influents d'instances politiques et d'instances d'expertise. Au plus haut niveau, certaines d'entre elles sont ainsi, par exemple, membres de droit du Conseil national des politiques de lutte contre la pauvreté et l'exclusion sociale, et représentées par des personnalités qualifiées à l'Observatoire national de la pauvreté et de l'exclusion sociale[2].

LA QUESTION DU LOGEMENT MISE EN AVANT PAR UN MOUVEMENT SOCIAL

À côté des fonctions de *fund-raising*, d'expertise et de communication, il faut mettre en exergue, parmi les transformations des activités associatives, le recours à des actions très voyantes de protestation. Certaines associations (type 2/b) ont organisé des actions collectives innovantes[3]. L'occupation d'espaces publics, de ministères,

1. L'expression est de J.-P. Gaudin, *Gouverner par contrat*, *op. cit.*

2. Signalons que les associations ont déjà, traditionnellement, une place et une tribune au Conseil économique et social.

3. Pour une analyse plus fouillée de ce mouvement social, voir nos deux articles, J. Damon, « Les mobilisations et protestations collectives en faveur des SDF : quelques jalons dans l'histoire récente », « Des raisons

d'hôtels de luxe, ou encore de sièges de grandes entreprises ont permis aux SDF (en tant que personnes physiques et en tant que problème politique) d'entrer un peu partout, dans les cercles du pouvoir, dans les entreprises, dans les administrations. Les associations militantes ont organisé des manifestations et des campements sur la voie publique. Ces actions, parfois particulièrement spectaculaires, mettent directement en jeu la responsabilité politique du problème. Tolérer ou non l'occupation interdite d'un bâtiment est un signe de ce que l'action publique tolère ou non. Les réquisitions d'immeubles dans les beaux quartiers ont donné de la visibilité physique aux sans-abri. Elles ont également donné une forte visibilité politique à un problème que ne pouvaient plus ignorer les pouvoirs publics, ne serait-ce que parce qu'ils étaient sommés par les propriétaires de réagir dans un sens (écarter les squatters), et par l'opinion publique dans l'autre (loger les SDF).

Mobilisations et protestations collectives en faveur des SDF

Les actions collectives menées en faveur des sans-abri, en leur nom et avec eux, ne sont pas une nouveauté. Il s'agit de la forme actualisée des luttes entreprises au nom des mal-logés dans l'après-guerre ou dans les années 1970. Depuis l'après-guerre, des luttes, parfois très violentes, se sont en effet déroulées autour de la question de l'accès et du droit au logement[1].

À partir de la fin des années 1980, des actions ont été menées avec une stratégie permettant de s'attacher le sou-

individuelles de la mobilisation collective de SDF », *Revue française des affaires sociales*, vol. 56, n° 2, 2002.

1. Voir M. Castells, E. Cherki, F. Godard, D. Mehl, *Crise du logement et mouvements sociaux urbains*, *op. cit.* ; C. Péchu, « De l'abbé Pierre à la Confédération générale du logement », *Cahiers du groupe de recherche sur les mouvements familiaux*, n° 7, 1992, p. 241-255.

tien de l'opinion publique. Les réquisitions et occupations ont toujours visé des propriétaires institutionnels qui avaient déjà mauvaise presse et dont les associations militantes dénoncent la gestion (GAN, Crédit lyonnais), l'opacité de leurs procédures (organismes HLM de la Ville de Paris) et la responsabilité dans la crise du logement. Ces actions de protestation n'ont pas été menées sur un registre trop subversif. Les manifestations et les occupations se sont déroulées dans une ambiance festive. Les discours de légitimation de ces actions reposaient sur la dénonciation de responsables de la situation combattue, sur le caractère intolérable du problème, en mettant en avant les familles et les enfants sans logement, et sur un habillage sympathique des actions protestataires. Les associations militantes ont eu massivement recours aux moyens de communication. Dans une utilisation stratégique des médias, le DAL prévient systématiquement à l'avance l'AFP et des journalistes sympathisants qui vont « couvrir » les actions. Par couvrir, on doit entendre que les journalistes vont en rendre compte, mais qu'ils vont également les protéger en leur donnant une forte visibilité impliquant un coût politique élevé pour l'État s'il prend la décision de déloger les occupants par la force.

Les premières actions contestataires très médiatisées ont été les campements sur la voie publique. Ces campements ont été utilisés comme une arme, au début des années 1990, pour les mal-logés ou les SDF. Improvisé place de la Réunion à Paris (mai à juillet 1990, environ 50 familles), très organisé quai de la Gare (juillet à décembre 1991, 110 familles environ), puis ingérable à l'orée du bois de Vincennes (mai à octobre 1992, 300 familles), ces campements ont conduit les responsables publics à réagir. Ces campements dans la capitale ont été très largement répercutés dans les médias, nationaux et internationaux, relayant les images de familles et d'enfants dans des conditions d'hygiène déplorables. Ils ont bénéficié, pour leur organisation, du soutien logistique et financier des autres associations. Ils ont provoqué d'âpres négociations entre l'État et les collectivités locales quant aux responsabilités respectives de chacun. Cette méthode de revendication collective a été abandonnée après 1992, au moins sous sa forme massive. Face au caractère incontrôlable du dernier campement qui s'était établi avec plusieurs centaines de familles maliennes à Vincennes, l'organisation associative a même été dépassée par la tournure des événements. La dimension ethnique très marquée de l'opération risquait par ailleurs d'étonner, voire de susciter des réactions xénophobes. Parce que le soutien de l'opinion publique n'était pas assuré sur le long terme, mais aussi parce que les pouvoirs publics ne répondaient plus avec des solutions acceptables par les familles et les responsables associatifs, ce mode de revendication a été écarté du répertoire des actions militantes. Il a en tout cas autorisé le positionnement de la problématique du logement en bonne place de la formulation et de l'explication de la question SDF.

Après les campements, les associations militantes se sont tournées vers les réquisitions d'immeubles vides pour y installer des familles et des personnes isolées. L'action la plus connue est assurément l'occupation d'un immeuble, rue du Dragon, en plein cœur du quartier latin à Paris : le 18 décembre 1994, le DAL et le Comité des sans-logis (CDSL) investissent cet immeuble. Cette opération commando, très rigoureusement organisée, a lieu à un moment de concentration médiatique sur un hiver rigoureux qui est meurtrier pour des personnes sans-abri. L'abbé Pierre soutient personnellement cette occupation. Sa présence sur les lieux permet d'avoir accès encore plus fortement aux médias et de limiter les risques d'une expulsion musclée immédiate. Cette occupation emblématique durera jusqu'en janvier 1996, avec le relogement des familles, après de longues négociations entre les pouvoirs publics et le propriétaire.

Effervescence protestataire et avancées du droit au logement

Après la réussite de l'opération de la rue du Dragon, les associations militantes se sont engagées dans une période d'effervescence protestataire. En plus des réquisitions, entreprises directement comme des solutions (reloger les mal-logés, ou abriter les sans-abri), des mouvements collectifs plus traditionnels, sous forme de manifestations, se sont développés durant les années 1990. Dans le cadre de cortèges unitaires, rassemblant toutes les associations, les « exclus » sont ainsi apparus physiquement, en force et en fanfare. À côté de grandes manifestations qui ont battu le pavé des grandes villes, réunissant des foules non négligeables, des occupations symboliques ont été organisées dans de grands hôtels ou aux sièges de grandes institutions financières et immobilières. Ces actions toujours très pacifiques ne visent pas une réponse immédiate au problème. Les occupations ne sont pas dirigées vers un objectif de relogement immédiat, même si la demande en est formulée, mais vers la visibilité médiatique. Certaines des occupations n'ont en effet pour objectif que le caractère symbolique de l'action. Il s'agit typiquement de ce que Champagne appelle des « manifestations de papier »[1]. Les militants ne cherchent pas un rapport de force avec les institutions occupées, leurs agents ou leurs clients. Au contraire, ils veulent s'attirer leur sympathie. Il s'agit de négocier des photos, un reportage, un entretien, un rendez-vous avec un ministre ou un de ses conseillers.

Le tableau 7 contient une présentation succincte de quelques-unes de ces manifestations de papiers, parmi les plus médiatisées.

1. P. Champagne, « La manifestation », *Actes de la recherche en sciences sociales*, n° 52-53, 1984, p. 18-41.

Tableau 7. – *Dix exemples de « manifestations de papiers »*

Date	*Description de l'action*
25/12/1992	*Occupation du hall de l'hôtel Georges V.* 200 personnes envahissent l'hôtel et chantent devant un sapin de Noël. Les gestionnaires de l'établissement donnent du chocolat aux enfants.
8/12/1993	*Préfecture de l'Isère.* Des sans-abri et des militants associatifs construisent des maisonnettes en carton sur la place de la préfecture à Grenoble pour demander des « toits pour tous ».
23/10/1995	*Occupation de la* DASS *de Paris.* Une cinquantaine de militants occupent pendant trois jours les locaux de la DASS de Paris pour demander leur relogement.
4/12/1996	*Occupation de la* DRASS *d'Île-de-France.* Une trentaine de militants investissent les locaux de la DRASS et y déposent une gerbe de fleurs en hommage aux SDF morts de froid.
31/12/1996	*Occupation du Grand Hôtel.* Au cœur d'une vague de froid fatale pour de nombreux sans-abri, des militants scellent sur le marbre de l'entrée une plaque « Aux Morts de Froid ». La direction offre champagne et saumon aux militants.
16/2/1997	*Occupation de la gare Saint-Lazare.* Environ 200 personnes manifestent dans la gare et occupent un train. Dans une ambiance festive, avec des déguisements et de la musique, ils demandent à être reçus par le ministre du Logement. Ils installent un campement de fortune dans la salle des pas-perdus.
13/4/1997	*Occupation du château de Versailles.* Pour protester contre le projet de loi de cohésion sociale accusé « d'institutionnaliser la pauvreté », les associations militantes déploient une banderole sur un des balcons du château : « Pour les pauvres, c'est pas la vie de château. »

23/9/1998	*Occupation du Conseil régional d'Île-de-France.* Pour protester contre les expulsions « qui se sont multipliées depuis l'arrivée de la gauche », 200 personnes investissent le Conseil régional et demandent rendez-vous à son président.
31/12/1999	*Parvis de Notre-Dame.* Plusieurs dizaines de personnes occupent le porche de la cathédrale pour réclamer l'application des dispositions législatives sur les réquisitions.
27/1/2000	*Manifestation devant la boutique Dior à Paris.* Après un défilé d'une collection de haute couture inspirée par le thème « SDF », une trentaine de militants du Comité des sans-logis (CDSL) ont protesté au siège de la maison de luxe, en soulignant le scandale de cette opération, en plein mois d'hiver.

Sources : AFP, Presse, et observation directe.

Ces opérations sont, avant tout, des appels aux pouvoirs publics, notamment l'État, pour qu'ils s'impliquent dans la résolution du problème, à partir des formulations qui sont données à travers ces actions. Les campements, les réquisitions, les occupations d'hôtels de luxe ont ainsi contribué à visibilité du problème mais, également, à sa formulation en tant que problème de logement. La réussite des associations militantes, outre le relogement effectif de centaines (peut-être de milliers) de personnes, est surtout d'avoir réussi à faire accéder à l'agenda politique leur formulation de la question SDF, surtout caractérisée par la problématique du logement, en priorité sur les autres formulations. Cette accentuation sur la question du logement n'a pas effacé les autres formulations possibles (inadaptation, santé mentale, problème d'emploi, etc.). Elle les surplombe seulement. La victoire de ces associations dans leur lutte pour le logement ne peut être mieux illustrée que par l'utilisation, qu'elles ont sans cesse réclamée, par les pouvoirs publics de la procédure de réquisition. Toutes ces actions de protestation ont en effet permis de remettre à l'ordre du jour, après de nombreuses querelles techniques et politiques, la procédure de réquisition qui avait été établie après-guerre. Après des échanges politiques assez vifs, la procédure a été, difficilement et certes à faible échelle, reprise et utilisée par différents gouvernements.

Les actions des associations militantes ont surtout conduit à une adaptation des normes. Les avocats impliqués dans le combat pour le droit au logement ont réussi à force de contentieux à obtenir des avancées juridiques significatives. Le droit au logement a ainsi été, dans la suite de plusieurs décisions, reconnu comme un « objectif à valeur constitutionnelle » par le Conseil constitutionnel.

On peut dégager une propriété générale des nouvelles modalités d'actions associatives (médiatisation, expertise, actions protestataires pour le logement). Il s'agit, pour les entrepreneurs politiques, quel que soit le degré de leur implication militante dans la lutte pour le droit au logement, de dénoncer des situations qu'ils jugent intolérables et de protester pour que les pouvoirs publics s'impliquent. Cette dénonciation de situations intolérables vient en résonance avec une opinion publique qui s'inquiète d'une présence toujours plus visible (en raison, entres autres, de leur mobilisation) de personnes à la rue. Un des ressorts particulièrement utilisé par ces associations comme levier de mobilisation a donc été la « scandalisation »[1]. Le sort des sans-abri est scandaleux. La situation des mal-logés est intolérable. La présence des SDF dans les rues est inacceptable. Les responsables associatifs sont unanimes pour considérer que la situation des SDF est inadmissible et qu'« il faut faire quelque chose ».

1. M. Offerlé, *Sociologie des groupes d'intérêt*, *op. cit.*

Toutes les actions entreprises ont donc été orchestrées sur le ton du scandale, de l'injustice et de la souffrance, tandis que l'action publique mettait en œuvre des mesures dites « d'urgence ». Dénonçant des situations choquantes, insistant sur le caractère catastrophique des conditions de vie de certaines personnes à la rue, les associations gestionnaires, par leurs expertises, ont rencontré l'opinion et les décideurs publics. Prenant l'initiative de réponses illégales, mais qui apparaissent justes, les associations militantes ont également rencontré l'opinion publique, dans un appel à l'État pour qu'il intervienne. Toutes les actions des associations et des personnalités qui les soutiennent se sont développées avec une charge émotionnelle forte. Cette dimension affective du scandale sera particulièrement relayée par les médias. Ceux-ci jouent certainement un rôle dans la formulation de la question. Il convient toutefois de ne pas leur attribuer une importance exagérée.

LA COUVERTURE MÉDIATIQUE DES SDF : UN IMPACT À NUANCER

Les SDF ont été particulièrement médiatisés depuis une vingtaine d'années. On les a filmés, interviewés, photographiés, sondés, montrés et invités à la télévision. Les articles, les reportages, les livres, les émissions se sont accumulés.

La littérature académique sur les liens entre les médias et les politiques publiques, entre le « *newsmaking* » et le « *policymaking* » est foisonnante. Les recherches consacrées à l'analyse et à l'évaluation du rôle des médias dans les processus de décision politique invitent à relativiser leur influence. Celle-ci n'est pas aussi prépondérante qu'on peut l'entendre dire. Elle est encore moins évidente quand il s'agit de la couverture de phénomènes dont le public fait l'expérience directement.

Les médias, en accusation, doivent être analysés en interaction

Depuis 1954, la mort de personnes sans-abri en période hivernale appelle une mobilisation nourrie des médias. À partir du milieu des années 1980, cette mobilisation s'est en quelque sorte institutionnalisée autour des fêtes de fin d'année, dans un cycle qui commence avec les premiers froids, culmine vers Noël et redescend rapidement au printemps. Le degré de sympathie et l'ampleur des actions de charité ou de solidarité suivent ainsi un cycle annuel dont le sommet est en décembre.

En compilant mensuellement le nombre de dépêches AFP titrant sur les SDF de 1993 à 2000 (graphique 5), on s'aperçoit clairement que les SDF sont médiatisés à des périodes particulières dans l'année.

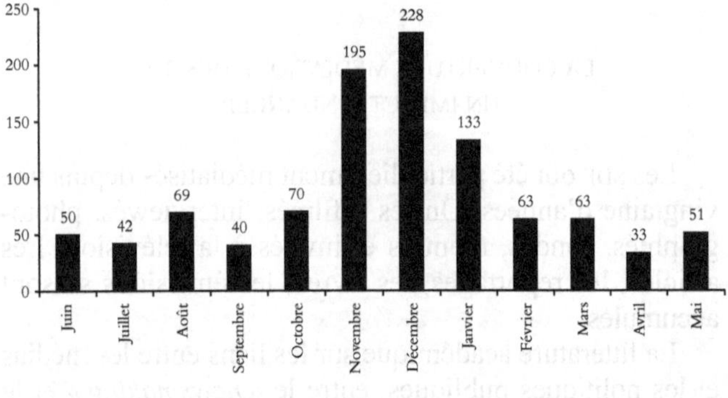

Graphique 5. – Nombre mensuel cumulé de dépêches AFP titrant sur les SDF (1993-2000)

Depuis le milieu des années 1980, au retour de chaque hiver, les articles, les dossiers, les reportages, les simples coupures de presse présentant de nouvelles initiatives, annonçant le décès de personnes à la rue, retransmettant les initiatives gouvernementales, se sont multipliés. Le ton de l'indignation, le constat de l'urgence, l'appel aux pouvoirs publics sont trois caractéristiques de cette couverture médiatique hivernale de la pauvreté. La diversité des supports est indéniable, et le traitement que peuvent faire *Le Monde*, TF1 ou RTL du phénomène est naturellement différent. Des comportements de reprise de l'information entraînent cependant une certaine uniformisation du traitement : les faits décrits proviennent en effet moins d'une collecte sur le terrain que de revues de presse et de dépêches communes à toutes les rédactions. Le traitement médiatique du phénomène sans-abri relève en fait du « journalisme de routine » tel que l'a examiné Padioleau pour les chroniqueurs universitaires[1]. Il s'agit de la reprise des dépêches d'agence, de l'analyse des dossiers de presse souvent volumineux réalisés par le gouvernement, les villes ou les associations, du compte rendu du dernier rapport ou du dernier livre paru. Une banque de données de personnalités à contacter (les entrepreneurs politiques de la question SDF) est largement utilisée. Les sources des journalistes sont globalement les mêmes. En réalité, il y a peu d'investigation sur la question sans-abri. Il y a bien des reportages sur des centres d'hébergement ou des entretiens avec des personnes à la rue, mais généralement il ne s'agit que des éléments illustratifs à l'intérieur d'un dossier qui comprend la reprise des propositions associatives et des initiatives politiques, à côté d'un entretien avec un expert reconnu de la cause.

Les médias ont aujourd'hui mauvaise presse. On les accuse de communiquer et de ne plus informer. On relève les dérapages, les dérives des journaux et de la télévision qui se décrédibilisent aux yeux des lecteurs et téléspectateurs. On leur reproche leur penchant pour l'événement

1. J. Padioleau, « Systèmes d'interaction et rhétoriques journalistiques », *Sociologie du travail*, vol. 18, n° 3, 1976, p. 256-282.

lugubre, leur indépendance relative, une certaine tendance à privilégier le superficiel. Ils « construiraient » les problèmes. Si les SDF sont effectivement très médiatisés, on ne peut pour autant observer une « construction médiatique » du phénomène. Les journalistes et leurs rédactions sont un des acteurs de l'agenda sans réellement disposer d'une position dominante pour la spécification du problème.

Le rôle des médias peut s'apprécier à deux niveaux. Ils ont d'abord un rôle dans la sélection et la hiérarchisation des problèmes sociaux. Tout comme les hommes politiques sont obligés de sélectionner les questions qu'ils auront à traiter, les journalistes ont à choisir car la surface rédactionnelle et les temps d'antenne ne sont pas infinis. Ils participent à l'énonciation et à la démarcation d'un problème social tel qu'il se présente sur l'agenda politique. Ils ont une fonction de filtre pour la construction et les changements de l'agenda politique. Ils ont un impact indirect en influençant l'opinion publique et, partant, les décideurs, en mettant en exergue certains événements et en n'en traitant pas d'autres. Les médias ne créent pas pour autant l'événement ni n'influent de manière déterminante sur ce qu'en pensent les gens. Mais en se penchant plus précisément sur certaines questions, ils leur donnent un relief plus saillant. Plus les médias vont parler des SDF, plus il est probable que dans les sondages on relèvera que les SDF sont présentés comme un problème important par la population, ce que ne peuvent manquer de remarquer les hommes politiques qui suivent scrupuleusement ces sondages.

Les médias ne sont ni un simple support sur lequel on fait imprimer ses idées, ni un acteur autonome de la mise sur agenda. Ils sont partie prenante du processus de reconnaissance et de formulation. Ils ne disposent pas seuls de la maîtrise de l'information. Associations, pouvoirs publics et médias sont ainsi en interdépendance.

Tout comme les hauts fonctionnaires et les responsables politiques ont besoin des associations pour spécifier le problème SDF et mettre en œuvre des solutions, les médias s'appuient fortement sur leurs analyses. Ils constituent par ailleurs une ressource pour les autres acteurs intéressés par la place du problème sur l'agenda politique. Associations, décideurs et administrations les utilisent plus ou moins adroitement. Les journalistes sont très sollicités par les associations pour parler des problèmes des personnes SDF, mais également par les responsables publics désireux de valoriser leurs réalisations. Les journalistes ont aisément accès aux informations et aux travaux des associations, car celles-ci, dotées de moyens et de personnels spécialisés, organisent des conférences de presse. Elles transmettent des communiqués pour renseigner sur une nouvelle initiative ou pour prendre position sur les orientations gouvernementales. Elles achètent ou se font offrir des pages de publicité dans les journaux, des panneaux d'annonce dans les villes et sur les quais de métro, ou des spots publicitaires à la radio ou à la télévision. Elles produisent et diffusent des slogans qui, par une formule simple, résument leur appréciation du problème et la solution à envisager.

Le graphique 6 rend compte des liens interdépendants qui caractérisent la couverture médiatique des SDF et de leur prise en charge.

Dans ce schéma les flèches pleines (→) univoques symbolisent la remontée de l'information concernant les SDF. Les différences d'épaisseur de trait sont là pour éclairer les différences d'intensité dans les liaisons entre les acteurs. Les flèches hachurées et à double sens (⇔) permettent de souligner, en fonction du niveau de trait retenu, l'importance des interdépendances entre les acteurs de la prise en charge pour le problème particulier de la couverture médiatique des SDF. Les décideurs apparaissent ainsi beaucoup plus reliés aux médias et aux associations

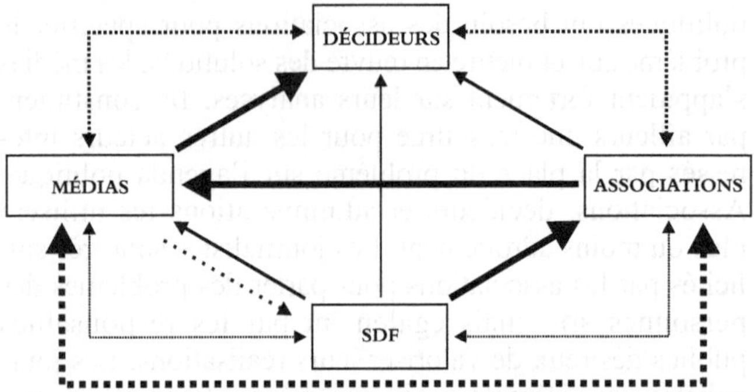

Graphique 6. – La couverture médiatique des SDF et de leur prise en charge

qu'aux personnes sans-abri elles-mêmes. On peut tenter, avec ce schéma, de présenter le principal circuit d'une information de la manière suivante : SDF → Associations → Médias → Décideurs. Ce circuit signifie que les connaissances sur les SDF, telles qu'elles peuvent arriver sur le bureau des décideurs sont passées par le double filtre du traitement médiatique et de l'expertise associative. Il n'en reste pas moins utile de conserver une flèche entre les SDF et les décideurs car ces derniers peuvent entrer en contact ou simplement croiser des personnes sans-abri, à l'occasion de déplacements personnels mais également de manifestations professionnelles (visite d'un service, conférence sur la pauvreté, etc.).

Dans ce schéma, on place deux flèches entre les médias et les SDF.

La flèche hachurée et univoque est là pour rappeler un fait important : les SDF s'informent eux aussi par les médias. On doit noter, dans le souci de prendre au sérieux la rationalité des comportements et de relativiser les oppositions entre les SDF et le reste de la population urbaine, que les sans-abri sont certes objets et acteurs de la médiatisation, mais qu'ils en sont également récepteurs. Dans les situations variées où ils peuvent se trouver, ils ont de nombreuses voies pour accéder aux médias. Dans les centres d'hébergement ils ont souvent accès à la télévision et aux journaux. Dans la rue ils peuvent ramasser les éditions du jour qui viennent d'être abandonnées. Ils peuvent également fréquenter les bibliothèques publiques et gratuites, comme Beaubourg à Paris (ce qui n'est pas sans poser de problèmes à leurs gestionnaires). Comme ils ont souvent du temps, il n'est pas rare qu'ils consacrent de longs moments à la lecture, notamment sur les sujets qui les concernent. De nombreux SDF, ce qui peut surprendre plus d'un observateur (dont les journalistes), sont ainsi très au fait de l'actualité qui les concerne et très attachés à la qualité de l'information délivrée. Dans les représentations et les constructions identitaires des SDF eux-mêmes, le travail journalistique a assurément un impact. Les SDF sont au courant de ce qui se dit sur eux. Ils peuvent s'y retrouver ou, à l'inverse, s'en différencier, dans un souci personnel ou collectif de se conformer ou de s'opposer à des traits considérés comme spécifiques à la catégorie SDF. Encore une fois, il est utile d'avoir à l'esprit que les SDF n'ont pas des modes de vie foncièrement différents. Ils vivent et agissent relationnellement, les médias étant par nature une voie de médiation entre eux et les autres.

La tentation du spectaculaire

La couverture médiatique est certainement un élément important qui accompagne, mais qui n'explique pas le processus de mise sur l'agenda politique de la question SDF. Cette place des médias dans une action publique apparaît tout à fait commune. On ne peut dégager une problématique très caractéristique du traitement médiatique du phénomène SDF. On peut cependant relever quelques particularités, notamment une certaine tendance à privilégier la dimension spectaculaire du phénomène. Il est vrai que, lorsqu'il y a médiatisation de drames, les médias sont toujours accusés de dramatiser. Cependant, les médias ne sont pas totalement maîtres de l'information. Ils ont besoin d'informateurs. Dans le cas des SDF, ils utilisent à foison le relais des associations. Celles-ci ont besoin des médias pour que leurs propositions et revendications atteignent l'agenda politique. On considérera donc que le risque de dramatisation du problème est double, du côté des acteurs engagés dans des croisades morales et politiques, et du côté des journalistes.

Pendant la période hivernale, qui est la plus propice aux appels à la générosité, les associations peuvent s'engager dans une compétition à celle qui produira le tableau le plus inhabituel ou le plus atroce de la situation. En insistant tous les ans sur la nouveauté du problème, sur l'émergence de « nouvelles populations » (par exemple, plus de jeunes, plus de familles, plus de réfugiés) à la rue, sur l'urgence de la situation, en faisant ressortir des chiffrages extrêmement élevés du problème, et en utilisant une rhétorique appelant directement à l'émotion des lecteurs ou téléspectateurs, des entrepreneurs peuvent avoir accès régulièrement aux médias. On a ainsi pu entendre parler pendant les années 1990 du Moyen Âge ou du Tiers Monde. Dans ces stratégies en direction de l'opinion un ensemble de représentations simples, comme « ça peut arriver à tout le monde », ont été également particulièrement utilisées et relayées. Des portraits ont insisté sur les chômeurs récents, les femmes, les jeunes. En rapprochant des titres et des thèmes d'articles parus depuis le début des années 1980 sur les SDF, on peut souligner deux phénomènes qui sont à considérer comme une forme de dramatisation continue du problème : la prise en charge des SDF est affichée comme une urgence toujours plus ardente, depuis au moins quinze ans ; sur la même période, sans aucune source statistique rigoureuse, il a été constamment affirmé que la féminisation et le rajeunissement de la population SDF progressaient de manière dramatique[1].

Tactiquement, une caractérisation de la question SDF en termes d'urgence et de scandale, appelant l'État, ou localement le maire, à réagir, peut permettre de s'assurer un article. En insistant sur le développement de la présence de personnes qui suscitent la sympathie, les jeunes et les femmes, mais aussi les enfants, les malades, les familles, on peut plus probablement intéresser les journalistes. Enfin, en dénonçant une causalité unique mais simple, même si elles est plus ou moins claire (c'est le froid !, c'est la crise du logement !, c'est l'exclusion !, c'est l'effondrement du lien social !, etc.), il est possible de se placer sur l'agenda politique car la simplicité de l'analyse peut autoriser une réaction publique, même si elle ne peut être que déclarative.

Les médias ne dramatisent donc pas seuls le problème. Amplifiant des causes, caisses de résonance des observations et propositions des entrepreneurs de morale et des entrepreneurs politiques, ils ne peuvent être considérés comme les vecteurs uniques de l'amplification, voire de la dramatisation, du problème SDF. On ne peut tenir les organes de presse et les journalistes pour seuls comptables des simplifications excessives ou du traitement abusivement sensationnel de la question SDF.

On peut néanmoins relever un risque particulier de dramatisation médiatique. Les journalistes peuvent ne faire que le portrait des situations les plus dégradées, se désintéressant des situations intermédiaires – qui sont pourtant les plus répandues. Le cas banal peut ainsi être délaissé au profit du cas exceptionnel. Certains SDF vivent

1. Voir l'étude plus développée dans J. Damon, « En quête du chiffre : trois décennies d'estimations du nombre de SDF dans la presse », *Recherches et prévisions*, nº 60, 2000, p. 117-124.

en effet à la rue dans des conditions d'existence extraordinairement précaires. Même s'il ne s'agit pas du tout du cas général accueilli par les services de prise en charge, ce sont souvent ces cas les plus difficiles qui sont mis en exergue dans la presse. De cette mise en avant de cas singuliers émerge une représentation spectaculaire des conditions des personnes SDF. Une tendance est ainsi de se concentrer sur les personnes SDF pour parler d'exclusion, et parmi celles-ci de se concentrer sur les cas les plus difficiles, les plus dramatiques. Le ciblage sur les SDF s'opère, médiatiquement, sur les personnes visiblement « les plus en difficulté ».

Le constat d'exagérations soutenues par les acteurs de la prise en charge n'est pas une anormalité. Il est dans la nature même d'un entrepreneur politique de présenter le phénomène qu'il veut voir inscrit sur l'agenda politique sous une forme qui lui permette effectivement d'atteindre l'agenda politique. Il est alors profitable de donner une ampleur considérable à ce problème, en annonçant des chiffres et des analyses qui mobilisent, même si on sait pertinemment que ces éléments sont exagérés. La dramatisation du phénomène SDF, et plus précisément la dramatisation de différents sous-problèmes (les jeunes, les femmes, les SDF malades mentaux, les SDF avec des chiens, etc.) est un registre tout à fait commun de la compétition pour l'accès des problèmes sociaux sur l'agenda politique. Dans ce jeu, les exagérations seront dénoncées par d'autres acteurs, qui soutiendront que les premiers exagèrent un problème précis et qu'ils reçoivent trop de fonds par rapport à ce que ce problème mérite effectivement[1].

1. Sur ce point, cf. N. Glazer, « How social problems are born », *Public Interest*, n° 115, 1994, p. 31-44.

LA FIXATION SUR L'AGENDA POLITIQUE

Résumons. L'arrivée progressive de la question SDF, exprimée sous sa forme contemporaine, sur l'agenda politique au cours des vingt dernières années, a été ponctuée par une multiplication des drames humains recensés, par des faits divers retentissants, par quelques débats portant sur l'ampleur, mais pas nécessairement sur la nature, de l'intervention. Elle a été marquée par une mobilisation philanthropique dans l'opinion, par un lobbying associatif performant, par une prise de conscience politique dépassant les clivages partisans, par des innovations institutionnelles, par des actions protestataires voyantes, et par une large couverture médiatique.

Sur la période, les problèmes généralement associés à la condition de sans-abri ont manifestement (au sens de visiblement) augmenté. Des entrepreneurs politiques ont relayé cette visibilité. Ils ont réussi à faire entrer en résonance leurs actions et propositions avec la sympathie de l'opinion. Les pouvoirs publics ont réagi. Les médias ont fait leur métier et la visibilité politique du problème a augmenté. Tout cela s'est développé sur une rhétorique du scandale, de l'indignation, et a poussé à l'inscription du problème sur l'agenda politique à partir de la rhétorique de l'urgence.

Comme la question SDF est quasiment chaque année devenue plus visible, matériellement et surtout politiquement, elle a pu prendre une consistance toujours plus importante sur l'agenda politique. Aucun plan d'urgence n'a pu apporter une réponse définitive au problème qui s'est représenté chaque année. Le problème dispose désormais d'une visibilité permanente. Il ne s'agit plus ni d'un accident ni d'un événement ponctuel. Il est présent continuellement sur l'agenda politique, même s'il prend une place plus ou moins proéminente selon les années et les périodes de l'année.

En un mot, la question SDF s'est peu à peu fixée sur l'agenda. Pour reprendre la distinction de Cobb et Elder[1], on peut considérer qu'après quinze ans de formulations et d'interventions dans l'urgence, le problème n'est plus seulement sur l'agenda systémique de tous les problèmes sociaux que doivent sélectionner les pouvoirs publics. Il est désormais inscrit comme élément routinier sur l'agenda institutionnel des problèmes qu'il convient de surveiller en permanence et qu'il faut épisodiquement prendre en compte et traiter.

1. R. Cobb, C. Elder, « The politics of agenda-building : An alternative perspective for modern democratic theory », *The Journal of Politics*, vol. 33, n° 4, 1971, p. 892-915.

4

Les SDF : des « bricoleurs » cibles d'action publique

L'action publique en direction des sans-abri ne fait pas que prendre en charge les sans-abri, elle les nomme, elle tente de les dénombrer et elle cherche à les différencier (à la fois du reste de la population, et en même temps en différentes sous-populations de SDF) pour adapter ses réponses. Aussi l'enjeu, ici, n'est pas de mieux connaître la population SDF, en tant qu'entité démographique distincte, mais de s'interroger sur la possibilité et sur la légitimité d'établir une cible d'action publique à partir des contours flous d'un ensemble hétérogène de situations et de difficultés individuelles qui composent un problème social.

La recherche sur les SDF présente certains paradoxes. Peu de populations ont, dans la période récente, autant concentré d'attention médiatique, politique et scientifique. Les articles de presse, les colloques, les livres, les enquêtes, les discours sont très nombreux. Il n'en reste pas moins que la somme de connaissances accumulée semble peu diffusée, peu utilisée par les pouvoirs publics, encore incapable de procurer des réponses claires à nombre de questions régulièrement posées par les décideurs, les journalistes ou les habitants.

Incontestablement, les études menées depuis une dizaine d'années ont permis d'améliorer la compréhension d'une population qui semblait nouvelle et insaisissable, au début des années 1990. La plupart de ces travaux ont souligné que les SDF, même les plus marginalisés, ne vivent pas dans un monde différent. Au contraire, on observe un *continuum* de situations entre les personnes vivant à la rue et celles qui séjournent dans des centres d'hébergement, des habitations de fortune ou des logements précaires. La population des SDF ne se limite pas à la condition visible des personnes dormant sur les trottoirs ou au recensement des individus passant par les services d'assistance. Il s'ensuit que les contours de la cible de l'action publique en direction des sans-abri sont incertains et peuvent être objet de discussions, voire de controverses.

Tous les travaux sérieux que l'on peut repérer dans l'imposante littérature consacrée désormais aux SDF insistent sur deux traits importants. Tout d'abord, la population des SDF ne constitue pas un stock d'individus, et c'est en prenant en considération les flux, les entrées dans et les sorties hors de cette situation, que l'on peut avoir une représentation pertinente de la réalité. En second lieu, la population SDF ne peut être considérée comme une catégorie sociale homogène. Des situations différentes en matière de trajectoire sociale, de revenu, de lien social, de logement ou de couverture sociale, par exemple, sont rassemblées sous une même appellation.

Ce n'est pas véritablement, dans ce livre, la connaissance des caractéristiques des SDF qui nous importe [1]. On cherchera à produire un modèle de description dynamique de cette population, essentiellement considérée ici comme cible d'action publique. On insistera sur les raisons et les rationalisations du comportement des SDF dans

1. Des travaux maintenant consistants apportent des éléments précieux. Cf. M. Marpsat, J.-M. Firdion (dir.), *La rue et le foyer*, *op. cit.* ; C. Brousse, B. de la Rochère, E. Masse, « Hébergement et distribution de repas chauds. Qui sont les sans-domicile usagers de ces services ? », *op. cit.*, 2002 ; S. Paugam, M. Clémençon, *Détresse et ruptures sociales*, *op. cit.*

les contextes de contraintes (qui peuvent être extrêmes) et d'opportunités (qu'il ne faut jamais négliger) qu'ils peuvent connaître. Ce postulat de rationalité de l'acteur social SDF, qui, comme tout acteur social, n'a pas systématiquement la pleine maîtrise de ses choix, est un outil méthodologique pour comprendre des actions et des non-actions, par exemple des recours ou des non-recours à certaines prestations ou à certains services. Il ne s'agit pas de nier les phénomènes de rupture et d'isolement, les souffrances et les problèmes de pathologie mentale, mais de comprendre des logiques d'action en cherchant à saisir ce qui fait sens pour les SDF. On proposera de considérer que la vie quotidienne des SDF consiste en un « bricolage » des ressources dont ils peuvent ou non se saisir. De la configuration du système de prise en charge et de l'offre de services qui est proposée, dépend en partie le bricolage quotidien des SDF.

Dans un premier temps, on s'intéressera aux délimitations instables de la population SDF et, partant, au périmètre à géométrie variable de cette cible de mesures d'action publique. Prenant acte de la diversité des possibles explications apportées au phénomène SDF, on proposera une voie pluraliste de compréhension, alliant dimensions individuelles et structurelles du problème.

Dans un deuxième temps, avec une analyse en termes de « carrière » du SDF, il s'agira d'insister sur l'hétérogénéité non pas seulement de la population, mais surtout des expériences vécues. Cette carrière du SDF concerne les personnes bénéficiaires ou potentiellement bénéficiaires des mesures de prise en charge, et non une population singulière naturellement distinguable de la population générale. Elle rend compte de deux variables fondamentales : le temps passé dans la condition de SDF ; le type de rapport entretenu avec le système de prise en charge et avec l'espace public.

On présentera enfin le bricolage de la vie quotidienne des SDF. De nombreux travaux ont montré que la vie quotidienne des SDF s'organise autour de rythmes relativement précis avec des répertoires d'action plutôt élaborés. Il apparaît que les SDF ne sont ni des agents totalement dominés sans marges de manœuvre, ni des acteurs stratégiques ayant une vision claire de leur avenir proche. Ils « bricolent » pragmatiquement leurs expériences, aussi différentes soient-elles. Bien entendu, tous ne disposent pas des mêmes compétences ni des mêmes capitaux. Il s'ensuit des registres différenciés en matière de bricolage.

UNE POPULATION, ET UNE CIBLE, AUX CONTOURS INSTABLES

L'objet n'est pas de s'intéresser dans le détail aux caractéristiques sociodémographiques des SDF. Il importe cependant de baliser les connaissances et les discussions en la matière.

On présentera d'abord les résultats d'une étude originale menée à partir des dépêches AFP. On s'apercevra que le terme SDF est bien le plus utilisé actuellement pour nommer tous les phénomènes (pauvreté, errance, mendicité, crise du logement, etc.) assemblés dans la question SDF. On remarquera de la sorte qu'une grande variété de situations, d'expériences et de représentations sont appréciées à partir d'un vocable unique, dénominateur commun de problèmes peut-être convergents, mais par nature différents. Les personnes comptées comme SDF constituent effectivement une population hétérogène. Pour prendre une image simple, on peut considérer que ces situations se distribuent sur un axe qui va de SDF *lato sensu* (les personnes très mal logées) à SDF *stricto sensu* (les personnes vivant complètement à la rue). On discutera de ce qui fait l'hétérogénéité mais aussi l'homogénéité de la population. On fera ensuite état des imprécisions et des difficultés qui entourent la question du nombre de SDF. Des progrès ont été récemment réalisés en la matière grâce aux enquêtes de l'INED et de l'INSEE. Sans reprendre leurs techniques et leurs résultats, on s'intéressera aux enjeux des estimations. Enfin, la perception d'un problème social dépendant pour beaucoup des causes qui lui sont données, on s'intéressera aux débats qui ont trait à l'explication, individuelle et/ou structurelle, du phénomène SDF. On critiquera fermement les approches déterministes et monocausales qui peuvent avoir cours, notamment sur le volet médical.

De qui parle-t-on ? *Les enseignements d'une étude sur les dépêches AFP*

Le sigle SDF est aujourd'hui massivement employé pour désigner la population « sans domicile fixe ». Autour de ce terme de base, une série d'expressions est utilisée pour éviter les répétitions. SDF est ainsi devenu synonyme de sans-abri, clochard, sans-logis, exclu, mendiant, ou nouveau pauvre. L'utilisation généralisée de ce terme est très récente. Il intègre désormais les significations de sans-logis (absence de logement), de sans-abri (victime d'une catastrophe), de clochard (figure pittoresque n'appelant pas d'intervention publique structurée), de vagabond (qui fait plutôt peur), ou encore de mendiant (qui sollicite dans l'espace public). Des hommes isolés (les clochards), des familles (les sans-logis de 1954) et des phénomènes assez différents (absence de logement, spectacle de la déréliction dans l'espace public, mendicité, etc.) sont ainsi assemblés dans une même appellation.

Pour le montrer, on va travailler sur un matériau relativement peu utilisé par la recherche, les dépêches AFP. Celles-ci sont de toute première importance car elles se trouvent en position intermédiaire entre un phénomène et son écriture médiatique. Le travail de journaliste passe beaucoup par le traitement de ces dépêches, qui sont fréquemment reprises *in extenso* dans une brève ou dans le corps d'un article. Les qualifications et dénominations des problèmes qui y sont retenues sont donc particulièrement importantes à remarquer car elles peuvent avoir un impact sur toute la presse.

Sur la période 1983-2000, plus de 2 000 dépêches AFP contiennent le terme SDF. Plus d'un millier le contiennent dans le titre de la dépêche. Le décompte des dépêches n'est pas une science exacte. Comme la démarche est relativement originale, précisons quelques éléments de méthode. Il faut d'abord se méfier des abréviations, car SDF ne désigne pas seulement les sans domicile fixe. Le sigle désigne aussi les « scouts de France », le « stade de France », ainsi qu'un parti politique camerounais anglophone le « Social Democratic Front ». Par conséquent, de nombreuses dépêches sur les « SDF » ne portent pas du tout sur les personnes sans-abri. Il faut donc les enlever du décompte. On a ensuite opté pour ne conserver que les dépêches concernant explicitement les SDF, en retirant de la collecte les dépêches qui contenaient le terme dans des contextes qui n'avaient pas un rapport direct avec la description de la population et de sa prise en charge (annonces de pièces de théâtre, critiques de films, etc.). Le corpus comprend donc les dépêches qui décrivent des situations ou des faits divers bruts, qui relatent des initiatives, des propositions ou des analyses, ou qui rapportent des discours et commentaires d'hommes politiques ou de personnalités au sujet de la question SDF. Enfin, dernière limitation, ne sont prises en compte que les dépêches concernant le cas français.

Cette étude sur le mot « SDF » a été réalisée en parallèle avec d'autres termes qui étaient utilisés depuis longtemps et qui continuent à appartenir au vocabulaire du problème SDF. Ainsi, on pourra comparer la plus ou moins grande utilisation des termes « mendiant », « vagabond », « nouveau pauvre », « sans-logis », « clochard », « sans-abri »,

« sans domicile fixe » et « SDF ». Bien entendu, l'exercice aurait pu être étendu à d'autres expressions comme zonards, routards, sous-prolétaires ou marginaux. Dans ce dernier cas (le « marginal »), on n'a pas procédé à l'étude car le nombre de dépêches utilisant ce nom ou ce qualificatif est bien trop important pour qu'on puisse en extraire celles qui concernent directement les SDF. En revanche, ont été rapidement comptées les dépêches dans lesquelles on trouve les termes sous-prolétaire et zonard. Pour sous-prolétaire, on trouve moins de dix occurrences, et toutes ne concernent pas la pauvreté en France. Cette expression est donc utilisée de manière tout à fait anecdotique dans le débat public français des années 1980 et 1990. En revanche, le terme « zonard », qui est parfois revendiqué comme une définition de leur situation par une partie des SDF[1], est plus répandu. Une trentaine de dépêches concernent explicitement ces zonards. Néanmoins, comme il est toujours nécessaire de faire des choix, cette appellation ne sera pas prise en compte dans le propos. Cela n'enlève d'ailleurs rien à la conclusion selon laquelle « SDF » est utilisé comme synonyme de tous les autres termes.

Une dernière remarque méthodologique a son importance : comme dans les dépêches plusieurs mots différents peuvent être utilisés pour désigner le même phénomène, on ne peut faire le total exact des dépêches ayant été consacrées au problème SDF, exprimé à partir de différents termes. Effectivement, dans le texte ou le titre d'une dépêche, on peut trouver le sigle SDF et son développement. On peut également trouver des termes différents utilisés soit pour la lisibilité du papier, tel « Soupçonné d'avoir causé la mort d'un sans-abri, un SDF présenté au juge » (27 décembre 1993), soit pour rendre compte de

1. Voir les travaux de F. Chobeaux, *Les Nomades du vide*, Arles, Actes Sud, 1996.

différences dans la population : ainsi à Marseille, « Papy le clochard trouve qu'il y a trop de SDF » (17 décembre 1992).

Les résultats de cette étude permettent à la fois de constater très précisément l'évolution de la terminologie employée, ainsi que la progression de l'intérêt médiatique pour le problème.

Le graphique 7 montre de manière on ne peut plus claire que le terme SDF ne s'est imposé que très récemment comme vocable de référence pour désigner les phénomènes d'errance, de marginalité, de grande pauvreté, d'absence de logement. Il s'est même très précisément imposé, à l'AFP, en 1993. Le constat est pour le moins flagrant, puisqu'en 1992 seules deux dépêches titrent sur les SDF, alors qu'en 1993 on en relève plus de 150.

On relève que c'est bien à partir du début des années 1990 (et pour être précis en 1993) que la question SDF s'est le plus fermement affirmée dans les médias. 1993 se caractérise par : deux hivers rigoureux pendant lesquels de nombreux sans-abri morts de froids ont été recensés, entre autres, par l'AFP ; l'apparition du marché des journaux de rue qui conduit à une augmentation très significative de la visibilité de la question SDF dans l'espace public ; des innovations institutionnelles avec, par exemple, la création du Samu social de Paris ; les prémices de la campagne présidentielle sur le thème de l'exclusion[1].

La catégorie SDF rassemble maintenant plus qu'elle ne remplace des catégories comme clochards, sans-logis, sans-abri, vagabonds, mendiants, nouveaux pauvres. Il ressort de cette prépondérance du mot SDF une représenta-

1. Remarquons aussi qu'en 1993 une importante série d'ouvrages portant sur les questions d'exclusion et, plus précisément, sur les SDF sont publiés. Certains feront date. Citons le livre dirigé par P. Bourdieu, *La misère du monde*, Paris, Seuil, 1993, et l'ouvrage du journaliste H. Prolongeau, *Sans domicile fixe*, Paris, Hachette, 1993.

tion générale de la cible des mesures de prise en charge qui agrège toutes les autres représentations. Ainsi la question SDF peut-elle être envisagée comme un problème de logement, de pauvreté ou d'exclusion, d'inadaptation, d'incivilité, de maladie mentale, etc. Les réponses, dès lors, peuvent se diversifier puisqu'on cherchera, avec une action publique en direction des SDF, à abriter les sans-abri, à loger les sans-logis, à accompagner socialement les clochards, à prévenir ou punir les mendiants et les vagabonds, à soigner les errants envisagés comme des malades, etc.

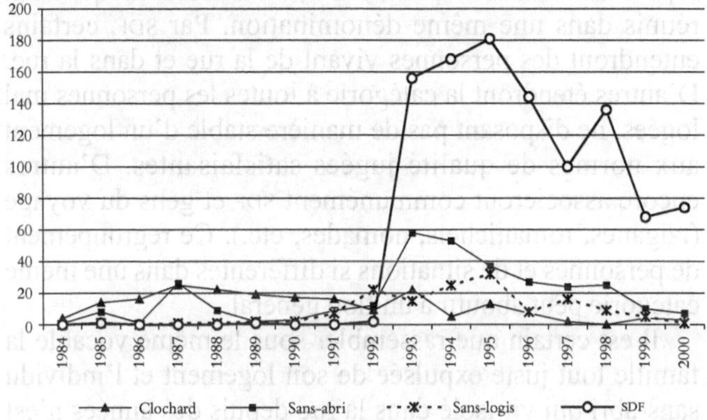

Graphique 7. — Nombre de dépêches AFP concernant la question SDF (terme repéré dans le titre des dépêches)

Une cible hétérogène : *de SDF* **stricto sensu** *à SDF* **lato sensu**

L'utilisation généralisée du seul vocable SDF laisse supposer l'existence d'une population homogène qui serait saisissable en fonction de certaines variables. La problématique du logement, en particulier, permettrait d'établir une ligne de différenciation entre les personnes logées et les personnes non logées ; pour le dire autrement, entre les « sans domicile fixe » (SDF) et les « avec domicile fixe » (ADF)[1]. Ce clivage n'a pourtant rien de net et n'est pas nécessairement pertinent. Les acceptions données au terme SDF peuvent sensiblement varier, au point de s'accorder parfois mal entre elles. Le langage des acteurs de la prise en charge des SDF est peu codifié, et les diverses significations du terme SDF ne sont pas clairement situées les unes par rapport aux autres. Cela peut induire des confusions car c'est en réalité une pluralité de représentations, de problèmes, de situations qui sont réunis dans une même dénomination. Par SDF, certains entendront des personnes vivant de la rue et dans la rue. D'autres étendront la catégorie à toutes les personnes mal logées, ne disposant pas de manière stable d'un logement aux normes de qualité jugées satisfaisantes. D'autres encore associeront communément SDF et gens du voyage (tziganes, romanichels, nomades, etc.). Ce regroupement de personnes et de situations si différentes dans une même catégorie peut aboutir à un flou général.

Il est certain que rassembler sous le même vocable la famille tout juste expulsée de son logement et l'individu sans-abri qui vit isolé dans la rue depuis des années n'est pas d'une grande rigueur. Le problème est alors de bien mettre en évidence l'hétérogénéité de la population caractérisée comme SDF, tout en conservant à l'esprit que certains niveaux d'homogénéité peuvent être repérés.

La question relative à l'homogénéité ou à l'hétérogénéité de la population SDF peut prêter à débat, voire à polémique. Les situations et les expériences très différentes vécues par les personnes SDF font que cette popula-

1. Cette distinction aussi savoureuse qu'utile est opérée par P. Meca, *Contrebandiers de l'espoir*, Paris, Grasset, 1997.

tion est incontestablement composite. Cependant, certains traits communs peuvent assurément conférer à la population SDF, au sens de groupe, une relative cohérence. Certains peuvent insister sur l'hétérogénéité de la population pour en montrer la diversité en relevant des différences avec le passé. À la différence des clochards, les SDF constitueraient une population au profil beaucoup plus diversifié. D'autres peuvent insister sur l'homogénéité de la population SDF en la comparant avec la population générale, en insistant sur des variables de différenciation comme l'origine sociale modeste, les difficultés rencontrées dans l'enfance, la faiblesse des revenus, la surreprésentation des hommes et des étrangers, l'importance des problèmes de santé et des troubles psychiques (même s'il ne faut pas les exagérer) ou le degré d'instabilité résidentielle.

Les observateurs et chercheurs qui insistent sur l'homogénéité pourront être accusés de trop différencier les SDF par rapport à la population générale, ou par rapport à la population des très pauvres, et par là de trop accorder d'intérêt à des problèmes spécifiques. Ceux qui insistent sur la diversité de la population pourront être critiqués car ils masqueraient certains éléments de similitude au sein de cette population, risquant par là de ne pas légitimer des réponses adaptées à ces particularités.

À la différence de populations pour lesquelles des variables sociodémographiques ou normatives permettent des délimitations commodes, encore que toujours discutables (les « énarques », les « jeunes », les « employés », les « paysans »), les SDF se prêtent plus difficilement à des caractérisations élémentaires. La liste des indicateurs de différenciation est en fait infinie, sans qu'un indicateur soit plus évident qu'un autre. L'assortiment des variables qui permettent de distinguer les SDF peut comprendre les degrés d'isolement relationnel, le statut vis-à-vis de la protection sociale, la place occupée dans les nomenclatures du logement, l'état de santé, le temps passé à la rue, le niveau de formation. Les variables sociodémographiques (sexe, âge, nationalité) ou médicopsychologiques (état de santé, comportements addictifs) sont toutes utiles et légitimes. On ne peut cependant les agréger de manière systématique pour caractériser totalement l'hétérogénéité de la population SDF.

Un axe de caractérisation de cette population peut se dégager. Il va des conventions les plus restrictives (désignant des SDF *stricto sensu*) aux appréciations les plus étendues (rassemblant les SDF *lato sensu*). Pour les SDF *stricto sensu*, des travaux statistiques et démographiques portent sur les SDF « au sens restreint », c'est-à-dire les personnes qui, un soir, se trouvent sans logement ou dans un centre d'hébergement. Les travaux français menés en ce sens, notamment par l'INED, ne conservent d'ailleurs pas le terme SDF et lui préfèrent l'expression de « sans domicile », plus adaptée à cette convention de travail[1]. Pour les SDF *lato sensu*, les délimitations possibles peuvent être très étendues. Aux franges de cette approche *lato sensu* on trouve les gens du voyage, les personnes cohabitant de manière précaire dans des logements appartenant à des proches. Le ciblage de la prise en charge des SDF enveloppe en fait toutes ces caractérisations. La cible apparaît ainsi particulièrement mouvante, ce qui invite à privilégier des analyses qui insistent sur l'hétérogénéité de la population plus que sur ses éléments d'homogénéité.

Un deuxième élément pousse encore à souligner l'hétérogénéité de la population. Celle-ci n'est pas qu'une construction de l'analyse. Au quotidien, les personnes comptées comme SDF ou qui se comptent elles-mêmes comme SDF insistent sur les différences entre les per-

1. Pour tous ces travaux de l'INED, cf. M. Marpsat, J.-M. Firdion (dir.), *La rue et le foyer*, *op. cit.*

sonnes et entre les groupes de personnes enveloppés dans ce terme. Les bénéficiaires des centres d'hébergement, des soupes populaires, des dispensaires de soins, ont des catégories pour différencier la population SDF. Qu'ils acceptent ou non l'appellation SDF pour leur cas personnel, ils distinguent des sous-catégories spécifiques : les « jeunes », les « vieux », mais aussi les « yougos », les « alcoolos », les « homos », les « toxicos », etc. Les catégories sont très variées. Elles peuvent reposer sur une distinction entre les « vrais » SDF et les autres, entre les « professionnels », ceux qui « l'ont choisi », et les autres. Les catégorisations proposées par des personnes comptées comme SDF ne sont pas foncièrement différentes de celles qui peuvent être élaborées par d'autres acteurs. Une distinction entre les « SDF » et les « clochards » est souvent repérable dans les catégorisations proposées par les sans-abri. Dans des discussions informelles avec des SDF, parfois visiblement depuis longtemps à la rue, il est frappant de constater combien la dénomination de clochard est repoussée. Cela rejoint la tendance plus générale de la formalisation de la question SDF qui s'est élaborée en dépassant les catégories des trente glorieuses. Les cibles de la prise en charge des SDF sont largement considérées comme des victimes qui n'ont pas grand-chose à voir avec le clochard qui l'aurait choisi. Les SDF qui fréquentent les services de prise en charge développent, dans un univers d'interconnaissance, une grande activité cognitive de classement social pour repérer les pairs et distinguer les éventuels ennemis. Les stéréotypes sur la catégorie de « clochard » (choix de la situation, alcoolisme, fainéantise, etc.) sont répandus au sein de la population de ceux qui veulent bien accepter l'appellation SDF.

Il apparaît que la cible de la prise en charge des SDF est particulièrement difficile à circonscrire. Fluctuant entre SDF *lato* et *stricto sensu*, elle a un diamètre très variable. Éclatée en différentes sous-catégories, elle s'échelonne de la situation des personnes SDF qui se trouvent à la rue depuis longtemps et qui sont très visibles dans l'espace public, jusqu'à des situations d'instabilité résidentielle qui concernent des personnes qui ne sont pas distinguables dans l'espace public. En considérant un *continuum* qui va des SDF *stricto sensu* aux SDF *lato sensu*, on embrasse toutes les situations, aussi variées soient-elles. De l'image habituelle du clochard, à celle de la jeune femme tout juste expulsée de son logement, les situations sont très différentes et appellent assurément des réponses distinctes. Le ciblage général sur la catégorie générique des SDF se fractionne nécessairement. La question fondamentale est alors de savoir si la bonne clé d'entrée, pour l'action publique, est de prendre en charge un alcoolique sans domicile parmi les alcooliques, une femme sans-abri parmi les femmes, un malade mental sans domicile parmi les malades mentaux, ou bien s'il convient de prendre en charge, avec des dispositifs *ad hoc*, trois catégories différentes de SDF. On se trouve ici au cœur du propos. Cette alternative doit être présente à l'esprit pour toute la suite de l'analyse.

L'acharnement statistique et la quête du chiffre

Combien sont-ils ? Que ce soit à l'échelle locale ou nationale, l'interrogation est permanente. Il est en réalité extrêmement difficile de donner la taille d'une population hétérogène que les statisticiens s'accordent pour décrire comme « glissante », « mouvante », « fluctuante », circulant entre les territoires physiques et les catégories statistiques. Sa définition tout comme son étendue varient selon que l'on privilégie une caractérisation *stricto sensu* ou *lato sensu*. En outre, les sans-abri, mobiles dans les villes, parfois cachés pour se protéger, échappent largement aux investigations statistiques traditionnelles, construites sur la notion de ménages logés.

Depuis le début des années 1980, c'est-à-dire depuis que des dispositifs spécifiques ont commencé à être mis en œuvre pour prendre spécifiquement en charge les SDF, les estimations concernant l'ampleur de la question SDF se sont multipliées. Elles reposent majoritairement sur des estimations associatives et se situent, à l'échelle nationale, dans une fourchette qui va de 100 000 à 800 000 personnes[1].

On a compilé l'évolution des estimations de la population SDF à Paris (tableau 8) telles que rapportées par la presse. Elles ne concernent pas toujours les mêmes termes. Ainsi, les chiffres repris ici sont relatifs aux personnes « SDF », « sans-abri », « clochards », « sans domicile », « sans domicile fixe », « privées de logement », « à la rue », « non logées », « qui couchent dehors », « errant sans logement », « dormant dans la rue », « errantes », et « sans-logis ». Ces données peuvent toutes être associées au terme SDF, car à l'intérieur des articles ou des dépêches, ce vocable est souvent utilisé comme synonyme des autres. Par ailleurs, dans la reprise de ces estimations dans des articles postérieurs, c'est très généralement le terme SDF qui est employé.

La diversité des estimations et des supports est, pour le moins, élevée. En règle générale, les articles donnent la source du chiffrage qu'ils citent. Jusqu'au milieu des années 1980, ce sont surtout des statistiques de la Préfecture de police de Paris. Il s'agit bien de chiffres collectés de manière rigoureuse. Cependant, ils ne peuvent être extrapolés à la population des SDF parisiens car ils recensent seulement les personnes différentes ayant été prises en charge par la Brigade d'assistance aux personnes sans-abri (BAPSA). Lors du débat sur la nouvelle pauvreté qui se déroule en 1984, on s'aperçoit de la

1. Pour plus détails, voir J. Damon, « En quête du chiffre : trois décennies d'estimations du nombre de SDF dans la presse », *op. cit.*

Tableau 8. — *Évolution des estimations du nombre de* SDF *(Paris) dans la presse*

Estimation	*Date*	*Source*	*Estimation*	*Date*	*Source*
25 000	08/10/1956	*Détective*	10 000	06/01/1985	AFP
3 500	08/08/1959	*France Soir*	7 500	09/01/1985	*Libération*
2 500	29/06/1970	*L'Express*	15 000	09/01/1985	*Le Monde*
3 000	01/01/1972	*La Croix*	10 000	13/12/1985	AFP
1 200	02/04/1974	*La Croix*	1 000	15/12/1985	*Témoignage Chrétien*
6 000	01/12/1975	*Le Figaro*	10 000	26/12/1985	*Le Monde*
6 000	06/01/1976	*Le Quotidien de Paris*	15 000	10/06/1986	AFP
2 000	24/11/1977	*J'Informe*	10 à 20 000	13/01/1987	AFP
4 000	22/02/1978	*Le Figaro*	6 à 7 000	14/01/1987	*Le Figaro*
4 000	27/10/1978	*Le Matin*	10 à 20 000	26/01/1987	*Témoignage Chrétien*
5 000	27/12/1979	*France Soir*	10 à 15 000	20/01/1987	*Le Monde*
8 000	28/03/1980	*Paris-Match*	5 à 1 000	30/10/1987	AFP
4 708	12/11/1980	*Télérama*	25 000	10/12/1989	AFP
6 200	20/10/1981	*France Soir*	10 000	11/09/1990	*Le Monde*

1 500 à 2 000	11/12/1982	AFP	10 000	11/02/1991	AFP
2 000	24/12/1982	*Le Monde*	4 à 5 000	04/01/1993	AFP
8 000	26/12/1982	*Le Figaro*	12 à 15 000	06/01/1993	*Le Monde*
6 000	08/01/1983	*Le Matin*	7 000	13/05/1993	*L'Express*
4 000	19/01/1983	*Libération*	20 000	14/06/1993	AFP
6 200	25/01/1983	*Le Figaro*	14 à 60 000	20/07/1993	*Le Monde*
4 à 5 000	27/01/1983	*Le Monde*	20 000	16/12/1993	*La Croix*
8 000	06/03/1984	*Le Parisien*	24 000	28/07/1994	*Le Monde*
6 000	29/03/1984	*La Croix*	7 600 à 8 300	09/05/1996	*La Tribune*
6 000	05/07/1984	*Le Parisien*	25 à 30 000	23/12/1996	*Le Parisien*
8 000	02/10/1984	AFP	5 000	27/12/1996	*Le Figaro*
25 000	18/10/1984	*Le Figaro*	8 à 15 000	09/09/1998	*Le Quotidien du Médecin*
20 000	19/10/1984	*Le Monde*	15 à 20 000	05/02/1999	*Le Quotidien du Médecin*
6 000	26/10/1984	*L'Express*	20 000	18/10/2000	AFP
25 000	25/11/1984	*Le Parisien*	30 000	14/09/2001	*Le Point*

dimension stratégique de ces chiffrages. Un saut dans les estimations, relayé d'abord par *Le Figaro* (alors proche de l'opposition), multiplie par trois les estimations qui avaient cours depuis plus de vingt ans. On ne repère pas vraiment d'inflation des estimations depuis la fin des années 1980, quand des approximations associatives vont parler de quelque 25 000 SDF dans la capitale. Les chiffres publiés continuent cependant à être très différents (allant de 5 à 30 000 individus). À partir de 1996 les chiffres tirés de l'enquête INED sur Paris seront cités parmi les autres, sans que la diversité des estimations s'amenuise réellement. On peut imaginer que les résultats de l'enquête de l'INSEE réalisée début 2001, et qui ont été publiés début 2002, amèneront d'autres données dans le portefeuille des chiffrages, sans mettre fin à la volatilité des estimations publiées. Rappelons que cette enquête ne vise pas principalement à dénombrer les sans-domicile mais à mieux connaître les usagers des services d'hébergement et de distribution de repas.

Depuis le début des années 1990, des recherches méthodologiques ont été entreprises pour apprécier avec plus de rigueur la question du dénombrement des sans-abri. Ces travaux ont d'abord consisté en reprises et en tests de démarches développées aux États-Unis. Des techniques de chiffrage, assises sur des méthodologies élaborées de collecte, d'échantillonnage et de pondération, sont utilisées. L'abondante littérature produite montre qu'il est possible de faire des estimations raisonnablement fiables, au moins sur certains segments de cette population[1]. En

1. Voir les travaux de P. Rossi, *Down and Out in America. The Origins of Homelessness*, Chicago, The University of Chicago Press, 1989 ; de M. Burt, *Over the Edge : The Growth of Homelessness in the 1980s*, New York, Russell Sage Foundation, 1992. On consultera aussi avec profit les synthèses de C. Jencks, *The Homeless*, *op. cit.*, et de M. Marpsat, « Les sans-domicile à Paris et aux États-Unis », in *Données sociales. La société française*, Paris, INSEE, 1999, p. 480-489.

France, les enquêtes n'ont commencé qu'en 1993, sous l'impulsion du Conseil national de l'information statistique (CNIS), pour donner lieu à un ensemble d'analyses et de recommandations, permettant d'abord de clarifier les enjeux pratiques et éthiques des dénombrements.

Pour les difficultés éthiques, évoquons le problème qui se pose à déranger un SDF en train de dormir dans le peu d'espace privé qu'il a pu se ménager. Il faut alors trouver comment « frapper à sa porte » pour lui passer un questionnaire[1]. Quant aux difficultés scientifiques, citons l'absence de base de sondage et la difficulté d'identifier les doubles comptes parmi une population mouvante. De plus, concrètement, lors de la réalisation des comptages, il est laborieux et parfois dangereux pour les enquêteurs d'aller trouver les SDF partout où ils peuvent se trouver (friches urbaines, sous-sols de gare, squats). En quadrillant méthodiquement un quartier, il est possible de croiser une partie de la population enquêtée, mais on n'est jamais certain d'en avoir touché tout l'effectif. Une image proposée par Jencks[2] est à cet égard très juste : s'il est difficile de trouver une aiguille dans une meule de foin, il est encore plus compliqué, après l'avoir trouvée, de prouver qu'il n'y en a pas d'autres dans la meule. En résumé, si la production de connaissances quantitatives fiables est possible, elle n'en demeure pas moins toujours compliquée, coûteuse et lourde à mettre en œuvre.

La recherche du chiffre repose sur une représentation de la population SDF comme étant globalement homogène, ce qui autorise et commande des investigations particulières. Dans la mesure où la population SDF est en réalité hétérogène, il s'ensuit des caractérisations fluctuantes de

1. J.-F. Firdion, M. Marpsat, M. Bozon, « Est-il légitime de mener des enquêtes statistiques auprès des sans-domicile. Une question éthique et scientifique », *Revue française des affaires sociales*, vol. 49, n° 2-3, 1995, p. 29-51.

2. C. Jencks, *The Homeless*, *op. cit.*

la population, en fonction de définitions extensives ou restrictives, qui passent de SDF *stricto sensu* à SDF *lato sensu*. Les enjeux stratégiques des acteurs de la prise en charge des SDF troublent dès lors le travail de mesure, car certains vont privilégier une définition extensive de la population prenant en considération un spectre qui va des personnes à la rue jusqu'aux personnes mal logées (SDF *lato sensu*) ; d'autres vont adopter une restriction de la définition telle qu'elle ne s'applique qu'aux personnes à la rue et/ou fréquentant les services pour sans-abri (SDF *stricto sensu*). Il est possible de restreindre encore la définition en ne conservant dans la population que les personnes à la rue qui ne fréquenteraient jamais les services.

Techniquement, il ne s'agit que d'une question relative au champ d'une enquête. Il est aisé de trancher par convention en adoptant une délimitation formelle de la population qui doit être dénombrée. Cependant, des acteurs très différents ont des intérêts à maîtriser cette délimitation pour faire varier le nombre de SDF à la hausse ou à la baisse. Pour défendre les estimations les plus grandes on étend la définition, on élargit la cible de la prise en charge des SDF. Pour critiquer les estimations les plus faibles on indique que l'enquête ne prend pas en considération tous les SDF, considérant ainsi que le ciblage est trop restreint. À des résultats trop faibles il pourra également être rétorqué que tous les SDF (toutes les aiguilles de la meule) n'ont pas été véritablement enquêtés. Il s'agit pour les défenseurs des sans-abri de démontrer l'importance du phénomène. À l'inverse, pour des responsables politiques, la demande peut consister à montrer que la plus grande visibilité de cette population en zone urbaine ne traduit pas la réalité du phénomène qui resterait marginal et ne nécessiterait pas d'effort budgétaire. Le problème de la délimitation de la cible de la prise en charge des SDF est bien une question politiquement sensible. En effet, la maîtrise de l'information sur la taille d'une telle cible – la taille exacte de la population SDF – est un enjeu de pouvoir car à des chiffres qui seront admis sera inféré le niveau de ressources à dégager par les pouvoirs publics. Les associations, qui jouent le rôle d'experts depuis des années, n'ont pas intérêt à voir des chiffres trop faibles sortir des ordinateurs de l'INSEE ou de l'INED. À l'inverse, les pouvoirs publics pourraient trouver avantageux de voir diffusés des chiffres réduits, impliquant une intervention de moindre ampleur.

Des chiffres très différents sur les SDF peuvent donc circuler. S'ils sont établis avec des conventions précises, ils peuvent être repris, discutés, analysés. La plupart des estimations relevées dans la presse ne sont toutefois souvent que des extrapolations, des supputations, quand il ne s'agit pas de véritables élucubrations. Plus fondamentalement, il faut considérer que les démarches de chiffrage reposent toujours, à des degrés plus ou moins élevée, sur une conception substantialiste de la question SDF. Une telle conception consiste à percevoir des différences entre ces personnes et la population générale, qui permettent de les distinguer et donc de les compter. Pourtant ces différences, qu'il ne faut pas nier, ne sont constantes ni dans le temps ni dans l'espace. La triple mobilité des SDF (géographique, temporelle, sociale) est élevée, ce qui rend ardues les opérations de délimitation de la population.

Les travaux statistiques rigoureux, notamment ceux entrepris par l'INED sous l'égide du CNIS, ont insisté sur l'intérêt tout relatif de la simple production de chiffres. Ils appellent à dépasser cette dimension pour s'intéresser aux caractéristiques des personnes et à leurs trajectoires. Avec cet acharnement statistique qui consiste en permanence à chercher « le nombre », l'attention se polarise sur des chiffrages toujours discutables, sur une certaine « guerre des chiffres », au risque d'occulter les processus à l'œuvre ainsi que l'hétérogénéité de la population considérée[1]. Dans la perspective d'analyse suivie ici, le problème du chiffre est secondaire. La définition de la pauvreté proposée par Simmel est que « Les pauvres, en tant que catégorie sociale, ne sont pas ceux qui souffrent de manques et de privations spécifiques, mais ceux qui reçoivent l'assistance ou devraient la recevoir selon les normes sociales. » Et Simmel d'ajouter : « La pauvreté ne peut, dans ce sens, être définie comme un état quantitatif en elle-même, mais seulement par rapport à la réaction sociale qui résulte d'une situation spécifique. » Si « le nombre » de SDF n'est pas foncièrement utile, pour le propos, les réactions sociales autour de ce nombre, elles, le sont.

Entre individuel et structurel : une compréhension nécessairement pluraliste

À mesure que se consolidait la présence de la question SDF sur l'agenda politique, de multiples explications du phénomène, et leurs solutions attachées, ont été proposées. Les caractérisations récentes de la question ont surtout insisté sur ses dimensions structurelles (crise du logement, progression de la pauvreté, augmentation du chômage, bouleversements de la cellule familiale), en opposition avec ses dimensions individuelles (infirmité, manque de chance, marginalité choisie ou maladie mentale) qui avaient plus cours auparavant (au XIXe siècle pour les vagabonds, ou pendant les trente glorieuses pour les clochards). Ce basculement a permis d'insister sur la nécessité d'intervention des pouvoirs publics, la responsabilité du fait d'être devenu SDF n'étant plus uniquement imputable à des choix délibérés et à des comportements

1. Voir G. Blasi, « Social policy and social science research on homelessness », *Journal of Social Issues*, vol. 46, n° 4, 1990, p. 207-219 ; M. Marpsat, J.-M. Firdion (dir.), *La rue et le foyer*, *op. cit.*

déviants, mais surtout à des phénomènes macrosociaux comme la « crise », le chômage, ou la progression de l'« exclusion », phénomènes sur lesquels chaque individu n'a pas nécessairement beaucoup de prise[1].

Les débats peuvent être âpres entre les partisans de tel ou tel modèle explicatif, les uns les autres se renvoyant l'accusation d'idéologie[2]. Ceux qui vont se concentrer sur les raisons individuelles vont critiquer les approches générales qui ne prennent pas en compte les particularités des situations. Ceux qui vont se concentrer sur les dynamiques générales vont critiquer les observateurs ou commentateurs qui ne prennent en compte que des cas individuels, car ils contribueraient à leur stigmatisation. Aux extrémités de ces postures explicatives on trouvera, d'un côté, des explications totalement individuelles (les SDF le sont parce qu'ils le choisissent ou bien parce qu'ils sont fous), et, de l'autre côté, des explications intégralement structurelles (manque de logements, manque d'emplois) refusant d'attribuer la moindre responsabilité aux individus qui se trouvent SDF.

En France le phénomène collectif est très nettement dissocié aujourd'hui des caractérisations individuelles de la population SDF, tandis qu'aux États-Unis la tendance est à mettre l'accent sur la responsabilité individuelle. Les sans-abri apparaissent en France comme les victimes de transformations structurelles, ce qui ajoute à la sympathie publique dont ils peuvent bénéficier. Ce statut de victime, qui peut être revendiqué et déclaré par les sans-abri eux-mêmes, fonde une exigence de réparation et

1. Trois principaux facteurs structurels sont repérés, en France et aux États-Unis, comme ayant une forte influence : l'étendue de la pauvreté, le manque de logements bon marché, le chômage. Cf. M. Marpsat, *Les sans-domicile à Paris et aux États-Unis*, *op. cit.*

2. Sur ces points, voir J. Wright, B. Rubin, J. Devine, *Beside the Golden Door. Policy, Politics, and the Homeless*, New York, Aldine de Gruyter, 1998.

d'intervention publiques. Dans les pays anglo-saxons, la délimitation, pour les politiques publiques, de la population SDF est minimaliste, restreinte aux SDF *stricto sensu*, généralement considérés comme responsables de leur situation[1]. En France, cette délimitation, pour l'action publique, est maximaliste au sens où elle étend largement la définition de SDF *lato sensu* à des situations qui, dans d'autres pays, ne sont absolument pas rapprochées des sans-abri et qui, dans l'hexagone, sont considérées comme légitimant une intervention publique spécialisée.

Cette caractérisation de la question SDF, surtout à partir d'une approche structurelle, a des implications capitales pour la formulation de l'action publique. Dans la mesure où le problème des SDF est formulé comme urgent et comme un problème de logement, cela légitime la mise en place d'hébergements qui ne fonctionnent que pendant l'hiver, une période de dangers pour des individus dont le principal problème serait l'absence de logement. À l'inverse, dans d'autres contextes, quand la question SDF est appréciée à partir des responsabilités ou des pathologies individuelles les réponses publiques ne relèvent plus nécessairement de l'urgence (sinon peut-être psychiatrique) et plus du tout de dispositifs saisonniers. À Montréal, par exemple (où les froids hivernaux peuvent être très rigoureux), le système d'hébergement et d'accueil n'a rien de saisonnier. La saisonnalité du système français de prise en charge des SDF est en fait explicable non par l'inconsistance des dirigeants politiques mais par une traduction politique de la question SDF comme un problème structurel, relevant pour beaucoup de la politique du logement.

Face au débat structurel/individuel la solution, pour l'analyste, est certainement dans la voie moyenne. Les

1. S. Hutson, D. Clapham (dir.), *Homelessness : Public Policies and Private Troubles*, New York, Cassell, 1999.

travaux les plus avancés insistent sur les nécessaires rapprochements à établir entre les évolutions du marché du logement, du système d'assistance, du marché de l'emploi avec des éléments plus individuels comme les problèmes familiaux, certaines faiblesses ou déficiences personnelles, le constat d'origines sociales très défavorisées. Les racines du phénomène des sans-abri ne résident ni exclusivement dans des problèmes structurels, ni uniquement dans des problèmes individuels, mais plus vraisemblablement dans une interaction des deux catégories. Cette combinaison de facteurs produit une spirale vers le bas qui peut conduire certaines personnes à la rue, chaque problème nourrissant l'autre.

Pour chaque cas individuel l'explication de l'arrivée à la rue ou dans un centre d'hébergement passe vraisemblablement par une combinaison de ces facteurs. Mais il est impossible de dégager une configuration fixe de ces facteurs expliquant tous les cas individuels. Chaque biographie de personne SDF est singulière, quand bien même on peut souvent y repérer des éléments similaires, notamment les ruptures familiales et la perte de l'emploi. Cependant, le poids de chaque facteur n'est jamais le même pour chaque personne.

Les débats sur l'influence déterminante de telle ou telle variable individuelle (ruptures affectives, pathologies) tournent en fait à des controverses stériles autour de causalités circulaires. Ainsi, par exemple, des problèmes comme la place de la maladie mentale dans l'explication d'une présence à la rue ou l'impact de la vie à la rue sur la santé mentale des SDF sont typiquement des questions pour lesquelles il n'existe pas de réponses précises permettant de distinguer l'effet de la cause, la poule de l'œuf. Dans le même ordre d'idées on ne peut pas conclure systématiquement quant à savoir si l'alcool a d'abord joué un rôle dans l'affaiblissement des liens sociaux ou si la boisson est utilisée comme un expédient afin de se consoler de ce relâchement ou de ce manque de relations sociales.

Il n'y a, en définitive, pas de loi structurelle tout comme il n'y a pas de catégories de destins individuels pouvant rendre compte de la diversité des situations et des problèmes. La question SDF ne peut être imputée simplement à des déterminismes individuels ni trouver son origine dans des transformations de l'organisation sociale qui auraient un impact déterminant sur certaines catégories de personnes. La question SDF, particulièrement multidimensionnelle, soulève en définitive à la fois le problème d'inadaptations structurelles des institutions et le problème de la prise en charge efficiente de certaines fragilités personnelles.

La conclusion de cette analyse, appelant à se méfier des divers déterminismes qui peuvent être évoqués, est qu'il n'existe pas de lois sociologiques, psychologiques, économiques, immobilières ou médicales qui expliquent les trajectoires des personnes qui se retrouvent parmi les SDF, ni d'ailleurs toutes les trajectoires des SDF qui s'en sortent.

La question SDF est cependant aujourd'hui encore encombrée par certains modèles explicatifs monocausaux. Des schémas interprétatifs simplistes, insistant sur des causalités aujourd'hui largement réprouvées (comme par exemple la fainéantise qui était beaucoup évoquée au XIXe siècle), n'ont plus l'éclat dont ils ont pu bénéficier. D'autres, comme le modèle de la pathologie mentale, perdurent.

Des experts de la question SDF, souvent influents, proposent une caractérisation de la population SDF comme un rassemblement de malades[1]. L'orientation n'est plus,

1. Voir les textes publiés par deux médecins et un psychanalyste qui ont en commun d'avoir tous les trois travaillé un certain temps à la Maison

dans ce cadre, de comprendre la question SDF comme un problème social, mais comme une série de particularités et d'accidents sanitaires individuels dont il faudrait faire l'étiologie. Dans cet ordre d'idée, les sans-abri constituent une population pathologiquement distinguable de la population générale, et la question SDF devient un problème qui ne s'analyse pas en termes d'inégalités et de mobilité sociale, mais en termes de morbidité et de catégorie singulière.

Ces approches n'accordent aucune capacité d'action, d'adaptation ou d'innovation aux SDF. C'est tout l'enjeu des prochains développements que de montrer que les SDF, aussi hétérogène soit cette population, ne sont pas, comme on le croit et/ou on le dit souvent, des personnes en situation de « mort sociale ». Au contraire même, l'observation des pratiques, les entretiens avec les responsables ou les bénéficiaires de la prise en charge montrent que les SDF, aussi démunis et défavorisés soient-ils, restent des acteurs sociaux.

LA CARRIÈRE DU SDF

Toutes les analyses démographiques et sociologiques confirment qu'être SDF n'est pas une caractéristique propre à des individus mais plutôt une circonstance vécue, plus ou moins longtemps, par certaines personnes.

de Nanterre (donc auprès d'une sous-catégorie particulière de SDF), Patrick Henri, Patrick Declerck et Xavier Emmanuelli. Tous les trois considèrent que les SDF, les clochards ou les « grands exclus » (selon les termes qu'ils emploient) ont *tous* des pathologies mentales, cette dimension expliquant leur déchéance. La question SDF, ou plus précisément la « grande exclusion » s'expliquerait largement de manière monocausale par des troubles psychiques et des ruptures affectives. Cf. X. Emmanuelli, *Dernier avis avant la fin du monde*, Paris, Albin Michel, 1994 ; P. Henry, M.-P. Borde, *La vie pour rien*, Paris, Robert Laffont, 1997 ; P. Declerck, *Les naufragés*, *op. cit.*

Il s'agit avant tout d'une situation instable et, dans la plupart des cas, transitoire. Pour comprendre le phénomène il faut donc raisonner avec des processus, rendant compte des trajectoires ascendantes ou descendantes de chacune des personnes.

Il existe une multitude de catégories et de sous-catégories qui, assemblées, sont proposées pour dépeindre la diversité de la population SDF. Cependant, les catégorisations ont généralement pour biais d'être très figées. Trop statiques, elles ne permettent pas de comprendre que la situation des sans-abri correspond moins à des attributs précis qu'à une étape dans un processus. C'est en prenant en considération les flux, les biographies individuelles, les entrées dans et les sorties hors de cette situation que l'on peut obtenir une représentation pertinente de la réalité.

On reviendra sur l'utilité limitée des catégorisations puis, en insistant sur la variable essentielle du temps, on proposera une analyse de la population SDF au regard du système de prise en charge.

Les limites de la catégorisation

Les acteurs qui interviennent auprès des SDF isolent habituellement les jeunes, les malades mentaux, les femmes, les étrangers, les familles. Ces distinctions catégorielles peuvent se décliner à l'infini, car les caractéristiques utilisées pour ces classifications sont très générales. Elles cherchent en fait à instituer des ressemblances dans un groupe hétérogène. Les variables générales comme le sexe ou l'âge ne sont, néanmoins, pas toujours d'une grande utilité. Il y a probablement plus de points communs entre un homme et une femme tous les deux depuis une dizaine d'années à la rue qu'entre une femme qui se trouve depuis dix ans à la rue et une autre qui vient d'être expulsée de son logement.

La préoccupation compréhensible des acteurs de la prise en charge qui consiste à demander une description simplifiée de la population SDF en quelques grands groupes aisément discernables et chiffrables achoppe sur la variété des axes de classement qui peuvent être choisis. La diversité des acteurs impliqués dans la prise en charge conduit à la construction de catégorisations hétéroclites. Ces classements prennent en compte des variables différentes correspondant aux pratiques professionnelles et aux problèmes jugés prioritaires. Aux nomenclatures établies par des statisticiens travaillant au ministère du Logement peuvent s'opposer des nosologies proposées par des psychiatres. Rechercher un socle commun, reconstituer un fond unitaire entre tous ces classements n'est pas une tâche aisée.

Toutes ces catégorisations ont une utilité pour l'action. Les classements opérés par regroupement des similarités permettent plus d'efficacité. Dans l'action, à la porte d'un centre d'hébergement, il faut pouvoir distinguer, même si cela se fait plus ou moins adroitement, plus ou moins justement, les personnes qui peuvent ou non passer la nuit en toute sécurité dans le centre. C'est la réification des catégories qui est problématique. Des catégories figées ne permettent pas d'apprécier la variabilité des situations. Si on prend l'âge comme variable, la question est mal posée, dans la mesure où le problème, en l'espèce, n'est pas généralement la jeunesse ou la vieillesse de la personne SDF mais plutôt le temps qu'elle a passé à la rue.

Une variable fondamentale pour décrire le phénomène SDF est le temps. Si par SDF *stricto sensu* on entend les personnes à la rue, on constate que certaines personnes sont à la rue depuis quelques temps et vont le rester encore longtemps, d'autres ne le sont que pour quelques moments et ne le seront plus jamais, d'autres encore se retrouvent sporadiquement dans cette situation. Une partie de l'année, ou pendant quelques périodes dans l'année, elles se trouvent dans des situations qui peuvent les faire compter comme SDF. À d'autres moments elles échappent à cette caractérisation. Être SDF est une situation qui peut être transitoire, permanente ou chronique. Cette fluidité de la population SDF constitue bien entendu un des premiers problèmes pour le chiffrage, et pour la prise en charge, d'une population dont l'effectif varie beaucoup avec le temps.

Le graphique 8 procure une représentation de ce phénomène. On considère, sur l'axe des abscisses, une durée de un mois. Sur l'axe des ordonnées on considère une échelle, très simple, des trajectoires résidentielles en arrêtant arbitrairement un seuil à partir duquel on sépare les personnes pouvant être comptées comme SDF des autres. Trois cas sont signalés. Dans le cas A, un individu n'est SDF qu'une fois dans le mois. À la suite de violences conjugales, par exemple, il est forcé d'aller dans un centre d'hébergement ou de passer une nuit à la rue. Le lendemain, les tensions du ménage s'étant apaisées, il retourne dans son logement. Le cas B correspond à la trajectoire résidentielle très instable d'un individu qui va, par exemple, de chambres d'hôtel en foyers d'hébergement en passant par la rue ou par des nuits où il est accueilli chez des parents ou des amis. Dans le cas C, on prend en considération une personne qui dort tous les soirs du mois à la rue ou dans un centre d'hébergement. L'individu A est bien SDF *stricto sensu* un soir dans le mois, mais il n'est probablement pas repérable comme SDF dans l'espace public. L'individu B qu'on peut considérer comme SDF *lato sensu* sur toute la durée du mois, n'est SDF *stricto sensu* que quelques jours dans le mois. Il n'est pas nécessairement repérable, dans la rue ou aux portes de services, comme SDF. L'individu C peut être considéré comme SDF *stricto sensu* pendant tout le mois.

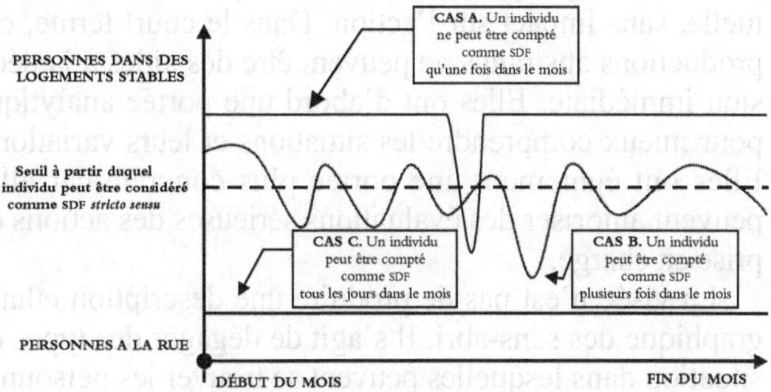

Graphique 8. — Des situations
et des trajectoires résidentielles qui varient dans le temps

Des catégorisations fixes ne peuvent rendre compte de cette mobilité. Envisager la composition de la population SDF dans un cadre purement statique conduit à écraser des informations essentielles, de nature fondamentalement dynamique. Les approches seulement synchroniques conduisent à photographier des situations. Elles ne permettent pas d'apprécier la fluidité de la population SDF. Ce constat invite à toujours privilégier des démarches diachroniques.

Il convient de distinguer, d'une part, les classements plus ou moins spontanés de la population SDF, utiles pour une prise en charge adéquate des difficultés et drames des personnes reconnues comme SDF, et, d'autre part, les typologies de nature sociologique dont l'objet est de produire une connaissance précise des comportements, des mécanismes à l'œuvre et des expériences vécues par les personnes sans-abri.

Ces typologies permettent de saisir les différentes phases des processus et les difficultés particulières rencontrées par les personnes concernées à chacune de ces phases. Elles peuvent être critiquées par les acteurs de la prise en charge qui n'y voient que spéculation intellectuelle, sans impact sur l'action. Dans le court terme, ces productions abstraites ne peuvent être des aides à la décision immédiate. Elles ont d'abord une portée analytique pour mieux comprendre les situations et leurs variations. Elles ont également une portée plus concrète car elles peuvent autoriser des évaluations sérieuses des actions de prise en charge.

La visée n'est pas de produire une description ethnographique des sans-abri. Il s'agit de dégager des types de situation dans lesquelles peuvent se trouver les personnes comptées comme SDF. On dégagera trois étapes qui peuvent être franchies par un SDF au cours de ce qu'on nommera la carrière du SDF. On mettra de la sorte en lumière un ensemble typé d'étapes et d'expériences qui ne dégage pas de groupes spécifiques repérables statistiquement avec précision.

La carrière des SDF au regard du système de prise en charge

Pour apprécier la diversité et la variabilité de la population SDF, il est approprié de passer par une analyse en termes de carrière. Le concept, emprunté à la sociologie du travail et à l'anthropologie sociale, apparaît parfaitement adapté. La carrière permet de décrire des phénomènes et des activités en prenant en considération la suite des positions occupées, les étapes et bifurcations au cours du temps, l'accumulation des expériences, tout en rendant compte des statuts, des changements, des réseaux qui concernent et entourent l'acteur.

Utilisée dans le domaine professionnel, la notion de carrière permet de suivre les évolutions d'une personne tout au long des différentes phases de responsabilité et d'apprentissage qu'elle traverse. Utilisée pour rendre compte des phénomènes de déviance ou de précarité, la notion de « carrière morale »[1] permet de suivre dans le temps les transformations d'une personnalité. Elle autorise une interprétation en tenant compte d'au moins deux dimensions : l'une, objective, concerne les statuts et les positions, l'autre, subjective, concerne les évolutions des perspectives selon lesquelles l'individu se perçoit. Raisonner en termes de carrière permet de mettre au jour les modifications et les altérations d'une personnalité. Il convient cependant de ne jamais oublier les aspects contingents et imprévisibles d'une carrière, celle-ci n'étant jamais un cycle linéaire d'étapes avec des paliers uniformes.

La carrière du SDF est à envisager par rapport au système de prise en charge. Les étapes d'inscription dans les dispositifs, les résistances à la prise en charge, le fait de saisir ou non les opportunités proposées par les acteurs de la prise en charge, les basculements d'un agencement de la vie quotidienne à un autre font la matière d'un processus évolutif vécu par le SDF.

Cette présentation de la carrière du SDF mériterait encore des perfectionnements pour être totalement validée car il reste de nombreuses hypothèses à tester pour comprendre les trajectoires des SDF. Sous cette forme elle est suffisamment claire et étayée pour fonctionner, en tant qu'outil analytique. Rappelons tout d'abord qu'il existe tout un ensemble de travaux, certains très anciens, qui insistent sur la nécessité de raisonner de manière diachronique et typée[2]. Cette (re)construction de la carrière des SDF s'appuie en partie sur la typologie des bénéficiaires de l'action sociale proposée par Paugam[3]. Celui-ci distingue les *fragiles*, qui bénéficient d'une intervention sociale

1. H. Becker, *Outsiders*, *op. cit.*, E. Goffman, *Asiles*, *op. cit.*

2. N. Anderson, *Le hobo. Sociologie du sans-abri*, Paris, Nathan, 1993 (1921) ; A. Vexliard, *Le clochard*, *op. cit.*

3. S. Paugam, *La disqualification sociale*, *op. cit.*

ponctuelle, les *assistés*, qui bénéficient d'une intervention sociale régulière et les *marginaux*, qui sont en situation d'infra-intervention. « Conjurée » ou « organisée », cette marginalité est une situation très diversement vécue, retournée ou négociée. Une partie des SDF peuvent se rapprocher de cette catégorie analytique : ceux qui refusent toute assistance ou bien ceux qui ne sont pas pris en charge alors qu'ils le souhaitent. Cependant, d'autres SDF sont très régulièrement suivis, tandis que d'autres ne le sont que ponctuellement. La formalisation de la carrière du SDF n'est donc ni un simple recoupement, ni un simple développement de la typologie de Paugam.

La carrière du SDF peut comporter trois étapes typiques que l'on nomme la *fragilisation*, la *routinisation*, la *sédentarisation*. Cette carrière comprend des entrées et des sorties. Les entrées dans la carrière correspondent aux moments à partir desquels une personne est reconnaissable, par les autres et par elle-même, comme SDF. Les sorties sont les moments après lesquels cette identification n'est plus possible.

La *fragilisation* correspond à l'entrée dans la carrière. Les comportements des personnes qui se retrouvent, pour la première fois, à la rue ou dans un service destiné aux sans-abri ont des similarités qui les distinguent des autres SDF. Elles ne maîtrisent pas les rouages de réseaux qui pourraient les aider. Généralement invisibles dans la foule, elles ne peuvent être repérées comme SDF que lorsqu'elles se déclarent comme telles, aux guichets de l'assistance ou bien en exerçant diverses activités généralement associées à la population SDF (mendicité, vente de journaux). Ce n'est qu'à partir du moment où elles sont repérées par le système de prise en charge, et/ou à partir du moment où elles se considèrent elles-mêmes comme SDF, sans solliciter de secours, que la carrière peut débuter. La première demande d'aide à une assistante sociale, la première queue pour bénéficier d'un repas pour les sans-abri, la première nuit dans un centre d'hébergement sont des moments possibles d'une entrée dans la carrière. Il s'agit d'un bouleversement dans la vie d'une personne passée de la stabilité à l'assistance, après généralement un engrenage dans la précarité. Symboliquement, le premier contact établi avec le système de prise en charge des sans-abri est très dur parce qu'il signifie qu'on se trouve effectivement dans cette situation. Les personnes qui viennent de perdre leur logement peuvent chercher à déguiser leur situation en se refusant à aller demander une assistance. Par crainte, honte et/ou méfiance, une personne dans ce cas pourra ne pas chercher à côtoyer ni à rencontrer d'autres SDF. Cherchant à « sauver la face », cette personne peut adopter des lignes de conduite et des modes de gestion de sa vie quotidienne qui masquent, aux yeux des autres (passants mais également travailleurs sociaux ou policiers), sa condition.

La *fragilisation* est certainement la phase la plus courte d'une carrière de SDF, car elle ne peut s'étendre longuement. Deux suites sont possibles. Quelques heures ou quelques jours après être entrée, la personne peut sortir de la carrière en retrouvant, avec ou non l'appui d'un service de prise en charge, des ressources stables. Dans le cas contraire, le SDF poursuivra sa carrière en maîtrisant mieux son existence quotidienne. En dépassant sa répugnance, ses peurs, ses hésitations, le SDF peut prendre contact avec trois types de personnes avec qui il gérera et négociera son passage dans le système de prise en charge : des pairs avec qui il sera possible d'échanger des ressources (affectives, matérielles), des acteurs de la prise en charge (assistantes sociales, bénévoles) qui pourront tenter de trouver une issue aux problèmes signalés, des proches (parents ou amis) qui pourront, le cas échéant, être d'un certain secours. Parmi les autres SDF, il faut choisir ceux dont on pense qu'ils peuvent effectivement apporter un appui (moral ou plus tangible) plutôt qu'une violence supplémentaire. Parmi les proches, il faut trouver, s'il en reste, ceux qui pourront être d'un certain secours symbolique ou concret. Parmi les acteurs du système de prise en charge, il faudra trouver ceux dont le contact n'est pas trop coûteux symboliquement.

La *routinisation* correspond à une phase d'engagement plus long (parfois très long) dans la carrière. À force de temps passé à la rue et/ou dans les services de prise en charge, les modalités de vie quotidienne se composent à partir d'activités qui deviennent routinières[1]. L'environnement institutionnel de la prise en charge devient plus familier. Des répertoires individuels d'action s'établissent à partir des expériences, des échecs, des contacts. Les SDF ont pu se familiariser, s'habituer, s'adapter au système de prise en charge. Ils développent des savoir-faire et des répertoires de pratiques figuratives qui leur permettent de s'engager et de contrôler des interactions particulières avec les habitants de la ville et avec les acteurs du système de prise en charge. Avec le temps, ils assemblent des stratégies, des tactiques, des routines, qui sont matérielles, interpersonnelles et psychologiques[2]. Ces répertoires n'émergent pas *ex nihilo*. Ils sont façonnés et appropriés par des sans-abri qui font preuve d'ingéniosité, de compétences et de maîtrise relative des offres de services dont ils peuvent se saisir.

Avec la *routinisation* comme type de moment dans un processus, on cherche à comprendre le comportement de personnes qui depuis un moment sont contraintes d'afficher régulièrement leurs problèmes (aux guichets de l'assistance et/ou dans l'espace public). Leur vie est organisée autour de réseaux d'assistance comprenant la

1. P. Pichon, « La manche, une activité routinière », *Annales de la recherche urbaine*, nº 57-58, 1992, p. 147-157.

2. Voir les constats de D. Snow, L. Anderson, *Down on their luck*, *op. cit.*

famille, les connaissances, mais aussi les multiples centres d'accueil, d'hébergement ou de soins. Leur dégradation physique et sociale peut être visible par des attributs identifiables comme des vêtements sales, une mauvaise santé apparente, des déplacements en groupes de pairs, la fréquentation de services d'accueil, l'attente visible dans les files d'attente des soupes populaires, mais leur errance n'est pas aussi désorganisée qu'on l'imagine. Par apprentissage et contacts avec des « collègues », ils expérimentent des pratiques de subsistance (petits boulots et trafics, manche, vente de journaux) et renforcent leur connaissance des réseaux d'assistance. Ces personnes peuvent faire l'objet d'une intervention sociale régulière. En fonction des personnes, l'utilisation des services varie fortement. Les souffrances, la lassitude, le désespoir se font certainement plus présents. Des expédients (alcool, stupéfiants, médicaments) sont utilisables pour assurer le maintien de soi dans des circonstances dégradantes. Les sorties de la carrière sont toujours possibles. De la même manière que pour la *fragilisation*, appuyée ou non par un service de prise en charge, une personne peut retrouver une stabilité sociale qui ne le fait plus compter parmi les SDF. Une autre voie de sortie, plus tragique, est de mettre fin à ses jours. Une autre voie encore, qui n'est pas une sortie de la carrière, est d'abandonner les routines qui ont pu être élaborées en fonction du système de prise en charge. S'ensuit une phase de *sédentarisation*.

La *sédentarisation* est la phase d'adaptation à la rue des personnes dont la situation évoque l'image du clochard. Par *sédentarisation* on entend à la fois installation dans l'espace public et retranchement par rapport au système de prise en charge des SDF. Toujours présents sur le même territoire, ces SDF suscitent habituellement plus la compassion que la peur. Ils sont très visibles. Généralement moins mobiles géographiquement que les personnes qui traversent d'autres phases dans la carrière, ces SDF refusent souvent les offres de prise en charge. Ils ont rebâti une sorte d'espace privé à l'intérieur de l'espace public (sous un porche ou dans une friche urbaine). Parmi leurs caractéristiques, on repère de la rationalisation et des discours utilisés pour justifier leur situation et retourner le stigmate (ils déclarent « je suis heureux » ou « je l'ai choisi » pour ne pas avoir à s'investir dans des discussions sur leur histoire). La *sédentarisation* se caractérise par un éloignement vis-à-vis du système de prise en charge, ce qui la différencie de la phase de *routinisation*. À ce dernier titre, on pourrait penser que la *sédentarisation* serait plus une sortie de la carrière du SDF qu'une véritable suite. En réalité il s'agit bien d'une phase de cette carrière car la personne reste bien SDF *stricto sensu*. Elle est une cible prioritaire du système de prise en charge, et elle demeure en contact avec des acteurs de la prise en charge, même si ceux-ci s'entendent souvent refuser leurs offres de service. Les SDF qui traversent une phase de *sédentarisation* présentent la particularité d'être à la fois les plus visibles (car en permanence dans l'espace public et visiblement en difficulté après souvent de longs moments dans cette carrière) et les moins nombreux, au moins sur le temps d'une année.

Ce raisonnement en termes de carrière autorise une compréhension de la population SDF en fonction de situations types. Insistons sur le fait que chacune de ces situations correspond à un moment dans une carrière possible de SDF, et non à une tripartition de la population SDF en trois catégories distinctes. Insistons également sur le caractère incertain des frontières entre les différentes étapes. Il n'existe pas un implacable cheminement du processus qui ferait s'enchaîner mécaniquement chacune des phases. On peut rester des années dans la *routinisation* sans jamais connaître la *sédentarisation*. Sédentarisé depuis quelque temps, on peut réagir, se réorganiser et reprendre contact avec le système de prise en charge. Le choc de la *fragilisation* ne conduit pas mécaniquement à la *routinisation*. S'il y a des entrées dans la carrière, il existe aussi des sorties. Le fatalisme comme le déterminisme ne sauraient être de mise. La carrière ne doit pas être envisagée comme linéaire et mécanique. Il s'agit plutôt d'une spirale qui peut être remontée et descendue, avec des à-coups ou plus progressivement. Être SDF n'est pas l'aboutissement de ce processus mais un processus permanent de négociation identitaire et d'inscription dans un système de prise en charge.

À chacune de ces phases on peut trouver des personnes extrêmement différentes. Leurs revenus, leur situation familiale, leur âge, les éventuels troubles psychiques, les comportements additifs, les situations d'hébergement et de logement se distribuent de manière très variés.

Dans un souci de clarté, on a réuni dans le tableau 9 quelques-uns des éléments caractéristiques de ces différentes phases au regard des contacts avec le système de prise en charge des SDF.

Tableau 9. — *Les trois phases de la carrière du* SDF *et le système de prise en charge*

Phases	*Rapports avec le système de prise en charge des SDF*
Fragilisation	Contacts inexistants ou hésitants Ignorance des différentes possibilités proposées Refus possible d'être pris en charge
Routinisation	Contacts établis depuis longtemps Relations suivies avec différents segments du système de prise en charge Capacités d'évaluation et maîtrise des dispositifs permettant d'assurer la vie quotidienne

Sédentarisation	Contacts ponctuels et très spécifiques Refus assez général de la prise en charge institutionnelle Maîtrise de réseaux de survie construits avec et à côté du système de prise en charge

Engagés dans ces carrières, personnelles et singulières, les SDF ne restent pas inactifs, inertes ou amorphes. Au contraire, dans toutes les phases, ils développent individuellement des organisations, des habitudes, des appréciations, des adaptations. Ils agissent en fonction de rythmes et d'agendas qui reposent sur des répertoires d'action particuliers. La plupart des travaux sérieux sur les SDF insistent sur l'absence de désordre, d'indiscipline ou d'apathie totale qui pourraient entourer leur vie quotidienne. Ils mettent au contraire en lumière leurs capacités de réaction et d'action, qui encadrent leur vie quotidienne, même pour ceux qui sont présentés comme les plus en difficulté. C'est toute la substance du prochain chapitre, consacré à l'analyse du « bricolage » de la vie quotidienne des SDF.

LE BRICOLAGE DE LA VIE QUOTIDIENNE

Pour rendre compte des expériences concrètes des SDF, en fonction du système de prise en charge, on propose d'insister sur une caractéristique principale de la vie quotidienne, le bricolage[1]. L'analogie avec le brico-

1. N'exagérons pas l'innovation, et signalons que S. Paugam, « Déclassement, marginalité et résistance au stigmate en milieu rural breton », *Anthropologie et sociétés*, vol. 10, nº 2, 1986, p. 23-36, observait déjà explicitement, dans ses premiers travaux, le « "bricolage" de la vie quotidienne » d'individus défavorisés.

lage, comme l'emploi d'une appréciation élargie de la rationalité, peuvent sembler manquer de fermeté. Ces deux options, versées au débat sociologique, fournissent des suppléments de compréhension dans le cadre assigné à ce livre : comprendre les SDF non pas ethnographiquement comme un groupe particulier, mais analytiquement comme la cible d'un système de prise en charge.

L'étude fouillée des appartenances, des ruptures et des mécanismes identitaires amène à penser que la rationalité des SDF ne peut être pleine et entière. On peut également risquer une confusion entre ce qui est repérable comme affiliations et socialisation, qui ne seraient en réalité qu'adaptations nécessaires et sociabilité contextuelle. Cependant, les propositions assises sur une considération des SDF en tant qu'acteurs sociaux permettent de saisir, de manière cohérente, un ensemble de comportements et d'expériences, dont la logique même est souvent soit niée soit rabaissée à de simples réactions. Sur le plan des liens sociaux, on ne peut que remarquer leur faiblesse dans le cas des SDF. Mais cette déficience est loin d'être entièrement spécifique à cette population (voir les cas, par exemple, des personnes âgées isolées ou des déments internés). Par ailleurs, on trouve toujours des capacités chez les SDF à figurer dans des groupes (sodalité), ainsi qu'à participer à des réseaux avec des liens plus ou moins forts, mais établis (sociabilité). C'est au titre de la socialité (la capacité à assurer la cohésion des groupes et des réseaux) que les difficultés, incontestablement, sont les plus élevées[1].

Dit autrement, l'acteur social SDF entretient des liens sociaux relâchés, mais il ne peut valablement être considéré définitivement comme « hors-social », en situation de « mort sociale ». Plus précisément, son lien de filiation

1. On reprend les catégories de J. Baechler, « Groupes et sociabilité », *in* R. Boudon (dir.), *Traité de sociologie*, *op. cit.*, p. 57-96.

peut être rompu : il n'a plus de contact avec ses ascendants et éventuels descendants. Son lien d'intégration, c'est-à-dire sa socialisation dans des groupes, peut s'être radicalement modifié, mais il n'y a pas pour autant absence de toute forme d'intégration. Son lien de citoyenneté, c'est-à-dire son appartenance à une communauté d'individus disposant de droits, peut s'être affaibli, mais ce n'est pas systématiquement le cas : des SDF ont bien tous leurs droits civils et sociaux[1]. En tant que SDF, ils disposent tous néanmoins – et c'est ce qui est problématique – d'une place particulière dans le système de reconnaissance et de gestion des droits. Par ailleurs, sans grandes possessions privées, généralement sans activité rémunérée dans la stabilité, avec des droits qu'ils peuvent ou non faire valoir, il leur est difficile de s'identifier et d'exister positivement. De fait, les SDF disposent de supports très réduits pour ce qui relève des diverses propriétés permettant l'autonomie individuelle[2].

Fort de ces précisions, on présentera d'abord une critique des analyses opérées uniquement en termes de « désaffiliation » ou de « désocialisation » qui conduisent parfois à repérer improprement des catégories réifiées de personnes « désaffiliées » ou « désocialisées ».

« Désocialisation » ou socialisation ?
« Désaffiliation » ou affiliations ?

Les catégorisations de la population SDF prennent généralement acte de la diversité de la population sans-abri. Elles dépassent souvent le simple classement socio-démographique, mais la tendance est à repérer des caté-

1. On reprend les types de rupture du lien social tels que proposés par S. Paugam, M. Clémençon, *Détresse et ruptures sociales*, *op. cit.*

2. Sur la nature des supports et des propriétés de l'individu, cf. R. Castel, C. Haroche, *Propriété privée, propriété sociale, propriété de soi*, *op. cit.*

gories de situations par rapport à des processus dits de désocialisation ou de désaffiliation. Les SDF pourraient être de la sorte catégorisées à partir de degrés de désocialisation ou de désaffiliation.

Des classements s'opèrent en repérant les SDF qui se trouveraient au bout de ces processus, en situation de désocialisation ou de grande, voire de « très grande », exclusion. Les SDF seraient en bas de l'échelle sociale, mais aussi en fin de course dans une échelle de la marginalité. De nombreux dispositifs fonctionnent d'ailleurs à partir d'une tripartition de la population SDF qui, si elle n'est pas une catégorisation socio-démographique, n'est pas non plus une caractérisation dynamique. Cette catégorisation ternaire consiste à repérer les « grands exclus » ou les « très grands exclus », puis à distinguer des personnes SDF qui savent utiliser les dispositifs voire en profiter, et enfin à repérer des personnes « en galère » qui ne bénéficieraient pas encore des services qui peuvent les aider.

Des théorisations circulent ainsi, notamment sur la désocialisation. Il est souvent fait référence à Vexliard qui utilisait cette notion pour présenter les mécanismes successifs pouvant mener à la condition de clochard. Il n'aboutissait cependant pas à des appréciations en termes de mort sociale. Celles-ci poussent à considérer les SDF comme incapables de comprendre ce qui leur arrive. Ils seraient insensibles à la douleur, au froid, à la violence. Leurs comportements seraient totalement incohérents et irrationnels. Ces catégorisations établies à partir d'un processus dit de désocialisation aboutissent à nier toute rationalité aux SDF et à les considérer comme des malades. L'explication et la caractérisation de leur comportement sont alors simples puisque tout se ramène à cette désocialisation qualifiée de pathologique. On parle alors des SDF (totalement) « désocialisés », considérant qu'il s'agit certes de l'aboutissement du processus mais, surtout, d'un état devenu fixe. Le danger se profile de faire des SDF, ou de certaines catégories de SDF (les « clochards », par exemple), des désocialisés par excellence. On risque de figer des situations qui peuvent évoluer dans le temps. Comme pour la thématique de l'exclusion, avec les « exclus », celle de la désocialisation risque de faire naître une catégorie particulière de personnes « désocialisées » appelant un traitement catégoriel adapté. Certains observent ainsi une catégorie de SDF, distincte des autres : les « grands » ou « très grands » exclus. Ceux-ci seraient les « vrais » SDF, les incurables ou les « non (ré)insérables », avec des troubles mentaux particuliers, pour lesquels des dispositifs spécifiques s'imposent[1].

Il importe de discuter avec vigueur ce type d'approche. La désocialisation y est envisagée comme une descente mécanique de l'échelle sociale qui aboutit à un état définitif de déchéance et d'isolement. Les « grands exclus », les « clochards » seraient des épaves condamnées par un enchaînement balistique de crises et de ruptures. L'accumulation des difficultés serait inéluctable, tout comme la dislocation de l'identité et la désagrégation des capacités d'action. La désocialisation serait une condition particulière dans laquelle se trouverait des individus privés de toute aptitude à agir. Cette appréciation est extrêmement contestable. Goffman, dans son étude des institutions totales, considérait que le terme « désocialisation » pour caractériser les malades mentaux était trop fort « puisqu'il implique la perte des aptitudes fondamentales à communiquer et à coopérer », ce que le sociologue américain n'observait absolument pas dans la mesure où les reclus savaient très judicieusement interagir, intriguer, riposter, répliquer, jouer des privilèges[2]. Il repérait toutefois les

1. Voir, à nouveau, X. Emmanuelli, *Dernier avis avant la fin du monde*, *op. cit.* ; P. Henry, M.-P. Borde, *La vie pour rien*, *op. cit.* ; et pour une formalisation poussée, P. Declerck, *Les naufragés*, *op. cit.*

2. E. Goffman, *Asiles*, *op. cit.*

pertes des habitudes courantes, qui impliquent des difficultés à revenir à des cadres de vie préalables. Plutôt que de « désocialisation », il préférait évoquer des phénomènes de « déculturation » ou « désadaptation ». Cette dernière notion de « désadaptation » (qu'il ne faudrait pas rapprocher de l'inadaptation) semble plutôt heureuse, par exemple pour ce qui concerne le logement. On relève des cas de personnes à la rue depuis des années qui ne supportent pas d'être relogées et qui se montrent incapables de gérer la vie quotidienne d'un logement (utilisation d'un réfrigérateur, paiement du loyer, contacts avec les voisins, etc.). Ces difficultés n'ont pas nécessairement trait à une modification pathologique de la personnalité[1]. Il s'agit d'abord du fait que la vie à la rue depuis des années, n'a rien à voir avec la gestion « en bon père de famille » d'un logement. Il n'est donc pas étonnant que des personnes aient du mal à se réapproprier un logement, tout comme, à l'inverse, on peut comprendre qu'une personne normalement logée depuis dix ans ait des difficultés à trouver immédiatement ses marques si elle se retrouve du jour au lendemain à la rue.

Les processus de désocialisation sont généralement envisagées comme des involutions et non comme des évolutions. Plus précisément, ils sont compris comme des mécanismes irrémédiablement involutifs et non comme des dynamiques évolutives. Ces constats, parfois désignés

1. Ne nions pas l'évidence : l'existence de pathologies mentales chez les SDF. On relativise seulement les spécifications de la question SDF qui s'y arrêtent principalement. L'état de santé des SDF, spécialement sur le plan de la maladie mentale, prête à toutes les confusions. Pour des informations solides, signalant que la prévalence des troubles psychiques chez les SDF est plus élevée que dans la population générale, sans l'être considérablement et sans concerner essentiellement des pathologies lourdes, cf. J.-M. Firdion, T. Lecomte, M. Marpsat, A. Mizrahi, A. Mizrahi, « Vie et santé des personnes sans domicile à Paris », *Questions d'économie de la santé*, n° 13, CREDES, juillet 1998. Sur le même sujet, dans le cas américain, voir D. Snow *et al.*, « The myth of pervasive mental illness among the homeless », *Social Problems*, vol. 33, n° 5, 1986, p. 407-423.

comme de la « déculturation », font de fait l'impasse sur les mécanismes parallèles d'acculturation. Aussi, plutôt que de s'arrêter au seul processus de désocialisation, il semble plus pertinent de repérer des mécanismes conjoints, sous la formes d'un couple : socialisation/désocialisation. Ce couple a pour moteur une dynamique générale d'intégration et de non-intégration, de décomposition et de recomposition des identités.

Passons maintenant à une discussion des approches en termes de « désaffiliation », le terme ayant rencontré le succès avec le livre de Castel sur les changements de la société salariale. Au sujet des SDF, il existe un ensemble de travaux américains sur la désaffiliation, réalisés à partir de la fin des années 1960, qui permettent une compréhension fine des phénomènes. Bahr et Caplow, qui en ont lancé les bases, s'intéressent explicitement à la « carrière » des *homeless* au regard de différentes affiliations [1]. Bahr indique que la désaffiliation est un processus central de la vie sociale. Les affiliations (synonymes chez lui de liens sociaux) sont constamment mises à l'épreuve, affaiblies, dissoutes ou raffermies. Bahr souligne que le désaffilié, du point de vue de n'importe quel groupe, est celui qui n'est plus membre du groupe [2]. Bahr et Caplow ont mesuré les évolutions des affiliations, en comparant des populations différentes en fonction de degrés (contacts avec la famille, occupation professionnelle, participation à des syndicats, fréquentation d'une église, etc.). Il en ressort des situations contrastées dans la population sans-abri, sans qu'on puisse mettre au jour des conditions d'absence absolue d'affiliation. Pour Bahr et Caplow, la désaffiliation n'est jamais définitive [3]. Les travaux de Bahr et Caplow ont été relus et

1. H. Bahr, T. Caplow, *Old Men Drunk and Sober*, *op. cit.*
2. H. Bahr, « Homelessness, disaffiliation, and retraitism », *op. cit.*
3. H. Bahr, T. Caplow, « Homelessness, affiliation, and occupational mobility », *op. cit.*

repris dans les années 1980 et 1990 aux États-Unis, figurant presque comme base d'une tradition de recherche sur la désaffiliation. À la fin des années 1980, des chercheurs ont repris l'enquête et mesuré les affiliations chez les sans-abri avec une batterie d'une vingtaine d'indicateurs (nombre de visites dans la parenté et la fratrie, nombre de contacts avec d'autres proches et amis, aides financières ou matérielles de la part de ces personnes, relations avec les services publics ou associatifs)[1]. Les résultats montrent que les sans-abri ont une activité sociale plutôt dense, parfois intense, avec des amis, des connaissances, des confidents. Ces enquêtes montrent, en comparant les degrés d'affiliation de différents groupes sociaux, que les sans-abri n'ont certes pas le même niveau, ni le même type d'activités et de liens sociaux, mais qu'ils conservent bien des capacités de relation et d'action. Ils ont pour certains une activité sociale très riche[2].

Dans le contexte français urbain contemporain, on observe que les SDF vivent en interdépendance avec les passants, les commerçants, les policiers, les travailleurs sociaux qui circulent ou qui exercent leurs fonctions dans l'espace public. Entre ces acteurs, au moins entre ceux qui se croisent régulièrement, des conventions peuvent être établies, des normes peuvent être forgées, des rites peuvent être respectés. C'est, par exemple, ce qui se passe entre les agents des services de sécurité des espaces de transport et les SDF qui peuvent s'y trouver. Ils s'entreprennent, se testent et apprennent à coopérer. Il s'agit, pour les premiers, de limiter la présence des seconds, notamment à certaines heures et à certains endroits. Il

1. M. La Gory, K. Fitzpatrick, F. Ritchey, « Homelessness and affiliation », *The Sociological Quarterly*, vol. 32, nº 2, 1991, p. 201-218.

2. On pourra exploiter l'enquête récente de l'INSEE en ce sens, pour faire des investigations sur les liens sociaux, les affiliations, ou, pour prendre un terme qui gagne en reconnaissance, le « capital social » ; ces expressions étant loin de désigner des choses différentes.

s'agit, pour les seconds, d'accéder aux ressources qu'ils recherchent (dont la sécurité produite par les premiers). On peut trouver ces modes d'arrangements, parfois même dans les quartiers les plus élégants et/ou les plus touristiques, entre des patrons de bars et des sans-abri qui vivent à côté de ces établissements. À la fois gêneur, mais également consommateur, le SDF doit être pris en compte avec une considération singulière par les serveurs. Réciproquement, le SDF doit s'ajuster sur des comportements et des horaires pour pouvoir continuer à fréquenter ce lieu. Il résulte de ces interactions et interconnaissances, des relations sociales élaborées et suivies[1]. Plus généralement, ce qu'il importe de souligner, c'est que dans tous ces contacts, frottements, et ajustements entre sans-abri et domiciliés dans les villes, il y a nettement de l'« activité sociale », au sens exact donné par Weber dans *Économie et société* : « N'importe quel contact entre les hommes n'est pas de caractère social, mais seul l'est le comportement propre qui s'oriente significativement d'après le comportement d'autrui. » Dans ces exemples, patrons de bar et policiers – comme dans d'innombrables autres contextes d'interactions (avec des manifestations de reconnaissance à des donateurs, avec des discours affligés ou violents en face de travailleurs sociaux, avec des sourires auprès d'enfants, etc.) –, et SDF agissent en réciprocité, en fonction de motivations, d'idées et d'appréciations de la situation.

Chez chaque SDF (*lato* comme *stricto sensu*) et à l'intérieur des différents groupes de SDF, on trouve toujours, mais il est vrai à des degrés disparates, de la sociabilité, des inscriptions dans des réseaux sociaux, des capacités de négociation. En bref, quel que soit le temps passé à la rue on trouve toujours des capacités d'action. Les « très

1. On fait part ici d'observations réitérées depuis des années, en particulier au Relais de l'Odéon, dans le Quartier Latin à Paris.

grands exclus » ne sont jamais dans une situation de totale anomie. Les SDF ne vivent pas dans une sous-culture particulière, au moins parce que si on devait conserver ce terme il faudrait encore multiplier les sous-cultures particulières. Il ne s'agit pas non plus d'une sous-culture fermée, car on ne peut observer l'adhésion à un ensemble distinguable de valeurs partagées qui séparerait les SDF du reste de la société. En un mot, les analyses en termes de seule désocialisation ou de seule désaffiliation sont très insuffisantes. Le constat, très discutable, de l'existence de personnes irrémédiablement désocialisées ou désaffiliées empêche d'interpréter soigneusement, et dignement, la vie quotidienne des SDF.

Il importe de rappeler que les analyses sur les vagabonds et les mendiants ont longtemps et très vivement insisté sur la rationalité, malveillante, de leurs activités et sur leur organisation criminogène (au XIXe siècle, par exemple), alors que les travaux plus récents consacrés aux clochards ou aux SDF ont insisté sur leur irrationalité, leur désorganisation et leur retrait de la vie sociale. Dans sa célèbre typologie des modes d'adaptation aux situations vécues, Merton considère que la modalité de l'évasion *(retraitism)* est adoptée par des individus qui se trouvent *dans* ce monde sans être vraiment *de* ce monde[1]. Il cite le cas « des malades mentaux, des hallucinés, des parias, des exilés, des errants, des vagabonds, des clochards, des ivrognes chroniques, des drogués, etc. ». Parmi les précurseurs de l'analyse des *homeless*, Levinson écrit que le sans-abri est « détaché fondamentalement de la vie sociale »[2]. Il n'est pas utile de multiplier les exemples. Les portraits proposés dans cette optique abondent.

1. R. Merton, *Éléments de théorie et de méthode sociologique*, Paris, Armand Collin, 1997 (1953).

2. B. Levinson, « The Homeless man. A psychological enigma », *Mental Hygiene*, vol. 47, n° 4, 1963, p. 590-601.

Les observations qui placent la désocialisation ou la désaffiliation, au centre de leurs propos rendent bien compte du fait que les SDF peuvent ne pas avoir d'emploi, ni de logement stable, ni de relations avec leur famille. Cependant elles oublient qu'il y a de nouvelles affiliations, de nouveaux liens qui se créent, se consolident, se brisent, se reconstituent. Ces liens, ces affiliations sont généralement plus fragiles que chez les personnes ayant un domicile. Cela n'est certainement pas dû à une configuration psychique particulière mais aux conditions dans lesquelles ces liens peuvent se nouer et se consolider. Bahr, dans sa conceptualisation de la désaffiliation s'inspirant de l'évasion de Merton [1], insiste sur le fait qu'il faut prendre en compte des degrés relatifs et se défier de toute catégorisation absolue.

Le terme de désocialisation est certainement adéquat pour saisir le processus psychologique involutif lié à la perte du logement, à la séparation familiale et à tout autre problème qui peut marquer le début d'une carrière de SDF. Utilisé sans son corollaire (la socialisation), il ne peut permettre une compréhension dans le temps de cette carrière. La désocialisation ne peut se comprendre que lorsqu'on prend en considération les socialisations, d'un autre ordre, qui peuvent prendre forme. Pareillement, le terme de désaffiliation ne doit pas seulement amener à observer des phénomènes involutifs. Parmi les personnes labellisées comme désaffiliées, il en est qui sont encore affiliées, au moins à un organisme de protection sociale. Au-delà de l'expression imagée, c'est bien en considérant le couple affiliation/désaffiliation qu'on peut comprendre

1. Dans le vocabulaire de Bahr *retraitism* est parfois synonyme de désaffiliation. On peut lire dans sa contribution « Homelessness, disaffiliation, and retraitism », *in* H. Bahr (dir.), *Disaffiliated Men*, *op. cit.*, que la notion même de désaffiliation a pour origine une relecture de la théorie de l'anomie de Merton.

la carrière des SDF dans le temps ainsi que les formes que peuvent prendre leur vie quotidienne[1].

Le problème général posé par une étiquette comme SDF et par des théorisations univoques de la désocialisation ou de la désaffiliation est le même que celui posé à toute la sociologie de la déviance par les théories de la désignation. Pour en sortir, la voie proposée par Ogien est appropriée[2]. La désignation « SDF » n'est pas « un statut ontologique unique ». La biographie des SDF est plurielle, faite de classements et de déclassements, de désajustements et d'ajustements, de désaffiliation et d'affiliations multiples, de défauts de socialisation et de socialisations dans divers groupes. Pour prendre le vocabulaire d'Ogien, être reconnu comme SDF est ainsi une « ligne biographique principale », qui masque les autres. Par conséquent, se limiter à un constat de désocialisation ou à la catégorisation homogène de SDF c'est prendre le double risque d'ignorer toutes les capacités de ces personnes et de les enfermer dans une catégorie qui n'est au fond qu'une cible d'action publique, dont la surface varie en fonction des représentations et des théorisations. Celles de la « désocialisation totale » ou de la « désaffiliation absolue » peuvent néanmoins être performantes. Il suffit à leurs promoteurs, dans une tactique commune consistant à limiter la population SDF aux individus correspondant aux caractérisations mises en avant, de restreindre l'utilisation des appellations SDF, clochards ou grands exclus, aux personnes à la rue présentant manifestement des troubles psychiatriques. Mais la question alors, plutôt que de proposer l'institution de services spécialisés, n'est-elle

1. Des travaux récents sur les quartiers « sensibles » vont dans ce sens. Bacqué et Sintomer mettent à l'épreuve la notion de désaffiliation, telle que proposée par Castel. Ils repèrent des « contre-affiliations » et des « réaffiliations ». M.-H. Bacqué, Y. Sintomer, « Affiliations et désaffiliations en banlieue », *Revue française de sociologie*, vol. 42, n° 2, 2001, p. 217-249.

2. A. Ogien, *Sociologie de la déviance*, Paris, Armand Colin, 1995.

pas prioritairement de s'inquiéter de l'adaptation des organisations sanitaires et sociales généralistes à ces particularités ? Les SDF fous sont-ils d'abord des SDF ou des fous ? La ligne biographique principale est-elle la folie ou le fait d'être identifiable comme SDF ? De la réponse à cette question fondamentale découle la structuration des dispositifs qui peuvent être mis en place. Quelle que soit la réponse, elle ne concerne absolument pas toutes les personnes ciblées comme SDF. En outre, toutes disposent, même si c'est avec une incontestable inégalité, de ressources et de supports leur permettant d'être des acteurs sociaux, sans être nécessairement des citoyens à part entière.

Les SDF comme bricoleurs

Être SDF ce n'est pas seulement avoir perdu son logement et se retrouver au plus bas de l'échelle sociale, c'est être confronté à des doutes sur son existence et sur son identité. Il ne s'agit pas seulement de cogitations intimes, mais de réactions aux regards ou aux propos lors des rencontres qui ont lieu avec les autres. Même face aux bénévoles, aux donateurs, les SDF sont renvoyés en permanence à leur condition dévalorisée.

Les SDF restent néanmoins des acteurs. Se donner une contenance, sauver la face, maintenir sa dignité sont des activités qui demandent de l'énergie, des tactiques, des ressources. L'acteur social SDF a toujours des activités matérielles, cognitives, psychologiques, affectives. Même le plus isolé des SDF conserve des contacts. Sédentarisé dans la rue, il continue à se nourrir, à s'habiller, à parler. Il achète des vivres et des boissons. Il propose des explications à sa situation. En fonction de la configuration locale du système de prise en charge, il sait élaborer des conduites qui lui permettent de bénéficier de tel ou tel service. Bien entendu, tous les SDF n'ont pas les mêmes compétences, ne développent pas les mêmes tactiques, n'obtiennent pas les mêmes résultats. En tout cas, les SDF conservent toujours des activités et des relations sociales. Ils n'ont pas seulement des comportements d'automates réactifs. Les activités restent significativement orientées sur celles d'autrui, qu'il s'agisse d'insultes, de demandes obséquieuses ou d'une ignorance feinte.

L'écueil habituel de la sociologie, qui consiste à observer les comportements comme étant le fait soit d'un acteur totalement rationnel en intérêt soit d'un agent ne fonctionnant que de manière dominée au sein d'une sous-culture, est patent dans le cas de l'analyse de la question SDF. De nombreux travaux considérant les SDF comme des « désocialisés », adaptés au seul monde de la rue, leur dénient toute rationalité et insistent sur l'irrationalité des comportements. Ils font des SDF en quelque sorte des « idiots culturels » (l'expression est du sociologue Garfinkel). À l'inverse, d'autres travaux, moins répandus aujourd'hui alors qu'ils dominaient auparavant, proposent de considérer les SDF comme des acteurs stratégiques pesant sans cesse les coûts et avantages des alternatives. Dans cette perspective, la rationalité des SDF est jugée totale, mais elle se limite à une acception de la rationalité uniquement instrumentale. Des économistes adeptes du « *public choice* » se sont engagés dans cette voie pour dénoncer tous les services de prise en charge qui ne seraient pas orientés sur la maladie mentale[1]. Il s'agit là d'une conception du comportement des SDF qui en fait des acteurs seulement axés sur la réalisation de certaines fins utilitaristes. Ils apparaissent de la sorte, si on prend l'expression de l'économiste Sen, comme des « idiots rationnels ». Entre « idiots culturels » et « idiots rationnels », on peut proposer une voie.

1. Voir l'article caractéristique (et dogmatique) de W. Troutman, J. Jackson et R. Ekelund, « Public policy, perverse incentives, and the homeless problem », *Public Choice*, vol. 98, n° 1-2, 1999, p. 195-212.

Repoussant les caractérisations des SDF comme des dominés anomiques ou, de l'autre côté, comme des stratèges utilitaristes, on propose de les saisir comme des « bricoleurs ». La description de la vie quotidienne en termes de « débrouille » a été faite depuis longtemps[1]. Les observations et les entretiens informels avec les sans-abri sont emplis de constats en ces termes : « je me débrouille », « je bricole », « je m'arrange », « je bidouille », « je trafique », « je me démerde », « je m'active », « c'est le système D ». Si on rappelle cette utilisation par les SDF d'un registre sémantique souvent proche du bricolage ou de la débrouille pour caractériser leurs actions, c'est parce que – en accord avec les travaux de F. Weber[2] – il faut prendre au sérieux la langue indigène. « Je bricole » et « la bricole » sont des catégories indigènes bien repérées et analysées par l'anthropologue dans ses observations des travaux « à côté » des ouvriers. Pour les SDF, il ne s'agit pas d'une activité secondaire mais bien d'une activité centrale. Snow et ses collègues, s'appuyant sur la notion de bricolage tel que proposée par Lévi-Strauss dans *La Pensée sauvage* (« le "bricoleur" est expert pour un nombre important de tâches »), présentent les SDF comme des « bricoleurs » (en français dans le texte), c'est-à-dire des acteurs sociaux usant et développant des tactiques, assemblées en stratégies, au sein de leur carrière[3].

On peut relever dix points d'analogie entre les SDF et les bricoleurs[4].

Une activité nécessaire. Le bricolage est une activité

1. N. Anderson, *Le hobo*, *op. cit.*

2. F. Weber, *Le travail à-côté*, *op. cit.*

3. D. Snow, L. Anderson, T. Quist, D. Cress, « Material survival strategies on the street : Homeless people as *Bricoleurs* », *in* J. Baumohl (dir.), *Homelessness in America*, *op. cit.*, p. 86-96.

4. On reprend des remarques et des analyses de F. Weber, *Le travail à-côté*, *op. cit.*, et de C. Bonnette-Lucat, « Les bricoleurs : entre polyvalence et spécialisation », *op. cit.*

surtout développée dans les classes populaires, où il est facteur d'économie et de sociabilité. Les SDF sont, majoritairement, issus de milieux défavorisés et doivent avoir recours à de l'autoconsommation ou à des services particuliers (centres d'hébergement, soupes gratuites, etc.) pour des raisons évidentes d'économie.

Une visée d'abord domestique. Par définition, bricoler consiste à exécuter de petits travaux, de petites réparations et de petits aménagements domestiques. La vie quotidienne des SDF consiste à améliorer des conditions d'existence instables, souvent dangereuses et considérées comme très insatisfaisantes.

Pragmatisme. Le bricoleur est un manuel et un pragmatique. Les comportements, les actions, les agendas personnels des SDF ont une orientation foncièrement pragmatique. Ils sont capables d'adaptation, mais également de négociation, d'improvisation et d'innovation, avec une grande dose d'ingéniosité.

Des temporalités imprécises. Les SDF, qui vivent souvent « au jour le jour », sont comme les bricoleurs qui agissent soit de manière ponctuelle (pour une réparation) soit sur des projets de plus long terme. Dans les deux cas le temps est contraint par l'environnement social, les périodes de l'année et les microévénements de la vie quotidienne.

Un isolement relatif. Les SDF sont souvent isolés. Ils sont seuls, ou en groupe restreint, face à l'administration et aux associations. Rares sont ceux qui s'impliquent dans des actions collectives. C'est seuls qu'ils vivent au quotidien les aléas de leur existence et qu'ils réalisent les actions qui leur permettre de survivre et/ou de s'en sortir. Comme les bricoleurs, ils ne « travaillent » pas de manière organisée avec d'autres.

Des collègues. Si les SDF, comme les bricoleurs, réalisent la plupart du temps seuls ce qu'ils font, ils peuvent croiser des « collègues » avec lesquels ils échangent des recettes, des astuces, des adresses, des conseils. On constate que les SDF agissent rarement en groupe, surtout en groupe formellement organisés, mais qu'ils se connaissent parfois bien, même si ce n'est souvent que *de visu*.

Outillage et apprentissage individuels. Le bricoleur a des outils et des instruments qu'il a choisi individuellement et qu'il s'est parfois lui-même constitué. Pareillement, le SDF a des méthodes singulières et des outils (liste d'adresse, équipements pour vivre dans la rue, etc.) qu'il s'est lui-même confectionné, en contact ou non avec des collègues. Par ailleurs, le bricoleur, comme le SDF, apprend « sur le tas ». Tous les deux, ils se perfectionnent par l'expérience, les rencontres, les erreurs, les échanges.

Des centres d'apprentissage et d'outillage. SDF et bricoleurs disposent de grands centres dans lesquels ils peuvent trouver des informations, de nouveaux outils, d'autres collègues avec lesquels ils vont discuter et échanger. Les bricoleurs ont Castorama ou Bricorama. Les SDF ont tous les services créés en leur direction où ils peuvent trouver des nouvelles adresses, des informations, de nouveaux collègues.

Polyvalence. Comme le bricoleur, le SDF a de nombreuses tâches, souvent assez techniques, à réaliser. Il dispose d'outils et d'instruments qu'il ne maîtrise pas tous parfaitement. Mais il dispose d'une vue d'ensemble sur ce qu'il veut et peut faire en fonction de ses compétences et de ses objectifs.

Rationalité des activités. Le dernier élément d'analogie entre bricoleur et SDF est d'ordre cognitif. Les « sauvages » de Lévi-Strauss ont une intelligence de la situation et de leurs actions, quand bien même celles-ci peuvent apparaître incompréhensibles aux yeux du « civilisé ». De même les SDF, dans le contexte particulier dans lequel ils se trouvent, ont des raisons de se comporter et d'agir sur des modes qui peuvent parfois sembler incohérents ou aberrants.

Cette liste d'analogies doit être complétée par quelques mots sur l'hétérogénéité de ces pratiques. Comme les SDF, les bricoleurs forment une population hétérogène avec des cas, des situations et des compétences qui diffèrent. On y trouve des niveaux variés avec des experts, des maladroits, des novices et des anciens. Il existe bien une carrière dans le bricolage.

Cette présentation confirme la consistance d'un rapprochement formel entre bricoleurs et SDF. On peut maintenant l'éclairer de manière plus concrète en reprenant quelques-uns des éléments de la vie quotidienne des SDF. Les SDF, comme tous les acteurs sociaux, doivent se nourrir, dormir, se sentir en sécurité, assurer une certaine hygiène et un maintien de soi. Ils ont besoin de ressources matérielles et affectives. À cet effet, en fonction de la configuration du système de prise en charge, ils trouvent, négocient, refusent, acceptent, demandent des secours, des aides, des hébergements, des repas, des vêtements, de l'argent, du travail. Avec le temps, les SDF façonnent de véritables répertoires de discours et d'actions, adaptés aux contextes locaux et temporels. Ces répertoires sont la résultante des interactions entre les ressources proposées sur un territoire, les contraintes qui y sont patentes et l'ingéniosité individuelle. Les SDF doivent nécessairement s'organiser en fonction d'objectifs.

Pour trouver un abri un soir, les SDF disposent de cinq possibilités : l'assistance institutionnelle (centres d'hébergement, hôtels payés par les associations) ; l'appui proposé par des amis ou des membres de la famille (accueil pour une durée limitée dans une maison ou un appartement) ; l'inscription dans des segments du marché traditionnel du logement (location ou colocation de chambres d'hôtels) ; des opportunités plus illégales (squats) ; des arrangements dans l'espace public (dormir à la rue, dans des squares, des bois, ou des gares). Pour trouver de l'argent, les SDF disposent de trois possibilités :

l'assistance institutionnelle (aide sociale, minima sociaux, contrats aidés, entreprises d'insertion) et/ou privée (soutiens familiaux et/ou amicaux) ; des emplois légaux sur le marché du travail traditionnel (travail salarié ou dans des entreprises d'intérim, travaux à la tâche ou à la journée) ; des activités plus ou moins licites qui permettent de gagner de l'argent (colportage, travail au noir sur des chantiers, vente de journaux, mendicité, *deal*, prostitution, récupération et revente d'objets divers).

En matière de revenus, il existe toute une gamme d'activités, plus ou moins légales, plus ou moins tolérées, plus ou moins rémunératrices, plus ou moins disqualifiantes. La liste exhaustive est certainement très longue. On peut citer, outre la mendicité et ses dérivés, des activités de prestations de service aux habitants d'un quartier comme la surveillance des parkings (protection des voitures, gestion des parcmètres et horodateurs). Dans les gares, ils prennent la relève des porteurs et des bagagistes en assurant le service des chariots, en théorie gratuit. Dans des allées commerçantes, ils peuvent être payés au noir ou en nature en lavant les vitres des boutiques. Ils peuvent écouler des timbres fiscaux qui leur ont été donnés gratuitement pour refaire leurs papiers d'identité. De la même manière, ils peuvent revendre des vêtements qu'ils ont trouvés dans des vestiaires gratuits. Toutes ces activités témoignent d'une grande capacité d'inventivité et de créativité. Les SDF sont ainsi inscrits dans une économie de « la débrouille », de la combine permanente, qui prend une grande partie de la journée afin d'assurer des revenus qui permettront de se laver, de se nourrir, de se loger. Les différents éléments qui composent cette économie de la débrouille peuvent être saisis différemment par les SDF. Ils composent ainsi des stratégies individuelles en prenant tel ou tel élément dans leur répertoire personnel d'action. Le choix entre ces différentes possibilités est affaire de capacités physiques, de besoins physiologiques, d'adhésion ou non à la validité morale de certaines interdictions (vendre de la drogue, se prostituer), et de la configuration du système de prise en charge qui a un impact sur le budget quotidien des SDF.

Des répertoires différenciés de bricolage sont ainsi agencés avec des instruments, des compétences, des objectifs. Avec la progression dans la carrière, ces répertoires s'affinent et se transforment. Les SDF engagés dans une phase de *routinisation* ont des outils, des repères, des tactiques qui composent des répertoires d'action qu'ils façonnent, apprennent et s'approprient. L'ampleur de l'offre de services a un impact sur les répertoires des actions quotidiennes des SDF. Le nombre de places d'hébergement, le nombre d'entreprises d'insertion, le marché potentiel pour les diverses activités rémunératrices, les diverses prestations de repas gratuits, le niveau de la pression sécuritaire (arrêté anti-mendicité, comportement des services de sécurité dans les espaces publics) sont autant d'éléments qui déterminent la configuration du système de prise en charge et, par conséquent, les types et l'ampleur des activités qui sont possibles. La configuration locale du système de prise en charge façonne, ou plutôt accompagne, les routines et les options des SDF.

L'acteur social SDF a une intelligence des offres et des contraintes qui caractérisent localement le système de prise en charge. Il connaît la géographie de sa ville, de son espace, voire, en France, la géographie des villes plus ou moins accueillantes. Il peut avoir une connaissance très fine, qu'il les fréquente ou non, des services proposés. En fait, le véritable expert de la question SDF c'est le SDF lui-même, car il est en permanence en capacité d'appréciation de ces services. Par leur fréquentation, il développe des critères de notation et de sélection de ces offres.

Il y a, bien entendu, de grands écarts entre ces répertoires et leur usage en fonction des différentes personnes, des territoires sur lesquels se trouvent les SDF, des étapes qu'ils traversent dans leur carrière. Ces répertoires comprennent une panoplie d'activités qui permettent de se nourrir, de se maintenir propre, de se loger, de trouver des revenus. Certains vont accepter la promiscuité dans les centres d'hébergement, d'autres non. Certains vont accepter un minimum social comme le RMI, d'autres non. Certains vont s'engager dans l'économie parallèle, d'autres non. Certains vont se livrer à la mendicité, d'autres à la vente de journaux, d'autres encore vont exercer des petits boulots comme le gardiennage de parking ou le lavage de pare-brise aux feux de stationnement. Ils utilisent en fait des stratégies mixtes qui sont un composé des diverses possibilités saisissables. Ces activités ont également pour particularité de ne pas avoir d'impacts garantis. D'un jour à l'autre les ressources trouvées en vendant des journaux ou en faisant la manche peuvent considérablement varier. Les stratégies adoptées ne sont pas toujours gagnantes. Il faut pouvoir s'adapter et en changer.

La vie quotidienne des SDF ne peut donc être une existence bohème, chaotique, désordonnée, irrationnelle. Elle comporte nécessairement des dimensions de lutte pour subsister matériellement, socialement, psychologiquement. Elle s'appuie sur des répertoires d'action utilisables, adaptables, réformables. Elle se déroule en fait avec des routines, des habitudes, des rythmes relativement précis qui peuvent occuper largement toute une journée. Le SDF a un agenda pour organiser ses journées, sa semaine, son année en fonction des ressources qu'il peut espérer, des services qu'il peut solliciter, des endroits où il peut aller. Cet agenda est marqué par des priorités, différentes selon les personnes, pour assurer l'existence dans la journée ou sur une durée plus longue. Les perspectives temporelles, les projets n'étant pas les mêmes, les agendas ne sont pas similaires. Ce qui est intéressant de constater c'est qu'ils existent. Ils se modifient en fonction des évolutions du système de prise en charge, et des périodes hivernales et estivales, des phases diurnes et nocturnes. Même parmi les personnes connaissant une phase de *sédentarisation* on peut repérer ces régularités [1].

Encore une fois, c'est bien la dimension temporelle qui est la plus importante pour saisir la variabilité et la diversité de la population SDF. En fonction des évolutions de la carrière par rapport aux évolutions du système de prise en charge, les répertoires d'action changent. Les modalités de bricolage se modifient. La carrière des SDF peut évoluer selon des trajectoires résidentielles entre l'hôtel, les chambres de bonne, les centres d'accueil, et la rue ; et selon des trajectoires professionnelles, entre les petits boulots plus ou moins légaux, la manche et le RMI. À chaque moment de ces trajectoires, des modifications de statuts et de rôles poussent les SDF à une adaptation pragmatique et à de l'inventivité, toujours pour ajuster contraintes élevées, opportunités limitées, conditions et valeurs personnelles.

L'AFFINAGE D'UNE CIBLE

On propose à titre de synthèse et de transition, et ce sous une forme très visuelle, un graphique récapitulatif. Il procure une représentation de l'affinage, dans le temps, du ciblage de l'action publique en direction des SDF. Le schéma intègre une série de cercles, à la taille qui va diminuant, chaque nouveau cercle se détachant du précédent comme une spécification plus fine du problème et un ciblage plus étroit de la population des « défavorisés ». On a retenu quatre cercles. Le premier rassemble les personnes « défavorisées », qui correspondent à la fois aux débats des années 1970 et aux débats des années 1980 sur la « nouvelle pauvreté ». Le deuxième cercle contient les « exclus », considérant qu'il s'agit de la catégorie qui

1. Voir les descriptions détaillées de P. Gaboriau, *Clochard*, *op. cit.*

remplace les « nouveaux pauvres », tout en étant à la fois moins importante en taille et plus tirée vers le bas de l'échelle sociale. Le troisième cercle, plus réduit encore, correspond à la catégorie des SDF qui prend une place tout à fait particulière sur les agendas médiatiques et politiques autour de 1993. Enfin, dans un dernier cercle, à la surface encore plus limitée, on signale l'apparition des « grands exclus » comme catégorie particulière d'intervention à partir du milieu des années 1990.

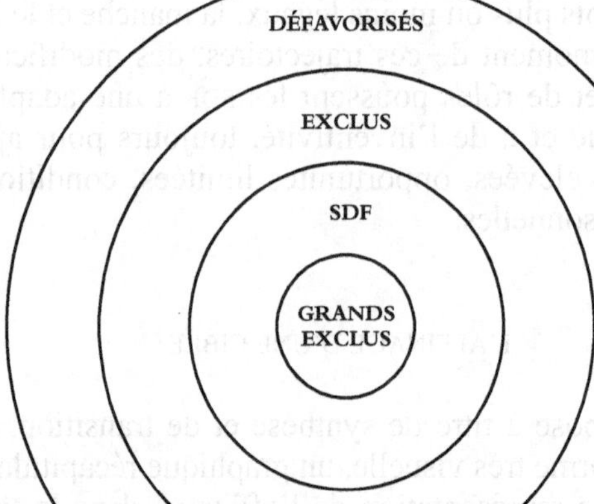

Graphique 9. — Le ciblage des SDF (synthèse)

Commentaire : Depuis une vingtaine d'années, l'action publique s'est toujours plus fermement investie dans la lutte contre l'exclusion, en cherchant à circonscrire précisément et à prendre en charge efficacement les publics les « plus défavorisés » jugés prioritaires. Avec le temps s'est établie une véritable cible, aux contours mouvants, dont le centre est constitué des SDF considérés comme les plus en difficulté.

Ces quatre cercles concentriques dessinent effectivement une cible. Il s'agit d'une schématisation du ciblage de la prise en charge des SDF, telle qu'elle résulte des transformations de la formulation de la question SDF et des évolutions des dispositifs de prise en charge. Le nombre exact de cercles n'a pas grand intérêt. Ce qu'il faut relever c'est à la fois le caractère variable, selon les appréciations, de la surface totale de cette cible, ainsi que la présence d'un centre (ou d'un cœur) de cible composé des SDF comptés parmi les plus en difficulté et, récemment, baptisés les « grands exclus ».

Au cours des années, la pratique du ciblage s'est accompagnée d'un découpage catégoriel, jugé plus fin, de la cible visée. Cette fragmentation progressive du ciblage fait l'impasse sur les dynamiques à l'œuvre. Les SDF bricolent leur vie quotidienne et leurs affiliations institutionnelles, passant souvent d'une situation à une autre, sans qu'il soit possible de les affecter définitivement à une catégorie assez fixe permettant une délimitation exacte de l'intervention publique.

Ce qui fait pourtant l'unité de l'action publique en direction des SDF, composée d'une nébuleuse de services, de programmes, de règlements, diversement spécialisés, c'est sa cible, ou, plus précisément, la croyance en la légitimité et en l'efficacité du ciblage des SDF. Cette cible a des contours, et par conséquent un diamètre et une surface, particulièrement changeants, oscillant entre des caractérisations *lato* et *stricto sensu* de la population ainsi spécifiée. C'est en fonction de cette cible, à géométrie variable, que s'est déployé le « complexe bureaucratico-assistanciel » de la prise en charge.

5

Le complexe bureaucratico-assistanciel

Ce chapitre vise à dégager les lignes force de la configuration actuelle du système de prise en charge des SDF, qu'on baptise le « complexe bureaucratico-assistanciel ». L'expression polémique de complexe militaro-industriel a servi à dénoncer des imbrications d'intérêts politiques, industriels et financiers, risquant de déclencher des guerres. Le complexe bureaucratico-assistanciel n'a ni cette importance économique, ni le côté relativement occulte. Avec ses ramifications étendues, il est une figure de l'actualité de l'action publique dans le domaine social. Il a des dimensions nationales et des déclinaisons locales, avec des groupes d'intérêt, des soutiens, des professionnels, des journalistes spécialisés, des experts, des financements, des savoirs et des savoir-faire. On y trouve des acteurs issus d'horizons variés, rassemblés en coalitions, en communautés, en réseaux. Ils échangent des informations et des opinions, ils négocient des ressources budgétaires, ils débattent d'objectifs à atteindre et de moyens logistiques à mobiliser. Avec le temps, ils ont su stabiliser des accords sur des modes d'action et sur des opinions, diverses mais compatibles, permettant d'agir ensemble pour prendre en charge les SDF.

La prise en charge des SDF s'est progressivement institutionnalisée, fonctionnant surtout sur le registre philosophique, technique et financier de la solidarité, et délivrant des prestations et des services d'assistance.

Dans le dessein historique de la Sécurité sociale, la couverture des risques, progressivement étendue à tous, devait effacer les vestiges des politiques d'assistance jugées archaïques. L'assistance, considérée comme une survivance anachronique de la bienfaisance discrétionnaire locale, ne devait plus être que résiduelle et/ou totalement intégrée aux mécanismes de transfert à vocation universelle. Des modes de redistribution essentiellement horizontale (compensant les différentes charges familiales), organisés à l'échelle nationale, devaient remplacer les anciens systèmes de redistribution verticale (compensant les inégalités de revenus), organisés à l'échelle locale. Le développement du complexe bureaucratico-assistanciel, élément important des politiques de lutte contre l'exclusion (« territoriales », « partenariales », et visant une redistribution « verticale »), est un point d'entrée particulier, mais particulièrement intéressant pour saisir les transformations actuelles de la protection sociale.

Le complexe bureaucratico-assistanciel mêle des intérêts, des logiques et des fonds publics et privés. Mobilisation philanthropique et régulations bureaucratiques s'y développent de concert. L'État y est particulièrement présent, mais il négocie avec d'autres acteurs (collectivités locales et associations) aujourd'hui érigés au rang de « partenaires » à un moment où l'action publique cherche avec le « partenariat » et la « gouvernance » de nouveaux fondements. Gouvernance et partenariat, avec d'autres notions et pratiques comme contractualisation et territorialisation, sont avancés comme des réponses aux insuffisances supposées ou constatées de l'État-providence. Celui-ci, même si la perspective géométrique est étonnante, orchestre des coordinations horizontales (partenariat, gouvernance, contrats) pour assurer une redistribution verticale (des prestations d'aide sociale, des services d'action sociale).

Concrètement, on trouve avec le complexe bureaucratico-assistanciel, comme plus largement dans tout le domaine des politiques sociales, une machinerie compliquée de dispositifs, des échafaudages juridiques alambiqués, des coalitions nationales et locales, une rhétorique du dépassement des interventions étatiques traditionnelles. Tout se trouverait désormais dans le « co » : coproduction, coconstruction, coanimation, coresponsabilité, et, bien entendu, le cofinancement[1]. À rebours de ce que des partisans de la gouvernance et du partenariat avancent comme justification de ce nouveau type de procédures et de réthoriques, on relèvera avec le complexe bureaucratico-assistanciel non pas une fluidité améliorée des décisions et une efficacité augmentée des interventions, mais une bureaucratisation croissante de l'action. Plutôt qu'une érosion du caractère public ou privé des institutions, on verra une refonte du privé dans le public, avec une interdépendance de plus en plus forte des associations et de l'État.

Pour analyser l'action dans le cadre du complexe bureaucratico-assistanciel, on parlera de bricolage. Les acteurs de la prise en charge disposent de divers outils, ils interviennent pour réparer des situations, et ils se trouvent souvent seuls, ou dans des réseaux informels (on peut dire alors « bricolés ») pour trouver des réponses pragmatiques aux problèmes concrets auxquels ils sont confrontés. On distinguera deux niveaux de bricolage : une dimension institutionnalisée relative à la complexité des appareils, une dimension concrète relative à l'activité quotidienne.

1. La « coproduction » est probablement le vocable issu de l'industrie cinématographique qui aura connu le plus de succès ces dernières années.

CIBLAGE DES SDF ET (RÉ)AFFIRMATION DE L'ÉTAT

La sociologie des politiques publiques insiste sur la fragmentation et la segmentation grandissantes de l'action publique, au gré des débats sur la souveraineté et l'intérêt général, de la montée en visibilité politique des problématiques territoriales, et des avancées institutionnelles de la décentralisation. D'une segmentation accrue des politiques, il serait néanmoins erroné de déduire une désagrégation de l'action publique et un désinvestissement de l'État. Il semble plus vraisemblable de concevoir les mouvements actuels des politiques, appréciés à l'aune de la prise en charge des SDF, comme une agrégation renforcée des acteurs, des ressources et des représentations autour de l'État. Le propos est d'insister sur le fait qu'il demeure le principal acteur de l'action publique. Central de par sa capacité d'intégration, il est également primordial de par les ressources qu'il attribue, et nodal de par la position qu'il occupe dans les différents réseaux, sous-systèmes et/ou communautés qui structurent l'action publique.

Contre les argumentations qui signalent, plus généralement au sujet de la protection sociale, une « démission » de l'État, il faut établir que celui-ci trouve avec les politiques ciblées une nouvelle légitimité pour intervenir. Affaibli par la perte du monopole de la représentation de l'intérêt général, il n'agit plus seul. Des groupes de défense d'intérêts particuliers (ici ceux des SDF) appellent à des dispositifs spécifiques. Ce ciblage induit des transformations dans les modes d'intervention, nécessitant de nouveaux moyens et de nouvelles compétences dont l'État ne dispose pas nécessairement. Il appelle donc au « partenariat ». Techniquement et politiquement concurrencé par les collectivités locales, les associations et les entreprises, il entre dans de nouveaux types de production de l'action publique. L'État vit également la double tension de l'intégration européenne et de la nécessaire (ou présentée comme telle) territorialisation des politiques publiques. Il sous-traite désormais aux collectivités locales et aux associations certaines attributions qui lui étaient auparavant exclusivement dévolues. Il n'en reste pas moins le principal acteur de l'action publique, car c'est autour de lui que se fédèrent des dispositifs publics et privés de lutte contre l'exclusion dont il lui appartient de décider si leurs actions et leurs initiatives relèvent ou non de l'intérêt général (ne serait-ce que par ses décisions de financer ou non telle ou telle opération). Financièrement, ses interventions n'ont fait que croître. Sur un plan plus général, on s'accorde ici avec Messu qui insiste, chiffres à l'appui, sur les difficultés de parler de déclin de l'État-providence, alors que le maillage et les financements de toute l'architecture de la protection sociale n'ont fait qu'augmenter depuis des années [1].

On insistera sur la bureaucratisation croissante de la prise en charge des SDF, en décrivant l'accumulation des dispositifs et en montrant que cette dynamique implique autant l'État, traditionnellement critiqué comme procédurier et rigide, que les associations, habituellement présentées comme souples et relativement autonomes. On soulignera ensuite l'imprécision caractéristique des contours du complexe bureaucratico-assistanciel, en mettant en lumière à la fois sa tendance à la fragmentation en sous-systèmes (notamment pour ce qui relève de « l'urgence » et pour ce qui relève de « l'insertion ») et l'agrégation des différents acteurs autour de l'État et de ses lignes budgétaires.

1. M. Messu, *La Société protectrice. Le cas des banlieues sensibles*, Paris, CNRS Éditions, 1997.

Le noyau dur de l'hébergement et l'implication croissante de l'État

Les politiques sociales se construisent par accumulation d'institutions, jusqu'à devenir compliquées au point d'être dites illisibles. Ce problème de la complexité est particulièrement saillant dans le cas de la prise en charge des SDF, de plus en plus investie par l'État.

En une vingtaine d'années, un problème social marginal, qui n'appelait que des réponses publiques répressives, à peu près encadrées, et quelques interventions sociales résiduelles, est devenu l'objet d'un ensemble de dispositifs sociaux structurés. La prise en charge des SDF est une politique qui n'a cessé de s'intensifier, de s'étendre, de se diversifier, tout en se limitant, au moins sémantiquement, à la cible SDF. De multiples dispositifs se sont empilés sans grande logique d'ensemble apparente[1]. Un rapport officiel notait même que le système de prise en charge des SDF ressemblait à un mille-feuilles sans liens[2]. Le système apparaît ainsi en extension avec la superposition de feuilles sur un mille-feuilles qui s'épaissit.

L'action publique en direction des SDF repose maintenant sur une rare densité institutionnelle et normative qui s'est consolidée au cours des années. À mesure que le problème SDF s'enracinait sur l'agenda politique, se multipliaient les initiatives publiques et privées pour prendre en charge les

1. Il s'agit bien de dispositifs, plutôt que de réponses. L'accent est plus mis sur les modes d'intervention que sur les finalités précises. Pour une discussion de la notion de « dispositif », dans la « gestion territorialisée du social », impulsée par l'État central, cf. J. Ion, *Le travail social à l'épreuve du territoire*, Toulouse, Privat, 1990.

2. « Actuellement, les multiples réponses se superposent sans cohérence à l'instar d'un mille feuilles sans crème pour le lier ». Il s'agit de la phrase conclusive d'un rapport rendu en 1995 par un responsable associatif, B. Quaretta, au Secrétariat d'État à l'action humanitaire d'urgence (*Face à l'errance et à l'urgence sociale*, non publié).

diverses manifestations du problème. Des acteurs très différents se sont mobilisés. Autour des sans-abri, le gouvernement, le président de la République, des maires, des fonctionnaires travaillant dans des administrations distinctes (affaires sociales, logement, santé, emploi, police, action humanitaire), des bénévoles, des journalistes, des partis politiques, des associations gestionnaires et/ou contestataires ont pris des positions et ont appuyé des initiatives.

Les SDF sont aujourd'hui pris en charge par une multitude d'acteurs publics et privés. On pense aux centres d'hébergement, aux distributions de repas, aux mesures pour le logement des personnes défavorisées, aux bataillons de l'action sociale, aux associations humanitaires. Sont venus s'y ajouter, à mesure de l'affirmation du problème sur l'agenda et des reformulations du phénomène, des dispositifs toujours plus variés. Des expérimentations originales viennent compléter les prestations traditionnelle d'assistance (hébergements, soupes populaires). Des services nouveaux ont ainsi été établis puis raffermis par les pouvoirs publics (Samu social, accueils de jour, insertion par l'économique). Des pratiques jugées innovantes comme la contractualisation et la partenariat ont été généralisées. Des administrations différentes se sont impliquées. Des budgets importants ont été débloqués. Un arsenal juridique sophistiqué, fait de droits formels, de règlements, de lois, de procédures et de contentieux s'est consolidé.

La réponse en termes d'hébergement a été la principale « solution » déployée par les pouvoirs publics. D'autres services se sont créés ou ont été appuyés, à partir des associations et des centres gérant ces hébergements, mais c'est bien cette réponse, qui d'ailleurs a pu elle-même se diversifier dans ses formes immobilières et ses procédures juridiques, qui constitue le noyau dur de la prise en charge des SDF. Lors des campagnes hivernales, c'est le nombre de places d'hébergement (sans d'ailleurs qu'on puisse les dénombrer précisément à l'échelle nationale) qui est présenté comme la réponse à la situation des sans-abri. Chaque année, au retour de l'hiver, le gouvernement, certaines préfectures et quelques villes communiquent en présentant le nombre de places utilisables toute l'année, auxquelles s'ajoutent des places seulement mobilisables pendant l'hiver. Les associations gestionnaires de ces hébergements, en lien avec les associations contestataires, dénoncent alors habituellement le manque, ou l'inadaptation des places, et l'insuffisance, ou l'inadéquation (car accordés avec retard) des financements attribués par les pouvoirs publics (en premier lieu l'État).

La prise en charge des sans-abri, des vagabonds, des errants, des pauvres, des marginaux, n'est pas née avec l'émergence de la question SDF. Le complexe bureaucratico-assistanciel n'est pas apparu *exnihilo*, comme la question SDF n'est pas arrivée *exnihilo* sur l'agenda politique. Depuis l'après-guerre, mais caractérisée autrement, ce qui allait devenir la question SDF était déjà une préoccupation – même si elle était très marginale – du droit de l'aide et de l'action sociales. Des acteurs de la prise en charge existaient au sein d'un système beaucoup plus réduit. Les associations caritatives, mais sans financements étatiques, et les municipalités intervenaient pour prendre en charge les « inadaptés » et les vagabonds, dans des centres ou des asiles aux qualités d'accueil souvent frustes. Les services publics comme l'hôpital, les pompiers, la gendarmerie et la police participaient à l'action publique en accueillant et recueillant, plus ou moins fermement, les clochards et les mendiants. Le système de prise en charge n'est donc pas neuf. Il s'est transformé et développé.

En 1953, quand l'assistance a été renommée « aide et action sociales », un chapitre particulier est créé : l'aide sociale à l'hébergement[1]. Celle-ci ne vise pas alors, ni

1. Le décret du 29 novembre 1953 introduit dans la législation d'aide sociale une forme nouvelle d'assistance qui, comme le précise bien la

spécifiquement, ni seulement, ceux qui seront plus tard appelés les SDF. Parmi les vagabonds, elle ne s'intéresse qu'aux personnes estimées « reclassables », et à ce titre exclut implicitement de son champ d'intervention les « clochards ».

Dans l'édifice de la protection sociale, l'aide sociale à l'hébergement est restée marginale jusqu'aux années 1970, accueillant surtout des personnes isolées considérées comme très marginalisées. En 1974, parallèlement aux débuts de la crise économique et surtout dans le cadre des travaux sur l'exclusion et l'inadaptation, elle est consacrée par une loi et étendue à d'autres catégories de populations, s'ouvrant largement aux familles. Depuis cette date, le nombre d'établissements spécialisés, les CHRS, a plus que doublé, tandis que l'État est devenu le financeur quasi unique. Ils offrent des prestations diversifiées qui vont de l'appui juridique à l'insertion par l'économique, en passant par l'hébergement d'urgence ou de plus long terme. Aujourd'hui il s'agit encore très majoritairement de structures privées (90 %), qui accueillent des adultes seuls (50 %) et des familles ou adultes isolés avec enfants (50 %), avec une capacité moyenne d'accueil d'environ 40 places[1]. Physiquement, il peut s'agir de bâtiments dédiés, ou bien d'appartements dispersés dans des immeubles différents. Les établissements ont des cibles de clientèle et des activités qui varient fortement, avec une gamme étendue de prestations (hébergement, suivi social, activités professionnelles). Certains n'accueillent que les

circulaire du 13 mai 1958 « relative aux centres d'hébergement », « était demeurée jusque-là du domaine de l'initiative privée ».

1. Sur les bénéficiaires de l'Aide sociale à l'hébergement (c'est-à-dire, principalement, les personnes hébergées en CHRS), voir E. Woitrain, « Les centres d'accueil et de réadaptation sociale : des lieux d'accueil pour les personnes en difficulté », in *Données sociales 1996*, Paris, INSEE, 1996, p. 518-523 ; E. Woitrain, « Les personnes hébergées par les CHRS : des hommes et des femmes en grande difficulté sociale », *Études et Résultats*, n° 29, 1999.

femmes avec enfants, d'autres exclusivement les personnes isolées.

Vers 1970, le nombre total de places était environ de 20 000. Il s'est aujourd'hui stabilisé autour de 30 000. Le décompte des places est, en réalité, difficile à réaliser. Les services du ministère des Affaires sociales entreprennent des enquêtes dont les résultats sont parfois discordants avec ce qu'avancent les associations, ou ce que décompte le ministère des Finances. Les données précises, comme celles concernant la population SDF, font défaut. Cependant, les ordres de grandeur sont tout de même fiables.

Sur la décennie quatre-vingt-dix, le nombre de places n'a pas vraiment augmenté, et peut-être même un peu diminué, alors que le budget de l'État pour soutenir les CHRS a significativement progressé[1]. Le travail dans ces centres, comme en témoigne l'augmentation du coût moyen de la place (de 35 KF par an en 1979, à 41 KF en 1997, en francs constants 1979, soit environ 94 KF 2000), a été de plus en plus intensif. Le taux d'encadrement élevé (une personne pour quatre places d'hébergement) est, convenons-en, confortable, même s'il s'agit d'un des plus faibles taux d'encadrement dans la panoplie des équipements médico-sociaux. En fait, les CHRS, même s'ils peuvent participer à l'accueil d'urgence en période hivernale, se sont plutôt spécialisés dans l'insertion, c'est-à-dire dans la prise en charge sur le long terme visant un logement et un emploi stables.

Les missions des centres d'hébergement se sont totalement transformées depuis leur création en 1953, passant de l'accueil des anciens détenus et du reclassement féminin, à la catégorie majoritaire et très générale des « adultes

1. Ces centres sont « habilités », au titre de la loi du 30 juin 1975 relative aux institutions sociales et médico-sociales. Leur fonctionnement est financé par l'État sur une ligne budgétaire stable qui permet une projection dans le moyen terme.

en difficulté d'insertion sociale». Les CHRS n'ont pas été conçus pour accueillir les SDF *stricto sensu*. Ils s'adressent à une frange de population plus large. Notons cependant qu'à l'entrée des CHRS, sur les quinze dernières années, plus des trois quarts des adultes accueillis ne disposaient pas d'un logement personnel avant leur arrivée. Ils logeaient chez des amis ou dans d'autres types d'établissements (sociaux, sanitaires ou pénitentiaires). Ces personnes peuvent toutefois très bien avoir été repérées, à un moment ou à un autre de leur trajectoire, comme SDF *lato sensu*. En fait, la proportion d'adultes arrivant en CHRS et provenant directement d'une situation de SDF *stricto sensu* (c'est-à-dire venant de la rue, de squats, de caravanes, ou d'hébergements d'urgence ne relevant pas l'aide sociale à l'hébergement) est inférieure au tiers [1].

Notons surtout que les 30 000 places de CHRS sont régulièrement citées parmi les places mobilisées lors des campagnes hivernales. Or, ces centres fonctionnant toute l'année, ces places sont généralement occupées au moment de l'hiver. Ces CHRS se trouvent bien, avec les plans d'urgence, au cœur de la prise en charge des SDF, parce qu'ils sont repérés par les pouvoirs publics comme un des principaux outils à utiliser. S'ils n'offrent pas chaque année un nombre important de nouvelles places, ne serait-ce qu'en raison d'un faible taux de rotation de leur occupation, c'est bien à partir de leurs actions et de leurs propositions que de nombreuses innovations ont pu se développer.

Ils demeurent distincts, ne serait-ce que d'un simple point de vue juridique, des programmes d'urgence qui se sont succédé depuis 1984. La lutte contre la «nouvelle» pauvreté, puis la lutte contre l'exclusion, leur ont permis de se développer et d'innover. Avec les autres acteurs nouvellement impliqués dans la prise en charge des SDF,

1. Voir les données réunies par E. Woitrain, *op. cit.*

avec les associations caritatives traditionnelles (qui ne sont généralement pas financées de la même manière), ils participent, en lien avec l'État, à l'accumulation d'initiatives et de dispositifs toujours plus précisément ciblés sur les SDF.

Les actions innovantes qui se sont développées au cours des années 1990 (Samu Social, accueil de jours, équipes mobiles de travailleurs sociaux) ont souvent été lancées par ces associations intervenant dans le champ de l'aide sociale à l'hébergement, en collaboration avec les pouvoirs publics et des associations à l'éventail d'interventions plus large (Croix Rouge, Secours catholique, Armée du Salut, etc.).

En fait, l'aide sociale à l'hébergement, en tant que droit pour des personnes, en tant qu'ensemble structuré d'équipements bénéficiant d'une habilitation des pouvoirs publics, et en tant qu'organisations rassemblant un personnel formé, bénéficiant d'une expertise reconnue et d'une solide convention collective, a été un foyer d'innovations permettant de tester, d'implanter et d'étendre de nouveaux produits pour la prise en charge des sans-abri. Bases logistiques d'innombrables propositions et innovations, les CHRS ont indiscutablement une place et un rôle privilégiés dans le complexe bureaucratico-assistanciel. Habituées depuis des décennies à la coopération avec les pouvoirs publics (quand elles ne sont pas elles-mêmes publiques), au premier rang desquels l'État (qui est, et de très loin, le principal financeur)[1], ces structures, avec leurs innombrables ramifications, forment un ensemble organisé socialement, introduit politiquement et implanté localement.

1. C'est d'ailleurs le préfet qui prononce l'admission des personnes, dans la plus grande partie des centres.

Accumulation des innovations et bureaucratisation de la coordination

Les héritages du passé, s'ils permettent à l'analyste de saisir la formulation générale d'un problème, sont souvent oubliés inconsciemment (ou consciemment occultés) par les acteurs de la prise en charge lorsqu'il s'agit de mettre en œuvre des solutions. Celles-ci se sont accumulées au cours des années, sans grande cohérence d'ensemble. Toutes les innovations, justifiées au nom d'une nouveauté ressentie du problème et de la proposition pour y remédier, sont d'abord présentées sur un mode expérimental, puis s'institutionnalisent avec le concours d'un ensemble normatif de plus en plus élaboré.

Les places d'hébergement d'urgence créées dans le cadre des campagnes « pauvreté/précarité » ont souvent été ouvertes par des associations gestionnaires de CHRS, soit dans des bâtiments séparés des anciens services, soit dans ces mêmes bâtiments. Dans ce cas, il n'y a pas eu superposition des réponses mais intégration d'un nouveau service, avec des financements provenant d'une autre source, généralement d'autres lignes budgétaires étatiques que celle concernant l'aide sociale à l'hébergement. Toujours en matière d'hébergement, les collectivités locales, mais également de grands organismes publics (parfois même privés) ont été sollicités pour proposer des éléments de patrimoine immobilier ou des installations (stations de métro ou amphithéâtres d'universités) qui sont gérés le temps d'un hiver par des associations caritatives. La réponse la plus visible pour les pouvoirs publics est d'héberger, en urgence, en hiver, les sans-abri. On ouvre alors, parfois dans la confusion, des péniches, des trains, des casernes, des stations de métro, un amphithéâtre de la Sorbonne, la Grande Mosquée de Paris, escomptant ainsi « répondre à l'urgence ».

Chaque année a connu son lot d'inventions qui ont pu s'ajouter au système de prise en charge, de manière plus ou moins bien coordonnée avec ce qui existait déjà. Parmi ces innovations, des dispositifs de « Samu social » ont vu le jour à partir de l'hiver 1993-1994 dans quelques grandes villes. À l'origine, uniquement parisien, il s'agit d'un système de recueil nocturne des personnes SDF *stricto sensu* qui sont repérées comme ne pouvant pas trouver d'abri. Le dispositif parisien, médicalisé, s'attache à venir en aide aux SDF affectés par des pathologies qui seraient bénignes pour tout occupant d'un logement, mais qui pourraient s'avérer fatale pour un sans-abri (la grippe, par exemple). Le système de recueil s'accompagne de la gestion de places d'hébergement et de soins. Le Samu social de la Ville de Paris est né du constat de l'insuffisance du système de recueil des SDF « les plus en difficulté », correspondant à la figure du clochard, qui avait été établi par la Préfecture de police de Paris à partir de 1954. Les méthodes critiquables de la Brigade d'assistance aux personnes sans-abri (BAPSA) ont conduit quelques institutions et associations à créer ce nouveau dispositif de recueil. Cependant la population visée n'a rien de neuve. Le principe de l'action « aller vers » n'a rien de neuf non plus. Il s'agit précisément de ce que faisaient, certainement avec une violence parfois difficilement admissible, les fonctionnaires de la BAPSA. Il s'agit surtout de ce qu'ont toujours fait les éducateurs de prévention spécialisée, dont la pratique professionnelle consiste précisément à travailler directement dans la rue, pour prendre contact et établir des relations avec les personnes visées.

À force de constats de « nouveautés », et d'effervescence institutionnelle pour tenter d'y répondre, des dispositifs mobiles différents ont pu ainsi se monter avec pour objectif partagé d'« aller vers » les sans-abri. Il en résulte, dans Paris, une croissance, tout au long des années 1990, des flottilles de véhicules chargés de sillonner les rues de la capitale, de repérer les SDF, de leur proposer une aide et, le cas échéant, de les acheminer vers un centre d'hébergement, un lieu de restauration ou un hôpital. En hiver, en sus des bus policiers de la BAPSA, on peut, au moins, compter les minibus du Samu social, mais également les « Camions du cœur » (mis en place par les Restos du Cœur), les camionnettes de la Mairie de Paris de l'opération « Cœur de Paris », les minibus de l'association Médecins du Monde. Chacun de ces dispositifs mobiles a été créé pour viser une période, une sous-population ou un sous-problème particuliers. À chaque fois il s'est agit d'agir face à la « nouveauté » ressentie du problème.

Pour un entrepreneur politique, l'argument de la nouveauté, de la population ou de la proposition permet, lorsqu'une fenêtre d'opportunité politique est ouverte, de voir son projet retenu. On invoque alors la complémentarité du service avec ce qui existait précédemment, et l'amélioration attendue des performances. Il n'en reste pas moins que des tensions sont perceptibles entre les différents promoteurs ou gestionnaires des services nouvellement créés et les responsables de ceux qui sont établis depuis plus longtemps. La complémentarité, par exemple, est parfois douteuse. Il s'agit plus vraisemblablement dans certains cas de concurrence.

Pour illustrer cette concurrence, parfois agressive, entre les dispositifs, prenons le cas des distributions de repas. Depuis le retour des soupes populaires dans les rues au début des années 1980, le nombre d'organisations impliquées dans la distribution de nourriture et de repas a sensiblement augmenté d'année en année. Certains organismes de taille importante, comme les Restaurants du Cœur, délivrent une grande partie du total des prestations. Cependant, de multiples organisations locales, en lien ou non avec les autres acteurs du système de prise en charge, préparent ou servent des repas (petits-déjeuners, déjeuners, dîners) aux SDF. Ainsi, autour des grandes gares on peut trouver certains soir jusqu'à quatre ou cinq associations différentes qui, à quelques dizaines de mètres l'une de l'autre, proposent des repas, des colis alimentaires ou des cafés. Les tensions sont fortes entre ces associations qui ont parfois un regard très différent sur le problème. Cette coexistence est instable et conduit, rarement mais spectaculairement, à des affrontements, ne serait-ce que verbaux, entre bénévoles ou permanents de ces organismes, provoquant l'étonnement ou la consternation des passants ou des sans-abri[1].

Toutes les innovations à partir des années 1980 se sont en réalité inscrites dans une architecture générale du système de prise en charge qui a peu évolué. Certains dispositifs peuvent se présenter comme radicalement nouveaux, des programmes peuvent être célébrés comme extrêmement novateurs, ils ne changent qu'à la marge le système de prise en charge. Faire table rase du passé et de l'existence d'institutions, dont certaines sont plus que centenaires, est une écueil pour l'analyse. Ce qu'elles ont formulé et édifié continue à exister et les voies pratiques qu'elles ont tracées continuent à être empruntées. Faire table rase du passé est, en revanche, un bon moyen de faire accéder ses revendications sur l'agenda. Le procédé argumentatif des entrepreneurs politiques qui insistent sur la nouveauté du problème et des solutions peut occulter le fait qu'il s'agit souvent de reprise sous de nouvelles formes de ce qui est en place parfois depuis des décennies. On retrouve là ce que Lascoumes avait repéré comme du recyclage d'idées et de programmes anciens[2].

La prise en charge des SDF, au début des années 1980, prenait deux formes : l'hébergement et la réadaptation des

1. Ces phénomènes, ces tensions et ces luttes étaient criants entre 1995 et 1999 autour des gares d'Austerlitz, à Paris, et Saint-Charles, à Marseille.

2. « Tous les discours sur la “nouveauté” des problèmes et des politiques sont d'abord là pour occulter l'essentiel, à savoir qu'il s'agit d'abord d'entreprises de recyclage ». Cf. P. Lascoumes, *L'éco-pouvoir*, *op. cit.*

« vagabonds » dans les CHRS, l'accueil et l'hébergement en urgence et en hiver dans le cadre des premiers programmes pauvreté/précarité. Depuis, des centaines de circulaires et des constructions législatives consistantes ont accompagné la prolifération de services de toute nature en direction des sans-abri (distributions de repas, permanences juridiques, accueils de jour, consultations médicales, Samu sociaux, etc.). Les uns après les autres, ces nouveaux services se sont intégrés au système de prise en charge. Le complexe bureaucratico-assistanciel est devenu insensiblement une volumineuse machinerie avec des procédures routinisées. Une dynamique de bureaucratisation, sans qu'on préjuge par l'emploi de cette expression dépréciative de ses éventuelles conséquences dysfonctionnelles, s'est continuellement renforcée en une vingtaine d'années. Cette bureaucratisation concerne au premier chef les modes de coopération entre les associations et l'État.

Les premières interventions, « en urgence », avaient pour originalité d'afficher la souplesse comme principe d'action. Associations et pouvoirs publics devaient travailler en étant affranchis des logiques administratives compliquées qui sont classiquement attachées aux politiques sociales. En se déployant à la marge de l'aide sociale à l'hébergement, les premières réponses se voulaient dégagées des rigidités organisationnelles et réglementaires. Cependant, des phénomènes d'habitude, d'apprentissage et de répétition, associés à une intervention toujours plus poussée de l'État, ont conduit le système de prise en charge des SDF, à mesure que se répétaient les plans d'urgence, à s'organiser plus formellement.

Ce constat de bureaucratisation et de complexification est une caractéristique très généralement repérée des politiques sociales françaises. Depuis les années 1970, et la montée en puissance des politiques ciblées, on sait que la complexité du système de protection sociale français résulte de l'accumulation des législations, mais aussi (et, à notre sens, surtout) du souci de plus en plus affirmé du législateur de prendre en compte les situations individuelles. Il en découle un morcellement des dispositifs. Le système de prise en charge des SDF n'échappe pas à la règle. Il est même particulièrement représentatif de ce phénomène, contrastant avec l'image trop simple que l'on peut avoir d'une action publique légère qui reposerait sur la réactivité supposée du secteur associatif. La prolifération d'opérations et de réglementations a abouti à un univers relativement obscur comprenant une myriade de sigles ésotériques et une mosaïque de dispositifs hétéroclites offrant des services variés aux personnes SDF. Au sein de cet écheveau de mesures, l'État, les associations, les collectivités locales ont des intérêts différents, parfois divergents.

Le système de prise en charge des SDF n'est pas aisément balisable. Il emprunte à des politiques catégorielles (logement, action sociale, travail) et à des politiques transversales (RMI, lutte contre l'exclusion). L'action publique en direction des sans-abri mêle des interventions de toutes sortes. La coupure souvent trop rapidement affirmée entre l'assurance et l'assistance n'est pas si nette. Si globalement le système de prise en charge propose, au quotidien, de l'assistance, sa configuration technique n'est pas d'ordre uniquement assistancielle. La coupure traditionnelle – mais contestable – des politiques sociales entre l'assurance et l'assistance se dissout dans l'hybridation des procédures de financement et des modes de fonctionnement. La plupart des dispositifs reposent sur l'aide et l'action sociales, mais la prise en charge des SDF, par exemple pour les personnes qui sont au chômage ou à la retraite, passe également par des mécanismes assuranciels.

Le caractère éclaté, et à certains égards baroque, du système de prise en charge est connu. La recherche d'une coordination des acteurs et des moyens est un souhait exprimé constamment depuis une trentaine d'années par un État qui a été appelé à intervenir plus fortement. L'État a ainsi développé une intense activité législative et réglementaire qui a permis de créer ou de renforcer des droits et des institutions. Par ailleurs, la production normative a de plus en plus systématiquement cherché à établir la coordination des interventions et l'intégration des actions.

Pour coordonner les actions, au niveau départemental, le législateur a créé des plans départementaux qui, pour certains, sont directement dirigés vers les SDF, qui, pour d'autres, les concernent directement mais à travers des préoccupations plus larges. Ainsi avec l'institutionnalisation du RMI et du droit au logement, notamment, se sont mises en place de nouvelles instances, préoccupées par les SDF, à côté des plans d'urgence. On peut en citer trois. Le Programme départemental d'insertion (PDI, établi par la loi du 1er décembre 1988 sur le RMI), le Plan départemental d'actions pour le logement des personnes défavorisées (PDALD, établi par la loi « Besson » du 31 mai 1990), le Plan département d'hébergement d'urgence des personnes sans-abri (PDHU, institué par la loi du 21 juillet 1994 relative à l'habitat). Ces PDHU, PDI et PDALD s'ajoutent aux cellules d'urgence pour l'accueil hivernal des SDF et aux schémas départementaux des CHRS. Ces programmes et schémas sont des instances et des documents de concertation et de mobilisation. Ils réunissent habituellement les mêmes acteurs et traitent souvent de problèmes très similaires.

Les deux plus récentes innovations sont les Commissions de l'action sociale d'urgence (CASU) et les schémas de l'accueil, de l'hébergement et de l'insertion. Entérinées par la loi d'orientation contre les exclusions du 29 juillet 1998, les CASU associent tous les « partenaires » pour harmoniser et coordonner les procédures d'attribution des aides. Les schémas de l'accueil, de l'hébergement et de l'insertion ont pour finalité de renforcer la complémentarité et la coordination des dispositifs d'hébergement (CHRS et/ou urgence) et des dispositifs d'insertion. Ces schémas sont proposés, organisés et gérés par l'État. Au niveau départemental les DDASS sont « maîtres d'œuvre ». Au niveau régional, les DRASS doivent veiller à la cohérence d'ensemble. Au niveau national, un « groupe projet » pilote les travaux. Tout ce vocabulaire, un rien obscur, issu à la fois du BTP et du management public, n'empêche pas de distinguer que l'État établit les règles du jeu et joue un double rôle de participant et d'arbitre.

Le graphique 10 propose une représentation de l'accumulation des dispositifs, plans et programmes de coordination[1].

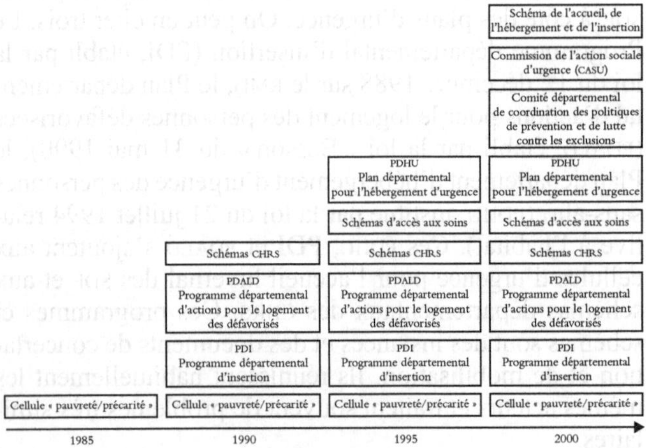

Graphique 10. – La bureaucratisation de la coordination (représentation simplifiée)

1. Pour une présentation plus précise de cette accumulation, cf. J.-P. Hardy, *Guide de l'action sociale contre les exclusions*, Paris, Dunod, 1999.

Avec cette structuration institutionnelle, les ministères, les villes, les associations ont appris à coopérer et à établir des démarcations de leurs interventions. Cependant l'État conserve, outre ses attributions législatives générales et réglementaires particulières quand il s'agit des sans-abri, un rôle capital, car il constitue le principal lieu où se déroulent les négociations. C'est principalement dans les couloirs des ministères sociaux, des préfectures ou des DDASS que se proposent, se discutent et se configurent les dispositifs et les modes de coordination. La coordination et la gestion de ces divers plans, programmes et commissions se déroulent certes différemment, en fonction des territoires, mais toujours en présence et souvent avec une place déterminante de l'État.

Au final, à l'inverse de la souplesse et de la flexibilité attendues de la « gouvernance » de nouvelles politiques territorialisées, on repère un investissement plus marqué de l'État, enrôlant les autres acteurs de la prise en charge des SDF (associations et collectivités locales, mais également entreprises publiques et parfois privées) dans des plans, programmes, schémas ou commissions qui relèvent d'abord d'une production et d'une logique d'organisation et de coopération issues des sphères et des règlements étatiques, même si la pression pour leur mise en place a souvent été d'origine associative.

Dualisation des interventions ciblées

L'action publique en direction des SDF est de nature hybride, mêlant des personnes privées et des collectivités publiques, des réponses génériques (Sécurité sociale, assurance chômage, hôpitaux) et des réponses spécifiques (hébergements d'urgence, accueils de jour, Samu sociaux). On peut, au premier abord, avoir l'impression d'une fourmilière (mais mal organisée) d'acteurs, avec des intervenants et des ressortissants très différents. Depuis une vingtaine d'années des services publics non sociaux (SNCF, EDF) ont pris un rôle social en se préoccupant des plus démunis, et en particulier des sans-abri. Des entreprises privées (Lyonnaise des eaux, centres commerciaux) se sont impliquées. Des services publics sociaux (Sécurité sociale, DDASS des départements) se sont désintéressés de la question SDF, qu'ils renvoient, entre autres pour des raisons de distribution des compétences (et des problèmes), à l'État.

Il y a là illustration, et cas fondateur, de ce que Jeannot[1] a nommé le « débordement du social » posant, à travers le problème de l'exclusion et des missions des services publics, la question des limites des interventions des uns et des autres. Ce débordement a induit un brouillage des principes du service public, en particulier pour ce qui relève de la protection sociale. Le complexe bureaucratico-assistanciel en est l'illustration.

La prise en charge des SDF s'est continuellement renforcée tout en se différenciant. La catégorie générale SDF a éclaté en sous-catégories qui sont désormais prises en charge par des sous-systèmes particuliers. Des dispositifs ont ainsi été inventés pour les jeunes SDF, d'autres pour les femmes SDF, d'autres encore pour les SDF accompagnés de chiens ou pour les SDF atteints de pathologies plus ou moins graves. Au-delà de différences sociodémographiques, le système global de prise en charge s'est surtout fragmenté en fonction des degrés de difficultés vécues par les sans-abri. Des services s'organisent alors en ciblant, on pourrait dire en « sous-ciblant », une sous-population de SDF. Il en ressort une multitude de services *ad hoc* qui correspondent à des problèmes jugés particuliers[2].

1. Voir G. Jeannot, *Les usagers du service public*, Paris, Puf, 1998. Voir également P. Strobel, « Services publics et cohésion sociale », *Recherches et prévisions*, n° 42, 1995, p. 7-16.

2. Pour l'analyse d'une de ces sous-catégories de la catégorie SDF, voir P. Pattegay, « L'actuelle construction, en France, du problème des jeunes en errance », *Déviance et Société*, vol. 25, n° 3, 2001, p. 257-277.

On peut nettement dégager un sous-système orienté sur l'urgence visant les personnes « les plus en difficulté », et un sous-système de l'insertion dirigé vers les SDF dont les difficultés sont évaluées comme plus rapidement et/ou plus aisément traitables [1]. Plutôt qu'une fragmentation, on repère une dualisation qui ne recoupe pas d'ailleurs totalement la différence entre SDF *stricto sensu* et SDF *lato sensu*. Il n'y a pas deux réseaux distincts, mais une pluralité de réseaux, chacun étant plus ou moins orienté sur l'urgence ou sur l'insertion. Ces sous-systèmes sont organisés autour de l'État et notamment de l'administration sociale. Les collectivités territoriales y interviennent plus ou moins volontairement. Lorsqu'il s'agit de la prise en charge des familles ou des jeunes, les villes, les organismes de Sécurité sociale et les départements sont plus présents. Le secteur associatif s'est également partagé l'ensemble des problèmes en fonction des spécialités des organismes. Les associations à vocation humanitaire s'impliquent plus souvent dans l'urgence. Les associations gestionnaires de CHRS interviennent plus habituellement dans le domaine de l'insertion.

Le plus intéressant est de constater que ce qui à l'origine avait été conçu pour dépasser une logique de ciblage – les programmes pauvreté/précarité devant permettre de réduire les dysfonctionnements des ciblages catégoriels établis dans les années 1970 – s'est transformé en un système globalement ciblé sur les SDF. Celui-ci s'est fractionné en une multitude de dispositifs estimés ajustés à des sous-problèmes repérés au sein de la question SDF. La tendance est à une catégorisation toujours plus précise de la population SDF et, partant, à une différenciation continue des services pour les adapter à des sous-populations de SDF. On peut, en fait, placer tous les dispositifs sur des axes

1. Voir P. Vidal-Naquet, « L'action sociale d'urgence est-elle prisonnière de l'urgence ? », *Fondations*, nº 4, 1996, p. 31-42.

qui verraient un *continuum* dans la population (SDF *stricto sensu* à SDF *lato sensu*), et dans la prise en charge (de l'urgence à l'insertion). On met alors au jour deux sous-systèmes, non hermétiques, de l'urgence et de l'insertion.

Si les deux sous-systèmes ne peuvent être séparés par des frontières étanches, notamment pour ce qui relève de leur cible, il n'en reste pas moins que leur mode de fonctionnement, leur financement, leur visibilité (aussi bien physique que politique) diffèrent sensiblement. Les formules d'hébergement « en urgence » se distinguent assez nettement des formules d'hébergement dites « d'insertion ». Dans le premier cas, on constate une profusion de dispositifs locaux financés et organisés de manière disparate, à partir de bases juridiques (l'action sociale, en particulier celle de l'État) qui confèrent à ces centres un caractère qu'on peut qualifier de précaire. Ces « réponses » aux problèmes des SDF – généralement ciblés comme des SDF *stricto sensu* – sont financées sur des crédits d'action sociale de l'État, qui ne sont pas reconduits nécessairement d'année en année. À l'inverse, dans le domaine de l'hébergement ou du logement « d'insertion » concernant des SDF généralement *lato sensu* (en un mot, de personnes qui ne viennent pas directement de la rue), les financements proviennent de crédits d'aide sociale de l'État. Il s'agit là de l'aide sociale à l'hébergement qui permet de faire fonctionner d'année en année les CHRS.

Dans le sous-système d'insertion, on trouve les professionnels de l'intervention sociale les plus diplômés, les mieux payés et les plus nombreux (relativement au nombre de personnes hébergées). Dans le sous-système d'urgence, on trouve des professionnels et des bénévoles, au statut plus précaire (au sens de moins assuré), et qui travaillent dans des dispositifs où les taux d'encadrement sont bien moindres. La dualisation du système de prise en charge aboutit en fait à un paradoxe : les personnes « les plus en difficulté » (les SDF *stricto sensu*) sont prises en charge par les dispositifs les plus précaires, et les SDF, disons les « moins en difficulté » *(lato sensu)*, sont pris en charge par les dispositifs les plus fortement dotés en ressources [1].

Cette relative fragmentation a accompagné une forte augmentation de l'offre de réponses sans qu'il soit bien simple de connaître, pour chaque domaine d'intervention (logement, action sociale, hébergement d'urgence, etc.), le nombre exact d'intervenants ainsi que la capacité réelle des services proposés. Les contours, le périmètre comptable, les partages de responsabilité du complexe bureaucratico-assistanciel sont par conséquent imprécis. Cela pourrait laisser penser que la traduction territoriale de la prise en charge des SDF serait radicalement différente en fonction des villes et des départements. En fait, plus qu'une multitude de « gouvernances » locales concernant la question SDF, il apparaît que les régulations et les interventions autour de cette question sont fondamentalement marquées de l'empreinte normative et budgétaire de l'État.

Agrégation autour des lignes budgétaires de l'État

Le phénomène le plus flagrant, depuis les premiers programmes d'action contre la pauvreté, est certainement la place accrue de l'État dans le système global de prise en charge. Il a tout d'abord pris une place cruciale pour le contrôle et la coordination des interventions, mais surtout il a débloqué des budgets importants s'impliquant de la sorte toujours plus fortement dans le secteur associatif. L'État a ainsi autorisé à la fois une consolidation des réponses traditionnelles et des créations de dispositifs que les associations n'auraient pas pu financer seules.

Conservant la maîtrise de la fixation des règles juridiques et de l'impulsion des politiques, l'État se ménage

1. Voir C. Soulié, « Le classement des sans-abri », *Actes de la recherche en sciences sociales*, n° 118, 1997, p. 69-80.

également, avec ses lignes budgétaires, un rôle de conduite, de contrôle et de sanction qui lui confère une place absolument déterminante dans la prise en charge des SDF[1]. Il encadre strictement la prise en charge des SDF, avec ses procédures de subvention (pour l'action sociale), d'habilitation (pour l'aide sociale), ses méthodes de tarification, et tout son appareil de contrôle, d'autorisation de création, de transformation ou d'extension des services.

On pourrait rétorquer, à propos, que le financement de l'aide et de l'action sociales pour les personnes sans domicile de secours est demeuré, après la décentralisation, de compétence étatique. L'action publique en direction des sans-abri serait absolument singulière et ne permettrait pas de généralisation. L'argument juridique est robuste. Il est sociologiquement faible. En effet, le complexe bureaucratico-assistanciel ne vise pas seulement la catégorie juridique des personnes sans domicile de secours, mais une cible plus large de personnes et de situations distribuables sur un axe qui va de SDF *stricto sensu* à SDF *lato sensu*. Si le centre de la cible de la prise en charge des SDF est composé de personnes dont une grande partie sont certainement juridiquement sans domicile de secours (et donc dépendantes de l'État pour le financement de l'aide sociale), toutes les politiques spécifiques et tous les éléments de politiques génériques menées en direction des sans-abri ont une clientèle beaucoup plus étendue que ce seul cœur de cible. À ce titre, les leçons à tirer d'une lecture budgétaire de la prise en charge des SDF paraissent valables pour d'autres politiques publiques, notamment pour ce qui relève des autres pans des politiques de lutte contre l'exclusion.

1. On reprend des éléments d'une analyse très détaillée sur le « 47 . 21 », cf. J. Damon, « L'"urgence sociale" au prisme de sa ligne budgétaire. Autour du "47 . 21" », *Revue française des affaires sociales*, vol. 55, nº 1, 2001, p. 13-35.

On ne peut en fait avoir une estimation exacte de ce que représente financièrement le complexe bureaucratico-assistanciel. Il est néanmoins intéressant de constater que ces dépenses sont loin d'être négligeables et, plus important encore, que les dépenses de l'État, à quelques à-coups près, sont en progression chaque année depuis le début des années 1980.

Le tableau 10 présente l'évolution des principales lignes budgétaires de l'État concernées (en francs courants). Trois lignes budgétaires du ministère en charge des Affaires sociales[1] touchent directement la prise en charge des SDF.

La première ligne budgétaire retenue concerne l'aide sociale à l'hébergement. Elle permet de financer des équipements et des services assez différents, avec des cibles relativement variées. Toutefois la cible générale des dispositifs et des établissements financés sur cette ligne budgétaire correspond à la population SDF *lato sensu*. La deuxième ligne concerne les campagnes pauvreté/précarité. Elle permet de financer des opérations très diversifiées dont certaines n'ont pas grand chose à voir avec les SDF. Toutefois, avec le temps, ces crédits ont été de plus en plus spécifiquement concentrés sur la prise en charge des SDF (hébergements d'urgence, Samu social). La troisième ligne budgétaire est une ligne très significativement baptisée « sans domicile fixe ». Il s'agit de l'aide sociale aux personnes sans domicile de secours, qui ne relèvent plus, depuis la décentralisation, de la compétence du département mais de l'État.

1. On aurait également pu prendre en compte des lignes budgétaires du ministère du Logement, visant spécifiquement la question SDF (« ligne d'urgence » et crédits pour les organismes logeant à titre temporaire des personnes défavorisées), mais il ne nous a pas semblé opportun de s'y arrêter, en raison du caractère récent et encore plus compliqué de ces dispositions.

Tableau 10. – *Dépenses de l'État autour de la prise en charge des SDF (en MF francs courants)*

	Hébergement et réadaptation sociale (Ligne budgétaire 46.23.20)	*Campagnes pauvreté/ précarité (Ligne budgétaire 47.21.70)*	*Aide sociale pour les SDF (Lignes budgétaires 46.23.80 et 46.23. 90)*
1981	863	0,06	
1982	1 151	0,06	
1983	1 362	0,06	
1984	1 580	200	1 178
1985	1 726	300	1 244
1986	1 562		1 418
1987	1 702	385	1 134
1988	1 728	453	1 191
1989	1 785	282	1 148
1990	1 938	236	1 083
1991	2 029	197	1 174
1992	2 099	284	1 171
1993	2 289	309	1 124
1994	2 292	460	1 182
1995	2 408	444	1 060
1996	2 484	519	1 046
1997	2 627	562	1 182
1998	2 719	737	1 186
1999	2 985	724	

Remarque : En raison des bouleversements constants des nomenclatures budgétaires, il est très difficile d'établir des séries chronologiques. Nous n'avons pas réussi à trouver dans les documents budgétaires les crédits dépensés en 1986 pour les campagnes pauvreté-précarité. Par ailleurs, pour 1999, en raison de la mise en œuvre de la couverture maladie universelle (CMU), il est extrêmement difficile de repérer les dépenses consacrées à l'aide sociale pour les personnes sans résidence stable.

Source : Direction du budget, ministère de l'Économie et des Finances.

Le tableau 10 montre que l'effort de l'État, apprécié en fonction des trois principales lignes budgétaires concernées, est en 1998 d'environ 5 milliards de francs par an. Il ne s'agit pas là du coût total pour l'État de la prise en charge des SDF. On devrait y ajouter, entre autres, une fraction des crédits du RMI, de la politique du logement, et des mesures d'insertion par l'économique. En outre, pour avoir une appréciation économique réelle de la totalité des dépenses liées à la prise en charge des SDF, il faudrait : dégager la part des budgets des collectivités territoriales (les villes, les départements et, parfois, les régions) consacrée à ce problème ; repérer au sein de la masse des dons et du mécénat privés ce qui est affecté à la prise en charge des SDF ; identifier au sein des dépenses des organismes de Sécurité sociale ce qui est indirectement affecté à la prise en charge des SDF ; prendre en compte les coûts des entreprises engagées dans la prise en charge des SDF (Caisse des dépôts, SNCF, RATP, EDF, etc.) ; et valoriser le bénévolat des personnes impliquées dans les associations d'aide aux sans-abri. Dans ces cinq cas, il est impossible d'avoir une estimation, même imprécise, de l'ampleur des financements. Ils sont certainement loin d'être négligeables, sans qu'on puisse se permettre d'avancer un quelconque chiffre.

Au titre des dépenses consacrées à l'hébergement et à la réadaptation sociale, à quelques soubresauts près, on remarque une progression constante de l'effort de l'État. La baisse la plus conséquente est remarquable au milieu des années 1980 quand les campagnes pauvreté/précarité sont mises en place. Il ne s'agit pas d'un paradoxe mais tout simplement d'arbitrages budgétaires entre des priorités. Puisqu'il a fallu financer des centres d'hébergement d'urgence, les crédits affectés aux centres de plus long terme ont été diminués.

Passons aux dépenses consacrées aux « sans domicile de secours ». Depuis la décentralisation, les personnes

« sans domicile de secours » sont de compétence étatique. La notion de « sans domicile de secours », apparue sous la Révolution et depuis inscrite dans le droit, ne qualifie pas directement des personnes mais des situations juridiques. Le domicile de secours est le lieu de domiciliation d'un bénéficiaire de l'aide sociale. La domiciliation est une adresse administrative choisie pour certains actes juridiques ou paiements. Dans le cas des politiques sociales, concernant les SDF, il s'agit souvent de l'adresse d'une association agréée par les pouvoirs publics, qu'une personne sans domicile peut utiliser pour recevoir son courrier et faire valoir ses droits. L'analyse des données n'est pas simple. Les ruptures dans la série sont conséquentes. Le détail, cependant, intéresse peu. Il est juste utile de constater la baisse de ces dépenses. Celle-ci ne s'explique pas par un désengagement de l'État, mais par l'évolution de la législation en matière d'aide et d'action sociales. Les campagnes pauvreté/précarité, puis la mise en place du RMI ont eu un impact sur le nombre de SDF domiciliés. Ceux-ci ne dépendent plus alors, pour l'aide sociale, de l'État, mais des départements dans lesquels se trouve leur adresse administrative. La multiplication des dispositifs a ainsi autorisé un nombre croissant de personnes à être domiciliées, sans nécessairement être logées ou même hébergées. Finalement, on doit lire cette baisse comme une performance positive du complexe bureaucratico-assistanciel : le maillage de plus en plus dense des services ainsi que la précision toujours plus grande des règlements permettent aux SDF, en tout cas à une partie d'entre eux, de valoriser et de stabiliser des droits.

Au risque d'être laborieux dans l'exposé, il importe d'entrer plus dans le détail pour ce qui concerne la troisième ligne budgétaire étudiée. Il s'agit des paragraphes consacrés spécialement à la lutte contre la pauvreté et à l'urgence sociale présents dans le chapitre budgétaire 47 . 21 (« Programmes d'action sociale de l'État ») du ministère en charge des Affaires sociales. Très connu dans les milieux associatifs et administratifs impliqués dans ces politiques, cet agrégat budgétaire, appelé de manière résumée « le 47 . 21 », est régulièrement cité et discuté[1]. Il n'est pas déraisonnable de s'arrêter sur un chapitre budgétaire aussi central, tant on sait que les droits, les règles, mais aussi les budgets créent une identité d'action. C'est ce chapitre, et plus précisément son paragraphe 70 qui permet de faire fonctionner chaque année les plans « pauvreté/précarité ». Ces crédits permettent de financer de manière relativement souple des dispositifs qui sont généralement reconduits d'une année à l'autre, ainsi que des innovations.

La ligne budgétaire 47 . 21 . 70 n'a été largement dotée qu'à partir de 1984. Dans les budgets 1982, 1983 et 1984, l'article 47 . 21 . 70 est baptisé « Œuvres de secours ». Divisé en « subventions à des administrations privées » et en « subventions à des organismes publics », il n'est doté chaque année que de 60 KF. Ce chiffre contraste fortement avec les montants atteints à la fin des années 1990 (plusieurs centaines de millions de francs).

Le graphique 11 retrace les évolutions des dépenses de l'État pour les plans « pauvreté/précarité » (ligne 47 . 21 . 70) et, à l'intérieur de cette ligne, la progression du paragraphe concernant depuis 1994 les « réponses à l'urgence sociale » (ligne 47 . 21 . 70 . 10). Pour la clarté de la série on ne prend pas en compte, dans le graphique, les 935 millions de francs, dépensés en 1998, au titre du Fonds d'urgence sociale (FUS).

Cette ligne budgétaire a augmenté jusqu'à la mise en place du RMI puis a fortement baissé, dans la mesure où le RMI était envisagé comme une solution globale au problème de la « nouvelle pauvreté ». Les crédits ont de

1. Une réforme de la nomenclature budgétaire, introduite en 2000, rebaptise ces lignes et paragraphes. On s'arrête donc à 1999 pour l'analyse.

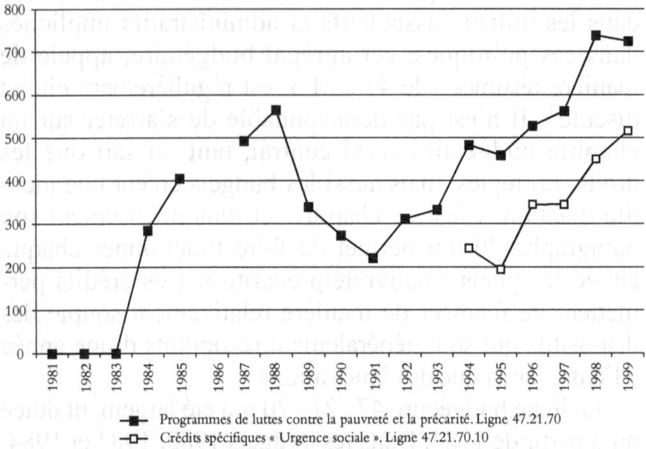

Graphique 11. – Dépenses de l'État pour les plans « pauvreté/précarité » (en millions de francs constants 1999)

Remarques :

a. Depuis 1984, les crédits « pauvreté/précarité » ont permis de financer toute sorte d'opérations, certaines n'ayant rien à voir avec les SDF (dans le cadre de la politique de la ville par exemple). Cependant ces crédits sont largement présentés comme destinés à la prise en charge des SDF.

b. Depuis 1994, des crédits dits « d'urgence sociale » (ligne 47 . 21 . 70 . 10) sont apparus au sein de la ligne 47 . 21 . 70. Ils concernent très directement le financement des opérations novatrices du type Samu social, par exemple.

c. Nous n'avons pas trouvé le chiffre des dépenses pour 1986, en raison des variations de nomenclatures budgétaires. Ce manque est dommage car il aurait peut-être appris des détails liés au changement de majorité politique. On remarque cependant que les crédits continuent de progresser à partir de 1987. Le changement politique n'a donc pas eu une influence sur la tendance.

nouveau augmenté à partir de 1992 à mesure que la question SDF se précisait sur l'agenda politique, non plus comme une dimension particulière de la lutte contre la pauvreté, mais comme un problème spécial « d'urgence sociale ». À l'intérieur des paragraphes de cette ligne budgétaire, une entité particulière, baptisée « réponses à l'urgence sociale », a été formalisée en 1994. Elle a, depuis lors, très fortement augmenté.

Ces crédits d'action sociale, en particulier les crédits d'urgence sociale, permettent toutes les innovations pragmatiques. Ils sont largement décentralisés et autorisent des adaptations aux configurations locales de la question SDF. En fait les crédits pauvreté/précarité permettent à l'État de « bricoler », dans l'effervescence politique et médiatique, des dispositifs pour répondre aux manifestations de l'exclusion particulièrement visibles sur l'agenda politique.

Au-delà des modifications de la législation et des nomenclatures, les évolutions budgétaires renseignent sur le développement du système de prise en charge des SDF. En résumé on peut souligner trois points : les établissements financés sur le registre de l'aide sociale obligatoire (CHRS) se sont consolidés depuis une vingtaine d'années ; la multiplication des dispositifs, autorisée par l'augmentation des crédits d'action sociale, aura permis une prise en charge améliorée des SDF au moins en permettant des domiciliations plus aisées ; la tendance à la concentration sur « l'urgence sociale » est nette. Ce dernier point est important. Malgré la consolidation progressive des dispositifs, les pouvoirs publics réagissent toujours par des mesures d'urgence. Tous les hivers, une montée en puissance de la couverture médiatique des SDF, éventuellement ponctuée par un « coup de gueule » de l'abbé Pierre et par les réquisitions du DAL, place la question en priorité de l'action publique[1].

1. On parle parfois ironiquement de « politique du thermomètre » au sujet de la prise en charge en urgence des SDF, avec ses déclencheurs : le

L'enseignement le plus intéressant, qui rejoint des constats déjà établis, est relatif aux places de l'État et des associations dans le complexe bureaucratico-assistanciel. On peut reconnaître la place déterminante et grandissante de l'État, en lien avec les associations, en reprenant les trois lignes budgétaires étudiées.

Les fonds dépensés au titre de l'aide sociale pour les personnes sans domicile de secours correspondent à de l'aide sociale et à des droits. Ils étaient gérés, jusqu'à la mise en place de la Couverture maladie universelle (1999), dans une coopération entre les départements et l'État. Depuis la création de la CMU, c'est l'État qui gère directement toute l'aide sociale concernant les personnes sans domicile de secours, mais également toute l'aide médicale gratuite dont la responsabilité était affectée aux départements depuis la décentralisation. Il y a bien là recentralisation et retour de l'État.

Les budgets consacrés à l'aide sociale à l'hébergement, qui ont très substantiellement augmenté, sont très majoritairement attribués au secteur associatif qui gère des équipements sociaux spécialisés dans ce domaine. L'État et ces associations sont en négociation permanente sur l'ampleur et l'efficacité des dépenses.

Les crédits « pauvreté/précarité » et plus précisément encore les crédits dits de « réponses à l'urgence sociale » ont fonctionné comme des petits laboratoires de l'action publique. Ils ont permis d'innover car, on l'a vu, c'est dans le cadre des plans qu'ils financent qu'ont été expérimentées des mesures qui ont été ensuite consacrées législativement

nombre de degrés en dessous de zéro ou l'apparition des premiers flocons. Pour l'hiver 1999-2000, un « protocole grand froid » a ainsi été convenu entre la Préfecture de Paris et une série d'associations. Contenant des actions à entreprendre en commun et quelques places d'hébergement mobilisables, ce protocole est déclenché « lorsque la température de jour oscille entre + 2° et – 2° ou lorsque des intempéries aggravent les conditions de vie des personnes sans-abri ».

(le RMI en 1988, le droit au logement en 1990). Ces lois ont permis, entre autres, une nouvelle affirmation de l'État, après la décentralisation, en matière de politiques sociales.

On voit bien toute l'importance des crédits de l'État au sein du complexe bureaucratico-assistanciel. État et associations constituent le couple pivot du système. Débattant et travaillant sur des procédures budgétaires compliquées et sur des sommes importantes, il n'y a certainement pas possibilité de prise de décision unilatérale de l'État. Localement, les discussions peuvent être ardentes. Cependant le thème central des débats peut tourner autour des moyens de l'État plus qu'autour des principes et des résultats de l'action.

Pour renforcer encore ce constat, soulignons que les crédits étatiques ici décrits rassemblent des crédits de fonctionnement. Si d'autres partenaires du complexe bureaucratico-assistanciel peuvent se montrer ponctuellement et localement généreux par des investissements ou des mises à disposition d'immobilisations, par exemple de bâtiments pour en faire des centres d'hébergement, très rares sont les institutions qui s'engagent dans le fonctionnement des dispositifs. Quand des dépenses de fonctionnement peuvent être consenties, en particulier par des villes, les partenaires ainsi impliqués ont tout intérêt à se retourner vers l'État pour qu'il reprenne, sur ses fonds, le financement d'innovations qui s'institutionnalisent. L'exemple d'une prestation particulière, l'aide aux organismes logeant à titre temporaire des personnes défavorisées (ALT), créée en 1993, est tout à fait illustratif. Créée à l'origine pour soutenir les associations accueillant des SDF *(lato sensu)*, l'ALT a été réformée par la loi de lutte contre les exclusions (1998), à la demande des villes, pour que celles-ci puissent directement en bénéficier. Ce sont ainsi environ 300 MF (1998) qui sont dépensés par l'État pour aider directement les villes et les associations dans leurs politiques de prise en charge des SDF.

Associations et villes, « tiers » aux côtés de l'État dans la prise en charge des SDF, sont en réalité en situation de dépendance pour ce qui concerne les politiques qu'elles veulent mener. Elles peuvent innover, contribuer aux investissements, participer (marginalement) au fonctionnement, mais elles ne peuvent généralement (ni ne souhaitent) financer des programmes structurés de long terme. Elles se tournent donc quasi systématiquement vers les ressources budgétaires étatiques. On confirme que l'agrégation de l'action publique en direction des SDF se fait bien en fonction de cette cible floue, mais également en fonction des ressources et des règles de l'État.

« URGENCE SOCIALE » ET « PARTENARIAT » : DEUX VOIES VERS LE BRICOLAGE

En systématisant des observations et des analyses qui ont été faites de manière éparse jusqu'ici, on relèvera trois traits caractéristiques du complexe bureaucratico-assistanciel. On reviendra dans un premier temps sur le caractère primordial de la notion d'urgence. L'« urgence sociale, » même si elle est très discutée, reste une notion centrale, orientant en partie la prise en charge des SDF. Dans un deuxième temps, on isolera le mode de régulation qui permet au système de fonctionner. Étudiant le « partenariat » on marquera la « dépendance mutuelle »[1] des associations et des pouvoirs publics. Ces régulations correspondent à une actualisation des modes de production de l'action publique, sans radicalement bouleverser la place essentielle qui tient l'État. Enfin, on mettra au jour cette modalité particulière d'action qu'est le brico-

1. L'expression est de M. Lipsky, S. Smith, « When social problems are treated as emergencies », *Social Service Review*, vol. 63, n° 1, 1989, p. 5-25.

lage. Celui-ci correspond à la fois au mécano institutionnel sophistiqué dans lequel se trouvent les acteurs de la prise en charge et à une modalité concrète d'action. Comme dans le cas des SDF, l'emploi du terme bricolage n'est pas là pour décrier des actions, mais pour en souligner le caractère pragmatique, réparateur et précaire.

Ces trois propriétés sont caractéristiques du système contemporain de prise en charge des SDF. Elles ne distinguent pas pour autant franchement le complexe bureaucratico-assistanciel du reste des politiques publiques contemporaines. Elles ne sont qu'une illustration, particulièrement identifiable, d'une triple tendance affectant l'action publique aujourd'hui : la pression de l'urgence et de l'événementiel ; la quête problématique de nouvelles régulations permettant une « gouvernance » après la perte supposée de la centralité de l'État ; la nécessité pour les acteurs locaux de se débrouiller – de bricoler – dans des configurations de plus en plus complexes en termes de droits (pour les prestations) et de contrats (pour l'adaptation locale de ces prestations).

Une thématique centrale et contestable : l'urgence sociale

L'urgence sociale, avec ses dimensions humanitaires, affectives et médicales, s'est implantée sur l'agenda politique à la fois en tant que problème spécifique, mais aussi en tant que mode particulier d'intervention. Valorisée par certains, elle est vivement critiquée par d'autres qui y voient l'invalidation d'actions à visée préventive et un frein pour des réformes d'envergure.

Des colloques, des commissions de travail, des formations de spécialistes, des budgets, des circulaires, des articles de lois, un numéro de téléphone[1], et même une

1. Il s'agit du 115, créé en 1997 et aujourd'hui inscrit dans chaque cabine téléphonique.

radio[1] lui sont consacrés. Juridiquement distincte des procédures d'admission en urgence à l'aide sociale, elle est devenue un élément essentiel, depuis la décentralisation et avec la progression de la thématique de l'exclusion, des politiques d'action sociale de l'État. Décomposée en subventions à des associations et en secours ponctuels à des individus, il s'agit théoriquement d'interventions ponctuelles. Elle est envisagée comme un segment particulier de l'action publique dirigées vers les SDF, notamment vers les SDF « les plus en difficulté » (ou les « grands exclus »).

Les paramètres d'interprétation de la question SDF ont été fournis à partir de la thématique de l'urgence. Cette formulation du problème était audible par des décideurs publics, à la fois parce qu'elle correspondait à un écho avec des sentiments aigus dans l'opinion publique et parce qu'elle autorisait des réponses rapidement concevables et, en théorie, peu coûteuses : des centres d'hébergement ouverts pour une période donnée, sans nécessaire perspective de moyen ou de long terme. Cependant, parallèlement à la montée en puissance de la thématique urgentiste, il a toujours été indiqué que de véritables solutions à la question SDF devaient comprendre du logement permanent, des services d'accompagnement social, des dispositifs à longue échéance. Rhétorique de l'urgence et demande de solutions de plus long terme se sont ainsi toujours mêlées, dans un appel constant à des interventions publiques de prise en charge.

L'urgence sociale n'est pas apparue dans les années 1980. Il faut revenir un moment sur un précédent célèbre, aux conséquences qui ont été bien analysées. Dans les années 1950 déjà, il y avait urgence. Pour faire face au manque de logements, les pouvoirs publics ont

1. En janvier 1994, Radio France a créé une station émettant sur les ondes moyennes, « Radio Urgences », pour les SDF et les « défavorisés », dans l'objectif de leur apporter des informations concrètes.

pris des mesures pour héberger les personnes qui ne trouvaient plus à se loger dans un parc immobilier de médiocre qualité. Après l'appel de l'abbé Pierre en février 1954, les pouvoirs publics ont entrepris un grand effort de construction de logements, mais ils ont également répondu, dans la précipitation, en créant des « cités d'urgence ».

Dès 1954, c'est à partir d'une formulation en termes d'urgence qu'on a commencé à imaginer et à bâtir des réponses pour accueillir les personnes désignées comme inadaptées, dans des logements baptisés « promotionnels », « de transition » ou « d'urgence », qui ont été utilisés pour loger les personnes mal-logées puis pour essayer de faire disparaître, sans succès définitif, les bidonvilles et les taudis. Les cités de transit, qui ont remplacé les cités d'urgence, ont été décriées par une sociologie critique soucieuse de mettre en lumière le caractère disciplinaire de l'alliance du logement et du travail social. Ces cités ont été décrites comme des habitats ségrégués parquant des populations à la périphérie des villes. Des enquêtes ont montré l'impact négatif de ces regroupements sur les habitants [1]. Des travaux menés dans la mouvance de ATD Quart-Monde ont montré que les notions d'urgence et de transit étaient à certains égards étranges [2]. Une partie de la population accueillie pouvait quitter rapidement ce genre d'habitation pour aller se loger ailleurs. Pour une autre partie, ces cités ne constituaient pas un logement de transition, mais une demeure stable. Plus le temps passé dans ces cités augmentait, plus la probabilité d'en sortir diminuait.

La principale difficulté entraînée alors par la thématique de l'urgence est d'avoir poussé à l'édification de

1. C. Pétonnet, *Espaces habités. Ethnologie des banlieues*, Paris, Galilée, 1982.
2. J. Labbens, *Le Quart-Monde*, *op. cit.*

solutions provisoires, qui se sont mises à durer. Ce dilemme du transitoire qui tend à s'éterniser est un constat bien établi par l'analyse des interventions publiques pour le logement des personnes défavorisées [1]. Après avoir été élaborées comme transitoires, urgentes, les réponses s'institutionnalisent et peuvent venir constituer des sous-marchés du logement.

L'urgence comme catégorie d'action publique dans le domaine social s'était effacée après cette expérience difficile, qui nécessitera des interventions jusqu'au début des années 1980, pour réapparaître, en force, dans le cadre de la mise en place des premiers programmes d'action contre la pauvreté et la précarité. On a déjà beaucoup insisté sur cette diffusion de la rhétorique de l'urgence et sur les plans d'urgence hivernaux. Signalons simplement que d'autres programmes pour les sans-abri, sur d'autres chapitres budgétaires impliquant d'autres ministères, ont également été marqués du sceau de l'urgence. Au cours des années 1990, des plans pour le logement des personnes défavorisées ont été labellisés de la sorte. Un premier plan (dit plan « de Charette ») est décidé à l'été 1993. Cent millions de francs sont dégagés pour financer des places d'hébergement ou des Logements transitoires (dits logements « passerelles »). Une ligne budgétaire dite « ligne d'urgence » est créée dans le budget du ministère du logement. Cette ligne budgétaire permet également des adaptations pragmatiques, des financements souples pour des opérations originales, comme dans le cas des crédits « 47 . 21 » du ministère des Affaires sociales. Un second plan (dit « Plan Périssol ») sera conduit de 1995 à 1996, avec 1,3 milliards de francs, pour créer 10 000 logements d'insertion et 10 000 logements « d'extrême urgence ».

1. Voir R. Ballain, C. Jacquier, *Politiques française en faveur des mal-logés (1945-1985)*, Grenoble, Groupe d'étude et de recherche sur le travail et l'urbain, 1987.

Ces derniers étaient spécifiquement prévus pour les personnes à la rue ou risquant de s'y retrouver.

La rhétorique de l'urgence, de la catastrophe, de l'inadmissible est stratégiquement avantageuse pour inscrire le problème sur l'agenda politique en doublant d'autres problèmes sociaux. Elle permet de légitimer des actions illégales (squats, par exemple), placées dans l'ordre de la nécessité, ou de bâtir de nouveaux dispositifs. Cependant, la traduction politique de la présence de SDF dans les rues en tant qu'urgence sociale n'est pas sans poser des problèmes.

La thématique de l'urgence peut convenir aux associations qui voient leurs moyens augmenter et leurs propositions entendues. Elle bénéficie également aux pouvoirs publics qui trouvent, dans l'urgence, une capacité réelle d'action en édifiant des solutions provisoires[1]. Il y a bien des raisons pour que les responsables publics favorisent ce type de traitement. L'intervention en urgence peut leur permettre d'éviter ou de remettre à plus tard des réformes plus coûteuses de grande envergure. Il est d'ailleurs bien établi par les acteurs de la prise en charge qu'on risque, en se concentrant seulement sur le traitement de l'urgence, de se détourner des solutions de fond. La concentration sur l'urgence, répétée chaque année, peut masquer les racines du problème et n'aboutir à traiter que ce qui est le plus visible, demeurant de la sorte dans un domaine essentiellement palliatif.

L'urgence permet de se placer en bonne place sur l'agenda et de bénéficier d'une attention forte et de ressources, mais cette rhétorique de mobilisation et de caractérisation n'est pas sans conséquences à long terme (diminution de l'intérêt sans que des solutions soient vraiment trouvées, camouflage d'autres problèmes plus

1. Voir M. Lipsky, S. Smith, « When social problems are treated as emergencies », *op. cit.*

importants, désaffection de l'opinion publique, routinisation, etc.). Il faut donc en permanence revenir vers l'opinion publique sous des formes renouvelées. C'est ce qui explique le succès des initiatives qui ont insisté, chaque année, sur la « nouveauté » du problème et des solutions proposées.

Il faut bien constater que depuis une vingtaine d'années, face au problème SDF, les pouvoirs publics (État et villes), avec les associations, ont répondu, en partie, à la visibilité par la visibilité, à l'urgence par l'urgence. À un problème social caractérisé par sa visibilité, se sont montées en réponse des mesures particulièrement visibles. Les premières interventions ont pu s'opérer dans une certaine improvisation. Elle se sont lentement installées et aménagées. Alimentant lui aussi la rhétorique de l'urgence, l'État tente d'organiser et d'harmoniser des procédures à travers des campagnes qui réunissent tous les ans des acteurs plus nombreux. Finalement l'urgence, qui par définition est une dérogation à la norme, s'est normalisée, comme moteur rhétorique et pratique du complexe bureaucratico-assistanciel.

Relevons, dans la discussion sur la nature duale de l'urgence sociale qui oscille entre caractérisation d'une population en situation particulière et mode particulier d'intervention publique, entre retour à l'assistance traditionnelle et recomposition des politiques sociales, que la tendance est désormais à distinguer ce qui relèverait d'une « grande » voire d'une « très grande » urgence, légitimant des dispositifs encore plus spécifiques, financés sur les crédits d'action sociale de l'État et prétendument ajustés à des populations considérées comme spéciales. À la différence des pompiers, des policiers ou des ambulanciers, les acteurs de l'urgence sociale n'interviennent pourtant pas sur des situations inattendues et accidentelles, ni, le plus souvent, sur des questions vitales. Si les détresses et les problèmes sociaux peuvent être particulièrement pressants, le temps de leur traitement est assurément long et lent (tout le monde en convient). Des admissions en urgence à l'aide sociale permettent de résoudre des situations de crise. À l'inverse, l'institutionnalisation de l'action sociale d'urgence, visant des populations particulières et non pas des situations singulières d'alarme, peut assurément verser dans une gestion assistancielle spécialisée, en contradiction avec l'objectif annoncé d'insertion et de retour vers le « droit commun »[1].

On ne peut résister à l'expression d'un scepticisme (qui n'est pas vraiment original) vis-à-vis de la notion d'urgence sociale. Il est pour le moins étrange, dans le secteur social, de parler d'urgence ou de grande urgence pour décrire, caractériser et prendre en charge des phénomènes récurrents avec des systèmes permanents. De ce paradoxe évident peuvent naître des décalages entre la spécificité supposée des personnes ainsi ciblées, la nature ponctuelle des interventions de prise en charge, et les objectifs plus généraux d'adaptation structurelle des politiques sociales.

En tout état de cause, une des conséquences les plus importantes de l'adoption de la notion d'urgence sociale comme principe d'action est d'avoir renforcé les coopérations entre l'État et les associations.

Le « partenariat » : incarnations concrètes et équivoques fondatrices

Le traitement de la pauvreté ne peut se concevoir à partir de l'opposition traditionnelle entre bienfaisance privée et assistance publique[2]. La prise en charge des SDF se

1. L'expression, très prisée, de « droit commun » n'a juridiquement pas grand sens, car le droit de l'aide et de l'action sociales, dont relèvent une grande partie des services « d'urgence sociale », n'est pas moins « commun » que d'autres droits.

2. Cette conception d'une séparation entre privé et public étant en fait contestable depuis au moins la fin du XIXe siècle. Cf. D. Renard,

déploie à partir de l'imbrication du secteur public et du secteur privé. Cette imbrication est devenue si poussée qu'il semble plus opportun de parler d'un appariement (l'un ne va plus sans l'autre), et même d'une agrégation (les deux sont assemblés dans un tout) des deux logiques d'intervention.

On sait que la sphère publique est en négociation avec d'autres acteurs, notamment les associations. L'État se recompose, par ailleurs, dans des configurations plus territorialisées de l'action publique. Toutefois, à la différence des chercheurs qui voient là la naissance de nouveaux types de gouvernance[1], on observe que l'État conserve une place centrale et décisive dans la prise en charge des SDF. Il entreprend des « partenariats » ou est invité à le faire, mais en dernier ressort il conserve une place particulière qui interdit de le faire figurer au même rang que les autres partenaires.

Dans les années 1950 déjà (pour ne pas remonter trop haut), les associations de prise en charge de la misère travaillaient en collaboration avec les pouvoirs publics. Elles développaient des services en direction des personnes en difficulté. L'État les a intégrées à ses politiques d'action sociale. À partir des années 1970, dans un contexte de transformations des politiques et des problèmes sociaux, les rapprochements entre pouvoirs publics et associations se sont formalisés. Depuis une vingtaine d'années les pouvoirs publics, en particulier l'État, se sont engagés dans une délégation croissante aux associations. Cette délégation n'est pas à comprendre comme un retrait de l'État, mais, à l'inverse, comme une participation toujours plus grande de l'État dans l'action privée, générant une interdépendance

« Assistance publique et bienfaisance privée, 1885-1914 », *Politiques et management public*, vol. 5, nº 2, 1987, p. 107-128.

1. P. Le Galès, « Régulation, gouvernance et territoire », *in* J. Commaille, B. Jobert (dir.), *Les métamorphoses de la régulation politique*, *op. cit.*, p. 203-204.

entre les deux réseaux d'acteurs. Le couple pouvoirs publics/associations ne va pas sans opposition, ni bras de fer. Mais il fonctionne. Il s'agit là d'une dynamique générale du mouvement associatif, qui, au bout d'un siècle d'existence, s'est de plus en plus professionnalisé et institutionnalisé, en lien avec la sphère et les finances publiques [1]. Les formulations et les initiatives associatives sont reprises et intégrées à une action publique dont le principal acteur reste l'État. Ses administrations relaient et appuient les orientations des associations qui, en retour, se trouvent plus intégrées aux logiques et procédures étatiques.

Prenons le cas des CHRS, très majoritairement gérés par le secteur associatif. Le financement de ces équipements dépend directement de l'État central. Le taux directeur de progression de leur budget – qui concerne essentiellement l'évolution de leur masse salariale – est calculé par la Direction du Budget en fonction des taux qui concernent la fonction publique. Il faudrait presque voir des quasi-fonctionnaires au sujet des salariés des CHRS. Ils n'en ont pas les contraintes et les sécurités. Ils conservent des libertés de ton et des marges de manœuvre, mais ils sont plus inscrits dans des logiques publiques que dans des stratégies privées.

De promoteurs et concepteurs de services, les associations ont été obligées de devenir plus gestionnaires. Parmi les plus protestataires, les logiques gestionnaires ont pu aussi prendre le pas sur les logiques contestataires, ne serait-ce que pour durer. Plus les circulaires se faisaient précises en affichant la nécessité d'un contrôle accru de l'État, plus les associations ont été conduites à établir des indicateurs de performance, à donner des chiffres, à remplir des fiches et des dossiers, et à participer à des réunions de coordination. L'administration, soucieuse de la bonne

1. Voir, pour le cas des politiques d'environnement, P. Lascoumes, *L'éco-pouvoir*, *op. cit.*

utilisation des fonds publics, a réclamé une gestion plus stricte et une adéquation des actions aux formulations politiques du problème.

Depuis les années 1980, les fonctions d'administration et de représentation ont ainsi pris une ampleur jusqu'ici jamais atteinte dans le secteur associatif. Les métiers de directeurs d'associations s'en sont trouvés transformés. Ils ne gèrent plus seulement des établissements et des équipes, mais ils ont également dans leur travail quotidien à faire des démarches auprès des autorités nationales ou locales pour obtenir ou conserver un soutien. Comme les sans-abri vont solliciter une aide d'un endroit à un autre, et les mendiants du métro une pièce ou un sourire d'une rame à l'autre, les responsables associatifs vont « mendier » des moyens supplémentaires ou plus stables (selon leur situation juridique et la nature de leurs liens avec les pouvoirs publics) auprès des diverses autorités publiques, et notamment des divers services de l'État[1]. Ils opèrent parfois des courts-circuits des services déconcentrés en passant par des élus influents et/ou par Paris.

Ce renforcement très substantiel de la présence étatique dans les associations n'est pas sans provoquer de débats au sein des associations traditionnelles qui peuvent y voir une perte d'autonomie. De l'autre côté, l'État a pu être critiqué comme opérant un retour vers la charité privée en se tournant vers le monde associatif. En tout état de cause, on peut observer que les interdépendances se développées. Désormais associations et pouvoirs publics forment un système négocié, contractualisé et imbriqué, qui repose sur la reconnaissance du professionnalisme des associations et sur les financements publics. Cette imbrication est d'autant plus élevée que les conseils d'administration des associations comportent souvent des

1. L'image de la mendicité, reprise ici, est très répandue dans les discours des responsables associatifs.

fonctionnaires à la retraite, et parfois même en activité, qui assurent des courroies entre l'administration et les associations.

Associations et administrations partagent maintenant, à des variations résiduelles près, des formulations de la question SDF, des normes de fonctionnement, des objectifs à atteindre. Les luttes peuvent être rudes entre associations et pouvoirs publics sur des questions de financement. Cela n'entache guère les complicités interpersonnelles et la validité de procédures qui se sont établies depuis une vingtaine d'années. Les protagonistes se connaissent. Les huissiers connaissent les militants qu'ils vont expulser d'un logement réquisitionné, les inspecteurs des DDASS connaissent les responsables associatifs, le préfet connaît les directeurs d'associations, les services de l'État fréquentent ceux des collectivités territoriales.

L'exercice d'appariement État/associations comporte toutefois des risques. La dépendance de la mise en œuvre de l'action publique sur des associations peut produire des variations considérables en matière d'efficacité et de coût des interventions. Du côté des associations, une présence étatique toujours plus forte peut conduire à la transformation ou à l'abandon des projets associatifs. Devenus démembrements administratifs, les conseils d'administration de certaines associations ne sont que des chambres d'enregistrement des variations réglementaires des politiques publiques.

Pour la prise en charge des SDF, la dépendance mutuelle des pouvoirs publics et des associations a transformé à certains égards les associations en prestataires de services pour les pouvoirs publics, voire en délégataires de services publics, tandis que les pouvoirs publics devenaient les clients des associations. Les pouvoirs publics, au premier rang desquels l'État, constituent les seuls clients de ces organisations, en les autorisant à exercer leurs activités et en payant leurs services. Dans les différents contextes locaux, associations et pouvoirs publics composent avec d'autres acteurs comme les médias, les directions centrales de l'administration, ou les cabinets ministériels. « Paris », comme dans le système traditionnel dit de « régulations croisées » reste une ressource importante[1]. Ce n'est pas dire que les modes de régulations actuels sont les mêmes que dans les années 1960 et 1970. Ils ne sont cependant pas absolument dissemblables. Le modèle de la régulation croisée est peut-être « épuisé », il n'est pas pour autant totalement suranné[2]. Une première différence réside dans le nombre et dans la nature des partenaires. Aujourd'hui, et dans le cas précis de la prise en charge des SDF, les associations ont pris une place et jouent un rôle beaucoup plus important qu'auparavant. Une autre différence est dans le caractère explicitement négocié de l'action publique[3]. Si l'État est engagé dans des négociations avec les autres acteurs du complexe bureaucratico-assistanciel, cela ne veut pas dire que les acteurs fonctionnent sans hiérarchie. S'il y a changements dans le gouvernement des affaires publiques, avec plus de négociations, plus de réseaux, plus d'acteurs, il n'y a pas nécessairement « gouvernance » au sens de gommage de l'asymétrie et des frontières entre public et privé. Au contraire, même, dans le domaine social on assiste plutôt à un renforcement de la place et du rôle de l'État, avec ses logiques et ses spécificités. Le retour en sympathie des associations depuis les années 1980 dans le domaine de la protection sociale, et ce alors que les fondateurs de la Sécurité sociale y relevaient surtout particularisme et archaïsme, est bien une

1. M. Crozier, J.-C. Thoenig, « La régulation des systèmes organisés complexes. Le cas du système de décision politico-administratif local en France », *Revue française de sociologie*, vol. 16, nº 1, 1975, p. 3-32.

2. R. Epstein, « Le préfet-ajusteur », *Pouvoirs locaux*, nº 44, 2000, p. 37-43.

3. J.-P. Gaudin, *Gouverner par contrat*, *op. cit.*

évolution majeure. Mais celle-ci s'accompagne incontestablement d'une progression de l'étatisation du social[1].

Les différents acteurs du complexe bureaucratico-assistanciel sont engagés dans une modalité particulière et novatrice de l'action publique, le « partenariat ». Le terme est récurrent dans les discours sur les pratiques du complexe bureaucratico-assistanciel. Avec l'émergence des politiques de lutte contre l'exclusion, la notion a accédé au rang de principe de l'action publique[2]. Qu'on la juge seulement rhétorique (voire idéologique) ou au contraire éminemment pratique (ou encore programmatique), elle se trouve assurément au centre des recompositions des modes de coopération et de décision publiques. Elle donne lieu à une littérature florissante, avec ses thuriféraires et ses adversaires. Certains considèrent que l'horizon du partenariat réinvente la démocratie, et exaltent un mode d'administration qui effacerait les clivages entre intérêt national et intérêt local, entre intérêt général et intérêt privé. D'autres contestent l'opacité des pratiques (arrangements, marchandages) qu'il couvre, et y décèlent un danger pour la démocratie et/ou pour la République.

L'emploi du terme partenaires n'est pas neuf. Après-guerre, les partenaires sociaux, considérés comme des adversaires de la lutte des classes, sont érigés en responsables du projet et des régimes de Sécurité sociale. Le vocable partenariat est beaucoup plus récent. Il date du début des années 1980. Il n'appartient pas au vocabulaire juridique, même s'il est de plus en plus employé dans la doctrine. Il relève en fait plus du management public que du droit public. Ligneau, un des premiers juristes à s'être intéressé à la question, rappelle que pour *Le Robert* le

1. En témoignent, plus généralement, les débats sur l'avenir du paritarisme.

2. On synthétise et on adapte à la question SDF une argumentation plus développée dans J. Damon, « La dictature du partenariat », *Futuribles*, n° 273, 2002, p. 27-41.

partenaire est celui avec qui on est associé pour gagner dans un jeu[1]. Décrit comme un état d'esprit autant que comme une formule de coopération, le partenariat apparaît comme une modalité de l'action conjointe. Concept de jeu, il suppose : des règles du jeu ; un objet commun ; des protagonistes de niveau à peu près égal. Or, toujours selon Ligneau, si on transpose ce cadrage dans les rapports entre collectivités, on observe que les règles du jeu ne sont pas toujours claires, que l'objet n'est pas forcément le même partout, qu'il y a une forte inégalité entre les différents niveaux de puissance publique (État, Sécurité sociale, collectivités locales, organismes délégataires). Ce troisième constat est essentiel car dans tout partenariat de politiques publiques, il y a un handicap par rapport à l'État, dans la mesure où les autres collectivités lui sont, à des titres divers, subordonnées.

Au-delà de ces aspects sémantiques et juridiques, le partenariat est un mode d'action auquel ont quasi systématiquement recours les politiques sociales. Sur le volet de la protection sociale, on a assisté en une vingtaine d'années au passage graduel d'une distribution des missions, des responsabilités et des financements indexée sur le paritarisme[2], à une attribution de ces fonctions à des partenaires très divers (villes, départements, associations, régions, entreprises). Avec l'émergence du thème du partenariat, les partenaires sociaux traditionnels (syndicats et organisations patronales) ont été associés, sans être totalement assimilés, aux autres éléments de la galaxie hétérogène des partenaires. Les associations ont pris dans ce

1. De cet auteur, voir P. Ligneau, « Existe-t-il un droit du partenariat ? », *Informations sociales*, n° 95, 2001, p. 4-19.

2. Le paritarisme « pur », associant organisations syndicales et patronales n'a cependant jamais été véritablement mis en place. On parle plutôt de « tripartisme » pour rappeler la présence toujours forte de l'État. Voir M.-T. Join-Lambert (dir.), *Politiques sociales*, Paris, Dalloz-Presses de Sciences Po, 1994.

cadre un rôle et une place tout à fait inédits. Symboliquement, on peut relever que de grandes associations caritatives sont, depuis le milieu des années 1990, dans les conseils de surveillance des caisses nationales du régime général de la Sécurité Sociale, celles-ci étant administrées par les partenaires sociaux traditionnels. Il y a bien là reconnaissance par la collectivité de leur importance dans l'action et la formulation de politiques sociales centrées sur les problèmes d'exclusion. Il y a aussi là un signe du glissement du paritarisme vers le partenariat comme modalité générale de régulation de la protection sociale.

Le recours au partenariat est une innovation institutionnelle liée au renforcement des dépendances mutuelles repérées dans le complexe bureaucratico-assistanciel. L'État, auprès des associations et des collectivités locales, cherche à mobiliser des forces qui lui font défaut pour conduire ses politiques. Ses services déconcentrés, particulièrement affaiblis dans le cas de l'action sociale depuis la décentralisation, tentent d'organiser les rapports entre administrations, collectivités locales, groupes de pression et acteurs privés locaux. Ce développement d'un « État partenaire »[1] se déroule à l'échelle locale, provoquant des tensions entre les services centraux soucieux de l'application des décisions gouvernementales et les services déconcentrés préoccupés par la nécessaire adaptation de ces décisions au contexte territorial. L'État central « arrange » les politiques avec ses partenaires associatifs. L'État déconcentré ajuste les programmes aux particularités locales[2].

1. F.-X. Schweyer, « Vers un État partenaire ? », *in* S. Paugam (dir.), *L'exclusion. L'État des savoirs*, *op. cit.*, p. 487-496. L'auteur relève que, dans le cadre du paritarisme, le partenaire était élevé à ce rang par l'État, « comme affranchi du misérable intérêt particulier et reconnu capable de parler au nom de l'intérêt général ». Il note que l'État, avec le partenariat, peut être paradoxalement à la fois « partenaire sur le terrain et tuteur par les centrales ».

2. La prise en charge des SDF en ressort plus comme une politique territorialisée que comme une véritable politique territoriale. Voir J. Ion, *Le*

Tous les partenaires le diront : il n'y a pas un, mais des partenariats. Cette déclinaison plurielle du partenariat est même infinie. Ses formes vont de la simple information ponctuelle, à la fusion institutionnelle. On propose dans le graphique 12 une « étoile du partenariat » rassemblant, à travers ses différentes branches, des couples d'oppositions entre diverses formes de partenariat, repérables dans le cadre de la prise en charge des SDF, comme ailleurs.

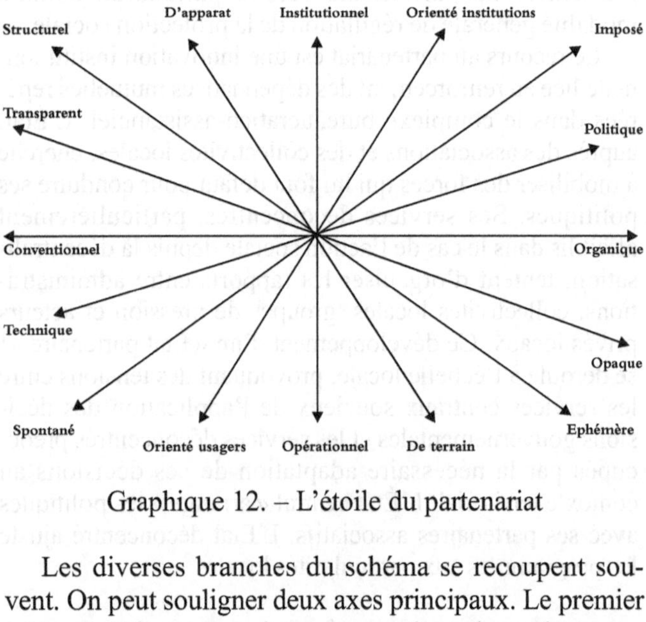

Graphique 12. – L'étoile du partenariat

Les diverses branches du schéma se recoupent souvent. On peut souligner deux axes principaux. Le premier axe oppose les partenariats « conventionnels » et les partenariats « organiques ». Dans le premier cas, le partenariat fonctionne à partir de conventions entre diverses institutions, mais sans enveloppe commune des responsabilités,

travail social à l'épreuve du territoire, *op. cit.* ; R. Epstein, « Le préfet-ajusteur », *op. cit.*

des sanctions, des financements. Dans le deuxième cas, les institutions font plus que coopérer ponctuellement. Elles créent une structure dédiée, avec une organisation rigoureuse des droits et devoirs réciproques. Dans le domaine de la prise en charge des sans-abri, des associations *ad hoc* ont pu ainsi être montées, tout comme des Groupements d'intérêt publics (GIP) tels le Samu social de Paris, ou le GIP « Habitat et intervention sociale pour les sans-logis et les mal-logés », chargé principalement du relogement des Maliens ayant participé aux campements très médiatisés du début des années 1990 à Paris.

Le deuxième axe distingue ce qui relève de l'« opérationnel », de ce qui relève de l'« institutionnel ». Le partenariat institutionnel, ce sont les rencontres obligées, la signature d'accords protocolaires, dont la concrétisation est parfois seulement symbolique. La conclusion d'une convention entre le ministère du Logement et une grande fédération associative peut ne pas avoir de grandes retombées concrètes. À l'inverse de ces partenariats de salon ou d'apparat, le partenariat opérationnel rassemble plus informellement les acteurs de la prise en charge des SDF qui, au quotidien, cherchent des solutions pour les personnes qui les sollicitent et/ou qui se trouvent dans leurs fichiers. Ce partenariat « de terrain » est, bien sûr, plus valorisé par les travailleurs sociaux, qui peuvent s'inquiéter de l'utilité de partenariats à portée symbolique dont ils ne voient pas directement de traductions concrètes.

Le partenariat n'étant pas précisément réglé en tant que mode de coordination de l'action publique, il se compose à l'échelle locale et ce en fonction de « filtrages » bien mis en évidence par Gaudin[1]. Lorsqu'une déclinaison locale du complexe bureaucratico-assistanciel est en place, les acteurs qui la composent peuvent ou non accepter l'arrivée d'un nouvel acteur. Comme il n'existe pas de

1. J.-P. Gaudin, *Gouverner par contrat*, *op. cit.*

règles pour décider de qui peut participer, le choix s'effectue par cooptation, en fonction des intérêts institutionnels mais également des connaissances interpersonnelles. L'État étant le principal financeur, il dispose d'un pouvoir supérieur pour décider de qui inviter ou de qui oublier aux tables du partenariat. Un des risques, toujours souligné, dans les préparations de dispositifs partenariaux est celui de l'instrumentalisation des uns par les autres. Les caisses de Sécurité sociale craignent de devenir caisses enregistreuses des décisions de l'État, puis tiroirs caisses pour le financement de ses politiques. Les services de l'État craignent de devenir des services des collectivités locales. Les associations protestataires craignent une institutionnalisation ou une notabilisation, etc. La question générale (et ce n'est pas un thème neuf pour la sociologie politique) est de savoir qui dirige ou, plus précisément, qui est responsable de la politique. Comme la réponse n'est, localement, jamais très claire, les acteurs ont tout intérêt à participer aux réunions partenariales, au moins aux premières. Ils pourront ensuite, le cas échéant, faire défection.

La coexistence de partenaires différents, par la voie des financements croisés ou d'alliances d'intérêt par couples (entre associations et entreprises, entre collectivités locales et associations, etc.) complique l'élaboration des stratégies à adopter. Par ailleurs, des intérêts inconciliables peuvent émerger. Les objectifs des gestionnaires d'espace public (villes ou entreprises) peuvent venir en contradiction avec les visées des représentants de l'État qui souhaitent un effort réparti sur tous le territoire d'une ville ou d'un département. Ceux des associations (loger les « plus exclus ») peuvent venir en contradiction avec les missions et soucis de gestion des organismes HLM (loger des personnes « défavorisées »).

La prise en charge des SDF est finalement, malgré un unanimisme sur la légitimité de l'intervention et une apparente harmonie dans les modes d'actions, un système de compétitions et de compromis. Parce que le partenariat est nécessairement une pratique qui induit ces négociations et ces confrontations, il peut devenir irritant pour ses protagonistes. Il s'appuie en effet sur une vision générale de la question SDF issue de sa traduction sur l'agenda politique, comprenant un accord supposé de tous les acteurs sur la nécessité d'agir, une entente de façade sur les possibilités de coopération et un certain discours militant empreint de consensualisme, et parfois de misérabilisme. Les préoccupations d'ordre public en sont globalement évacuées, alors qu'elles comptent pour une grande partie des raisons qui amènent certains acteurs à vouloir s'inscrire dans le partenariat (police, gestionnaires d'espaces publics, municipalités).

Au-delà de ces problèmes de conflictualité, sans précisions ni règles, la notion de partenariat peut tout simplement déguiser sémantiquement des pratiques plus ordinaires comme l'attribution de subventions[1] à des associations pour ne pas avoir à subir la pression des médias ou des tutelles, ou la simple coordination des actions de l'État qui n'appelle pas nécessairement des discussions avec un cercle très élargi d'acteurs.

En un mot, l'omniprésence de la thématique du partenariat est à la fois le signe des difficultés de l'action publique à affronter des problèmes compliqués, et le moyen nécessaire d'une mise en œuvre appropriée de dispositifs permettant de répondre aux demandes variées, et souvent ambivalentes, des habitants inquiétés, apitoyés ou ulcérés par la présence de SDF dans les rues et espaces qu'ils fréquentent. Comme la réponse unilatérale est

1. Les courriers des associations aux diverses collectivités publiques et aux entreprises, ayant pour objet une proposition ou une demande de « partenariat », sont souvent, plus prosaïquement, des sollicitations financières.

difficilement envisageable face à des questions si complexes, le bricolage partenarial est plus adapté, au moins pour réunir les acteurs concernés dans des délibérations visant des décisions, de faible ou de moyenne portée, qui pourront être acceptées.

Le bricolage de la prise en charge

Une des propriétés de l'action à l'intérieur du complexe bureaucratico-assistanciel, est le bricolage. L'analogie, utilisée en connaissance de ses imperfections, est employée de plus en plus souvent dans l'analyse des politiques publiques, que ce soit pour apprécier la charpente d'une politique ou bien l'action concrète des acteurs[1].

Comme dans le cas du bricolage de la vie quotidienne des SDF, on reprend une catégorie indigène, transformée en outil d'analyse. Le terme de bricolage est utilisé par de nombreux acteurs de la prise en charge. Il n'est pas rare d'entendre qu'ils se « débrouillent », qu'ils « bidouillent », qu'ils « jonglent », ou qu'ils « bricolent ». Notamment au sein des associations, ils n'utilisent pas ce vocable de façon systématique, mais plutôt de manière relativement désabusée quand ils traduisent les difficultés de leurs activités quotidiennes.

On analysera le bricolage de la prise en charge, d'abord sur un volet institutionnel en insistant sur l'enchevêtrement des financements qui pousse les responsables des organismes à une activité permanente de bricolage. Après cette dimension institutionnelle, on s'arrêtera sur le caractère obligé du bricolage dans la relation de service entre les bénéficiaires de la prise en charge et ceux qui la mettent en œuvre.

1. Voir sur ce point tous les ouvrages, traités, essais et manuels sur les politiques publiques parus depuis une dizaine d'années.

Campée sur un ensemble compliqué de procédures, d'institutions et de dispositifs hétéroclites, qui n'offre pas de réponses définitives à un problème dont on entend dire qu'il ne fait qu'augmenter, l'action publique s'apparente à un bricolage quotidien des acteurs qui doivent utiliser les mesures, les réseaux, les outils qui sont à leur disposition, et qui, pris indépendamment, ne répondent pas aux problèmes particuliers qui leur sont posés. Avec l'extension des missions et l'intervention croissante de l'État pour réguler le système de prise en charge, on a vu que les métiers des responsables associatifs s'étaient de plus en plus tournés vers la gestion. Il s'ensuit que les budgets des services sont devenus particulièrement alambiqués. Les sources de financement se sont différenciées, sans ressortir toutes de la même logique. Certains financements sont accordés par l'État par conventionnement, pour une année, sans reconduction nécessaire (crédits d'urgence), d'autres sont inscrits dans la plus longue durée (CHRS). Les collectivités locales peuvent financer des investissements et parfois quelques crédits de fonctionnement. D'autres institutions comme la Fondation de France, la Caisse des dépôts et consignations et certains programmes européens peuvent participer au financement.

Les associations mènent des actions différentes avec des partenaires variés sur des registres financiers divers, même si l'État a ici une place prépondérante. Pour financer leurs activités, qui sont généralement appelées à se développer, il leur faut chercher des partenaires financiers afin de tenter de stabiliser un tour de table financier. C'est sur le modèle des jeux de lego, ou de mécano, que prend forme le partenariat financier. Il s'agit pour les responsables associatifs de garantir à la fois la survie des services en place, et l'institutionnalisation de ceux qui peuvent bénéficier de financements de plus long terme, tout en continuant à innover pour s'adapter aux changements locaux de la configuration de la question SDF. Dans ce domaine de la recherche de financements nouveaux et/ou plus réguliers, les associations se trouvent placées en position de quémandeur, de solliciteur, ce qui fait parfois, comme on l'a déjà signalé, dire à leurs dirigeants qu'ils sont forcés d'agir comme des « mendiants institutionnels ».

Le bricolage, sur le registre institutionnel, connaît des effets multiplicateurs, notamment avec l'influence des deux thématiques de l'urgence et du partenariat. Un troisième effet multiplicateur est lié à l'influence du politique. Les élus peuvent en effet souhaiter innover ou mettre fin à un service, ce qui conduit à revoir l'édifice du mécano institutionnel qui a été mis en place pour prendre en charge les SDF sur différents registres. Cette métaphore keynésienne de l'effet multiplicateur consiste à remarquer qu'avec le développement du thème de l'urgence et du principe du partenariat les dispositifs se sont accumulés pour s'adapter aux nouveaux éléments de formulation de la question SDF. Cela conduit à élargir le cercle des acteurs de la prise en charge et à revoir l'équilibre des relations de dépendance mutuelle. À chaque innovation entreprise dans l'urgence, se greffent une série de normes et de sources financières que doivent intégrer les fonctionnaires et les responsables associatifs. De la même manière, le principe du partenariat, qui conduit à agglomérer des interventions et des intérêts différents, renforce le caractère incertain des propriétés de l'action. Le partenariat pousse, par construction, à une croissance du bricolage, car il ne peut être mis en œuvre qu'à partir de négociations locales, adaptées à des réalités territoriales.

Le bricolage institutionnel est au cœur des actions de prise en charge dans un équilibre précaire qui peut être déstabilisé par une nouvelle émergence de l'urgence (au retour de l'hiver, par exemple) ou par l'intégration d'un nouveau partenaire qui amène sa formulation du problème et les intérêts qu'il a à s'inscrire dans le système de prise en charge.

Ce bricolage prend forme dans une judiciarisation croissante du système. Son caractère confus n'est pas néanmoins à souligner sans fin. Il encadre les possibilités d'actions. Il convient en effet de ne pas s'arrêter au simple procès-verbal de l'agglomération difficile de structures et de normes, mais plutôt de considérer le droit (et les budgets, car les finances publiques sont, en quelque sorte, l'algèbre du droit public) comme un ensemble de possibilités et de freins autour desquels s'articule l'action[1].

La production normative massive dans le domaine de la prise en charge des SDF a permis de créer des outils, certes compliqués, mais qui autorisent les acteurs à disposer d'instruments avec lesquels ils peuvent travailler. Chaque acteur peut disposer d'un éventail de prestations qu'il maîtrise et qu'il peut utiliser comme réponses aux demandes des personnes SDF. Ces réponses ne peuvent totalement combler les besoins lorsqu'elles viennent buter sur des impossibilités évidentes (manque de logements, absence de travail, refus de la prise en charge par les intéressés).

En réalité, une partie des missions des acteurs de la prise en charge est impossible. Ils ne peuvent proposer un logement ou un hébergement à toutes les personnes qui le demandent car ils ne disposent pas toujours de places vacantes. De plus, ils savent très bien que certaines personnes font cette demande mais ne pourraient assumer la gestion locative d'un appartement, ou ne pourraient assumer les contraintes de la vie dans un CHRS. Comme ils ne peuvent donner une réponse définitive aux demandes qui leur sont produites, il leur faut composer. S'ils ne peuvent proposer un logement définitif, ils proposent un

1. P. Lascoumes, « Normes juridiques et mise en œuvre des politiques publiques », *L'Année sociologique*, vol. 40, 1990, p. 43-71.

hébergement de moyenne durée. Comme ils ne disposent pas directement d'emplois stables, ils peuvent proposer des emplois aidés. Au total, face à la batterie de problèmes qu'ils ont à traiter, et à l'éventail de solutions dont ils disposent, les acteurs de la prise en charge sont obligés de bricoler pour des adaptations pragmatiques.

Le bricolage ne relève pas seulement des courroies bureaucratiques de l'action publique. Ce n'est pas par la voie des partenariats signés par les décideurs que passent systématiquement les actions de prise en charge. Au contraire, les travailleurs sociaux agissent de manière informelle au sein de réseaux qu'ils ont su se constituer à partir des rencontres entre administrations et associations. Ce travail en réseau permet de diversifier les outils et les réponses. Matériellement, ces réseaux personnalisés de bricolage sont incarnés par des cahiers d'adresses et de téléphones. Ces cahiers sont remplis et corrigés en permanence. Les informations qui y sont contenues sont produites par les relations interpersonnelles qui se sont consolidées au sein des réseaux de dépendance mutuelle. Circulant entre réunions et circuits de la prise en charge, les acteurs « de terrain » échangent horizontalement de l'information, des recommandations, des ressources, des dossiers.

Cette action bricolée concerne au premier chef les métiers du travail social. Avec des champs d'intervention élargis et de nouveaux outils développés au cours des deux dernières décennies, les intervenants sociaux (professionnels et bénévoles) adaptent l'application des règles (et pas nécessairement les règles elles-mêmes[1]) en fonction des cas particuliers et de la configuration politique des territoires. Les textes réglementaires et législatifs sont lus et connus par les acteurs de la prise en charge, ne

1. Voir P. Warin, *Les dépanneurs de justice. Les « petits fonctionnaires » entre qualité et équité*, Paris, LGDJ, 2002.

serait-ce que par le biais des informations et analyses contenues dans la presse spécialisée. Si ces normes encadrent les possibilités d'actions sur le moyen et le long terme, au quotidien c'est en fonction des réseaux de connaissances que se développe l'action.

L'adaptation des normes, au-delà du traitement général et impersonnel des règles, est un trait caractéristique du travail de terrain, bien repéré par les sociologues intéressés par les « régulations par le bas » du droit[1]. Cette tendance s'est accentuée avec les réformes entreprises pour moderniser l'État et la protection sociale. Le souci affiché de l'usager et la volonté d'individualiser le traitement des cas, sans que nécessairement les moyens affectés à ces ambitions soient ajustés, s'ajoutent aux traditionnelles contraintes gestionnaires et réglementaires. Aux dimensions productives et relationnelles du service, s'ajoute une dimension cognitive cruciale. Face aux SDF, dans les files d'attente des soupes populaires, comme aux guichets de la protection sociale, les acteurs doivent bricoler cognitivement afin de mettre en cohérence des actions pratiques (comment et avec quoi intervenir ?) et des principes de justice (qui aider en priorité ? jusqu'où aller dans la prise en charge ?). Sans normes claires quant aux objectifs, aux modes d'action et aux ressources à allouer, les acteurs de la prise en charge sont confrontés à des exigences difficilement conciliables de production, de relation, et d'application des règles. Ils doivent porter des jugements, parfois moraux mais toujours pratiques, sur des situations, avant d'intervenir.

1. Voir G. Jeannot, *Les usagers du service public*, *op. cit.* ; V. Dubois, *La vie au guichet*, *op. cit.* ; J.-M. Weller, *L'État au guichet*, *op. cit.* ; P. Warin, *Les dépanneurs de justice*, *op. cit.* Les travaux les plus récents considèrent que les politiques publiques se produisent essentiellement dans les assentiments et les rejets, entre allocataires et prestataires, usagers et fonctionnaires, clients et fournisseurs. D'où le rôle absolument premier des agents au contact avec le public.

Aux guichets de l'assistance ou de l'assurance sociale, la production du service se réalise au cours de l'interaction entre un SDF et un acteur qui est là pour répondre à un problème. Les répertoires d'action du SDF croisent ceux du guichetier rémunéré, du travailleur social ou du bénévole. Les compétences civiles et techniques de l'acteur de la prise en charge doivent être adaptées à la situation singulière qui est présentée. SDF et acteurs de la prise en charge des SDF ont des croyances, des opinions, des parcours, qui s'entrecroisent. Les premiers vont repérer les « bons » et les « mauvais » travailleurs sociaux ou les « bons » et les « mauvais » bénévoles. Les seconds vont repérer les « bons » et les « mauvais », ou les « vrais » et les « faux » SDF.

Avec les théorisations qu'ils auront individuellement montées sur les différents participants du complexe bureaucratico-assistanciel, ils vont tenter de prédire des comportements et essayer de déjouer des tactiques. Le sans-abri, connaissant la sensibilité du chauffeur et de l'infirmière du bus du Samu social, va jouer le malade pour être amené plus rapidement au centre d'hébergement. Au guichet de la Sécurité sociale ou de la Caisse d'allocations familiales, il ne se dirigera pas vers le technicien qui l'a déjà éconduit vertement une fois. Face à telle ou telle personnalité, il jouera la docilité ou bien l'agressivité pour atteindre le but attendu. Le travailleur social ou le bénévole, avec des années d'expérience, cherchera à déceler des tactiques qu'on ne pourrait soupçonner. La fréquentation réciproque et l'interconnaissance entre prestataires et bénéficiaires de la prise en charge des SDF, produisent des croyances communes et des savoirs pratiques chez les uns et chez les autres. Dans ce domaine d'interactions où se mêlent considérations morales, tactiques personnelles, maîtrise des dispositifs, les acteurs bricolent leurs relations à partir de répertoires d'action qu'ils ont eux-mêmes bricolés, en apprenant mutuellement les uns des autres.

Le bricolage est un mode d'action obligé car la matière de l'intervention est irréductiblement agencée par l'humanité des interactions entre les acteurs et les cibles de la prise en charge. Même si les techniques peuvent se formaliser et s'affiner, notamment pour les travailleurs sociaux, elles restent indéniablement dans l'ordre de la relation interpersonnelle et, partant, échappent à des axiomatisations définitives. La prise en charge des SDF est un bricolage d'adaptation des ressources et des contraintes de l'action à des cas singuliers.

Les acteurs du complexe bureaucratico-assistanciel doivent pragmatiquement suivre des directives, s'adapter à des objectifs, répondre à des commandes de leur hiérarchie, et tenter de satisfaire les demandes des SDF qui viennent les voir ou vers lesquels ils se dirigent. Il s'agit de trouver des arrangements, avec les moyens et les arguments dont on dispose, et de les faire accepter par la personne concernée. S'entrecroisent alors les connaissances réglementaires, les principes de justice, et les priorités d'action du SDF et de la personne qui soit répond à sa demande, soit vient lui proposer un service. Il faut arriver à produire de l'assentiment sur ce qui semble nécessaire, juste et accessible, à l'un ainsi qu'à l'autre.

La dernière caractéristique du bricolage au quotidien de la prise en charge repose sur la dimension particulièrement discrétionnaire de ces activités [1]. Le policier dans

1. La discrétionnarité des actions de terrain (du travailleur social au professeur d'université) a été mise en évidence par M. Lipsky, *Street Level Bureaucracy. Dilemnas of the Individual in Public Services,* New York, Russel Sage Foundation, 1980. Les observations de bureaucrates disposant de marges de manœuvre face à des ressortissants assujettis ont fondé une tradition d'expertise à la base des projets de réformes administratives. En réalité, si usagers et prestataires ont bien des capacités d'action et d'adaptation réciproques, les fonctionnaires n'agissent pas souvent de manière discrétionnaire ni, surtout, ne valorisent ce type de comportement. P. Warin,

l'espace public, le travailleur social ou le bénévole derrière leur guichet, doivent adapter l'action qu'ils vont entreprendre à la singularité de la situation. En fonction de leurs croyances individuelles concernant la question SDF, ils vont évaluer si oui ou non ils doivent intervenir, et sous quelle forme. Le bricolage de la prise en charge est d'abord un ajustement cognitif entre, d'un côté, la singularité des personnes et des situations, et, de l'autre côté, la généralité des normes et des objectifs. Dans le cadre de l'aide et de l'action sociales, il s'agit de s'adapter aux situations concrètes auxquelles on est confronté. Il n'existe pas en la matière de stratégie mécanique intangible. Le bricolage passe d'abord par un ajustement de la situation singulière à la perception qu'en a individuellement un acteur, puis par l'ajustement d'une réponse à une boite à outils qui a été configurée en fonction, d'un côté, des normes, des financements et des pratiques professionnelles et, de l'autre côté, à partir d'apprentissages et de réseaux informels.

Pour résumer, on peut considérer que les acteurs de la prise en charge des SDF agissent sur le mode du bricolage car leurs actions, qui reposent sur une panoplie de réponses, sur des savoirs professionnels et sur des apprentissages élaborés par l'expérience, s'effectuent de manière pratique et, pour beaucoup, au jour le jour. Le travailleur social ou le bénévole n'agissent pas dans une filière bien balisée. Ils sont souvent seuls, confrontés à des demandes et des problèmes très variés. Ils s'appuient sur des collègues et sur des connaissances qu'ils ont repérés dans des réseaux plus ou moins informels, pour établir la réponse palliative qu'ils peuvent donner à la question posée. Ils

Les dépanneurs de justice, *op. cit.* Il n'en reste pas moins que dans le cas de la prise en charge des SDF, les acteurs disposent de grandes marges d'interprétation et d'action, dans un univers normatif qui est loin d'être stabilisé.

disposent d'une boîte à outils personnalisée qu'ils se sont confectionnés et qu'ils perfectionnent.

Les acteurs du système de prise en charge sont, comme les SDF (mais à un autre titre), engagés dans une carrière (bénévole ou professionnelle). Avec le temps ils apprennent, ils se connaissent mieux entre « collègues », ils maîtrisent tout ou partie des outils qui peuvent être à leur disposition. Ils entrent par vocation ou par hasard dans cette carrière. Ils peuvent y traverser une phase qu'on peut également baptiser *routinisation*. Rencontrant et traitant des cas de SDF qui se trouvent également dans cette étape de leur carrière, ils entretiennent des modes d'analyse, de contact, et de réponse qui sont de l'ordre de l'habitude ou de l'usage.

Comme on a relevé dix points d'analogie entre les SDF et les bricoleurs, on peut reprendre cette liste pour les acteurs de la prise en charge.

Une activité nécessaire. La prise en charge des SDF est une activité de réparation qui doit nécessairement s'adapter à la singularité d'une relation, dans un contexte où les outils ne permettent pas de production industrialisée des réponses.

Une visée d'abord domestique. L'objectif des acteurs de la prise en charge est d'aider les personnes accueillies ou recueillies dans leur vie quotidienne, avec ses dimensions matérielles et ménagères.

Pragmatisme. Les bénévoles et les travailleurs sociaux interviennent avec une visée empirique. Ils répondent à des demandes concrètes, plus ou moins explicitement exprimées, qu'ils doivent décoder et traduire en réponses tangibles.

Des temporalités imprécises. Les carrières des SDF pouvant être de durée variable, les personnes qui leur viennent en aide développent des activités et des projets qui ne peuvent se préciser dans des périodes bien arrêtées.

Un isolement relatif. Dans les relations de face-à-face,

lors de contacts fugaces, quand les éducateurs ou les bénévoles se déplacent vers les SDF, ils se trouvent souvent dans des situations isolées.

Des collègues. L'analogie est ici plus forte. Les acteurs de la prise en charge interviennent parfois seuls, mais ils appartiennent presque toujours à des organisations où ils rencontrent des confrères, des associés, des amis, avec lesquels ils peuvent échanger.

Outillage et apprentissage individuels. Confrontés à l'ampleur des problèmes à résoudre, mais aussi au foisonnement des dispositifs et à la complexité des règles de droit pour la prise en charge, les acteurs de la prise en charge doivent se constituer des outils (carnet d'adresses, répertoire téléphonique) qui s'enrichissent et se complètent avec les expériences.

Des centres d'apprentissage et d'outillage. Comme les bricoleurs, bénévoles et travailleurs sociaux peuvent bénéficier de formations, de conférences et de débats qui leur permettent de découvrir de nouveaux instruments, d'élaborer de nouveaux outils, d'acheter des manuels techniques.

Polyvalence. L'acteur de la prise en charge peut être parfois très spécialisé (dans l'accès au logement des jeunes femmes SDF, par exemple). Généralement, il se trouve face à une demande protéiforme qui l'oblige à maîtriser des répertoires variés et fournis. Quotidiennement, il lui faut passer de la maîtrise juridique à la connaissance du marché immobilier, en passant par des jonglages financiers compliqués.

Rationalité des activités. Autant il peut paraître original de faire un postulat de rationalité pour les SDF, autant cette posture peut paraître évidente pour les acteurs de la prise en charge. Il faut cependant souligner que ces activités sont extrêmement diversifiées, légitimées selon des croyances variées, impliquant des compétences différences, mobilisant des ressources qui peuvent n'avoir rien de comparables d'un acteur à l'autre.

Dans cette liste d'analogies entre le bricolage et la prise en charge dans le contexte du complexe bureaucratico-assistanciel, on n'a pas examiné ce qui relève de la coercition. L'exercice ferait doublon. D'une part, on verrait que les policiers ou les employés des sociétés de gardiennage bricolent également, car ils se trouvent dans le même contexte d'ambiguïté des objectifs, d'incertitudes sur les performances, de flou de la cible visée, et de nécessité d'adaptation pragmatique[1]. D'autre part, la coupure entre deux catégories d'activité (la répression et la solidarité) n'est pas nette. Policiers et travailleurs sociaux oscillent dans leurs pratiques quotidiennes entre la répression et la prise en charge assistancielle. Ils sont des acteurs de la prise en charge et une des raisons de leur bricolage nécessaire est cette oscillation des pratiques. Naturellement, certains métiers sont plus dirigés vers l'assistance et d'autres vers la répression, mais l'instabilité de la cible visée les pousse tous à fonctionner sur le mode du bricolage, ne serait-ce qu'en raison des choix qu'ils doivent individuellement opérer entre ceux auprès desquels ils vont prioritairement intervenir et les autres.

Ce qu'il faut retenir des activités et des savoirs concrets, et de leur production réciproque, des bénéficiaires et des prestataires de la prise en charge des SDF, c'est que le bricolage en est l'art pratique.

1. Sur les pratiques d'intervention et les représentations qui fondent ces pratiques, dans le cas d'agents de surveillance du métro, cf. C. Bellot, M.-M. Cousineau, « Le métro : espace de vie, espace de contrôle », *Déviance et société*, vol. 20, nº 4, 1996, p. 377-395.

6

Conjonctions de deux bricolages : acteurs et bénéficiaires du ciblage

La prise en charge des SDF fait bien système, avec intégration de protagonistes, mécanismes de fonctionnement et jeux collectifs (aux résultats attendus et inattendus) qui résultent des pratiques réciproques des acteurs et des institutions. Au cœur du complexe bureaucratico-assistanciel, on trouve la rencontre et les interactions entre deux bricolages : celui des bénéficiaires et celui des acteurs de la prise en charge des SDF.

Soyons clairs. Le rapprochement entre ces deux formes de bricolage, tout comme l'analogie elle-même, a ses limites. Les expériences, les raisons, les ressources des SDF ne se distribuent pas de la même manière que celles des travailleurs sociaux, des hauts fonctionnaires ou des bénévoles d'associations caritatives. D'un côté, c'est incontestable, plus d'adaptations conjoncturelles. De l'autre, plus d'organisation, d'anticipation, de projection. Les registres méritent néanmoins d'être rapprochés, d'abord car la symétrie relative est saisissante, ensuite car il convient de ne pas distinguer naturellement les SDF de la population générale. Le bricolage n'est pas une propriété singulière des réactions des SDF ni une spécificité des engagements et agissements de ceux qui interviennent auprès d'eux, mais une propriété plus générale de l'action. Tout le monde bricole[1].

Des évaluations de quelques-uns des différents dispositifs et programmes relevant du complexe bureaucratico-assistanciel ont été réalisées. Leur addition ne permet cependant pas une visibilité claire de ce qui est globalement à l'œuvre en matière de prise en charge des SDF. Aussi, plutôt que de proposer un tableau hésitant des résultats des programmes de prise en charge, on se consacrera à la schématisation des jeux collectifs repérables. Le moteur de ces jeux est la conjonction entre les bricolages interdépendants des acteurs et des bénéficiaires de la prise en charge. Les interférences et les influences réciproques entre les divers niveaux de bricolage sont à la base d'une série d'effets, d'actions et de rétroactions qui composent le quotidien du complexe bureaucratico-assistanciel.

En mettant en évidence les difficultés des actions ciblées à traiter le cas des SDF ciblés comme « les plus en difficulté » (on dit les « grands » ou « très grands exclus »), tout en soulignant les « bonnes raisons » des refus de prise en charge par ces personnes, on dégagera les deux configurations du « jeu de ping-pong » et du « jeu de l'oie » qui, sans être spécifiques à la question SDF, sont particulièrement distinguables.

Remarquons que les performances incertaines de l'action publique en direction des SDF sont flagrantes dans la région parisienne où se concentrent les problèmes, l'attention médiatique et les soucis des décideurs nationaux. Sur d'autres territoires, les difficultés et les incertitudes peuvent être moindres. Il n'en reste pas moins que, compte tenu de la mobilité de la population SDF, les schémas proposés ici ont l'ambition d'être applicables dans

1. On rejoint la proposition générale de C. Javeau, *Le bricolage du social*, Paris, Puf, 2001.

les différents contextes du complexe bureaucratico-assistanciel.

LIMITES DU CIBLAGE ET MONTÉE DES CONTROVERSES

L'édifice du complexe bureaucratico-assistanciel assure certainement des prises en charge efficaces. De nombreux SDF arrivent à « s'en sortir » grâce aux prestations et équipements en place, au dévouement des intervenants et à l'humanisation des services. Cependant, il reste toujours un certain nombre de personnes qui échappent aux dispositifs, soit parce qu'elles ne sont pas repérées par ces organismes, soit parce qu'elles refusent toutes les alternatives proposées. Certains SDF, dans leur carrière de prise en charge, passent d'une phase de *routinisation* à une phase de *sédentarisation*. Ils refusent systématiquement ou très généralement les services proposés.

Ces SDF – considérons-les comme *stricto sensu* – sont généralement les plus visibles dans la rue et ce sont eux qui orientent la compassion. Baptisés « les exclus des exclus », ils sont l'objet prioritaire du ciblage des dispositifs de prise en charge des SDF, mais ils leur échappent souvent. Les pouvoirs publics et les associations en sont rendus à innover inlassablement, ceci afin de tenter de toucher « les plus en difficulté parmi les plus en difficulté », sans jamais y parvenir totalement.

Ciblage des « grands exclus » et écrémage de la prise en charge

À l'intérieur de la cible « SDF », une cible envisagée comme plus précise, celle des « grands exclus », a été distinguée pour être prise en compte et en charge par des dispositifs plus spécifiques. Ces grands ou très grands exclus correspondent à ces personnes souvent présentées comme « très » ou « totalement » désocialisées ou désaffiliées. Des échelles dans la désocialisation et dans l'urgence sont ainsi implicitement, et parfois explicitement utilisées, permettant de différencier les publics du complexe bureaucratico-assistanciel[1].

Dans l'optique de trouver des réponses *ad hoc* aux problèmes soulevés, les acteurs du complexe bureaucratico-assistanciel élaborent des réponses pour tenter de prendre en charge ceux qui échappent aux dispositifs et qui sont labellisés comme de grands exclus. C'est sur ce modèle que ce sont développées de nouvelles réponses non plus seulement en termes d'urgence sociale, mais de grande urgence, voire de très grande urgence. Ainsi, par exemple, le Samu social de Paris se présente comme un dispositif d'« extrême urgence », un « outil de sauvetage au service des grands exclus ».

Les services de prise en charge sont généralement présentés comme compris dans un tout qui de l'urgence conduirait à l'insertion, sans que les articulations entre les différentes structures soient évidentes. Tous ces services peuvent être gérés par des institutions différentes. Toutefois, certaines institutions peuvent gérer plusieurs services, segmentant par là leurs différentes activités en fonction de cibles particulières.

Le graphique 13 propose une schématisation de la coexistence possible de ces services sur un même territoire[2], en présentant les relations entre ce qui est admis

1. Dans les circulaires de mise en place des campagnes hivernales 1995-1996 et 1996-1997, il est explicitement fait mention de « ces personnes les plus désocialisées », qui ne peuvent se rendre seules dans les centres, ce qui légitime le développement de structures mobiles.

2. Cette idée consistant à schématiser les différentes caractérisations de la population SDF, par rapport aux services offerts, sur un axe permettant de situer les différentes agences, a été proposée par Ian Shaw dans son intervention « Estimating the Hidden Homeless » au colloque organisé par le CNIS les 5 et 6 novembre 1996, au ministère de l'Économie et des Finances à Paris.

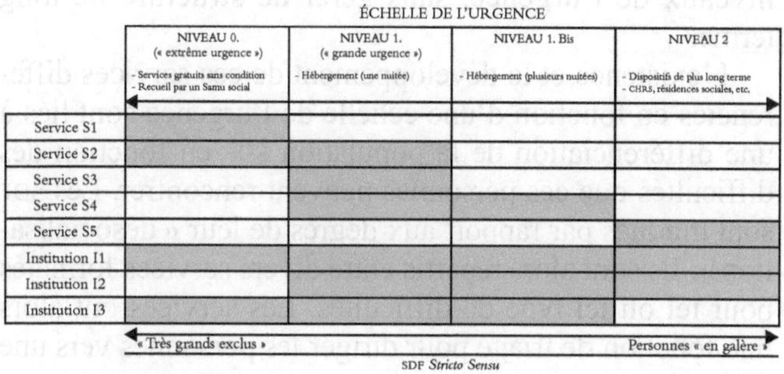

S1 : Accueil de jour.
S2 : Samu social.
S3 : Centre d'hébergement d'urgence pour une seule nuit.
S4 : Centre d'hébergement d'urgence pour plusieurs nuits.
S5 : Centre d'hébergement de plus long terme (CHRS).
I1 : Structure gérant toute la « chaîne de l'urgence ».
I2 : Structure gérant tous les types d'hébergement.
I3 : Structure gérant toute la « chaîne de l'urgence » avant les solutions de plus long terme.

Graphique 13. – Urgence sociale et « grande exclusion » : des services de prise en charge différenciés

comme une échelle de l'urgence (avec ses différents niveaux)[1] et la caractérisation de la cible des services (de « très grands exclus » à « personnes en galère »).

On signale de la sorte cinq types de service qui peuvent être gérés par trois structures différentes. Une première institution traitera toute la « chaîne » de l'urgence, en gérant un accueil de jour, un Samu social, un centre d'hébergement d'urgence et un CHRS. Une deuxième pourra ne gérer qu'un CHRS, et, à cet égard, ne pas être directement concernée par les personnes considérées comme des « très grands exclus » et relevant d'autres dispositifs. Une troisième pourra être présente sur différents

1. Ces différents « niveaux de l'urgence » sont ceux de la déclinaison parisienne du complexe bureaucratico-assistanciel. On les retrouve, tout au long des années 1990, dans les dossiers de presse, voire dans les circulaires, proposés par le ministère des Affaires sociales à l'entrée de l'hiver.

niveaux de l'urgence, sans gérer de structure de long terme.

L'existence et le développement de ces services différenciés en fonction d'une échelle de l'urgence sont liés à une différenciation de la population SDF en fonction des difficultés que ces personnes peuvent rencontrer. Les SDF sont gradués par rapport aux degrés de leur « désocialisation ». Ils sont alors répartis entre divers services formatés pour tel ou tel type de difficultés. Les services ont alors une fonction de triage pour diriger les personnes vers une filière de traitement ou une autre.

Cette accumulation de dispositif *ad hoc* aboutit à une segmentation toujours plus fine de la cible du complexe bureaucratico-assistanciel, pour tenter d'adapter la prise en charge aux cas des « très grands exclus » considérés comme les publics prioritaires des dispositifs de prise en charge des SDF. Or, parce qu'ils refusent souvent cette prise en charge ou parce qu'ils ne sont pas joignables (habitant dans des bois, dans des friches urbaines, ou des squats inaccessibles), ils échappent à la prise en charge.

Le fait qu'un cœur de cible échappe à des interventions sociales est un constat classique des difficultés du travail social[1]. Il est plus aisé et plus valorisant pour les travailleurs sociaux, mais aussi pour leur encadrement, de concentrer leurs efforts sur des personnes qui peuvent avantageusement bénéficier des prestations proposées par un service. Il est plus gratifiant d'aboutir à une réussite que de réitérer sempiternellement des échecs.

Cet écrémage est patent dans le cadre du complexe bureaucratico-assistanciel. Tous les SDF ne disposant pas des mêmes ressources, ce sont les plus dotés qui bénéficient des meilleurs services ou bien qui bénéficient le plus

1. Il s'agit de l'effet d'écrémage bien repéré par M. Lipsky, *Street Level Bureaucrac*, *op. cit.*

complètement de tous les services. Comme pour beaucoup d'autres problèmes sociaux, ce sont les cas considérés comme les plus lourds et les plus prioritaires qui sont évincés du bénéfice des dispositifs montés pour eux, au profit de personnes qui sont considérées comme étant moins prioritaires mais plus faciles à prendre en charge. Des SDF *lato sensu* peuvent ainsi plus utilement profiter de ce qui est mis en œuvre pour des SDF *stricto sensu*.

« Effet Matthieu » et justice locale

Les constats de l'écrémage dans la prise en charge des SDF relèvent typiquement d'un « effet Matthieu ». L'effet Matthieu, dans le contexte des politiques sociales, est observé quand les résultats d'un dispositif ou d'une prestation aboutissent à donner plus à ceux qui ont déjà plus, et moins à ceux qui ont déjà moins, alors qu'ils sont ciblés pour bénéficier d'une attention supplémentaire [1]. Il s'agit d'une référence à une parole paradoxale du Christ : « Car à celui qui a, l'on donnera, et aura du surplus ; mais à celui qui n'a pas, on enlèvera même ce qu'il a. » Il s'agit également d'une reprise d'un constat de Merton [2] concernant les savants célèbres qui obtiennent plus facilement des crédits, ce qui aboutit à une concentration des moyens et des talents. Cet effet s'incarne dans un constat plus général, selon lequel les avantages des politiques sociales peuvent davantage profiter aux catégories sociales plus élevées qu'aux plus faibles. Des analyses classiques ont ainsi déjà remarqué que les « moins pauvres » et les « non-pauvres » bénéficiaient souvent disproportionnellement des politiques sociales universelles, et qu'ils

1. H. Deleeck, « L'effet Matthieu », *Droit social*, n° 11, 1979, p. 375-383.

2. R. Merton, « The Mathew effet in science », *Science*, vol. 159, 1968, p. 56-63.

bénéficiaient parfois également des politiques ciblées sur les « plus pauvres »[1].

Au titre de la prise en charge des SDF, ce qu'on observe ce sont des mécanismes qui ont pour conséquence de voir les SDF « les plus en difficulté » bénéficier plus faiblement des prestations. Se pose le problème de connaître les règles de répartition des ressources. Un rapide détour par la théorie de la justice locale telle que proposée par Elster peut alors aider à la compréhension[2].

On parle, avec Elster, de justice locale pour caractériser des modalités de répartition des biens (ici des places d'hébergement, par exemple) dans des situations concrètes. L'évaluation de la situation d'un SDF par un acteur de la prise en charge peut dépendre de critères de justice locale comme le mérite, le besoin, le statut et l'efficacité. Ces critères sont bien entendu appréciés sans nomenclature précise et en fonction de degrés repérés subjectivement. Comme il s'agit d'assistance, un rôle éminent est dévolu aux acteurs qui se trouvent face à face avec les SDF, que ce soit pour décider de l'attribution d'une ressource ou pour la constitution d'un dossier qui sera discuté dans une commission. Ils ont ici un rôle éminent de « triage » (l'expression est de Elster) et doivent implicitement estimer l'utilité marginale de l'attribution de telle ou telle prestation à un SDF.

Dans le cas des traitements médicaux, Elster dégage trois logiques : celle de l'efficacité, qui se concentre sur les cas intermédiaires ; celle du perfectionnisme, qui porte sur les cas faciles ; celle de la compassion, qui concerne les cas jugés désespérés. Après le rapprochement déjà opéré en ce sens par Marpsat au sujet des femmes sans-

1. Voir R. Titmuss, *Commitment to Welfare*, *op. cit.* ; R. Goodin, J. Le Grand (dir.), *Not Only the Poor. The Middle Class and the Welfare State*, Londres, Allen & Unwin, 1987.

2. J. Elster, *Local Justice. How Institutions Allocate Scarce Goods and Necessary Burdens*, New York, Russel Sage Foundation, 1992.

abri[1], on peut systématiser l'approche. La logique du perfectionnisme privilégie les personnes SDF traversant une phase de *fragilisation*. Il est aisé, si les disponibilités existent, de leur procurer des ressources (emploi, logement) car elles peuvent immédiatement en bénéficier sans rompre avec des routines établies dans une carrière de sans-abri. La logique de l'efficacité porte sur les SDF en phase de *routinisation*. Seront alors particulièrement ciblées les personnes visiblement depuis quelque temps dans une carrière de SDF, mais ne connaissant pas des difficultés telles qu'elles rendraient l'intervention inutile (ou très incertaine). La logique de la compassion privilégie les « grands exclus », c'est-à-dire une partie des SDF qui se trouvent en voie de *sédentarisation*.

Dans le cadre du complexe bureaucratico-assistanciel, on observe que la priorité discursive et politique est maintenant double. « L'urgence » concerne les personnes en phase de *sédentarisation* et les discours sont d'ailleurs empreints de compassion. « L'insertion » concerne des SDF « insérables » ou « réinsérables » qui traversent une phase de *routinisation* et les dispositifs sont en quête maximale d'efficacité et d'adaptation.

Les diverses logiques à l'œuvre dans ce modèle de justice locale peuvent tout à fait se combiner, une association gérant par exemple plusieurs services. Cependant, ce qui est observable, c'est une tendance, repérable avec les thématiques conjointes de la « grande exclusion » et de la « grande urgence », à se concentrer sur une logique compassionnelle, ciblée sur des SDF dont les capacités

1. M. Marpsat, « Un avantage sous contrainte. Le risque moindre pour les femmes de se trouver sans-abri », *Population*, vol. 54, n° 6, 1999, p. 885-932. Notons que l'effet Matthieu est aussi, à certains égards, un effet de sexe. Ce sont les femmes, notamment avec enfants, qui concentrent l'attention. Elles deviennent prioritaires pour l'attribution des aides ou pour l'accès aux services, dépassant dans des files de dossiers en attente des hommes qui seraient « plus en difficulté ».

d'action sont jugées sinon nulles, du moins très limitées. La difficulté, bien plus grande que dans le cas médical, est en fait de s'accorder sur la gradation des difficultés, légitimant des priorités qui peuvent être ou non accordées, institutionnellement, à telle ou telle catégorie de SDF, et, pratiquement, à tel ou tel individu.

On se trouve là au cœur du dilemme de la prise en charge des SDF. Celle-ci se focalise sur les « plus en difficulté », mais elle bénéficie surtout à d'autres (même si toujours repérables comme SDF). Les opérations spécifiquement ciblées sur les SDF *stricto sensu* sont régulièrement renforcées, mais chaque année on ne peut éviter les drames qui motivent l'indignation et l'action publiques, en l'occurrence des morts de froid dans les rues.

Controverses et concurrences

Puisque, malgré tous les efforts, il demeure des personnes à la rue, et que chaque hiver des SDF meurent de froid, le système est critiqué car, effectivement, il ne permet pas d'atteindre un de ses principaux objectifs : empêcher que des individus meurent dans la rue en France. Chaque année voit donc, de manière plus ou moins prononcée, l'essor de controverses autour du système de prise en charge. Il ne s'agit pas de débats sur la légitimité de l'intervention mais sur l'adaptation des mesures. Chaque hiver voit naître son lot de polémiques concernant l'adaptation des centres, le type de service le plus approprié, la coordination des associations. Entre ces dernières, qui se trouvent en concurrence sur les marchés du financement et de la reconnaissance (publics et privés), des conflits peuvent éclater quant à leurs méthodes de travail, la philosophie de leur action ou leurs sources de financement.

La question de fond tourne non pas sur les méthodes et moyens de prise en charge, mais sur la définition et la légitimité de la cible des interventions. Chaque année la question est posée de savoir qui sont les SDF et qu'est ce que l'urgence sociale. Derrière l'accord général consensuel des partenaires, pour ce qui relève notamment des demandes d'amélioration (montant et régularité) des financements à l'État, se cachent de multiples désaccords techniques et philosophiques.

Les actions entreprises en direction des « très grands exclus », fonctionnant sur le mode très interventionniste de l'« extrême urgence », ne correspondent pas à l'action de long terme que privilégient certains services pour prendre contact, suivre et établir des démarches éducatives avec les publics cibles. Des problèmes concrets deviennent alors des foyers de conflits. Faut-il accueillir les SDF une nuit seulement, sans qu'ils puissent être assurés de trouver un place le lendemain ? Faut-il, au contraire, privilégier des centres dans lesquels les personnes accueillies peuvent rester beaucoup plus longtemps ? Faut-il affecter les ressources disponibles à la réalisation de petites unités, à taille humaine, permettant d'accueillir les sans-abri dans des centres sans grande promiscuité, ou faut-il les affecter à une augmentation du nombre de places dans les dortoirs existants ?

À force d'interventions sur la question, des doctrines différentes ont vu le jour. Les tenants de la « grande urgence » considèrent que la situation, estimée très différente, des « grands exclus » appelle des interventions particulières, pour accueillir dans le court terme ces personnes. Celles-ci, seront le cas échéant aiguillées vers d'autres services. Pour les partisans d'une action qui ne se concentre pas sur les « grands exclus », mais qui prend en considération tout le spectre des positions repérables dans la population SDF (même limitée à sa seule caractérisation *stricto sensu*), il faut adapter chaque service pour qu'il puisse suivre dans le temps toutes les personnes accueillies.

S'il y a des désaccords techniques, stratégiques, philosophiques, l'accord sur l'existence d'une population particulière, les « grands exclus » ou les « plus en difficulté », pousse structurellement à la compétition entre les différents services. En effet, au cœur des polémiques hivernales sur l'(in)adaptation du système de prise en charge, la question des « grands exclus » revient à distinguer les services qui s'en préoccupent et ceux qui ne sauraient, ou ne souhaiteraient le faire. Comme cette concentration sur les « plus exclus » a une forte dimension politique – ce sont les SDF les plus visibles physiquement, médiatiquement et politiquement – tous les services ont intérêt à afficher, et ce quelle que soit leur position sur la question de « l'urgence sociale », que leurs prestations permettent de les aider. Il s'ensuit une compétition entre les acteurs quant à savoir qui touche effectivement les « plus exclus ». Les SDF les « plus en difficulté » deviennent un enjeu de concurrence entre les services. Les uns et les autres vont s'accuser respectivement de pratiquer une trop grande sélection, écrémant de la sorte les personnes les plus difficiles à prendre en charge. L'accusation peut consister à souligner la qualité trop élevée de l'accueil, ou, à l'inverse, la trop faible qualité, favorisant, dans les deux cas, une sélection de diverses populations.

Le ciblage sur les « grands exclus » est devenu un argument pour que les services du complexe bureaucratico-assistanciel se différencient les uns des autres. On peut dès lors observer une sorte de « compétition du plus pauvre », ou de « concours du plus pauvre »[1], entre les organismes quant à savoir qui touchera véritablement les « plus en difficulté », les « grands exclus », voire les « très grands exclus », critiquant ses partenaires pour ne pas les

1. On a déjà signalé, dans le troisième chapitre, cette expression de « concours du plus pauvre », ironiquement utilisée dans les couloirs de la DASS de Paris.

avoir accueillis et pour les avoir renvoyés vers d'autres acteurs du système de prise en charge.

LES « BONNES RAISONS » DES NON-RECOURS

Des personnes ciblées comme SDF refusent les divers services qui peuvent leur être proposés pour les aider. Le problème se pose de manière criante en hiver lorsqu'en période de grand froid, des SDF mettent de la sorte leur vie en péril. Ces rejets sont souvent le fait des personnes visiblement les plus en difficulté, pour lesquelles ont été légitimés les services chargés de traiter les problèmes dits de « grande exclusion ».

Les refus et rejets de prise en charge

Ces refus sont mal connus car on ne cerne pas exactement la population concernée (est-elle différente, et alors en quoi, du reste de la population considérée comme SDF ?) et, surtout, on ne connaît pas de manière approfondie les raisons de ces refus. La « désocialisation », la « désaffiliation » ou encore la « grande exclusion » sont érigées en explication de ces comportements.

Des réponses à la question « pourquoi refusent-ils la prise en charge ? » sont proposées : résistance au stigmate, affirmation de la liberté, pathologies mentales. Ces explications ont certainement leur part de validité, mais elles ne sauraient, sans risques, être généralisées. En effet, les troubles psychiques, le souci de conserver une certaine apparence, le souhait de ne pas être bridé dans sa vie quotidienne ne sont en rien des caractéristiques propres à la population SDF. Pour comprendre ce phénomène, plutôt que de l'expliquer causalement par la seule « désocialisation », il convient de se pencher sur les « non-recours » des SDF aux services qui leur sont destinés. Dans le champ général de la protection sociale, on parle de non-recours lorsqu'une personne « ne perçoit pas tout ou partie d'une prestation à laquelle elle a droit »[1].

On doit commencer par situer la notion de non-recours par rapport aux politiques de ciblage. Le tableau 11 présente ce que peuvent être les effets du ciblage des SDF par rapport aux attentes de performance des dispositifs ciblés mis en place[2].

Tableau 11. – *Effets du ciblage*

	Personnes ciblés	*Personnes non ciblées*
		Effet de type 1
Individus touchés	Résultat attendu	1/a : Erreur 1/b : Fraude
	Effet de type 2	
Individus non touchés	2/a : Non recours 2/b : Écrémage	Résultat attendu

Deux des cases du tableau ne présentent pas de problème. Si les SDF ciblés sont pris en charge par un dispositif qui les vise, le résultat attendu est atteint. Si les SDF non ciblés ne sont pas pris en charge par ce dispositif, il n'y a pas non plus de difficulté. Deux autres cas de figure sont à examiner avec plus d'attention.

1. On reprend la définition proposée par A. Math, « Le non-recours en France : un vrai problème, un intérêt limité », *Recherches et prévisions*, n° 43, 1996 *b*, p. 23-31. À notre connaissance, le premier travail parlant explicitement de « non-recours » est celui de A. Catrice-Lorey, « Inégalités d'accès aux systèmes de protection sociale et pauvreté culturelle », *Revue française des affaires sociales*, vol. 30, n° 4, 1976, p. 127-137.

2. On s'inspire, pour ce tableau, de A. Math, « La notion de sélectivité d'une prestation et ses mesures », *Économie et prévision*, n° 122, 1996, p. 1-11.

Dans un premier cas, des SDF non ciblés par un dispositif peuvent tout de même être pris en charge par ce dispositif. On a un effet de type 1 quand les SDF effectivement touchés n'étaient pas explicitement visés. Cet effet est de type 1/a quand il y a erreur ou inadéquation de la prise en charge. Des travailleurs sociaux ou des gardiens de centre d'hébergement peuvent faire des choix concrets ne correspondant pas à la politique d'une institution. Cet effet est de type 1/b quand il y a de la part d'un SDF une conduite lui permettant de bénéficier d'une prestation alors qu'il sait qu'elle ne lui est pas normalement destinée. On parle généralement de fraude, même si le terme n'est pas le mieux choisi dans le cas d'espèce. Il y a plutôt là bricolage permettant d'atteindre un service dont on veut bénéficier, tout comme de la part des acteurs de la prise en charge il y a bricolage, avec les normes et les priorités, pour faire accéder une personne à une aide qui ne lui est pas prioritairement destinée.

Dans un deuxième cas, des SDF ciblés par un dispositif peuvent ne pas être atteints par ce dispositif. On a un effet de type 2 quand les SDF non touchés étaient explicitement visés. Cet effet est de type 2/a quand le SDF refuse la prise en charge ou quand il n'est pas atteint, sans qu'il refuse le bénéfice de la prestation. On parlera alors de non-recours. Cet effet est de type 2/b quand le SDF n'est pas admis dans le service alors qu'il est pourtant considéré comme faisant partie d'une sous-catégorie prioritaire pour ce dispositif. Il y a là écrémage, dans la mesure où ce sont des SDF, jugés moins prioritaires mais plus aisés à prendre en charge, qui vont prendre sa place.

Bien entendu, ces effets sont présentés ici sous des formes typiques, mais ils peuvent se composer. L'effet de type 1 peut également provenir de pratiques d'écrémage quand un SDF, non ciblé mais atteint par un dispositif, bénéficie d'un service qui ne lui était pas prioritairement destiné mais dont ses acteurs estiment qu'il peut être plus bénéfique à la personne concernée qu'à d'autres qui sont pourtant prioritairement ciblées. Les effets de type 2/a (non-recours) et 2/b (écrémage) peuvent être tout à fait liés : les personnes prioritairement ciblées, refusant la prise en charge, sont remplacées par d'autres qui n'étaient pas précisément ciblées par ce dispositif.

On s'intéresse ici au non-recours, et plus précisément même au non-recours « actif », c'est-à-dire aux personnes SDF qui refusent les services et les prestations du complexe bureaucratico-assistanciel, ou bien qui ne les utilisent que très marginalement.

Le constat des refus de prise en charge est quotidien. Les équipes des services mobiles comme les Samu sociaux, les équipes pédestres de prévention spécialisée ou de bénévoles assurant des tournées auprès des sans-abri d'un quartier, sont chaque jour confrontées à des SDF qui déclinent, de manière plus ou moins virulente, les propositions d'aide qui leur sont faites. Ils peuvent accepter un café, une couverture, un repas, mais ils refusent d'aller dans un centre d'hébergement ou de monter dans un bus qui pourrait les acheminer vers un hôpital ou un autre centre. Souvent, parmi les personnes retrouvées mortes dans la rue, se trouvent des SDF parfaitement connus par les acteurs de la prise en charge. Ils ont parfois été contactés plusieurs fois dans les heures mêmes qui ont précédé leur décès, mais ils ont toujours décliné les offres de prise en charge.

Comprendre les non-recours des SDF

Les analyses de ces refus passent assez souvent par des explications plutôt sommaires qui portent sur les comportements des SDF auxquels on associe des troubles psychiques spécifiques à leur situation. Les personnes refuseraient la prise en charge car elles seraient dans des situations telles qu'elles ne seraient pas capables d'imaginer les bénéfices qu'elles pourraient tirer des différents services. Cette explication, en termes pathologiques, a certes son intérêt mais elle paraît lacunaire car elle n'explique pas, loin de là, toutes les situations.

Plutôt que de plaquer des notions vagues et contestables comme la « mort sociale », la « maladie du lien », ou la « grande exclusion » pour expliquer ces rejets, il est bon de prendre en considération, avec sérieux, les contextes de ces refus, en écoutant et en étudiant les raisons signalées par les SDF pour les justifier. Ces raisons, proposées par les personnes sans-abri ou par celles qui viennent à leur aide, peuvent être très variées : violences dans les centres, rigidité des règles, contraintes de la vie collective, manque d'informations, humiliation, etc.

Le non-recours (ou la non-acceptation des secours) peut s'expliquer par des raisons qui n'ont rien à voir avec des troubles psychiques. Elles sont de « bonnes raisons », du point de vue d'utilisateurs, passés ou potentiels, des services qui les énoncent d'ailleurs assez aisément. On peut proposer une première organisation de ces raisons du non-recours, ou plutôt de cette non-acceptation des secours, en insistant sur trois familles de facteurs.

La particularité de certaines situations. Des SDF sont en couple, avec des enfants, avec des animaux de compagnie et ne souhaitent pas être séparés. En situation irrégulière, ils craignent les contacts avec des institutions. Particulièrement endettés, ils peuvent ne pas souhaiter être repérés. Ayant disparu d'un cercle familial ou d'un groupe professionnel, ils craignent de croiser des acteurs (bénévoles, journalistes) qui informeraient d'anciens proches qu'ils se trouvent dans des institutions de prise en charge des SDF.

Des préférences individuelles. Des SDF ne souhaitent pas être assimilés à d'autres SDF. Ils peuvent également ne pas apprécier la vie en collectivité, ce qui n'est pas le signe d'une quelconque pathologie de la liberté, mais une appréciation particulière de la vie qu'on souhaite mener et ce quelle que soit sa position sociale. Les contraintes imposées par les règlements de certains centres (levée matinale, douches obligatoires, non mixité) peuvent être, de la sorte, jugées trop contraignantes.

L'inadaptation de la prise en charge. Des centres peuvent être considérés comme trop insalubres et/ou trop violents. L'opacité du système de prise en charge (complexité des procédures, nécessité de changer de répertoires d'action sans pouvoir en estimer les bénéfices) peut également être décourageante. Enfin, le manque d'information, ou l'inadaptation des circuits d'information peuvent expliquer ce pourquoi des personnes refusent la prise en charge. Des SDF ne connaissent pas les centres ou n'en connaissent pas les améliorations. Par ailleurs, parmi les sans-abri, de nombreuses personnes ont connu des difficultés et des placements pendant l'enfance. Une méfiance à l'égard des institutions en général a pu se développer au cours d'une carrière institutionnelle débutée très tôt.

Dans leurs non-recours aux prestations et dans leurs refus, totaux ou partiels, des secours il semble préférable, autant pour la compréhension que pour l'action, de saisir les raisons qui orientent ces comportements. L'enjeu, sans nier l'importante relative des troubles psychiques, est de critiquer les analyses et les propositions qui ne voient là que maladie mentale ou réflexe culturel. Bien entendu, les troubles et pathologies sont présents, mais ils ne peuvent être érigés en explication définitive de tous les comportements. Des SDF refusent la prise en charge car ils craignent les conséquences d'un passage par un centre d'hébergement : séparation d'un couple, violence pendant la nuit, repérage par la police. Il s'agit d'une rationalité instrumentale : les refus peuvent se comprendre car ils ont leur utilité. Par ailleurs, la plupart des SDF en phase de *routinisation* et de *sédentarisation* ont une existence quotidienne qui a ses régularités et ses logiques. Le bricolage de leurs actions et de leurs projets peut venir en contradiction avec les propositions et les prestations de l'action publique. Quitter un quartier dans lequel on est établi est un risque de ne plus pouvoir retrouver une place ou des affaires laissées sur cette place. Il s'agit d'une rationalité limitée, les personnes concernées ne pouvant avoir une connaissance exacte de ce qui va se passer. Il faut également considérer que les SDF, engagés depuis quelque temps dans une carrière, ont des préférences, des idées, des croyances qui se sont établies au cours de cette carrière. Ayant constaté l'inefficacité, voire la dangerosité du passage par certains services, ils peuvent développer une argumentation sensée, reposant sur des théories très critiques vis-à-vis du système de prise en charge. Prendre en compte cette dimension cognitive de la rationalité, c'est accorder aux SDF le statut d'acteurs sociaux capables d'analyser, sans pour autant totalement maîtriser leurs expériences. Enfin, il importe de rappeler que les SDF ont certes des idées et des objectifs mais qu'ils ont aussi des valeurs. Ne pas supporter la promiscuité, souhaiter conserver une dignité, refuser d'être repéré, même après des années, comme un SDF, sont des éléments d'une rationalité axiologique qui permettent de comprendre le fait de ne pas se présenter aux portes des services d'assistance ou de repousser les services mobiles du complexe bureaucratico-assistanciel. Au total, le non-recours au complexe bureaucratico-assistanciel peut provenir de choix tout à fait raisonnés.

Dans le cas de personnes qui vivent une phase de *sédentarisation*, on peut souligner qu'une offre de prise en charge est une déstabilisation par rapport à une organisation bricolée de la vie quotidienne dans l'espace public. Très généralement, cette offre de prise en charge n'est pas une nouveauté. En effet les SDF, dans cette situation, ont vécu des étapes dans la carrière qui généralement leur ont permis de connaître les différents services. Ils ont pu estimer, par rapport à leur situation, ce qui pouvait effectivement les aider. Ils ont également pu subir de la violence, des contraintes, ou de la honte à un niveau insupportable qui les poussent à bricoler leur existence d'une autre manière, visant à ne pas revenir dans ces centres. Le refus d'aller dans un centre peut être dû à l'ignorance de l'existence de ce centre, ou bien à la trop bonne connaissance de ce qui risque de s'y passer. Dans certains cas, il est compréhensible qu'une prise en charge, en « extrême urgence », n'apporte rien de bien neuf par rapport aux différents éléments rencontrés et vécus lors de la carrière.

Que les SDF, de *stricto* à *lato sensu*, aient ainsi des « bonnes raisons » de ne pas solliciter ou de ne pas accepter les services et prestations de prise en charge ne signifie pas qu'ils aient raison de le faire. Il s'agit seulement ici de comprendre pourquoi ils peuvent le faire[1].

Il est tout à fait compréhensible, et de plus en plus souvent affirmé, que des SDF peuvent choisir de ne pas utiliser les réseaux assistanciels des centres d'hébergement et des autres services en raison des risques potentiels de viols, de vols, d'agression physique et sexuelle, ainsi qu'en raison des modes de fonctionnement (des règlements contraignants) de ces équipements. Cette « inadaptation » de certains équipements peut être signalée sur deux registres paradoxaux. D'un côté, il peut s'agir de services jugés inhumains car ils accueillent le tout venant sans distinction, de manière industrielle, dans des centres et des dortoirs de grande taille, avec tous les risques d'une trop grande promiscuité. De l'autre côté, il peut s'agir de services de qualité, avec des chambres affectées à un individu ou à une famille, mais avec un

1. On reprend là une remarque de Boudon, à qui on emprunte le schéma théorique utilisé pour distinguer divers types de rationalité. Voir, entre autres, R. Boudon, *Le sens des valeurs*, *op. cit.*

seuil d'accessibilité particulièrement élevé. Le problème devient alors d'humaniser tous les centres en les réformant de manière à ce qu'ils soient plus accueillants et qu'ils permettent aux bénéficiaires de conserver leur dignité et de se sentir en sécurité. Le risque se présente de devoir à nouveau être sélectif, empêchant une nouvelle fois les « plus exclus » de bénéficier de ces services. Cette problématique de l'humanisation des centres oriente les réformes des services depuis le début des années 1980 (chaque hiver voit son lot d'invitations à améliorer les conditions d'accueil). Elle soulève bien entendu une question de moyens affectés à une prise en charge plus digne, mais également des problèmes généraux de gestion de la question SDF, quant à savoir qui doit recevoir les « plus exclus » et qui doit s'engager dans le traitement de cas estimés moins compliqués. Il y a là un enjeu de positionnement des services qui ont en réalité tout intérêt à se présenter comme étant sur le front de la « grande exclusion ». Il ressort de ce dilemme implicite, des comportements de renvoi des personnes et des responsabilités d'un service à l'autre. Il s'agit là d'un trait du jeu de « ping-pong » caractérisant la prise en charge des SDF.

EFFET DE PARTENARIAT ET EFFET DE CIBLAGE

La conjonction des bricolages de l'action publique et de la vie quotidienne des SDF peut être présentée sous la forme de deux jeux collectifs typiques de la question SDF : le ping-pong et le jeu de l'oie. Le premier, relevant d'une sorte d'« effet de partenariat », permet la systématisation d'une série d'observations relatives au renvoi chronique des personnes et des responsabilités d'un site et d'un acteur à l'autre. Le second, relevant directement d'un « effet de ciblage », est un schéma dynamique de la configuration du complexe bureaucratico-assistanciel, qui se comprend par les interactions réciproques et les compétitions des acteurs et des bénéficiaires de la prise en charge des SDF.

Effet de partenariat : le jeu de ping-pong

Le ping-pong, qui concerne la question SDF, est repérable dans bien d'autres configurations d'action publique. Ce jeu pourrait même être une propriété conséquente du développement des partenariats. Sans acteur central, la coopération d'acteurs hétérogènes placés sur un plan d'égalité peut conduire à une dynamique constante de renvoi des problèmes d'un territoire à l'autre. Le ping-pong qui est repérable dans l'histoire des politiques locales d'assistance est aujourd'hui flagrant à un moment de nouvelle territorialisation des politiques publiques. C'est bien ce que repèrent Duran et Thoenig quand ils écrivent que « les acteurs publics subissent des situations ou héritent de problèmes qui ne sont pas le fait de leurs propres actes, mais les résultats d'actes gérés sur des territoires voisins par des décideurs tiers quand ce ne sont pas leurs collègues élus »[1]. Le ping-pong, en tant que jeu de renvoi des personnes et de report des responsabilités d'une institution à l'autre, est un obstacle majeur à l'imputation des succès ou des défaillances du complexe bureaucratico-assistanciel. Il s'agit d'une forme de l'action collective en son sein, car le ping-pong est une conséquence des ciblages, des filtrages et des bricolages des acteurs, ces trois caractéristiques de leurs actions étant, à un autre niveau, la conséquence de l'organisation très fragile des contreparties, des contrôles et des sanctions dans les politiques partenariales.

Concrètement, les gestionnaires d'espaces publics, les différentes polices, les collectivités territoriales et l'État

1. P. Duran, J.-C. Thoenig, « L'État et la gestion publique territoriale », *Revue française de science politique*, vol. 46, nº 4, 1996, p. 580-623.

sont autant d'acteurs qui ne peuvent à eux seuls prendre en charge complètement la question SDF. Les différents acteurs en prise avec les SDF se renvoient en fait, régulièrement ou épisodiquement, les personnes et les responsabilités.

Le terme de ping-pong, avec d'autres noms de jeux comme le Mistigri, le Flipper, ou le Pouilleux, les chaises musicales, est utilisé pour rendre compte de ce qui se passe dans la vie quotidienne des SDF par rapport au système de prise en charge. Sous la forme d'un jeu de cartes (Mistigri, ou Pouilleux), l'image est celle d'une population à l'intérieur de laquelle se trouve une catégorie particulière (en l'occurrence les SDF *stricto sensu*) que les joueurs se repassent jusqu'à la fin du jeu, quand toutes les autres cartes ont été placées et qu'il ne reste que la carte embarrassante qui fait perdre le dernier joueur qui l'a en main. L'image est celle de la « patate chaude » que tous les joueurs se repassent, en se brûlant un petit peu les doigts à chaque fois. L'image du flipper et du ping-pong est autre. Il s'agit d'observer les sans-abri sur une table de jeu allant d'un endroit à l'autre, rebondissant sur différents points de la table. On préfère conserver l'image du ping-pong – dans la variante de la tournante ou du double – car elle implique plusieurs joueurs, à la différence du flipper.

La gestion quotidienne de la présence des SDF sur un territoire s'apparente effectivement à un jeu de ping-pong. Régulièrement, mais avec des rythmes qui varient en fonction des lieux et des périodes, les personnes repérées comme SDF sont, plus ou moins vigoureusement, écartées d'un espace vers un autre. La gestion, coercitive et/ou assistancielle, de la présence de SDF dans un lieu conduit souvent au simple éloignement de la population « indésirable » vers un autre lieu[1]. Des glissements d'un espace à

1. On est, sur ce point, d'accord avec l'analyse de Soutrenon concernant la stratégie de « mise en flux » de la RATP (mais aussi de bien d'autres opérateurs) vis-à-vis des sans-abri. Cf. E. Soutrenon, « Faites qu'ils (s'en)

l'autre s'opèrent. Le problème n'est cependant jamais réglé. Ces mouvements qui s'exercent, par exemple, d'une gare à un réseau métropolitain ou d'un jardin public à un boulevard, se reproduisent à plus grande échelle entre les villes.

Les arrêtés anti-mendicité pris par certaines municipalités depuis le début des années 1990 sont une illustration flagrante de ce jeu de ping-pong. Ils ont pour objectif implicite (si ce n'est manifeste) de voir les SDF quitter une ville pour une autre. Localement, la mesure prend sens dans la mesure où il s'agit pour un maire de rassurer ses électeurs et les touristes qui font vivre ses électeurs. En revanche, collectivement, ces mesures sont périlleuses, tant elles conduisent seulement à repousser les problèmes de ville en ville.

Face aux personnes sans-abri, les collectivités locales sont prises dans un dilemme séculaire. La question de l'acceptation dans l'espace public local des personnes démunies rencontre, on l'a indiqué, un dilemme classique de l'action collective. Aujourd'hui les collectivités locales, bon gré malgré et bon an mal an, mettent en place collectivement des accueils et des hébergements pour les sans-abri. Aucune ne voudrait en supporter seule les coûts. Aussi, toutes les villes cherchent à minimiser le nombre de personnes qu'elles doivent accueillir, renvoyant les « indésirables » vers d'autres villes.

Le modèle du « ping-pong » sur lequel évoluent les villes françaises face au phénomène SDF renvoie finalement à ce dilemme de l'action collective, le « dilemme du prisonnier », que seules pourraient résoudre la confiance et/ou l'obligation mutuelle. Le débat qui a lieu autour des arrêtés municipaux pris contre la mendicité peut être ana-

sortent… À propos du traitement réservé aux sans-abri dans le métro parisien », *Actes de la recherche en sciences sociales*, n° 136-137, 2001, p. 38-48.

lysé, à cet égard, comme un moment du jeu séculaire de « ping-pong » auquel se livrent les villes face aux problèmes des sans-abri.

Le ping-pong ne se déroule pas uniquement sur un mode répressif. Le développement de structures d'accueil pour sans-abri est également un élément du jeu. Les lieux d'orientation permettent d'orienter vers d'autres lieux d'orientation, et ainsi de suite. Les centres d'action sociale des villes financent des titres de transport pour le déplacement vers d'autres villes. Il s'agit typiquement du volet social du ping-pong. Des sans-abri repérés dans les gares de Lille, de Bordeaux ou de Lyon se voient offrir un billet de train pour aller à Paris tenter leur chance. S'ils ne trouvent pas rapidement un toit et un emploi, ils peuvent être découverts par les services sociaux qui interviennent dans les gares parisiennes et qui peuvent leur offrir un billet retour. Ce jeu ne se joue pas seulement avec la capitale, mais en fait entre toutes les métropoles. Bien entendu, ce jeu de ping-pong ferroviaire n'a strictement rien de systématique. Il ne concerne pas tous les SDF, mais seulement ceux qui sont considérés comme des « bons » ou des « mauvais », selon la perspective. Par ailleurs, les moyens ne sont pas infinis pour payer des titres de transport…

Le jeu de ping-pong est un jeu où l'on se renvoie les personnes, mais également les responsabilités. À ce deuxième niveau, les deux acteurs engagés dans le jeu sont, d'un côté, l'État, de l'autre, les collectivités territoriales. Les villes et les départements (qui depuis la décentralisation sont responsables de l'aide sociale) acceptent d'aider leurs indigents domiciliés mais renvoient à l'État la responsabilité de ceux qui n'ont pas de domicile. L'État est en théorie chargé du problème des personnes « sans résidence stable » ou « sans domicile de secours ». En pratique, il demande l'implication des collectivités locales.

Le jeu de ping-pong – sur le volet des responsabilités –

est accentué par la logique actuelle de territorialisation de l'action publique, les villes étant toujours plus indépendantes et stratèges. C'est le processus de décentralisation, mal accompagné par la déconcentration des services de l'État, qui pose des problèmes majeurs pour la coordination des interventions en direction des sans-abri.

Plus individuellement, le jeu de ping-pong concerne les dossiers singuliers de chacune des personnes SDF concernées. La complexité des règles de droit, et les difficultés de leur application à des situations dégradées conduisent à des allers et retours longs et coûteux (pour la collectivité comme pour la personne concernée) des dossiers. Ceux-ci passent d'une institution à l'autre, mais également dans une institution d'un service à l'autre avant que la réponse soit trouvée ou au moins stabilisée.

Le ping-pong se joue, majoritairement, avec les « grands » ou « très grands exclus ». Les SDF *stricto sensu*, en phase de *sédentarisation*, sont les plus rarement domiciliés. À cet égard, ces SDF sont ceux qui, administrativement, sont les moins clairement « attribués » à une collectivité pour la gestion de leur dossier et de leurs difficultés. Les collectivités publiques se renvoient leur dossier, les associations gestionnaires se renvoient les personnes et leurs difficultés. Comme les toxicomanes « les plus marginalisés » (qui d'ailleurs peuvent être sans domicile), des SDF sont renvoyés d'institutions spécialisées en institutions spécialisées. À l'intérieur de ces structures, ils peuvent être renvoyés de service en service[1].

1. Au sujet des toxicomanes, et autour du débat sur la spécialisation des soins, c'est ce qu'ont repéré M. Blangy, « Construction de l'action publique : système et légitimité. Le cas d'un dispositif départemental de prise en charge des toxicomanes », *Politiques et management public*, vol. 14, n° 2, 1996, p. 1-31 ; et H. Bergeron, *L'État et la toxicomanie. Histoire d'une singularité française*, Paris, Puf, 1999, ce dernier parlant explicitement de « mistigri ».

Le jeu de ping-pong est caractéristique du complexe bureaucratico-assistanciel, et de ses régulations « partenariales, mais il n'est pas le seul, ni le principal, jeu collectif à l'œuvre.

Effet de ciblage : le jeu de l'oie

On peut envisager l'action publique en direction des SDF sous une autre forme : celle du jeu de l'oie[1]. L'idée de modéliser sous cette forme la prise en charge des SDF est venue d'un constat récurrent. En cinq ans de montages, de visites et d'évaluations de dispositifs d'accueil des sans-abri on a pu repérer un certain nombre de personnes SDF qui, sur tout ce laps de temps, se sont retrouvées à un moment ou à un autre bénéficiaires de ces services ciblés, sans jamais sortir de leur carrière institutionnelle. Qu'il s'agisse d'entreprises d'insertion, d'accueils de jour, de centres d'hébergement d'urgence ou de centres de soins distribuant également des repas, un nombre conséquent de SDF, généralement dans une phase de *routinisation* – toujours les mêmes –, fréquentent ponctuellement ou régulièrement les services en place.

Tous ces services, aussi divers soient-ils, s'inscrivent dans le complexe bureaucratico-assistanciel comme une étape dans un parcours de prise en charge de leur public cible. Le parcours d'insertion des SDF est, grossièrement, envisagé comme un passage de la rue à des accueils d'urgence (avec plusieurs niveaux différents) puis à des hébergements et des stages d'insertion, et en fin de course, à une stabilisation des ressources et du logement.

La représentation en jeu de l'oie est là pour rendre compte des trajectoires des personnes en fonction d'un parcours qui irait d'une case départ (absence d'emploi et

1. L'expression est de J.-P. Hardy, « Accès au logement des plus démunis : le jeu de l'oie », *Fondations*, n° 2, 1995, p. 129-140.

de toit) à une case arrivée (un toit légal et des revenus stables). Entre ces deux extrêmes, le nombre de cases intermédiaires a fortement augmenté au cours du temps et de l'accumulation des dispositifs.

Il s'agit d'un constat général pour les politiques d'insertion. Ce qui avait été envisagé comme provisoire s'est mis à durer. L'insertion, envisagée comme un processus, n'a plus de fin. Les personnes « en insertion » sont, pour nombre d'entre elles, en permanence en situation de transition. Entre la case départ (absence d'emploi ou absence de toit) et la case arrivée (travail salarié à durée indéterminée avec logement stable), on a multiplié les cases avec des formules toujours plus variées, de telle sorte que quand on observe ce qui se passe on voit les personnes passer d'une réponse à une autre réponse, plutôt que de suivre une trajectoire qui mène effectivement vers la stabilité résidentielle et professionnelle. Les personnes passent plus souvent d'une emploi aidé à un autre emploi aidé, d'un stage à un autre stage, ou d'une entreprise d'insertion à un autre dispositif d'insertion par l'activité économique, que directement d'un programme d'insertion à un travail salarié.

Naturellement, il ne s'agit pas là d'une caractéristique de toutes les trajectoires des SDF. Les trois phases de la carrière du SDF permettent de signaler trois types de parcours différents. Dans le cas de la *fragilisation*, les SDF peuvent être rapidement et efficacement pris en charge. Sans contact avec les dispositifs, ils peuvent également, seuls, recouvrer une stabilité sans entrer longuement dans la carrière. Dans le cas de la *sédentarisation*, les personnes concernées sont surtout prises en charge dans les cases, labellisées « d'urgence sociale », qui suivent tout juste la case « rue ». Dans le cas de la *routinisation*, les SDF maîtrisent des répertoires d'action élaborés en fonction des formes de la prise en charge. Ils se trouvent donc distribués dans les différentes cases du système de prise en charge.

L'organisation du système de prise en charge repose sur l'idée de trajectoires ou de parcours individuels, sur des registres résidentiels et professionnels, avec des étapes faisant passer les SDF de la rue à une stabilité du logement et des ressources. Le complexe bureaucratico-assistanciel est un ensemble de mesures ciblées, mises en place pour faire sortir les SDF de la carrière. En fait, ce chaînage théorique de mesures et de cibles, du fait entre autres de la saturation des différents paliers, est loin de fonctionner systématiquement. Pour le logement, les sans-abri vont plus d'un centre d'hébergement d'urgence à un autre, que d'un de ces centres vers un CHRS. De la même manière, ils vont plutôt d'un CHRS à un autre dispositif d'aide au logement, que d'un CHRS vers un logement HLM ou un logement privé autonome. Dans le jeu de l'oie qui s'est constitué, on voit plus souvent les personnes passer d'une réponse à une autre réponse, d'une case à une autre, sans que ces passages soient inscrits dans une trajectoire mécanique qui mène à la stabilité.

Les enquêtes longitudinales faisant défaut, on ne peut aujourd'hui apporter de démonstration complète de ces parcours en jeu de l'oie. Les organismes de prise en charge ont cependant bien distingué ce phénomène en le baptisant « nomadisme social ». Associations et pouvoirs publics constatent que la carrière d'un SDF peut s'apparenter à un véritable « parcours du combattant ». Ces constats rejoignent les analyses des observateurs, notamment ceux qui étudient les politiques de logements pour les défavorisés, qui constatent que les réponses temporaires peuvent durer, et que ce qui a été envisagé à l'origine comme transitoire peut s'éterniser, avec la constitution de sous-filières spécialisées dans le domaine du logement « très social »[1]. La schématisation de la prise en charge des SDF

1. Voir les différents travaux de R. Ballain.

comme un jeu de l'oie permet de rendre compte de ces constats et de ces phénomènes.

Le graphique 14 correspond au jeu de l'oie sur son volet logement. Les différentes cases qui y sont présentées correspondent à une série de mesures de prise en charge proposant des services d'accueil et de logement. Le schéma ne prend pas en compte les solutions personnelles des SDF (squats, accueil chez des proches, chambres d'hôtel payées sans aides sociales). Les premières cases correspondent aux dispositifs dits « d'urgence » ; les dernières se rapportent aux solutions de long terme pour l'insertion par le logement. Une carrière de SDF peut connaître différentes étapes entre ces diverses cases. La flèche qui unit la première case des centres d'hébergement d'urgence à la case du logement définitif, en passant par des hébergements de plus longue durée (comme les CHRS) correspond à la vision balistique de l'action publique entreprise dans le domaine du logement en direction des sans-abri. Ceux-ci devraient passer, par étapes successives (grande urgence-urgence-insertion-logement stable), de la rue à un logement social ou du marché privé. Ces parcours linéaires sont rares. En fonction de la phase de la carrière de SDF dans laquelle se trouve une personne, des disponibilités dans les différentes cases, des souhaits et contraintes de cette personne, des souhaits et contraintes des acteurs qui cherchent à l'aider, se développent plutôt des mouvements d'une case à une autre. C'est en interdépendance avec la position des autres SDF dans ce jeu que la situation d'une personne est appréciée. On lui propose les places qui restent disponibles.

Chacune des cases correspond à des lignes budgétaires, des types de service, des statuts d'occupation des lieux qui varient fortement. Elles ne sont pas équivalentes. Les joueurs du jeu, en l'occurrence les SDF, ont continuellement à apprécier leurs chances de pouvoir accéder ou

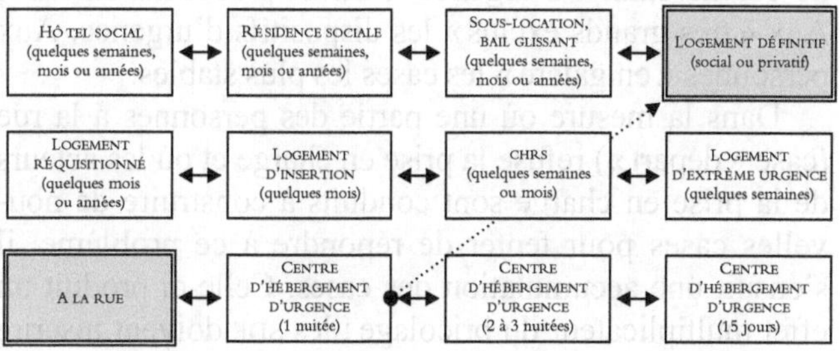

Graphique 14. – Le jeu de l'oie : volet logement

non à telle ou telle case. Par ailleurs, les acteurs de la prise en charge (travailleur social, gérant d'hôtel dont une partie des chambres sont financées par l'aide sociale, bailleur social, etc.) doivent cibler la population de bénéficiaires pour laquelle ils estiment que leurs prestations sont les plus légitimes et les plus adaptées. Il s'ensuit des négociations permanentes, d'un côté entre les acteurs de la prise en charge, de l'autre entre ces acteurs et les SDF qui désirent accéder à une autre case. Les interactions entre les deux bricolages (celui de la vie quotidienne des SDF, et celui de la prise en charge concrète des SDF) donnent la matière des différents moments du jeu.

Le jeu de l'oie agence maintenant un nombre conséquent de cases qui vont du Samu social jusqu'aux HLM, en passant par des résidences sociales, des logements d'insertion, des CHRS ou des asiles de nuit[1]. Chacune des cases peut d'ailleurs être décomposée en sous-cases en fonction des niveaux d'urgence ou d'insertion qui sont présentés comme pouvant les distinguer. Ces cases sont d'ailleurs attribuées de manière catégorielles en fonction

1. La dernière innovation en matière de solution intermédiaire pour publics « très en difficulté » est la « pension de famille », forme d'hébergement plus convivial, à vocation « familiale ».

de ces niveaux « d'urgence », ou de « désocialisation ». Aux « très grands exclus » les dispositifs d'urgence. Aux personnes « en galère » les cases les plus stables.

Dans la mesure où une partie des personnes à la rue (case « départ ») refuse la prise en charge et où les acteurs de la prise en charge sont conduits à construire de nouvelles cases pour tenter de répondre à ce problème, il s'ensuit une accumulation des cases. Celle-ci produit un effet multiplicateur du bricolage : les SDF doivent inscrire dans leur répertoire d'action et de présentation ce que sont ces dispositifs. Par ailleurs, les acteurs de la prise en charge doivent apprendre à maîtriser ce que sont les particularités, toujours plus compliquées, des nouveaux dispositifs.

Le graphique 15 se veut à la fois synthèse, illustration, et confirmation de l'analyse.

Cette dernière schématisation est une reprise d'un jeu qui a été élaboré par des personnes comptées comme SDF. Une association de Mantes-la-Jolie a en effet proposé aux personnes qu'elle accueille de réaliser un jeu illustrant la vie quotidienne de ses bénéficiaires. Ceux-ci ont produit, et commercialisé (mais sans grand succès) un jeu de société sur le modèle du Monopoly. « SDF le jeu », réalisé en 1997, a la forme d'un jeu de l'oie. On y incarne des personnages qui sont en compétition pour passer d'une case départ « départ de la galère » à la case arrivée « CDI emploi ». Sur le plateau, on trouve 42 cases correspondant aux différentes ressources mobilisables dans les réseaux assistanciels publics et privés, dans lesquels des SDF peuvent s'inscrire au cours de leur carrière. Des personnes accueillies dans un foyer de sans-abri ont ainsi reproduit, de façon ludique, les « parcours du combattant » qu'elles ont à suivre, illustrant de la sorte et de manière frappante notre schématisation du jeu de l'oie.

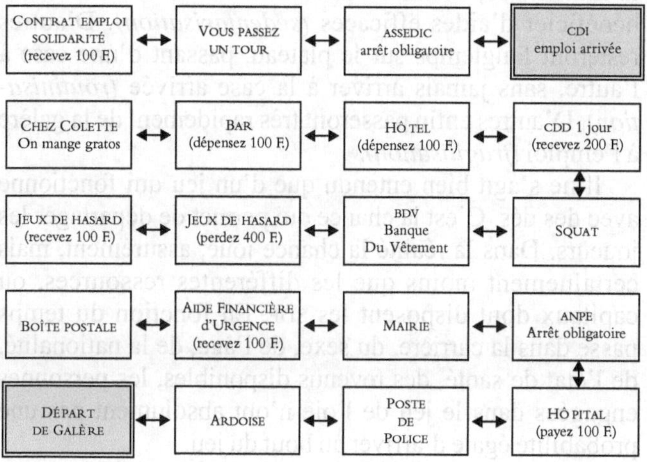

Source : Association « SDF par le jeu » (20, rue dArnouville, 78200 Mantes-la-Jolie).

Graphique 15. – Le jeu de l'oie : une présentation « vécue »

Ce dernier graphique (dans lequel on ne reprend que 20 cases sur 42, sans reprendre toutes les cases comme « passerelles » ou « Assedic » qui se répètent plusieurs fois) est surtout une synthèse de l'analyse et une représentation « vécue » de la carrière du SDF. On y repère des aspects coercitifs (le poste de police) et caritatifs (banque du vêtement) ; des déboires (jeux de hasard) mais aussi des réconforts (chez Colette) ; des dispositifs publics (mairie, aide financière d'urgence) et des aides privées (banque du vêtement) ; des aménagements personnels (squats) et des réponses publiques (contrat emploi solidarité). Les joueurs, en fonction du déroulement d'une partie, développent différents répertoires individuels à partir desquels se composent des carrières différentes. Avec de la malchance, certains resteront confinés à la rue sans bénéficier d'aides efficaces *(sédentarisation)*. D'autres resteront longtemps sur le plateau, passant d'une case à l'autre, sans jamais arriver à la case arrivée *(routinisation)*. D'autres enfin passeront très rapidement de la galère à l'emploi *(fragilisation)*.

Il ne s'agit bien entendu que d'un jeu qui fonctionne avec des dés. C'est la chance qui permet de départager les joueurs. Dans la réalité la chance joue, assurément, mais certainement moins que les différentes ressources, ou capitaux dont disposent les SDF. En fonction du temps passé dans la carrière, du sexe, de l'âge, de la nationalité, de l'état de santé, des revenus disponibles, les personnes engagées dans le jeu de l'oie n'ont absolument pas une probabilité égale d'arriver au bout du jeu.

L'hétérogénéité de la population sans-abri et le fait que cette population se vit elle-même comme hétérogène font que le jeu de l'oie est effectivement une compétition entre des acteurs sociaux. Les SDF engagés dans le jeu de l'oie sont en concurrence. Elle peut être individuelle (par exemple, dans une file d'attente à un service qui n'a que très peu de places) et catégorielle (entre groupes ethniques, d'âge ou de sexe). Cette compétition a déjà été repérée dans le cas de l'accès et de l'utilisation des services aux sans-abri dans Paris[1]. Elle est analogue, dans une certaine mesure, à la concurrence entre « pauvres » et « non pauvres » analysée par Goodin et Le Grand pour le bénéfice d'une politique sociale[2]. Les « moins pauvres » ou les « non pauvres » disposent de ressources supérieures qui leur permettent de se « débrouiller », par exemple en se présentant comme plus défavorisés qu'ils ne le sont effectivement, ou bien en s'accommodant de relations

1. M. Marpsat, J.-M. Firdion, « Sans domicile à Paris : une typologie de l'utilisation des services et du mode d'hébergement », *op. cit.*

2. R. Goodin, J. Le Grand (dir.), *Not Only the Poor*, *op. cit.*

bureaucratiques qu'ils comprennent et qui leur permettent de pratiquer avec une aisance supérieure des circuits administratifs très élaborés.

Au sujet des SDF, il convient de souligner qu'il ne s'agit pas seulement d'une concurrence concrète entre des individus, mais aussi, voire surtout, d'une concurrence symbolique entre des sous-groupes de sans-abri, certains appelant des interventions plus rapides et/ou plus consistantes que les autres. C'est tout le rôle alors des entrepreneurs de l'agenda politique que de mettre en avant des populations spécifiques (les femmes, les jeunes, les malades mentaux, les réfugiés, les « très grands exclus ») qui doivent prioritairement bénéficier des services, ou bien dont la spécificité (supposée) légitime la création d'un nouveau service ciblé, c'est-à-dire d'une nouvelle case.

Au terme de cette tentative de schématisation des performances du complexe bureaucratico-assistanciel, c'est cette représentation sous forme de jeu de l'oie qui rend le mieux compte de la rencontre des deux bricolages, ainsi que des phénomènes de filtrage, d'écrémage et de ciblage. Quotidiennement, concrètement, bénéficiaires et acteurs de la prise en charge des SDF utilisent des répertoires d'action qui leur permettent de trouver ou de stabiliser une place dans une case de ce jeu. Il leur faut faire des choix en fonction des cibles en place et des ressources disponibles.

Il s'agit bien là d'un jeu collectif, et même d'un jeu de société au sens très élargi de l'expression, puisqu'on y observe la compétition des acteurs pour atteindre un objectif. La compétition des acteurs du complexe bureaucratico-assistanciel est à la fois une concurrence entre les bénéficiaires potentiels ou effectifs de ce système, et une concurrence entre les divers intervenants qui s'impliquent pour prendre en charge les SDF. La compétition a lieu entre les catégories de pauvres, entre les groupes d'exclus, et entre les SDF individuellement. Les débats et les conflits impliquent les associations entre elles, mais également les villes entre elles, ainsi que les différents secteurs de l'administration. Il s'ensuit que le jeu de l'oie caractérise un système en tension, reposant sur l'orientation particulière qui a été développée depuis le début des années 1980 : la spécification croissante de la population SDF comme une cible singulière d'action publique.

Dans ce cadre, les diverses cases du jeu de l'oie sont envisagées comme des réponses particulières, adaptées à des sous-catégories de la population SDF. Les ciblages et les bricolages de la prise en charge des SDF se trouvent ainsi rassemblées et schématisées sur la table d'un jeu de l'oie. La leçon générale à tirer de cette modélisation est particulièrement triviale, mais particulièrement importante : il est difficile et discutable de mettre des gens dans des cases… Les théories sociologiques de la désignation et de l'étiquetage, comme les théorisations communes, l'avaient déjà signalé. La question concerne aussi directement l'action publique. L'accumulation de cases *ad hoc*, c'est-à-dire l'agglomération de réponses différenciées à un problème social mal cerné peut se révéler fâcheuse, notamment parce que ces réponses instituent à la fois des cases et des populations qui seraient adaptées à ces cases.

CONCLUSION

Cette conclusion appuie d'abord l'argument général du livre en apportant des éléments de jugement sur la problématique centrale du ciblage de la population SDF. Seront d'abord mises en relief, à partir de quelques exemples pris sur les volets coercitif et assistanciel, les limites de dispositifs trop étroitement ciblés sur les SDF. La spécification de cette population et la spécialisation de dispositifs pour la prendre en charge ont des effets pervers qui retentissent à la fois sur les formes de l'espace public et sur l'architecture d'ensemble de la protection sociale.

D'un point de vue plus général, on montrera ensuite que les limites de l'*adhocratie* (notion issue des sciences de management, signifiant un système de réponses *ad hoc*) sont contenues dans le principe même du ciblage. L'action publique est à la recherche de différences permettant de délimiter les « plus défavorisés parmi les défavorisés » et de les atteindre. Ces différences sont cependant extrêmement difficiles, sinon impossibles, à établir. Soulignons, au titre des débats sur la différence et sur l'égalité (formelle ou réelle), que notre posture ne détruit pas la distinction entre SDF et ADF [1], mais qu'elle invite à la prendre

1. Les « Sans domicile fixe » ne sont pas, naturellement, différents des « Avec domicile fixe ». Voir P. Meca, *Contrebandiers de l'espoir*, *op. cit.*

avec précaution. Informé des limites du traitement spécialisé de la question SDF, on peut défendre des réaménagements du système de protection sociale dans une optique plus universaliste, laissant au ciblage la place subsidiaire (et pas nécessairement résiduelle) qui doit lui revenir.

On plaidera, enfin, pour la simplification du complexe bureaucratico-assistanciel. Bien conscient du caractère problématique de l'alternative simplicité/complexité, il ne s'agit ni de verser dans le couplet sur l'effroyable complexité du droit, ni de dessiner un programme de simplifications bureaucratiques. Le souci d'adapter, de personnaliser est irrémédiablement attaché à une nécessité de compliquer, ne serait-ce qu'en les additionnant, les programmes publics. Aussi la question semble-t-elle être celle d'une alternative entre, d'une part, l'acceptation de la gestion raisonnée de la complexité et, d'autre part, le souci politique (et non technocratique) de radicalement simplifier (en supprimant) certaines prestations spécialisées. Un projet d'unification des guichets, des prestations et des services pourrait servir la cause difficile de la simplification.

Effets pervers du ciblage, coercitif ou assistanciel, sur les SDF

Une question centrale traverse le livre. Faut-il, pour prendre en charge les SDF, privilégier des dispositifs spécifiques ou des programmes génériques ? Cette interrogation repose sur l'oscillation sociologique commune de l'universalisme et du particularisme, et sur le difficile compromis opérationnel entre la standardisation et la différenciation. La problématique consistant à savoir dans quelle mesure les politiques sociales (mais aussi les politiques territoriales) doivent se concentrer sur « ceux-qui-en-ont-le-plus-besoin » est capitale, en raison notamment de la place importante faite aujourd'hui au problème de l'exclusion par rapport à celui des inégalités.

De telles réflexions ont de profondes racines et de lourdes implications philosophiques, dans un contexte politique et académique encombré de controverses sur le multiculturalisme, le républicanisme et les « discriminations positives ». On s'autorise uniquement à souligner qu'un ciblage sur les « plus défavorisés », sans qu'on sache, sauf de manière très imparfaite, les définir, n'a rien d'évident en termes de performance comme en termes de justice. Loin de nous la prétention d'avoir en quoi que ce soit invalidé, d'un point de vue éthique, le prioritarisme. On pense seulement avoir mis en évidence quelques-unes de ses difficultés pratiques.

Commençons par les effets pervers d'une coercition visant spécifiquement les SDF. Depuis la tombée en désuétude des délits de vagabondage et de mendicité, l'orientation générale est à une prise en charge assistancielle des SDF. Cependant, des initiatives répressives visent directement ces personnes. Sans plan d'ensemble sciemment élaboré, diverses pratiques (négativement) discriminatoires ont vu le jour. Afin de repousser les individus jugés « indésirables » vers d'autres sites, des mesures ouvertement inhospitalières ont été expérimentées par des gestionnaires d'espaces publics et des élus. On ne pense pas uniquement aux dispositions municipales comme les arrêtés anti-mendicité, mais à la floraison de « réponses » coercitives à la présence des sans-abri. L'apparition et le développement depuis vingt ans de procédés visant à repousser les SDF des territoires sur lesquels ils stationnent (pics « anti-clochards » dans les gares, interdiction ou restriction de leur accès aux toilettes publiques) ont un impact général sur la qualité de l'espace public.

L'exemple le plus flagrant est celui des évolutions des mobiliers urbains. Afin d'empêcher les SDF de s'allonger sur des bancs des équipements moins confortables ont été installés. Autour du Vieux port à Marseille, ou dans les stations du métro parisien, les bancs et les sièges ont été configurés de manière à ce que les SDF ne puissent plus s'allonger. Ce sont tous les flâneurs autour du port et tous les usagers du métro qui, de la sorte, ne peuvent plus s'allonger ou, au moins, plaisamment se poser. Par ailleurs, les SDF qui auparavant s'allongeaient sur les bancs, ne sont pas nécessairement découragés par ce caractère plus inconfortable des conditions qui leur sont imposées. Comme les SDF ciblés par ces mesures comptent parmi les plus visibles (probablement parmi ceux qui se trouvent dans une phase de *sédentarisation*) – car c'est la visibilité du problème qui est visée – les initiatives qui rendent désagréable l'espace public ne les touchent pas *ipso facto*. S'ils désirent s'allonger, ils peuvent le faire à même le sol, à côté du banc dont on leur restreint l'usage. Ils restent donc présents, et même plus visibles encore. Au total, une mesure de ce type, visant à rendre la vie inconfortable à ceux qui se trouvent en permanence dans des situations d'inconfort, peut accentuer encore la visibilité de ce que les gestionnaires d'espaces publics ne voulaient plus voir. Ensuite, elle rend ces espaces publics plus inconfortables pour tout le monde.

On peut reprendre cet exemple à partir d'autres mobiliers urbains. La disparition des toilettes publiques, ou la tarification même minime de leur accès ont le même type d'effets. Ceux à qui on souhaitait en interdire l'accès ne s'y rendent plus, mais ils deviennent plus visibles en étant obligés de se soulager devant la rue. Par ailleurs, tous les passants qui n'ont pas de monnaie ou qui ne trouvent pas de sanisettes sont conduits à des précautions et à des retenues désagréables, ou, en dernière extrémité, à devoir trouver des solutions, dans des endroits qui ne sont pas prévus pour cela… Le problème se pose de manière évidemment disproportionnée pour les personnes dépourvues d'espaces et de toilettes privés. Les SDF *stricto sensu*, sans domicile ni offices privatifs, sont confrontés aux contraintes de la nécessité. Il serait simpliste – ne serait-ce que pour des raisons de sécurité – de plaider pour la réouverture et le nouveau développement des vespasiennes gratuites. Il n'en reste pas moins qu'un programme d'aménagement et d'accessibilité, bien pensé, aurait des effets certainement positifs en matière de politique sanitaire et d'amélioration, plus générale, du cadre de vie urbain.

L'argument général est que les mesures prises spécifiquement en vue de chasser les SDF ont des conséquences négatives pour tout le monde. C'est parce qu'on souhaite repousser les problèmes posés par une catégorie particulière d'individus que l'on rend la vie et l'espace publics au quotidien moins agréables. Le problème n'est donc pas d'écarter les SDF de certains services et équipements, mais de savoir comment adapter et gérer les espaces et services publics (au seul sens ici de collectifs) pour que tout le monde puisse en bénéficier. On peut relever que si l'espace public est devenu, comme on l'a signalé pour expliquer la visibilité accrue des SDF, plus « poreux » (c'est-à-dire plus accessible, avec des contrôles plus diffus), il est également devenu plus agressif. Ce caractère agressif, ou inhospitalier, concerne tous les citadins et pas seulement les personnes visées par des mesures coercitives spécialement dirigées contre les sans-abri.

Le ciblage sur les SDF est en réalité assez mince en matière coercitive. En revanche, depuis une vingtaine d'années, le ciblage social s'est fait toujours plus précis sur la catégorie des SDF et sur des sous-catégories de cette population. Évoquons, à partir de quelques exemples concrets, certains effets pervers criants, à plus ou moins long terme, d'un ciblage social trop étroit.

Les équipements dits « d'accueil de jour » se développent depuis une dizaine d'années. Ces accueils, qu'ils se nomment « boutique de solidarité », « halte », « espace solidarité insertion », ou « balise », mettent à disposition des personnes sans-abri des services du type consigne, boîte à lettre, douche, laverie, etc. De la simple écoute à la consultation médicale, en passant par le traitement des dossiers juridiques, ils doivent faciliter l'accès aux soins et aux droits. La création de ces lieux spécifiques a été, un temps, critiquée comme un aménagement de la rue à la pauvreté. En 1993, le projet de création de « balises urbaines » avait suscité le courroux d'associations qui y voyaient une institutionnalisation de la pauvreté dans la rue. Le débat s'est évanoui depuis, tandis que partout se développent des accueils de ce genre (moins robotisés toutefois que dans le projet initial), désormais renforcés, financés et normés par les pouvoirs publics. Parallèlement à ces accueils de jour, se développent les Samu sociaux chargés, dans les rues, d'aller au devant des personnes sans-abri « les plus en difficulté ». À côté des services usuels, et à vocation universelle, comme la police, les pompiers, ou les Samu, ces dispositifs mobiles de recueil sont créés pour apporter une assistance à des SDF considérés comme de « très grands exclus ». Samu sociaux et accueils de jour ont été à l'origine critiqués comme des dispositifs instituant une dualisation dans le système de protection sociale, une protection sociale « à deux vitesses ». Ils sont aujourd'hui devenus des services et des établissements sociaux, généralement gérés par des associations, et reconnus par l'État qui les finance[1].

Malgré la rapide éclipse des premiers débats autour de ces idées et de ces organismes naissants, qui font désormais globalement consensus, il faut affirmer que le risque existe toujours d'une réelle dualisation, non pas dans le système général de protection sociale mais dans la prise en charge des seuls pauvres, voire des très pauvres. Le

1. Voir, en ce sens, les dispositions de la loi d'orientation contre les exclusions (1998) qui permet aux Samu sociaux et aux accueils de jour de devenir des établissements médico-sociaux.

problème récurrent des « deux vitesses » de la protection sociale, est aussi celui d'une assistance dualisée, entre les services spécifiques à certaines catégories de SDF et les services universels (à vocation assurancielle et/ou assistancielle) qui délivrent des prestations et/ou gèrent des équipements d'aide et d'action sociales.

Soulignons un paradoxe patent des nouveaux dispositifs spécifiques destinés aux SDF. Structures spécialement dévolues aux sans-abri, les lieux d'accueil de jour et les Samu sociaux, qui sont créés pour être des dispositifs d'orientation vers les services publics, sont souvent repérés par les services publics comme des services vers lesquels orienter les personnes sans-abri… À dédier des accueils, des guichets, des équipements et des services aux SDF, on conduit les établissements médico-sociaux préexistants à considérer que ces personnes n'ont plus leur place dans les dispositifs génériques de protection sociale. Ainsi, les pompiers et policiers peuvent considérer qu'il n'est plus dans leur mission de s'occuper des SDF et que c'est aux Samu sociaux de s'en préoccuper. De même on peut considérer que les SDF n'ont rien à faire aux guichets de la protection sociale ou à l'hôpital, et qu'ils doivent se diriger vers les services qui leur sont spécialement consacrés.

Le problème général est celui d'une possible défausse du service public vers le complexe bureaucratico-assistanciel. L'hôpital repousserait ainsi les SDF vers les lits et les services médicalisés spécialisés. Les organismes de Sécurité sociale et les associations généralistes les repousseraient vers des associations caritatives spécialisées dans l'accueil des SDF. On ne dispose pas de beaucoup de données sur les populations qui fréquentent ces services spécifiques[1]. Si des études ponctuelles, réalisées

1. Les résultats de l'enquête de l'INSEE sur les usagers des services d'hébergement et de restauration viennent, partiellement car les données ne sont pas longitudinales, combler ce manque.

par les services eux-mêmes, sont faites, elles n'apprennent pas grand chose des différences, par exemple, entre la population qui fréquente un hôpital et celle qui est ciblée par un Samu social. De même, on ne sait pas si les SDF continuent à fréquenter ou s'ils fréquentent moins les services universels. De fait, si aux portes des services dédiés aux sans-abri on trouve des personnes qui n'ont plus rien, plus de toit, plus de ressources, plus de couverture sociale, on y trouve également de nombreuses personnes qui, avec tous leurs droits, si précaires soient leurs conditions, pourraient disposer d'un suivi effectué par des institutions généralistes. En effet, il n'est pas rare de constater que certains SDF bénéficient pleinement de leurs droits sociaux, qu'ils sont affiliés à la Sécurité sociale, et qu'ils vivent même parfois dans un logement. Ils pourraient se saisir des services publics qui pourraient continuer, si nécessaire, à les suivre. On les retrouve cependant encore dans les services spécifiquement construits à destination des sans-abri. Les prestations qui leur ont été offertes visaient précisément à ce qu'ils puissent bénéficier d'une prise en charge normale. Pourtant, même après avoir recouvré leurs droits, ils reviennent vers ceux qui les ont aidés et qui continuent à le faire.

On peut considérer que ce sont des SDF en phase de *routinisation* (maîtrisant les éléments, rouages et failles du complexe bureaucratico-assistanciel, et y ayant effectivement recours dans le cadre du bricolage de leur existence quotidienne) qui font ces expériences de stabilisation dans l'assistance. Dans les réseaux d'aide et de soutien qu'ils connaissent, ils bricolent avec les services et équipements dont ils peuvent bénéficier, même s'ils ne leur sont pas nécessairement destinés. Les SDF en phase de *sédentarisation* (non repérables et/ou refusant la prise en charge) demeurent la cible prioritaire des services spécifiques, mais cette cible n'est pas atteinte. Aussi, les personnes habituées à certains services sont critiquées comme s'adonnant à une certaine forme de « parasitisme » des services spécialisés, transformant par exemple des véhicules de Samu sociaux en « taxis sociaux ».

Dans ce jeu de déversement et de défausse – dont, répétons-le, on ne connaît pas l'ampleur – ce qui se joue est essentiel. Si les services spécifiques ont du succès, c'est certainement en raison de la qualité de leur accueil et de leurs prestations. Ces qualités sont précisément les carences des organismes génériques de protection sociale (sentiment d'impersonnalité, difficultés aux guichets, travail taylorien, etc.). L'existence et le renforcement du complexe bureaucratico-assistanciel permettent aux organismes généraux à vocation universelle de se décharger des cas « les plus lourds » et, surtout, ils peuvent entraver les réformes jugées nécessaires de ces structures. Voilà le point crucial : la construction de dispositifs spécifiques aux SDF risque d'empêcher les évolutions souhaitées des bureaucraties publiques qui se trouvent au cœur des politiques sociales. Repoussant les SDF vers des acteurs particuliers et avec des moyens dérogatoires, les services communs (au sens d'universel) de la protection sociale ne se posent plus le problème du traitement d'une question, et leurs responsables peuvent penser que cette question ne relève plus vraiment de leur compétence.

Il ne s'agit pas de nier l'utilité actuelle de ces lieux et dispositifs spécialisés, tant les personnes qu'ils visent ne trouvent peut-être, pour le moment, rien ailleurs. Accueils de jour et Samu sociaux apportent indubitablement un soutien personnel efficace aux sans-abri. Au sein de l'archipel de procédures et d'organismes qui visent l'accueil et l'insertion des personnes en difficulté, ils rappellent l'attention essentielle qui doit être portée à la dignité de chaque personne.

Pour en terminer sur ce volet, et reprendre les deux aspects de la coercition et de la solidarité, la conclusion proposée à la discussion est simple : l'orientation actuelle, aussi bien pratique que théorique, qui consiste à accumuler les réponses spécifiques à la question SDF peut être remise en cause. Une attention particulière doit certainement être accordée aux « plus démunis » dans les services universels, mais il semble toujours préférable de limiter les actions spécifiques ne serait-ce qu'en raison de ce fait fondamental : la définition du « plus démuni » n'a rien de fixe. Des définitions plus universelles des bénéficiaires, des assurés ou des clientèles des politiques sociales devraient viser à intégrer les différences plus qu'à les exacerber[1].

La tendance actuelle, avec le mouvement de création de lieux d'accueil spécialisés, d'un parc spécifique de logements et d'hébergements, de dispositifs particuliers de transport et de prise en charge dans l'urgence, de normalisation progressive de toutes les dérogations, est de conforter un secteur particulier d'intervention, jugé adapté aux SDF, envisagés de la sorte comme une population différente de la population générale, comme une minorité que des traitements différentiels prendraient légitimement et efficacement en charge.

Ciblages, recentrages et limites de l'adhocratie

Le ciblage des SDF n'est en rien un thème anecdotique détaché de l'ensemble des politiques publiques. C'est une question primordiale, qui, sans entrer dans les débats érudits sur les vertus et les défauts respectifs des montages de tradition beveridgienne ou bismarckienne, intéresse l'architecture générale du système de protection sociale. Le tournant des politiques sociales à visée générale vers des politiques sociales plus ciblées (pour des raisons d'économie attendue et/ou d'efficacité espérée) s'est

1. Ces constats et cette orientation prescriptive rejoignent les résultats et propositions, aux États-Unis, de Skocpol et de Wilson.

opéré dans un mouvement débuté dans les années 1970, et accentué durant les années 1990. Sur tout ce temps, les débats politiques sur le ciblage se sont en fait amoindris, tandis que les politiques sociales s'engageaient sur la voie de la spécialisation.

L'action publique en direction des SDF, et notamment les mesures de prise en charge des « grands exclus » (autre nom des SDF « les plus en difficulté ») constituent les pointes avancées d'une *adhocratie* consistant à repérer des phénomènes particuliers, à les juger collectivement et publiquement traitables par des réponses *ad hoc*. Au sujet des SDF, la légitimité d'une intervention publique spécialisée n'est qu'extrêmement rarement discutée. Une certaine croyance s'est renforcée selon laquelle les difficultés du complexe bureaucratico-assistanciel dépendent des moyens qui lui sont affectés, et non de son principe fondateur même : la différenciation des SDF. Or, il n'est pas certain qu'avec plus de moyens et avec plus de différenciation encore ces difficultés s'estompent. Plus que manque de moyens, on peut avancer qu'il y a crise, à tout le moins grand embarras, du modèle de l'*adhocratie* sociale ciblée.

Cibler les plus défavorisés (ou bien favoriser les moins favorisés – autre nom du ciblage au nom de l'équité) est devenu le mot d'ordre et le principe d'un pan conséquent des politiques publiques. Ce ciblage, comme on l'a vu avec les problèmes d'écrémage des SDF, s'affine à l'infini en raison de la faible atteinte des résultats escomptés, les personnes « en difficulté » bénéficiant disproportionnellement de ce qui est bâti pour les « plus en difficulté ». Les politiques publiques semblent de la sorte engagées dans une cavalcade, à la recherche de différences naturalisées permettant de circonscrire précisément l'action, mais qui échappent en fait toujours à une délimitation indiscutable des « plus défavorisés ». Ceux-ci ne doivent pas être considérés comme des individus totalement désocialisés, mais comme des acteurs sociaux agissant pour de bonnes raisons, dans leur situation, et qui bricolent, autant avec les ressources issues de réseaux privés qu'avec les programmes publics entrepris en leur faveur. Il s'ensuit des compétitions, des concurrences, des conflits entre les priorités mais, surtout, entre les personnes ainsi ciblées. En raison d'effets, au fond classiques, de l'intervention publique (qu'on les baptise « écrémage » ou « effet Matthieu ») le cœur de cible, comme on dit en marketing, est difficilement touché. Aussi convient-il, dans la même logique, de cibler à nouveau, en se recentrant et en restreignant le périmètre de l'action aux plus en difficulté parmi les plus en difficulté. Le « recentrage » consiste à revoir et à peaufiner la cible.

Le recentrage récurrent sur les « plus en difficulté » et le montage toujours plus savant de réponses *ad hoc* renforcent le nécessaire bricolage des acteurs de la prise en charge. Sans qu'il y ait là une loi générale, émerge une sorte de cycle qui débute par le ciblage, qui provoque le bricolage, lui-même forçant l'écrémage (par le tri des bénéficiaires et le filtrage des partenaires), puis appelant le recentrage, qui implique un ciblage resserré. Cette cavalcade du ciblage, du bricolage et du recentrage est, au-delà du problème de l'efficience publique, une quête de la juste différence. L'égalité, l'intérêt général, et l'action publique ont pu passer de représentations procédurales et/ou formelles à des représentations plus substantialistes et/ou réelles. L'analyse de la question SDF n'invite pas à trancher mais à se méfier de la naturalisation excessive des différences. Si la très grande majorité des acteurs de la prise en charge des SDF répètent à l'envi qu'il ne faut pas créer un droit des plus pauvres, ils y participent pourtant activement en renforçant le complexe bureaucratico-assistanciel.

Les limites de l'*adhocratie* sont aussi celles de l'équité. Quand celle-ci se substitue à l'égalité et ne vient pas (ou plus) la compléter, les politiques sociales ne concernent plus des individus égaux, mais les seuls pauvres, population dont la circonférence sera plus ou moins étendue. Avec le temps, il est probable que cette circonférence ira se rétrécissant (sur les plus mal-lotis parmi les plus mal-lotis), et que les interventions iront se limitant aux « plus » (ou, pour le dire autrement, aux « vrais ») pauvres.

La propension des politiques publiques à aller vers plus de différenciation repose certainement sur des tendances de fond, comme le passage d'une protection sociale attachée surtout au travail vers une protection sociale attachée à la qualité de citoyen, mais les ruptures dans le principe d'égalité de traitement n'appellent pas obligatoirement des spécialisations institutionnelles avec des filières de traitement. Des compromis renouvelés entre l'uniformité et la juste adaptation aux situations individuelles peuvent être trouvés, en fonction de préoccupations et d'horizons plus universalistes, en passant par une simplification et une unification des institutions engagées dans la prise en charge[1].

La croyance en la spécificité radicale des problèmes des SDF, et en la spécialité des sous-problèmes des multiples sous-populations de la population SDF, ainsi qu'en la nécessaire spécification des réponses à ce problème social (et à ses multiples sous-problèmes dérivés) fait cependant aujourd'hui l'objet d'une large adhésion. La singularité des SDF est pourtant loin d'aller de soi. La

1. Notons que la « déspécialisation » de politiques sociales a déjà existé. C'est l'exemple de l'hôpital, historiquement réservé aux indigents (jusqu'au milieu du XXe siècle), qui s'est ouvert à toutes les catégories de la population. Cet exemple est d'ailleurs intéressant car s'il y a eu globalement déspécialisation au cours des quarante dernières années, les établissements hospitaliers ont, avec la question de l'exclusion, spécialisé certaines de leurs consultations pour les plus pauvres ou bien ont renvoyé la question SDF sur le complexe bureaucratico-assistanciel…

conclusion n'est pas de dire qu'il n'y a pas de différences entre les SDF et le reste de la population. Ce serait aussi insoutenable que de dire qu'il n'y a pas de différences entre riches et pauvres. Ce qui est soutenu dans cet ouvrage, c'est qu'il n'y a pas de démarcations claires permettant de distinguer, d'une part, les SDF, en tant que groupe, du reste de la population, d'autre part, les SDF en différentes sous-catégories. La question générale est celle de la définition du « plus défavorisé ». Il n'existe pas de distinctions simples permettant l'établissement de classements des services adaptés à tel ou tel niveau de défaveur. La réflexion en la matière a largement dépassé le seul calcul de seuils de pauvreté monétaire. Des travaux cherchent à élaborer des indices pondérés des (dés)avantages socio-économiques. Ceux-ci sont requis analytiquement pour la mise en œuvre ou à l'épreuve du principe de différence rawlsien, comme, plus prosaïquement, pour le ciblage de l'action publique. Le premier problème est ici celui de l'agrégation en une seule grandeur de quantités hétérogènes. Le deuxième problème est que la construction d'un tel indice agrégé des biens sociaux premiers peut assurément être réalisée économétriquement, mais qu'elle reste indécidable absolument. Elle demeure donc politique, car il s'agit de tracer des frontières qui seront toujours, à bien des égards, arbitraires. La constitution de ces lignes de démarcation ne doit pas en tout cas être absolue, légitimant d'un côté des services pour SDF, de l'autre des services pour non-SDF, précisément parce que la différence est fluctuante.

Une simplification souhaitable… et possible

Les rouages du complexe bureaucratico-assistanciel ont été décrits. Une machinerie si sophistiquée est-elle performante ? Répond-elle aux objectifs données ? Les schémas réalisés et les analyses proposées au cours du texte autorisent des appréciations argumentées en faveur de la simplification de la prise en charge des SDF.

Notons immédiatement, avec réalisme, que le mouvement général va vers une complexification croissante des politiques (notamment sociales), ne serait-ce que par l'actuel souci affirmé de la satisfaction des usagers et de l'adaptation aux réalités (c'est-à-dire aux différences). On doit convenir que le droit, en particulier pour ce qui relève du « social », deviendra toujours plus compliqué, car plus individualisé. Aux organismes sociaux donc de le gérer. Il est certainement, en revanche, des éléments de complication inutile, et, surtout, des tronçons entiers de l'édifice actuel de la protection sociale qui appellent une simplification[1].

Le système de prise en charge des SDF est, comme l'architecture générale du système de protection sociale, devenu si compliqué qu'il en est devenu illisible. La sédimentation historique des dispositifs, la multiplication du nombre des intervenants, le brouillage des principes de l'action ont rendu, tout en le renforçant, le complexe bureaucratico-assistanciel incompréhensible pour ceux qui en bénéficient comme pour ceux qui le mettent en œuvre ou encore ceux qui l'observent.

Passons d'abord par le constat de ce qu'on peut appeler le « capharnaüm géométrique » des politiques sociales

1. Au sujet de la complexité signalons des articles, parus à un quart de siècle d'intervalle dans la revue *Droit social*. Pour de premiers points sur ce débat récurrent : J. Moitrier, « La complexité comme mode de gestion de notre système de protection sociale » (n° 5, 1971, p. 355-364) ; M. Souveton, « Simplifications administratives : mythes et réalités » (n° 6, 1971, p. 409-419). Pour des points plus actuels, voir deux contributions, sur certains aspects clairement opposés : E. Marie, « Sur la complexité : l'exemple des règles gérées par les caisses d'allocations familiales » (n° 9-10, 1995, p. 760-764) ; B. Fragonard, « Quelques réflexions à propos de la complexité du système des prestations familiales » (n° 9-10, 1995, p. 765-768). Pour un récent apport à ce débat essentiel, cf. E. Marie, « La simplification des règles de droit » (n° 4, 2002, p. 379-390).

et territoriales en se livrant à un rapide exercice d'étonnement par rapport aux évolutions des dimensions *horizontales* et *verticales* des problèmes envisagés à l'aune de la question SDF et des politiques mises en place pour les traiter. Cette présentation pourra paraître passablement complexe, mais c'est précisément le sujet. La question sociale a été profondément reformulée avec la thématique de l'exclusion. Auparavant, les inégalités étaient traitées à partir d'un système de redistribution *horizontale,* à l'échelle nationale. Avec l'exclusion, la question sociale s'est déplacée, pour appeler une redistribution *verticale,* à l'échelle territoriale. Le projet de Sécurité sociale était celui d'une démocratie sociale *horizontale*, gérée par ses assurés à l'échelle nationale, avec une adaptation locale par l'action sociale. Le projet des politiques de lutte contre l'exclusion est celui d'une démocratie locale, permettant une redistribution *verticale*, dont les fonds viennent en fait du national.

Tout cela n'est pas simple, à lire et à décrire. On peut le dire autrement. Dans l'action administrative française précédant le développement des phénomènes et des politiques de lutte contre l'exclusion, les régulations, les coopérations et les décisions, avec un héritage peut-être trop jacobin et un accent trop unilatéral, étaient *verticales*. Dans l'épure du projet de Sécurité sociale, le système de redistribution était essentiellement *horizontal* (des familles sans enfants vers les familles avec enfants, des jeunes vers les vieux, des bien-portants vers les malades, etc.). La pauvreté n'était pas, spécifiquement, envisagée comme un problème indexable sur un risque social. Dans le contexte actuel, les objectifs de redistribution et les modes de fonctionnement des services publics sont inversés. Les politiques sociales visent désormais surtout la redistribution *verticale* (des riches vers les pauvres). Les politiques publiques devraient toutes être réformées pour plus de décentralisation, de proximité, de partenariat, etc. Elles devraient d'abord reposer sur des bases (des « réalités ») territoriales et fonctionner sur des coopérations *horizontales* entre partenaires. Cette inversion des axes géométriques des politiques publiques (notamment dans le domaine social) est particulièrement problématique. Elle signe une évolution essentielle du système de protection sociale sur les cinquante dernières années : le passage progressif du paritarisme au partenariat. Les « partenaires sociaux » restent bien évidemment des « partenaires », mais dilués parmi d'autres protagonistes, notamment les associations.

L'étude de cas sur la question SDF (comme problème social *vertical*) et sur le complexe bureaucratico-assistanciel (comme politique publique *horizontale*) montre combien l'horizontalité de l'action (la « gouvernance ») est relative (avec un État en réalité omniprésent) et la verticalité de la redistribution sujette à caution (car on n'est pas véritablement capable de la mesurer, notamment pour ce qui concerne l'impact sur les « plus en difficulté », spécialement les SDF qui échappent à l'appareil statistique national).

Face au double constat d'une agrégation de multiples partenaires autour de l'État pour la prise en charge des SDF, et des difficultés à évaluer l'action en la matière, on propose, avant toute mesure technique d'ailleurs, de poser la question de la simplification. Sans incantations, on défend une orientation politique de rationalisation (qui, bien entendu, peut conduire à rationner, pour les redéployer, certaines ressources).

La combinaison des financements, l'hybridation des principes, l'addition de structures et de réformes, la segmentation des populations cibles, la juxtaposition et l'indépendance des rectifications législatives ou réglementaires, rendent toujours plus compliquées l'identification des fonctions et l'évaluation de l'action. Les droits qui en découlent sont instables, et les parcours des personnes sont socialement discontinus et administrativement décourageants. Le niveau de brouillage et d'illisibilité est devenu si élevé que le débat sur les principes et les performances est lui-même rendu compliqué et incertain. La présence d'une pluralité de principes n'est peut-être pas un vrai problème. En revanche, quand à la combinaison des principes abstraits s'ajoute la confusion des procédures concrètes, la question devient un problème d'experts et de bureaucrates. Les débats portent alors sur des aménagements gestionnaires et des bricolages politico-administratifs.

D'un point de vue normatif et technique, deux options s'opposent. La première consiste à se satisfaire de cette complexité, car elle serait un mal nécessaire pour l'adaptation des réponses collectives à des situations personnelles. La seconde option consiste à appeler à la simplification radicale du système pour qu'émerge, soit discuté et soit mis en œuvre un principe clair. Sur un plan technique, cette opposition sur le thème complexité/simplicité est un débat quant à savoir, non pas ce qui est le plus légitime, mais ce qui est le plus efficace. Des interventions différenciées, visant un traitement équitable, auraient d'abord les vertus de l'adaptation. Des interventions générales, visant un traitement égal, auraient d'abord les vertus de la clarté. Les enjeux idéologiques ne doivent pas être sous-estimés. La deuxième option, envisagée d'un point de vue extrême, consiste à instituer une sécurité minimale pour tous, sans conditions, et à laisser aux individus et au marché les marges pour s'assurer. Ne demeurerait de la sorte qu'un résidu de services publics, réservé aux plus pauvres, présentant le risque d'être de moins en moins soutenu par une classe moyenne qui ne bénéficierait pas des services et des prestations qu'elle finance[1].

1. Nous rejoignons des constats connus sur le fait que l'État providence n'est pas là que pour les pauvres et qu'il est périlleux, certes d'abord

Ce qui est avancé ici n'a rien d'extraordinaire. Il s'agit de simplifier le complexe bureaucratico-assistanciel, en rationalisant l'affectation des responsabilités et des moyens. Sur le registre des orientations générales, la question revient à savoir s'il faut réduire la longueur d'une file d'attente, ou bien passer son temps à la réorganiser. On penche pour le premier versant de l'alternative, en étant bien au fait des difficultés d'un tel choix, en particulier pour ce qui relève des moyens. Avec une ambition limitée, il s'agit, par exemple, dans le domaine du logement de diminuer le nombre des cases du jeu de l'oie qui ont pu être distinguées. Passer d'un système d'hébergements transitoires comportant au moins dix strates différentes, avec des régimes juridiques et financiers aussi variés qu'embrouillés, à un système comportant trois strates organisées sur un régime unique (par exemple : hébergement d'urgence, logement transitoire, logement social) serait bienvenu. Cet intérêt se déclinerait, pour les bénéficiaires qui ne seraient plus (ou qui seraient moins) perdus dans des trajectoires résidentielles chaotiques, pour les finances publiques qui ne trouveraient pas nécessairement là une économie immédiate mais certainement une visibilité de leurs dépenses, pour la clarté du débat public.

On pourra rétorquer que l'invitation à la simplification est aussi incantatoire que l'invitation à la coordination et/ou à la prévention. La simplification, à la différence d'autres pistes d'action, peut toutefois constituer un véritable levier. Sa mise en œuvre dépend certainement du niveau de « réformabilité » (le néologisme commence à être utilisé) du complexe bureaucratico-assistanciel, mais surtout de la volonté politique qui peut animer des décideurs. Nous

pour cet État, mais aussi pour ce qu'en termes durkheimiens on peut appeler la « cohésion sociale », de limiter, par exemple sous couvert d'« équité », ses prestations aux « plus pauvres ».

considérons également que cette simplification, au-delà de son caractère souhaitable, est possible. En témoigne, par exemple, le fait que des dispositifs extrêmement compliqués sont aujourd'hui en phase d'harmonisation et de simplification. C'est le cas, par exemple, des aides au logement (qui représentent environ 1 % du PIB en masse financière). Le complexe bureaucratico-assistanciel ne saurait être lui-même foncièrement et frontalement simplifié. Mais certaines de ses branches (le logement, l'aide à l'emploi, l'accueil d'urgence) peuvent faire l'objet, une à une et relativement indépendamment, de simplifications.

Apprécié à partir de chacun des éléments qui compose le système de prise en charge des SDF, le chantier de la simplification est cependant immense. Il concerne des dimensions restreintes ou des volets entiers des politiques d'urbanisme, de santé, de police, d'aide sociale, etc. Dégager tous les éléments d'un tel projet reviendrait à établir un inventaire bureaucratique à la Prévert. Il n'est pas inutile en tout cas d'en faire état pour rappeler, encore une fois, que la question SDF n'est pas une problématique isolée que des dispositifs spécifiques sauraient traiter seuls.

Pour reprendre les synthèses présentées sous la forme des jeux collectifs du jeu de l'oie et du ping-pong, la diminution du nombre d'acteurs impliqués dans ces jeux est une voie salutaire. Cela passe par des décisions éminemment politiques concernant l'orientation générale donnée à la prise en charge des SDF. À rester, voire à progresser dans la gestion spécifique, on ne pourra probablement que continuer à complexifier et à opacifier. En revanche, viser la réintégration d'une catégorie de personnes, dont les différences ne sont pas aussi évidentes qu'on le pense, dans une logique de protection sociale destinée à tous, légitime une dynamique de simplification qui pourrait s'incarner dans un projet d'unification.

Affirmons-le clairement ; les projets de type guichet

unique ne relèvent pas du fantasme (comme on peut parfois l'entendre dire), mais bien d'une voie intelligente pour la réforme de la protection sociale. Ces guichets uniques peuvent avoir les vertus de la qualification de leurs personnels, et de la diminution des phénomènes de « ping-pong » ou de « jeu de l'oie » rencontrés par leurs bénéficiaires, souvent habitués au renvoi d'un guichet social à un autre. Matériellement, avec cette idée de guichet unique, on peut penser aux réalisations et aux projets de maisons de service public et de « Maison de la solidarité » [1]. On pense surtout à une ambition plus grande, avec un retour, autant que faire se pourrait, aux principes d'unité, d'unicité et d'universalité du projet de Sécurité sociale.

Ne versons pas dans la fausse naïveté. Bien entendu, la simplification a un coût. Le développement de guichets uniques a pour corollaire la disparition de guichets spécialisés. Des acteurs de la prise en charge, en particulier dans le monde associatif, seront dépossédés. De l'autre côté, les organismes génériques de protection sociale ne sont probablement pas prêts à s'adapter. C'est cependant pour eux une voie décisive de changement que de permettre un accueil et un service formatés pour tous.

En tout état de cause, si le coût de la simplification et d'une nouvelle orientation plus universaliste et unifiée pourrait paraître élevé (politiquement, organisationnellement), celui de la spécification et de la complexification croissantes du droit et des réseaux de partenaires va probablement grandissant sur les cibles de leurs actions. Cet

1. Les maisons de service public ont été définies par la loi du 21 avril 2000 relative aux droits des citoyens dans leurs relations avec les administrations. Le « cahier des charges » des « Maisons de la solidarité » a été diffusé par le ministère des Affaires sociales fin décembre 2001. L'esprit est celui de guichets polyvalents avec une palette d'interventions concernant l'ensemble des besoins des personnes en difficulté. La question, une nouvelle fois, est de savoir s'il faut un guichet spécialisé pour les défavorisés, ou bien un guichet réellement unique.

argument peut être parfaitement audible, surtout qu'il n'est pas inconnu de ceux qui vivent quotidiennement ces situations, soit en tant que prestataires soit en tant que bénéficiaires d'une politique sociale.

La question SDF mérite d'être analysée et traitée avec le plus grand sérieux. Les SDF considérés comme les « plus en difficulté » parmi les « plus en difficulté », comme les « plus défavorisés » parmi les « plus défavorisés » ou comme les « plus exclus » parmi les « plus exclus », concentrent, en tant que problème social, toutes les incohérences mais également toutes les performances des évolutions en cours de l'action publique. La question SDF est un point d'entrée particulièrement intéressant (fécond, diront les analystes) pour saisir une série de dilemmes qui affectent les politiques sociales et, plus généralement, l'action publique contemporaine. Celle-ci – on l'a plusieurs fois indiqué – passe d'une épure jacobine, centralisée et paritaire orientée vers la redistribution horizontale, à une formulation plus éclatée (postmoderne diront certains), décentralisée et partenariale, orientée vers la redistribution verticale. Les équivoques sont naturellement fortes quand les grands principes qui organisaient l'intervention publique sont bousculés par l'irruption de débats, plus ou moins solidement argumentés, autour de l'équité ou de la gouvernance. Certaines dérives « équitaristes » (comme on relevait avant des dérives égalitaristes) ou « gouvernantalistes » (comme on relevait auparavant des dérives étatistes) sont à prendre en considération[1]. La

1. Les néologismes caustiques « gouvernantaliste » et « équitariste » sont à attribuer respectivement à J. Padioleau, « L'action publique postmoderne : le gouvernement politique des risques », *op. cit.*, et M. Borgetto, « Équité, égalité des chances et politique de lutte contre l'exclusion », *Droit social*, nº 3, 1999, p. 221-229.

question SDF permet d'en apprécier les contours et les enjeux.

Sans entrer dans les discussions sur les passions égalitaires, devenues peut-être passions « équitaristes », on voit bien que la question SDF est à apprécier sérieusement comme une question de justice, de droits sociaux, et non comme un problème marginal appelant seulement des réponses originales trop singulièrement ciblées.

Bibliographie

ANDERSON (Nels), *Le hobo. Sociologie du sans-abri*, Paris, Nathan, 1993 (1921).

BAECHLER (Jean), « Groupes et sociabilité », *in* BOUDON (Raymond) (dir.), *Traité de sociologie*, Paris, PUF, 1992, p. 57-96.

BAHR (Howard M.) (dir.), *Disaffiliated Men. Essays and Bibliography on Skid Row, Vagrancy, and Outsiders*, Toronto, University of Toronto Press, 1970.

BAHR (Howard M.), *Skid Row : An Introduction to Disaffiliation*, New York, Oxford University Press, 1973.

BAHR (Howard M.), CAPLOW (Theodore), *Old Men Drunk and Sober*, New York, New York University Press, 1973.

BALLAIN (René) (dir.), *Promouvoir le droit au logement. Contribution à l'évaluation de la loi du 31 mai 1990*, Paris, La Documentation française, 1998.

BALME (Richard), FAURE (Alain), MABILEAU (Albert) (dir.), *Les nouvelles politiques locales. Dynamiques de l'action publique*, Paris, Presses de Sciences Po, 1999.

BAUMOHL (Jim) (dir.), *Homelessness in America*, Phoenix, Oryx, 1996.

BEC (Colette), *L'assistance en démocratie*, Paris, Belin, 1998.

BECKER (Howard S.), *Outsiders. Études de sociologie de la déviance*, Paris, Métailié, 1985 (1963).

BEHAR (Daniel), ESTEBE (Philippe), EPSTEIN (Renaud), « Les détours de l'égalité. Remarques sur la territorialisation des politiques sociales en France », *Revue française des affaires sociales*, vol. 52, nº 4, 1998, p. 81-94.

BELORGEY (Jean-Michel), *La gauche et les pauvres*, Paris, Syros, 1988.

BERGERON (Henri), *L'État et la toxicomanie. Histoire d'une singularité française*, Paris, PUF, 1999.

BORGETTO (Michel), LAFORE (Robert), *Droit de l'aide et de l'action sociales*, Paris, Montchrestien, 1996.

BORGETTO (Michel), LAFORE (Robert), *La République sociale. Contribution à l'étude de la question démocratique en France*, Paris, PUF, 2000.

BOUDON (Raymond) (dir.), *Traité de sociologie*, Paris, PUF, 1992.

BOUDON (Raymond), BOURRICAUD (François), *Dictionnaire critique de la sociologie*, Paris, PUF, 1982.

BOUDON (Raymond), *Le sens des valeurs*, Paris, PUF, 1999.

BURT (Martha R.), *Over the Edge : The Growth of Homelessness in the 1980s*, New York, Russell Sage Foundation, 1992.

CALVES (Gwénaële), L'affirmative action *dans la jurisprudence de la Cour suprême des États-Unis. Le problème de la « discrimination positive »*, Paris, LGDJ, 1998.

CASTEL (Robert), *La Gestion des risques. De l'anti-psychiatrie à l'après-psychanalyse*, Paris, Éditions de Minuit, 1981.

CASTEL (Robert), *Les métamorphoses de la question sociale. Une chronique du salariat*, Paris, Fayard, 1995.

CASTEL (Robert), HAROCHE (Claudine), *Propriété privée, propriété sociale, propriété de soi*, Paris, Fayard, 2001.

CHAMPAGNE (Patrick), « La manifestation », *Actes de la recherche en sciences sociales*, nº 52-53, 1984, p. 18-41.

CHAZEL (François), *Aux fondements de la sociologie*, Paris, PUF, 2000. CHOBEAUX (François), *Les Nomades du vide*, Arles, Actes Sud, 1996.

COBB (Roger W.), ELDER (Charles D.), « The Politics of Agenda-Building : An Alternative Perspective For Modern Democratic Theroy », *The Journal of Politics*, vol. 33, nº 4, 1971, p. 892-915.

COMMAILLE (Jacques), *Misères de la famille. Question d'État*, Paris, Presses de Sciences Po, 1996.

COMMAILLE (Jacques), JOBERT (Bruno) (dir.), *Les métamorphoses de la régulation politique*, Paris, LGDJ, 1998.

COSER (Lewis A.), « The Sociology of Poverty », *Social Problems*, vol. 13, nº 2, 1965, p. 140-148.

DAMON (Julien), *Vagabondage et mendicité*, Paris, Flammarion, 1998.

DECLERCK (Patrick), *Les naufragés. Avec les clochards de Paris*, Paris, Plon, 2001.

DUBET (François), VERETOUT (Antoine), « Une "réduction" de la rationalité de l'acteur. Pourquoi sortir du RMI ? », *Revue française de sociologie*, vol. 42, nº 3, 2001, p. 407-436.

DUBOIS (Vincent), *La vie au guichet. Relation administrative et traitement de la misère*, Paris, Economica, 1999.

DURAN (Patrice), *Penser l'action publique*, Paris, LGDJ, 1999.

DURAN (Patrice), THOENIG (Jean-Claude), « L'État et la gestion publique territoriale », *Revue française de science politique*, vol. 46, nº 4, 1996, p. 580-623.

ELSTER (Jon), *Local Justice. How Institutions Allocate Scarce Goods and Necessary Burdens*, New York, Russel Sage Foundation, 1992.

EWALD (François), *L'État-providence*, Paris, Grasset, 1986.

FIRDION (Jean-Marie), MARPSAT (Maryse), « Les personnes sans domicile à Paris », *in* Denise PUMAIN, Marie-Flore MATTEI (dir.), *Données urbaines (2)*, Paris, Economica-Anthropos, 1998, p. 217-230.

FOUCAULT (Michel), *Histoire de la folie à l'âge classique*, Paris, Gallimard, 1993 (1972).

GARRAUD (Philippe), *Le chômage et l'action publique. Le « bricolage institutionnalisé »*, Paris, L'Harmattan, 2000

GAUDIN (Jean-Pierre), *Gouverner par contrat. L'action publique en question*, Paris, Presses de Sciences Po, 1999.

GEREMEK (Bronislaw), *La potence ou la pitié. L'Europe et les pauvres du Moyen Âge à nos jours*, Paris, Gallimard, 1987 (1978).

GOFFMAN (Erving), *Asiles. Études sur la condition sociale des malades mentaux et autres reclus*, Paris, Éditions de Minuit, 1968 (1961).

GOFFMAN (Erving), *Stigmate*, Paris, Éditions de Minuit, 1989 (1963).

GOODIN (Robert E.), LE GRAND (Julian) (dir.), *Not Only the Poor. The Middle Class and the Welfare State*, Londres, Allen & Unwin, 1987.

GUSFIELD (Joseph), *The Culture of Public Problems. Drinking-Driving and the Symbolic Order*, Chicago, University of Chicago Press, 1981.

HARDY (Jean-Pierre), *Guide de l'action sociale contre les exclusions*, Paris, Dunod, 1999.

HASSENTEUFEL (Patrick), « *Think social, act local*. La territorialisation comme réponse à la "crise de l'État-providence" », *Politiques et management public*, vol. 16, nº 3, 1998, p. 1-11.

HERPIN (Nicolas), « L'*urban underclass* chez les sociologues américains : exclusion sociale et pauvreté », *Revue française de sociologie*, vol. 34, nº 3, 1993, p. 421-439.

HOPPER (Kim), « Du droit à l'hébergement au droit au logement. Quinze ans de mobilisation en faveur des sans-domicile aux États-Unis (1980-1995) », *Sociétés contemporaines*, nº 30, 1998, p. 67-93.

HUTSON (Susan), CLAPHAM (David) (dir.), *Homelessness : Public Policies and Private Troubles*, New York, Cassell, 1999.

JAVEAU (Claude), *Le bricolage du social*, Paris, PUF, 2001.

JEANNOT (Gilles), *Les usagers du service public*, Paris, PUF, 1998.

JENCKS (Christopher), *The Homeless*, Cambridge, Harvard University Press, 1994.

JOBERT (Bruno), *Le social en plan*, Paris, Les Éditions ouvrières, 1981.

JOIN-LAMBERT (Marie-Thérèse) (dir.), *Politiques sociales*, Paris, Dalloz-Presses de Sciences Po, 1997 (1994).

JOSEPH (Isaac), *La ville sans qualités*, La Tour d'Aigues, L'Aube, 1998.

KELLING (Georges L.), COLES (Catherine M.), *Fixing Broken Windows. Restoring Order and Reducing Crime in our Communities*, New York, Free Press, 1996.

KINGDON (John W.), *Agendas, Alternatives, and Public Policies*, New York, Harper/Collins, 1995 (1984).

LABERGE (Danielle) (dir.), *L'errance urbaine*, Québec, MultiMondes, 2000.

LASCOUMES (Pierre), *L'éco-pouvoir. Environnement et politique*, Paris, La Découverte, 1994.

LE GALES (Patrick), « Régulation, gouvernance et territoire », *in* COMMAILLE (Jacques), JOBERT (Bruno) (dir.), *Les métamorphoses de la régulation politique*, Paris, LGDJ, 1998, p. 203-204.

LE GALES (Patrick), THATCHER (Mark) (dir.), *Les réseaux de politique publique. Débat autour des* policy networks, Paris, L'Harmattan, 1995.

LEVI-STRAUSS (Claude), *La Pensée sauvage*, Paris, Plon, 1962.

LIGNEAU (Philippe), « Existe-t-il un droit du partenariat ? », *Informations sociales*, n° 95, 2001, p. 4-19.

LIPSKY (Michael), SMITH (Steven Rathgeb), « When social problems are treated as emergencies », *Social Service Review*, vol. 63, n° 1, 1989, p. 5-25.

LIPSKY (Michael), *Street Level Bureaucracy. Dilemnas of the Individual in Public Services*, New York, Russel Sage Foundation, 1980.

MARPSAT (Maryse), « Un avantage sous contrainte. Le risque moindre pour les femmes de se trouver sans-abri », *Population*, vol. 54, n° 6, 1999, p. 885-932.

MARPSAT (Maryse), Firdion (Jean-Marie), « Sans domicile à Paris : une typologie de l'utilisation des services et du mode d'hébergement », *Sociétés contemporaines*, n° 30, 1998, p. 111-155.

MARPSAT (Maryse), FIRDION (Jean-Marie) (dir.), *La rue et le foyer. Une recherche sur les sans-domicile et les mal-logés dans les années 1990*, Paris, PUF-INED, 2000.

MECA (Pedro), *Contrebandiers de l'espoir*, Paris, Grasset, 1997.

MERRIEN (François-Xavier), « La restructuration des États-providence : "sentier de dépendance" ou tournant néo-libéral ? Une interprétation néo-institutionnaliste », *Recherches sociologiques*, vol. 31, n° 2, 2000, p. 29-44.

MERTON (Robert K.), *Éléments de théorie et de méthode sociologique*, Paris, Armand Colin, 1997 (1953).

MERTON (Robert K.), NISBET (Robert A.) (dir.), *Contemporary Social Problems. An Introduction to the Sociology of*

Deviant Behavior and Social Disorganization, New York, Harcourt, 1961.

MESSU (Michel), *La Société protectrice. Le cas des banlieues sensibles*, Paris, CNRS Éditions, coll. « CNRS Sociologie », 1997.

MUCCHIELLI (Laurent), « Clochards et sans-abri : actualité de l'œuvre d'Alexandre Vexliard », *Revue française de sociologie*, vol. 39, nº 1, 1998, p. 105-138.

MULLER (Pierre), « L'analyse cognitive des politiques publiques : vers une sociologie politique de l'action publique », *Revue française de science politique*, vol. 50, nº 2, 2000, p. 189-207.

O'FLAHERTY (Brendan), *Making Room. The Economics of Homelessness*, Cambridge, Harvard University Press, 1996.

OFFERLE (Michel), *Sociologie des groupes d'intérêt*, Paris, Montchrestien, 1994.

OGIEN (Albert), *Sociologie de la déviance*, Paris, Armand Colin, 1995.

PADIOLEAU (Jean G.), *L'État au concret*, Paris, PUF, 1982.

PADIOLEAU (Jean G.), « L'action publique postmoderne : le gouvernement politique des risques », *Politiques et management public*, vol. 17, nº 4, 1999, p. 133-143.

PALIER (Bruno), BONOLI (Giuliano), « Phénomènes de *Path Dependence* et réformes des systèmes de protection sociale », *Revue française de science politique*, vol. 49, nº 3, 1999, p. 399-420.

PALIER (Bruno), *Gouverner la Sécurité sociale*, Paris, PUF, 2002.

PARFIT (Derek), « Égalité ou priorité », *Revue française de science politique*, vol. 46, nº 2, 1996, p. 280-320.

PAUGAM (Serge), *La disqualification sociale. Essai sur la nouvelle pauvreté*, Paris, PUF, 1991, coll. « Quadrige », 2000.

PAUGAM (Serge), *La société française et ses pauvres*, Paris, PUF, 1993, coll. « Quadrige », 2002.

PAUGAM (Serge) (dir.), *L'Exclusion. L'état des savoirs*, Paris, La Découverte, 1996.

PICHON (Pascale), « La manche, une activité routinière », *Annales de la recherche urbaine*, nº 57-58, 1992, p. 147-157.

PICHON (Pascale), « Survivre la nuit et le jour. La préservation de soi face au circuit d'assistance », *Politix*, nº 34, 1996, p. 164-179.

RENARD (Didier), « Assistance publique et bienfaisance privée, 1885-1914 », *Politiques et management public*, vol. 5, nº 2, 1987, p. 107-128.

ROBERT (Philippe), *Le citoyen, le crime et l'État*, Genève, Droz, 1999.

ROCHE (Sebastian), *Tolérance zéro ? Incivilités et insécurité*, Paris, Odile Jacob, 2002.

ROMAN (Diane), *Le droit public face à la pauvreté*, Paris, LGDJ, 2002.

ROSANVALLON (Pierre), *La nouvelle question sociale. Repenser l'État-providence*, Paris, Seuil, 1995.

ROSE (Richard), « Inheritance Before Choice in Public Policy », *Journal of Theoretical Politics*, vol. 2, nº 3, 1990, p. 263-291.

ROSSI (Peter H.), *Down and Out in America. The Origins of Homelessness*, Chicago, The University of Chicago Press, 1989.

SABATIER (Paul A.) (dir.), *Theories of the Policy Process*, Boulder, Westview Press, 1999.

SCHWEYER (François-Xavier) « Vers un État partenaire ? », *in* PAUGAM (Serge) (dir.), *L'exclusion. L'État des savoirs*, Paris, La Découverte, 1996, p. 487-496.

SIMMEL (Georg), *Les pauvres*, Paris, PUF, 1998 (1907).

SKOCPOL (Theda), *The Missing Middle. Working Families and the Future of American Social Policy*, New York, W. W. Norton, 2000.

SNOW (David A.), ANDERSON (Leon), QUIST (Theron), CRESS (Daniel), « Material survival strategies on the street : Homeless People as *Bricoleurs* », in BAUMOHL (Jim) (dir.), *Homelessness in America*, Phoenix, Oryx, 1996, p. 86-96.

SNOW (David), ANDERSON (Leon), *Down on their Luck. A Study of Homeless Street People*, Berkeley, University of California Press, 1993.

SOULIE (Charles), « Le classement des sans-abri », *Actes de la recherche en sciences sociales*, nº 118, 1997, p. 69-80.

STECK (Philippe), « L'évolution de la branche famille de la Sécurité sociale », *Droit social*, nº 12, 1999, p. 1072-1084.

STROBEL (Pierre), « De la pauvreté à l'exclusion : société salariale ou société des droits de l'homme ? », *Revue internationale des sciences sociales*, nº 148, 1996, p. 201-218.

SWAAN (Abram de), *Sous l'aile protectrice de l'État*, Paris, PUF, 1995 (1988).

TITMUSS (Richard), *Commitment to Welfare*, Londres, Allen & Uwin, 1968.

VERDES-LEROUX (Jeannine), *Le travail social*, Paris, Éditions de Minuit, 1978.

VEXLIARD (Alexandre), *Le clochard. Étude de psychologie sociale*, Paris, Desclée de Brouwer, 1957.

VIDAL-NAQUET (Pierre A.), « L'action sanitaire et social foraine : voie d'accès vers l'insertion ou filière de dérivation ? », *Prévenir*, nº 32, 1997, p. 43-51.

WARIN (Philippe), *Les dépanneurs de justice. Les « petits fonctionnaires » entre qualité et équité*, Paris, LGDJ, 2002.

WEBER (Florence), *Le travail à-côté. Étude d'ethnographie ouvrière*, Paris, EHESS, 1989.

WELLER (Jean-Marc), *L'État au guichet. Sociologie cognitive du travail et modernisation administrative des services publics*, Paris, Desclée de Brouwer, 1999.

WILSON (William Julius), *The Bridge over the Racial Divide. Rising Inequality and Coalition Politics*, Berkeley, University of California Press, 1999.

WRIGHT (James D.), RUBIN (Beth A.), DEVINE (Joel A.), *Beside the Golden Door. Policy, Politics, and the Homeless*, New York, Aldine de Gruyter, 1998.

TABLEAUX ET GRAPHIQUES

TABLEAUX

1. Situations liées à la pauvreté, 80
2. La crainte de l'exclusion, 100
3. Appréciations sur l'action des pouvoirs publics en direction des plus démunis, 103
4. Attitudes à l'égard des exclus, 104
5. Les sans-abri aux premiers rangs des préoccupations des Parisiens, 108
6. Les associations impliquées dans la prise en charge des SDF, 142
7. Dix exemples de « manifestations de papiers », 152-153
8. Évolution des estimations du nombre de SDF à Paris dans la presse, 182-183
9. Les trois phases de la carrière du SDF et le système de prise en charge, 205-206
10. Dépenses de l'État autour de la prise en charge des SDF, 258
11. Effets du ciblage, 312

GRAPHIQUES

1. Délits de vagabondage et de mendicité, 49
2. Évolutions des tendances récentes de la prise en charge des SDF, 52
3. Inquiétude vis-à-vis du chômage, 102
4. Appréciations autour du RMI, 105
5. Nombre mensuel cumulé de dépêches AFP titrant sur les SDF (1993-2000), 156
6. La couverture médiatique des SDF et de leur prise en charge, 160
7. Nombre de dépêches AFP titrant sur les SDF, 175
8. Des situations et des trajectoires résidentielles qui varient dans le temps, 197
9. Le ciblage des SDF (synthèse), 228
10. La bureaucratisation de la coordination, 250
11. Dépenses de l'État pour les plans « pauvreté/précarité », 262
12. L'étoile du partenariat, 282
13. Urgence sociale et « grande exclusion » : des services de prise en charge différenciés, 303
14. Le jeu de l'oie : volet logement, 329
15. Le jeu de l'oie : une présentation « vécue », 331

Cet ouvrage a été composé par IGS-CP
à L'Isle-d'Espagnac (16)

Imprimé en France
par JOUVE-PRINT
733, rue Saint-Léonard, 53100 Mayenne
janvier 2021 - N° 2960411D

JOUVE-PRINT est titulaire du label imprim'vert®